Jahrbuch für Pädagogik 2013
Krisendiskurse

D1799999

JAHRBUCH FÜR PÄDAGOGIK 2013

Krisendiskurse

Redaktion:
David Salomon und Edgar Weiß

PETER LANG
EDITION

JAHRBUCH FÜR PÄDAGOGIK

Begründet von:

Kurt Beutler, Ulla Bracht, Hans-Jochen Gamm,
Klaus Himmelstein, Wolfgang Keim, Gernot Koneffke,
Karl-Christoph Lingelbach, Gerd Radde,
Ulrich Wiegmann, Hasko Zimmer

HerausgeberInnen:

Martin Dust, Hannover
Sven Kluge, Alfter/Mannheim
Andrea Liesner, Hamburg
Ingrid Lohmann, Hamburg
David Salomon, Siegen
Jürgen-Matthias Springer, Frankfurt a.M.
Gerd Steffens, Kassel
Edgar Weiß, Siegen

PETER LANG
EDITION

Bibliografische Information der Deutschen Nationalbibliothek
Die Deutsche Nationalbibliothek verzeichnet diese Publikation
in der Deutschen Nationalbibliografie; detaillierte bibliografische
Daten sind im Internet über http://dnb.d-nb.de abrufbar.

Gedruckt auf alterungsbeständigem,
säurefreiem Papier.

ISSN 0941-1461
ISBN 978-3-631-64978-7
© Peter Lang GmbH
Internationaler Verlag der Wissenschaften
Frankfurt am Main 2013
Alle Rechte vorbehalten.
Peter Lang Edition ist ein Imprint der Peter Lang GmbH.

Peter Lang – Frankfurt am Main · Bern · Bruxelles · New York ·
Oxford · Warszawa · Wien

Das Werk einschließlich aller seiner Teile ist urheberrechtlich
geschützt. Jede Verwertung außerhalb der engen Grenzen des
Urheberrechtsgesetzes ist ohne Zustimmung des Verlages
unzulässig und strafbar. Das gilt insbesondere für
Vervielfältigungen, Übersetzungen, Mikroverfilmungen und die
Einspeicherung und Verarbeitung in elektronischen Systemen.

www.peterlang.com

Inhalt

Jahresrückblick

Rezensionen

David Salomon / Edgar Weiß

Editorial: Krisen und Krisendiskurse

Der Begriff *Krise*, der ursprünglich von dem auf die gleiche Wurzel (gr. *krisis*, *krínein*) zurückgehenden Begriff Kritik noch nicht unterschieden wurde (Koselleck 1973, S. 196ff.), bezeichnet seiner Etymologie gemäß das *Unter-scheiden*, aber auch das *Ent-scheiden*. Im Übrigen lässt sich für seine Verwendung eine „enorme *Polysemie*" konstatieren, die in diversen „,regionalen' Krisenbegriffen" Ausdruck gefunden hat (Ricœur 1986, S. 39 ff.).

In der Medizin steht er für jene „kritische" Situation, in der sich entscheidet, ob ein Krankheitsverlauf tödlich endet oder aber die Wendung zur Heilung erfolgt, in der Wirtschaftswissenschaft steht er für die Phase des ökonomischen Niedergangs im Rahmen der wellenförmigen Bewegungen des Konjunkturzyklus. Aber auch im Kontext der philosophischen Diskussionen über die Letztbegründbarkeit des Wissens (Husserl 1982; Lyotard 1986), der epistemologischen Problematisierung tradierter wissenschaftlicher „Paradigmata" (Kuhn 1979, S. 79ff., 90ff.), der Entwicklungspsychologie (Erikson 1981) oder der Manifestation von Legitimationsdefiziten bestehender Herrschaftsstrukturen (Habermas 1977) ist von Krisen die Rede. Gemeinsam ist diesen Begriffsverwendungen – wenn man von der gelegentlich zu findenden, problematischen bzw. grenzwertigen Rede von „Dauerkrise" oder „permanenter Krise" (Koselleck 1973, S. 1) absieht – offenbar, dass Krise prinzipiell als „Übergangsphänomen" (Ricœur 1986, S. 39), als Abweichung von einem „Soll-" oder „Normalzustand" (Habermas 1977, S. 9), als „Ausnahmezustand" (Böckenförde 1986) wahrgenommen wird.

Die medizinische Verwendungsweise umfasst gewissermaßen den gesamten semantischen Hof des Begriffs, indem sie auf eine Unterscheidungs- und Entscheidungssituation verweist, mit der folgende Implikationen verbunden werden: 1. Es liegt eine *pathologische* Situation (Leiden, Krankheit) vor, 2. die Situation ist in einschneidender Weise durch ein mehr oder minder *plötzliches Ereignis* geprägt, 3. die Symptomatik wird per *Diagnose* als Krise gedeutet, 4. die Diagnose verlangt im Hinblick auf die Alternative von Verbesserung oder Verschlimmerung nach einer *prognostischen* Entscheidung hinsichtlich der Erfordernisse für eine Krisenbewältigung (vgl. Ricœur 1986, S. 40). Auch „Zeitdiagnosen" – eine nicht zufällig medizinische Metapher – sind, sofern sie einen kritischen, also eingreifenden, verändernden Anspruch verfolgen, stets Krisendiagnosen mit letztlich prognostischen Implikationen, – gleichgültig, ob sie im pädagogischen, im soziologischen oder etwa politikwissenschaftlichen Kontext „epochaltypischen Schlüsselproblemen" (Klafki 1991) auf die Spur kommen wollen. Heute ist der Begriff „Krise" in aller Munde. Seit dem Platzen der Immobilienblase in den Vereinigten Staaten haben Krisendiskurse Hochkonjunktur. Dabei deutete der früh getroffene Vergleich mit den Weltwirtschaftskrisen von 1929 und 1973 früh an, dass es sich hier nicht um eine bloß zyklische Konjunkturkrise der Wirtschaft handeln würde, sondern um die tiefergehende Krise eines *bestimmten* Kapitalismus- und Gesellschaftsmodells. Folgt man Untersuchungen etwa der regulationstheoretischen Schule in den Sozialwissenschaften, kann man feststellen, dass die kapitalistische Produktionsweise in unterschiedlichen historischen Perioden durch jeweils spezifische Regulationsweisen bestimmt wird, denen ein *spezifisches* Akkumulationsregime entspricht. In der Nachkriegszeit stützte sich die gemeinhin als *Fordismus* bezeichnete Kapitalismusformation etwa auf Massenproduktion und Massenkonsum, eine keynesianische Wirtschaftspolitik des „deficit spending", in deren Kontext auch ein Ausbau des Sozialstaates möglich wurde, aber auch ein traditionelles Familienbild, in dem der Ehemann als Normalverdiener das Geld herbeischaffte, während sich die Ehefrau um Kinder, Küche und Kirche zu kümmern hatte. International entsprach diesem Modell das Regime fixer Wechselkurse im System von Bretton Woods.

Dieses „Goldene Zeitalter" (Hobsbawm 1998, S. 283) des Kapitalismus geriet mit dem „Erdrutsch" (ebd., S. 501) von 1973 in die Krise: Der Zusammenbruch des Bretton-Woods-Systems und die Erdölkrise des gleichen Jahres erschütterten eine Welt, die sich auch politisch im Umbruch befand: Die Studentenrevolten führten zwar nicht zur von vielen erhofften sozialen Revolution, in ihrer Folge bildeten sich jedoch zahlreiche neue soziale Bewegungen, die zuvor eher stiefmütterlich behandelte Themen in den Fokus öffentlicher Aufmerksamkeit rückten: Eine zweite Frauenbewegung stellte die Geschlechterfrage, eine Schwulenbewegung nahm den Kampf gegen die Kriminalisierung männlicher Homosexualität auf und eine Umweltbewegung lenkte den Blick auf die ökologischen Folgen des fordistischen Wachstumsmodells und zunehmend auf die Atomkraft als einer gefährlichen Technologie. Als in den achtziger Jahren der kalte Krieg einmal mehr heiß zu werden drohte, bildete sich zudem eine übergreifende Friedensbewegung, die in der Bundesrepublik insbesondere gegen den NATO-Doppelbeschluss und die Nachrüstung auf die Straße ging. Ein neuerlicher politischer Krisenzug ereignete sich, als zwischen 1989 und 1991 der Realsozialismus zusammenbrach und sich die Blockkonfrontation auflöste. George Bushs sen. vollmundiger Satz „We Create a New World Order" wurde zum zwei Jahrzehnte amerikanische Außenpolitik prägenden Leitsatz.

Wirtschaftspolitisch hatte bereits sein Vorgänger Ronald Reagan – in transatlantischer Partnerschaft mit Margaret Thatchers Großbritannien – eine neue

Zeit eingeläutet: Das keynesianische Paradigma wurde durch eine neoliberale Doktrin ersetzt, deren konzeptionelle Ideologen in Chicago bereits praktische Erfahrungen sammeln konnten, als sie nach dem chilenischen Putsch die Wirtschaftspolitik Augusto Pinochets entwerfen durften. Der Siegeszug einer Politik der forcierten Privatisierung und ökonomischen Liberalisierung traf auf den Siegeszug neuer digitaler Technologien. Gleichzeitig kam es zu einer Aufwertung der Finanzmärkte und hiermit verbundenen veränderten Unternehmensstrategien: Kurzfristige Investments und Spekulationsgewinne bekamen eine zunehmend große Bedeutung für das sich neu herausbildende „postfordistische" Akkumulationsregime, während die noch aus Bretton Woods herstammenden Institutionen „Weltbank" und „Internationaler Währungsfonds" das ihre taten, dem „neuen Kapitalismus" etwa durch „Strukturanpassungsprogramme" weltweite Verbreitung zu organisieren. Neue Institutionen – etwa eine Welthandelsorganisation – wurden aus der Taufe gehoben und neue Märkte versprachen neue Renditen – bis 1999 die Blase der „New Economy" platzte und zahlreiche lokale Finanzkrisen (von den so genannten „Tigerstaaten" bis Argentinien) die Brüchigkeit des neuen Modells offenbarten. Als man mit dem Terminus „Finanzmarktkapitalismus" einen Begriff für all das, was über beinahe zwei Jahrzehnte als „Krise des Fordismus" diskutiert worden war, gefunden hatte, war auch dieses Modell bereits in die Krise geraten. Und wieder beschränkt sich die Krisendiagnose nicht auf rein Ökonomisches: Neben Dauerbrennern wie der Familie oder auch der Bildung befinden sich derzeit die Europäische Union, die Demokratie und natürlich das Klima in der Krise, wobei ökologischen Fragen – nicht nur wegen der bundesdeutschen „Energiewende" – bei der anstehenden Neuerfindung des Kapitalismus eine Schlüsselrolle spielen könnten.

Dieser kurze Abriss einer Krisengeschichte der letzten fünfzig Jahre zeigt zweierlei: *Erstens* betreffen tiefgehende Krisen der kapitalistischen Produktionsweise nicht nur einen feinsäuberlich abgezirkelten Bereich der „Wirtschaft", sondern verbinden sich stets mit zahlreichen politischen und darüber hinausgehend *sozialen* Krisenprozessen, die ihrerseits nicht einfach kausal auf ökonomische Krisen zurückgeführt werden können[1]. *Zweitens* eröffnen Krisen stets Deutungshorizonte, die nicht zuletzt den Zusammenhang unterschiedlicher Umbrüche selbst betreffen. Es gibt keine Krisen ohne *kontroverse* Krisendiskurse, wobei die Art und Weise, *wie* Krisen diagnostiziert werden, stets eine über Deskriptionen und Analysen hinausweisende *normative* Dimension aufweist, die in Diskursen gewöhnlich umstritten ist.

Dabei wird mit dem Begriff des *Diskurses* im Titel dieses Jahrbuches auf eine Bezeichnung Bezug genommen, die heute als solche keineswegs eindeutig ist. Ausgehend von Italien gelangte der Begriff seit der Renaissance zum Durchbruch. Machiavellis „Discorsi" über die erste Dekade Titus Livius', 1531 posthum veröffentlicht, nutzten die Geschichte der römischen Republik eher unsystematisch als Folie für die Darstellung eigener politischer Positionen und standen wie Galileis einem ganz anderen Theoriebereich geltenden „Discorsi e dimostrazioni matematiche" von 1638 für „schweifende" Erörterungen über einen Gegenstand: „Discorso" bedeutete zunächst „die richtungslose Hin- und Herbewegung, auch das orientierungslose Herumrennen" (Stierle 1984, S. 310) bzw. – im Gegensatz zum Traktat – die einstweilen „unangeleitete" Rede in der Muttersprache, die seinerzeit im Zuge des erwachten Nationalbewusstseins der italienischen Renaissance und getragen durch die Bemühungen des Humanismus ihren Siegeszug über die italienische Scholastik antrat (vgl. Apel 1963).

Zunehmend repräsentierte der Diskursbegriff dann jedoch „das Prinzip der ordnenden, sich in Sprache artikulierenden Vernunft selbst" (Stierle 1984, S. 311). In diesem Sinne bezeichnet er dann philosophische Untersuchungen oder Abhandlungen, wofür Descartes' „Discours de la methode" von 1637 ebenso steht wie Rousseaus „Diskurse" „sur les sciences et les arts" und „sur l'origine et les fondements de l'inegalité parmi les hommes" von 1750 und 1755. Bei Kant, der die Apel-Habermassche Diskurstheorie maßgeblich beeinflusst hat, ist die „diskursive Erkenntnis" bereits die allein mit der „Form des Denkens" befasste „Erkenntnis durch die Begriffe" (Kant 1966, S. 207, 137), bei Apel und Habermas steht der Diskursbegriff für die selbst eine regulative Idee kennzeichnende, „herrschaftsfreie" und strikt argumentative, kontrafaktisch auf eine „ideale Sprechsituation" rekurrierende Kommunikation zur Klärung strittiger Geltungsfragen (exemplarisch: Apel 1973; Habermas 1981). Demgegenüber meint der Diskursbegriff im Umfeld des „Postmodernismus" disziplinierende Ausschlüsse organisierende Dispositive oder heteronome Sprachspiele (exemplarisch: Foucault 1974; 1978; Rorty 1981).

Im vorliegenden Kontext wird der Begriff bewusst offen gehalten, so dass er durchaus Raum für die miteinander konkurrierenden Begriffsverständnisse lässt, ohne dass freilich auf den Anspruch verzichtet würde, dass der Band im Bestreben um rationale Argumentation und kritische Reflexion hinsichtlich aktueller „Krisendiskurse" seinerseits einen engagierten Diskursbeitrag zu offerieren versucht.

Selbst wenn man sich auf die gegenwärtigen ökonomischen Krisenprozesse beschränken würde, erscheint es keineswegs als bedeutungslos, ob man sie als „Finanzkrise", „Bankenkrise", „Weltwirtschaftskrise" oder (insbesondere bezogen auf die EU) „Staatsschuldenkrise" fasst: Jeder dieser Bezeichnungen entsprechen unterschiedliche Vorschläge zur *Krisenbearbeitung*, die von einer strengen Regulation der Finanzmärkte oder gar einer Verstaatlichung der Banken bis zur vermeintlich „alternativlosen" Austeritätspolitik reichen. *Krisendiagnosen* sind nicht „unschuldig". Mit ihnen wird Politik gemacht. In ihnen und durch sie werden Deutungsmuster eingeschliffen, hegemoniale Positionen verteidigt, Weichen gestellt, Optionen eröffnet, Alternativen verschlossen, mitunter werden durch sie auch erst Krisen herbeigeredet. Hierbei zeitigen sie eine disziplinierende und entmutigende, manchmal auch eine befreiende und ermutigende Wirkung. Schon dies ist ein Grund, sich auch im Kontext pädagogischer Theoriebildung und Forschung mit Krisendiskursen zu beschäftigen: Sie gehören zum Kernbestand sozialisierender und, wenn man so will, erzieherischer Faktoren.

Überhaupt kann die Pädagogik als Disziplin begriffen werden, die in verschiedener Hinsicht unmittelbar mit Krisen konfrontiert ist, – ein Zusammenhang, dessen adäquate Reflexion notabene allenfalls eine *Kritische Pädagogik* erwarten lässt. Sofern menschliche Entwicklung, wie Psychoanalyse und kognitivistische Entwicklungspsychologie gezeigt haben (Erikson 1973, S. 55 ff.; Piaget/Inhelder 1977, S. 117 f.), immer auch mit Konflikten, überwindungsbedürftigen Ungleichgewichtigkeiten usw., d.h. mit krisenhaften Herausforderungen verbunden ist, hat sich die der praktischen Pädagogik aufgegebene Entwicklungshilfe, die man Erziehung zu nennen pflegt, immer auch als Krisenbewältigungshilfe zu bewähren. In dem Maße, in dem Pädagogik – historisch bekanntlich über weite Strecken „Schwarze Pädagogik" (Rutschky 1977) – in dieser Hinsicht versagt und individuelle „Schülerkrisen" begünstigt oder gar generiert (hat) (Gottschalch 1977), hat sie allen Grund, sich, ihre Funktionen und ihre Möglichkeiten kritisch zu hinterfragen.

Zu hinterfragen hat sie auch ihre Reaktionen auf die ihr politisch immer wieder angesonnene Aufgabe, als soziale Krisenbewältigungsagentur zu fungieren. Mit auffälliger Regelmäßigkeit rufen sozialstrukturell erzeugte Krisen politische Appelle an die sonst etatmäßig so vernachlässigte Bildungsarbeit hervor, sobald die Krisensymptome unübersehbar geworden sind und Massenloyalität in Frage zu stehen scheint. Gern werden allem Anschein nach Krisenwahrnehmungen beliebiger Art auf die Pädagogik projiziert, die dann – natürlich allemal im Rahmen bestehender Gesellschaftsstrukturen – richten soll, was politisch nicht mehr bewältigbar zu sein scheint. Eine vulgär- und trivialpädagogische Publizistik, die sich flankierend in populistischer Krisen- und Katastrophenrhetorik ergeht, unternimmt dabei gewöhnlich das ihrige, um dem bekannten konservativistischen Prinzip „Erziehung statt gesellschaftlicher Veränderung" (vgl. Adorno 1973, S. 240) breitenwirksam zur Attraktivität zu verhelfen, und nicht selten schickt sich Pädagogik an, ihrerseits den an sie gestellten Erwartungen funktionalistisch nachzukommen oder aber in guter Absicht ein eigenes Problemlösungspotential zu suggerieren, ohne der eigenen Begrenztheit inne zu werden. Dies ließe sich nicht nur an aktuellen Phänomenen wie den schulpädagogischen Reaktionen auf die PISA-Ergebnisse oder den modischen Diskussionen um eine Inklusionspädagogik exemplifizieren, sondern auch an diversen pädagogikhistorischen Erscheinungen oder gewissen Selbstüberschätzungen mancher differentiell-pädagogischer Krisenreaktionsmuster, etwa aus dem Kontext der Umwelt- und der Friedenspädagogik. Allenthalben hat sich Pädagogik mit Erwartungen konfrontiert gesehen oder ihrerseits Erwartungen genährt, effiziente Antworten auf die Herausforderung wahrgenommener sozialer Krisen bieten zu können, – insbesondere am Beispiel der Geschichte der Sozialpädagogik ist das gezeigt worden (Dollinger 2006).

Als auch pädagogisches Thema sind Krisendiskurse somit also keineswegs ein Novum; gegenwärtig angezeigt zu sein scheint es uns, dass aktuelle Krisendiskurse zum Gegenstand *kritisch*-pädagogischer Reflexion gemacht werden.

Die intrinsische Verbindung der Begriffe Krise und Kritik wurde nicht erst von Koselleck (1973) und Bollnow (1966, S. 32ff.) hervorgehoben. „Krise und Kritik" war – seinerzeit noch ganz im Sog der Krisendiskurse von 1929ff. – bereits 1931 der Titel eines geplanten Zeitschriftenprojekts, an dem unter anderen Walter Benjamin und Bertolt Brecht beteiligt sein sollten. In einer Notiz Benjamins heißt es: „Das Arbeitsfeld der Zeitschrift ist die heutige Krise auf allen Gebieten der Ideologie und die Aufgabe der Zeitschrift ist es, diese Krise festzustellen oder herbeizuführen, und zwar mit den Mitteln der Kritik" (zit. n. Wizisla 2004, 130). Aus Benjamins Formulierung spricht die Hoffnung, im Medium der Krise einen grundlegenden Umschwung herbeizuführen. Nicht immer aber markiert die Feststellung einer Krise auch einen „neuen Anfang" (Bollnow 1966). Oft erweist sie sich als „Erneuerung" von bereits Bekanntem, – im Fall von Wirtschaftskrisen des Kapitalismus selbst. Die von Benjamin angesprochenen Mittel der Kritik könnten jedoch selbst ein normatives Eigengewicht aufweisen: Der (ideologie)kritische Aufweis der in Krisendiskursen beschlossen liegenden Strategien könnte selbst ein Beitrag sein, die Krisen zu produktiven gesellschaftlichen Lerngelegenheiten (Steffens, in diesem Band) werden zu lassen. Dies ist der Zweck des vorliegenden Jahrbuchs.

Dessen Gehalt vermag die Thematik gegenwärtiger Krisendiskurse gewiss nicht erschöpfend zu behandeln, dies dürfte im Rahmen eines einzelnen Bandes ohnedies schwerlich möglich sein. Wohl aber dürfte das Jahrbuch zur Reflexion und Diskussion maßgeblicher aktueller Krisenwahrnehmungen und deren faktischer und potentieller pädagogischer Bedeutung beitragen können. Die einzelnen Themenblöcke offerieren eine gewisse Struktur, infolge oft fließender Grenzen der einzelnen Dimensionen gängiger Krisendiskurse keineswegs aber völlig trennscharfe Demarkationslinien, so dass partielle thematische Überschneidungen einzelner Beiträge nicht auszuschließen waren, was unterdessen keineswegs als prinzipieller Nachteil erscheint, sondern den perspektivischen Blick auf einzelne Phänomene in durchaus sinnvoller Weise erweitert.

Eröffnet wird das Jahrbuch mit einem Beitrag in eigener Sache: mit einem historischen Rückblick des Jahrbuch-Mitbegründers Wolfgang Keim anlässlich des im Vorjahr begangenen zwanzigjährigen Bestehens des in seiner Art nach wie vor einzigartigen Publikationsorgans.

Anmerkung

1   Auf diesen Charakter auch der gegenwärtigen Krise verweisen unterschiedliche Autoren wie Ulrich Brand (2009), der von einer „Multiplen Krise" spricht, Alex Demirović u.a. (2011), die eine „Vielfachkrise" ausmachen und Wolfgang Streeck (2013, 29ff.), der eine dreifache Krise diagnostiziert.

Literatur

Adorno, Theodor W. (1973), Studien zum autoritären Charakter, Frankfurt a.M.

Apel, Karl-Otto (1963), Die Idee der Sprache in der Tradition des Humanismus von Dante bis Vico, Bonn.

– (1973), Transformation der Philosophie, Frankfurt a.M., 2 Bde.

Böckenförde, Ernst-Wolfgang (1986), Die Krise in der Rechtsordnung: der Ausnahmezustand, in: Michalski (1986), 183-191.

Bollnow, Otto Friedrich (1966), Krise und neuer Anfang. Beiträge zur pädagogischen Anthropologie, Heidelberg.

Brand, Ulrich (2009), Die Multiple Krise – Dynamik und Zusammenhang der Krisendimensionen, Anforderungen an politische Institutionen und Chancen progressiver Politik, Berlin (http://www.boell.de/de/content/die-multiple-krise)

Demirović, Alex u.a. (2011): VielfachKrise im finanzdominierten Kapitalismus, Hamburg.

Dollinger, Bernd (2006), Die Pädagogik der Sozialen Frage. (Sozial-)Pädagogische Theorie vom Beginn des 19. Jahrhunderts bis zum Ende der Weimarer Republik, Wiesbaden.

Erikson, Erik H. (1973), Identität und Lebenszyklus, Frankfurt a.M.

– (1981), Jugend und Krise. Die Psychodynamik im sozialen Wandel, Frankfurt a.M./Berlin/Wien.

Foucault, Michel (1974), Die Ordnung des Diskurses, München.

– (1978), Von der Subversion des Wissens, Frankfurt a.M./Berlin/Wien.

Gottschalch, Wilfried (1977), Schülerkrisen. Autoritäre Erziehung, Flucht und Widerstand, Reinbek.

Habermas, Jürgen (1977), Legitimationsprobleme im Spätkapitalismus, Frankfurt a.M., 4. Aufl.

– (1981), Theorie des kommunikativen Handelns, Frankfurt a.M., 2 Bde.

Hobsbawm. Eric (1998), Das Zeitalter der Extreme – Weltgeschichte des 20. Jahrhunderts, München.

Husserl, Edmund (1982), Die Krisis der europäischen Wissenschaften und die transzendentale Phänomenologie, Hamburg, 2. Aufl.

Kant, Immanuel (1966), Kritik der reinen Vernunft, Stuttgart.

Klafki, Wolfgang (1991), Neue Studien zur Bildungstheorie und Didaktik, Weinheim, 2. erw. Aufl.

Koselleck, Reinhart (1973), Kritik und Krise. Eine Studie zur Pathogenese der bürgerlichen Welt, Frankfurt a.M.

Kuhn, Thomas S. (1979), Die Struktur wissenschaftlicher Revolutionen, Frankfurt a.M., 4. Aufl.

Lyotard, Jean-François (1986), Grundlagenkrise, in: R. Bubner u.a. (Hg.), Neue Hefte für Philosophie 26: Argumentation in der Philosophie, Göttingen, 1-33.

Michalski, Krzysztof (Hg.) (1986), Über die Krise. Castelgandolfo-Gespräche 1985, Stuttgart.

Piaget, Jean/Inhelder, Bärbel (1977), Die Psychologie des Kindes, Frankfurt a.M.

Ricœur, Paul (1986), Ist die „Krise" ein spezifisch modernes Phänomen?, in: Michalski (1986), 38-63.

Rorty, Richard (1981), Der Spiegel der Natur. Eine Kritik der Philosophie, Frankfurt a.M.

Rutschky, Katharina (Hg.) (1977), Schwarze Pädagogik. Quellen zur Naturgeschichte der bürgerlichen Erziehung, Frankfurt a.M./Berlin/Wien.

Stierle, Karlheinz (1984), Gespräch und Diskurs – Ein Versuch im Blick auf Montaigne, Descartes und Pascal, in: ders./R. Warning (Hg.), Das Gespräch. Poetik und Hermeneutik IX, München, 297-334.

Streeck, Wolfgang (2013), Gekaufte Zeit – Die vertagte Krise des demokratischen Kapitalismus. Frankfurter Adorno-Vorlesungen, Berlin.

Wizisla, Erdmut (2004): Benjamin und Brecht – Die Geschichte einer Freundschaft, Frankfurt/Main.

Wolfgang Keim

20 Jahre „Jahrbuch für Pädagogik", 25 Jahre „Oedelsheimer Kreis" – ein Blick zurück zu den Anfängen

Im kommenden Januar jährt sich zum 25. Mal der Tag, an dem sich auf einem Bauernhof an der Weser ein Kreis von Pädagogen konstituierte, der sich nach seinem Gründungs- und Tagungsort „Oedelsheimer Kreis" nannte und wenige Jahre später das „Jahrbuch für Pädagogik" ins Leben rief, das im vergangenen Herbst zum 20. Mal erschien. Da sich inzwischen die bildungs- wie wissenschaftspolitische Gesamtkonstellation grundlegend verändert hat, möchte ich als damals Beteiligter beide Jubiläen zum Anlass nehmen, die Ausgangskonstellation wie die Intentionen des Jahrbuch-Projektes zu erinnern, dessen Anfänge zu skizzieren und die Gründe seines Erfolges aufzuzeigen.[1]

1. Pädagogik und deutscher Faschismus – Ausgangspunkt: der Streit über die Traditionsbildung innerhalb der bundesdeutschen Erziehungswissenschaft in den End-1980er Jahren

Als sich im Januar 1989 acht Erziehungswissenschaftler/innen abseits von ihren Hochschularbeitsplätzen zu einem – eigenfinanzierten – Forschungskolloquium in Oedelsheim an der Weser trafen, verband sie das gemeinsame Interesse an der Disziplin-kritischen Aufarbeitung des Verhältnisses von Nationalsozialismus und Erziehungswissenschaft, die sie sich vom Mainstream der Disziplin vergeblich erhofft hatten. Hintergrund war der seit etwa Mitte der 1980er Jahre die altbundesdeutsche Öffentlichkeit polarisierende „Historikerstreit", bei dem es um die Bewertung der NS-Vergangenheit für das bundesdeutsche Selbstverständnis im allgemeinen, die Verantwortung der Wissenschaft wie deren personelle und ideologische Kontinuitäten über die Jahre 1933 und 1945 hinweg im besonderen ging. Ins Zentrum erziehungswissenschaftlichen Interesses rückte dabei die sog. Geisteswissenschaftliche Pädagogik, deren zentrale Repräsentanten Eduard Spranger, Herman Nohl, Wilhelm Flitner und Erich Weniger die Disziplin von der Weimarer Zeit bis in die frühe Bundesrepublik bruchlos geprägt hatten und über ihre Schüler Diskurs-bestimmend blieben, wobei – wie anderenorts auch – die Frage nach ihrer NS-Vergangenheit geflissentlich ausgeblendet wurde, so dass ein Sensorium für die Brisanz dieser Problematik in den 1980er Jahren weitgehend fehlte, wie der Streit um den „Fall Wilhelm" zeigt.

Theodor Wilhelm[2], einer der übelsten Nazi-Pädagogen aus dem engeren Umfeld Alfred Baeumlers, versuchte noch 1944 in einem Aufsatz in der „Internationalen Zeitschrift für Erziehung" die „judenpolitischen Maßnahmen der europäischen Staaten" mit „nüchternen Erkenntnissen biologischer, bevölkerungspolitischer, wirtschaftlicher und charakterlicher Art" zu legitimieren (Wilhelm 1944, S.8), konnte dennoch unmittelbar nach dem Kriege als Gymnasiallehrer in Oldenburg, in den 1950er Jahren als Ordinarius für Erziehungswissenschaft zunächst an der Pädagogischen Hochschule Flensburg, seit 1959 an der Universität Kiel reüssieren und zu einem führenden Vertreter ausgerechnet „Politischer Bildung" in der Adenauer-Ära werden, wobei er sich zunächst des Pseudonyms Friedrich Oetinger bediente. Die Wertschätzung, die ihm von Seiten führender Vertreter der Disziplin entgegengebracht wurde, zeigt seine Ernennung zum Ehrenmitglied der „Deutschen Gesellschaft für Erziehungswissenschaft" (DGfE) anlässlich ihres Kongress im Frühjahr 1984 in Kiel durch den damaligen Vorstand der „Gesellschaft", der angesichts von Protesten diese Ehrung mit den Verdiensten Wilhelms *nach* 1945 zu rechtfertigen suchte, außerdem nach eigenem Bekunden den „Schutz der Person Wilhelms", den „Schutz der DGfE" sowie die Wahrung des „Gesichtes des Vorstandes" als oberste Prioritäten im Auge hatte (Berg u.a. 2004, S.30f.).[3] Immerhin intensivierte der Eklat um den „Fall Wilhelm" den Diskurs über das Verhältnis von Pädagogik und Nationalsozialismus im Rahmen von Tagungen, Vortragsreihen und Zeitschriften-Sonderheften, wobei – ähnlich wie in der zeitgleichen Broszat-Habermas-Debatte (vgl. „Historikerstreit" 1987; Kühnl 1987) – die Frage der Historisierung dieses verdrängten Abschnittes der Disziplingeschichte, damit dessen Relevanz für die Gegenwart der Disziplin eine nicht unwesentliche Rolle spielte.

Symptomatisch für die damalige Hilflosigkeit auch vieler jüngerer Disziplinvertreter im Umgang mit der Thematik war die Einladung zu einem von Peter Menck organisierten Forschungskolloquium „Erziehungswissenschaft und Nationalsozialismus" im Frühjahr 1985 in Siegen, in der die Wilhelm-Ehrung zum Anlass genommen, gleichwohl bereits betont wurde, dass dieser Anlass „hier nichts zur Sache" tue, dass es um die „Erziehungswissenschaft und ihre Geschichte", nicht aber um „Heiligen- oder Ketzerlegenden" gehen müsse[4], was im Klartext dem Versuch einer Entpersonalisierung und damit Entschärfung der aktuellen Streitpunkte gleichkam. Die Diskussion entzündete sich vor allem an Heinz-Elmar Tenorths These von der „singulären historischen Figuration" der „Erziehungstheorie vor und nach 1933" wie seiner Unterstützung von Broszats Forderung einer „Historisierung des Nationalsozialismus" (vgl. Tenorth 1986). Als Tenorths Kontrahent in Siegen fungierte in erster Linie Karl-Christoph Lin-

18

gelbach (vgl. Lingelbach 1990a+b), der schon 1970 in seiner bei Leonhard Froese entstandenen Dissertation „Erziehung und Erziehungstheorien im nationalsozialistischen Deutschland" als einer der ersten mittels ideologiekritischer Verfahren deutliche Gemeinsamkeiten in den Denkmustern zentraler Richtungen Weimarer Erziehungswissenschaft, insbesondere ihrer geisteswissenschaftlichen Repräsentanten, mit Elementen der NS-Ideologie aufzuweisen versucht hatte, aber erst 17 Jahre später mit einer erweiterten Neuauflage seiner Untersuchung breiter rezipiert wurde (vgl. Lingelbach 1970, 1987[2]). Die angesichts derartiger Schnittmengen naheliegende Forderung nach einer kritischen Neubewertung und Neuausrichtung von Disziplin und Profession blieb in Siegen wie in anderen Diskurskontexten das Anliegen einer kleinen Minderheit, was sich in den Jahrzehnten zuvor daran ablesen ließ, dass die DGfE die NS-Thematik, bezogen auf die Rolle von eigener Disziplin und Profession, auf ihren Kongresses so gut wie ausgeklammert hatte.

Gleichwohl stieß spätestens mit dem „Fall Wilhelm" abseits des Mainstreams in Foren wie dem aus der Studentenbewegung hervorgegangenen „Bund demokratischer Wissenschaftler" (BdWi) der sich abzeichnende Streit in der Erziehungswissenschaft durchaus auf Interesse, stand hier doch das Thema „Hochschule und Wissenschaft im Faschismus" (1985) schon länger auf der Tagesordnung. Im Januar 1988 trafen sich im Rahmen eines BdWi-Kongresses in Münster zum Thema „Wissenschaft: Geschichte und Verantwortung" in einer AG Erziehungswissenschaft immerhin 40 Kolleginnen und Kollegen aus der gesamten Bundesrepublik, die sich einer kritischen, das hieß gegenwartsbezogenen Auseinandersetzung mit der NS-Vergangenheit von Disziplin und Profession stellten, darunter die Münsteraner/innen Ulla Bracht und Hasko Zimmer sowie Kurt Beutler aus Hannover, die ein Jahr später in Oedelsheim dabei waren, Zimmer, Beutler und ich mit eigenen Beiträgen (vgl. Keim 1988a, S.45; Kempken 1988, S.39-53)

Wichtig für das Treffen an der Weser wurde eine von mir etwa gleichzeitig im Wintersemester 1987/88 in Paderborn veranstaltete, gut besuchte Vortragsreihe „Pädagogen und Pädagogik im Nationalsozialismus – ein unerledigtes Problem der Erziehungswissenschaft", die im Herbst 1988 im Verlag Peter Lang als Buch erschien und binnen kurzer Zeit drei Auflagen erlebte (vgl. Keim 1988b). Referenten waren neben dem bereits erwähnten Karl Lingelbach u.a. der aus der Marburger Abendroth-Schule hervorgegangene und als kritischer Faschismus-Forscher bekannte Reinhard Kühnl, der in Amsterdam lehrende Adalbert Rang, der als einer der ersten Erziehungswissenschaftler nachdrücklich die affirmativen Beiträge Sprangers und Flitners zum „März 1933" thematisierte, ebenso Lutz van Dick, der eine umfangreiche Untersuchung über oppositionelles Lehrerverhalten vorgelegt hatte, sowie die Exil-Forscherin Hildegard Feidel-Mertz, die über die

1933 verdrängte Pädagogik berichtete, gleichzeitig im Foyer der Hochschule eine Ausstellung zu jüdischem Bildungswesen und pädagogischem Exil präsentierte. Der intensiveren Kontaktaufnahme mit den eingeladenen Kolleginnen und Kollegen dienten abendliche Gespräche über die Frage, wie wir uns als Disziplinkritische Außenseiter wirksamer artikulieren, ggf. in einem festen Arbeitszusammenhang zusammenschließen könnten, um aus der Vereinzelung herauszukommen. Die Reaktionen fielen sehr unterschiedlich aus: skeptisch z. B. bei Adalbert Rang, realistisch bei Hildegard Feidel-Mertz, die auf die fehlende Zeit, oder Lutz van Dick, der auf anderweitige Projekte verwies, oder ehrlich, dass man sich nicht so stark festlegen und positionieren wolle. Immerhin fand die Grundidee viel Zustimmung.

Karl Lingelbach vermittelte den Kontakt zu den Darmstädter Vertretern einer Kritischen Erziehungswissenschaft, Gernot Koneffke und Hans-Jochen Gamm, von denen ersterer zusammen mit Heinz-Joachim Heydorn wichtige, der Kritischen Theorie verpflichtete Arbeiten zur deutschen Erziehungsgeschichte, letzterer zum Verhältnis von Erziehung und Nationalsozialismus sowie zu einer materialistischen Begründung der Pädagogik vorgelegt hatte, und zwar bereits seit den 1960er Jahren. Die vertrauensvolle Atmosphäre des Treffens in Frankfurt/Main und der sich rasch einstellende Grundkonsens in zentralen Fragen gaben für mich den Ausschlag, einen Kreis Disziplin-kritischer Kolleginnen und Kollegen zu einem eigenfinanzierten Arbeitstreffen zur Thematik „Pädagogik und Nationalsozialismus – kritische Rückfragen an die bundesdeutsche Erziehungswissenschaft" einzuladen. Den vorgeschlagenen Tagungsort, einen Bauernhof in Oedelsheim, nicht weit von Lippoldsberg, kannte ich von einem Urlaub mit der Familie sowie von zahlreichen Wochenendseminaren mit Studierenden dort; aufgrund seiner Abgeschiedenheit sowie einer zwar einfachen, aber hervorragenden und zugleich preisgünstigen Rundumversorgung bot er sich auch für dieses Projekt an, fand rasch die Akzeptanz aller Teilnehmer und blieb bis heute Treffpunkt des Jahrbuch-Herausgeberkreises.

Von den 14 eingeladenen Kolleginnen und Kollegen kamen sieben; wir acht ließen uns vom 13. bis 15. Januar 1989, von Freitagnachmittag bis Sonntagmittag, auf einen Diskurs ein, von dem niemand vorher wusste, wohin er führen, ja ob er überhaupt den Aufwand lohnen würde. Zum Teilnehmerkreis gehörten außer den bereits Genannten noch der durch Arbeiten zur Berliner Schulgeschichte, insbesondere seine Karsen-Monographie hervorgetretene Gerd Radde sowie Klaus Himmelstein, mit dem ich seit vielen Jahren in Paderborn an der NS-Thematik zusammengearbeitet und gerade in der Konstituierungsphase von Oedelsheimer Kreis und „Jahrbuch" einen kompetenten und absolut solidarischen Partner hatte. Krankheitsbedingt fehlte bei diesem ersten Treffen Koneffke, der durch Gamm über die Gespräche informiert wurde und dann an den folgenden Treffen regelmäßig teilnahm. Als ausgesprochen günstig für die Arbeit des Kreises erwies sich, dass zumindest einige der Teilnehmer wie die Darmstädter Gamm und Koneffke sowie die Münsteraner/innen Ulla Bracht und Hasko Zimmer bereits über viele Jahre hochschulpolitisch zusammenarbeiteten, Lingelbach und Beutler Abendroth-Schüler waren; ich selbst kooperierte seit den 1970er Jahren mit Gerd Radde, kannte Lingelbach ebenso lange von gemeinsam besuchten Tagungen zur Gesamtschulthematik und wusste aus persönlichen Gesprächen mit allen, wie ernsthaft ihr Interesse an einem Austausch mit Gleichgesinnten über die erziehungswissenschaftliche Bearbeitung der NS-Thematik war. Positiv nicht nur in Bezug auf diesen Fragenkomplex wirkte sich die Altersstruktur der Gruppe aus, in der Radde (Jg. 1924), Gamm (Jg. 1925), Koneffke (Jg. 1927) und Lingelbach (Jg. 1930) die NS-Zeit bewusst erlebt hatten, erstere beiden sogar mit Erfahrungen in Hitlers Wehrmacht, Beutler und Bracht (beide Jg. 1937), Himmelstein und Keim (beide Jg. 1940) sowie Zimmer (Jg. 1941) der Vorkriegs- und Kriegsgeneration angehörten, somit wesentlich durch die Nachkriegszeit bis hin zu „1968" geprägt waren, ebenso die Beeinflussung durch unterschiedliche Denk-Traditionen wie etwa die von Wolfgang Abendroth, Heinz-Joachim Heydorn oder – wie bei Ulla Bracht – durch den Bonner Erziehungswissenschaftler Wolfgang Ritzel, weiterhin die verschiedenartigen wissenschaftlichen Zugriffe, eher philosophisch orientiert bei Beutler, Bracht, Gamm und Koneffke oder historisch-sozialwissenschaftlich bei Himmelstein, Keim und Zimmer. Was alle von Anfang an verband, war ein gesellschaftskritisches Verständnis von Wissenschaft, das aktuelle gesellschaftliche Konflikte wie den damaligen Streit um die NS-Vergangenheit der Disziplin nicht aussparte und sich – wenn man so will – an der „konkreten Utopie" einer gerechteren und humaneren Gesellschaft orientierte. Eine wichtige Voraussetzung für das Gelingen des Diskurses war nicht zuletzt die bei allen ausgeprägte Bereitschaft, die Position des anderen gelten zu lassen, sie als Erweiterung des eigenen Horizontes zu verstehen, wechselseitig voneinander zu lernen, ohne auf die intensive Auseinandersetzung in der *Sache* zu verzichten.

Das Programm für Oedelsheim sah je *einen* Beitrag am Freitagnachmittag, am Samstagvor- und -nachmittag sowie am Sonntagvormittag vor, der das anschließende Rundgespräch anstoßen sollte: dem Versuch einer Zwischenbilanz der damaligen Auseinandersetzung in der Erziehungswissenschaft (Keim) folgten Werkstattberichte zum Verhältnis von Geisteswissenschaftlicher Pädagogik und deutschem Faschismus am Beispiel Eduard Sprangers (Himmelstein), zur Militärpädagogik Erich Wenigers (Beutler) sowie zu Kontinuitäten der Gymnasiallehrerausbildung in Frankfurt/Main 1932–1960 (Lingelbach); allen Beiträgen folgten intensive Kolloquien. Zum Gelingen dieses Treffens trugen zahlreiche informelle Gespräche bei den Mahlzeiten wie bei Spaziergängen an der Weser bei, die nicht zuletzt dem wechselseitigen Austausch von Informationen zur Disziplin- und Hochschulpolitik dienten, eine Vertrauensbasis herstellten und somit von allen als der Vereinzelung entgegenwirkend wahrgenommen wurden. „Das Treffen zeigte die Möglichkeiten eines geistig und sozial hervorragenden Klimas, dies eingebettet in die guten praktischen Verhältnisse des Hauses", so etwa Kurt Beutler im Anschluss an die Tagung in einem Brief an mich. Am Ende bestand bei allen Teilnehmern der Wunsch, die begonnene Zusammenarbeit fortzusetzen. Es wurde eine gemeinsame Publikation zur NS-Thematik, die Anmeldung einer darauf basierenden „Freien Arbeitsgemeinschaft" für den folgenden DGfE-Kongress 1990 in Bielefeld, vor allem aber ein zweites Oedelsheimer Kolloquium schon im September 1989 beschlossen.

Die Nachhaltigkeit des ersten Oedelsheim-Treffens belegen die zahlreichen Rückmeldungen im Anschluss an die Tagung, einschließlich erster Photos, der reichhaltige briefliche Austausch über Vorgänge in der Disziplin wie auch der Einsatz verschiedener Mitglieder des Kreises hinsichtlich der Eruierung von Publikationsmöglichkeiten für die geplante Veröffentlichung bzw. die Anmeldung unserer Gruppe bei den Organisatoren des Bielefelder DGfE-Kongresses, auf dem das Thema „Erziehungswissenschaft und Nationalsozialismus" einen Schwerpunkt bilden sollte. Als mögliche Publikationsorte wurden ein Sonderheft der Zeitschriften „Die Deutsche Schule", „Pädagogik" bzw. „Widersprüche" oder aber ein Schwerpunktheft der vom BdWi herausgegebenen „Studienhefte" ins Auge gefasst, wobei sich rasch abzeichnete, dass bei der „Deutschen Schule" kein Interesse bestand, zumal für ein Heft, das ausschließlich durch Beiträge aus unserem Kreis bestritten würde. Dagegen bot uns der BdWi und der für die „Studienhefte" verantwortliche Rainer Rilling auf unsere Anfrage ausgesprochen günstige Konditionen: keinerlei Auflagen hinsichtlich Umfang und Autoren, niedriger Verkaufspreis, Erstellung der Druckvorlage, rasche Drucklegung und – was von kaum zu überschätzender Bedeutung war – Vertrieb des Heftes auf dem Bielefelder DGfE-Kongress durch die Bielefelder Gruppe des BdWi, so dass die Entscheidung für diese Lösung nicht schwer fiel.

Das Septembertreffen 1989 in Oedelsheim diente hauptsächlich der Vorbereitung des „Studienheftes", während das dritte Treffen im März 1990, unmittelbar im Vorfeld des Bielefelder Kongresses, der Abstimmung unserer Aktivitäten dort, insbesondere der von uns zu gestaltenden „Freien Arbeitsgruppe" galt. Für das „Studienheft" gab es unterschiedliche konzeptionelle Vorschläge; dabei ging es vor allem um die Frage Dokumentation der Debatte mit kontroversen Positionen *und/oder* Originalbeiträge zu verschiedenen Aspekten der Thematik ausschließlich aus unserem Kreis. Sehr rasch entstand Konsens darüber, dass es um eine „kritische Positionsbestimmung" *unsererseits* gehen müsse, was der Titel der Broschüre „Erziehungswissenschaft und Nationalsozialismus. Eine kritische Positionsbestimmung" zeigt (vgl. Keim u.a. 1990). Grundlegungsbeiträgen von

Gamm „Über die Schwierigkeiten, von einer deutschen Pädagogik zu sprechen", von Koneffke über „Auschwitz und die Pädagogik" sowie einer „Zwischenbilanz" der bisherigen Debatte von mir folgten Beiträge zur „Rolle konservativer Pädagogik" am Beispiel von Spranger (Himmelstein) und Weniger (Beutler), zur verdrängten Pädagogik mit den Exempla Fritz Karsen (Radde) und Friedrich Wilhelm Foerster (Pöggeler), zur „Restauration konservativer Pädagogik nach 1945" anhand der Zeitschrift „Die Sammlung" (Zimmer) sowie Anmerkungen zur Methodendiskussion, die sich vor allem mit damals besonders umstrittenen Beiträgen Tenorths und Herrmanns kritisch auseinandersetzten (Lingelbach und Beutler). Den nicht zum Oedelsheimer Kreis gehörenden Aachener Kollegen Franz Pöggeler, engagierter Foerster-Biograph, hatte ich mit Zustimmung aller anderen zu dem genannten Beitrag eingeladen; er war mir aus meiner Kölner Zeit bekannt, hatte mich bei meinen Aktivitäten gegen die Verdrängung der NS-Thematik aus unserer Disziplin nachhaltig unterstützt und bereits im November 1988 vorsorglich eine von uns beiden zu gestaltende Veranstaltung „Pädagogik und Nationalsozialismus" für den Bielefelder Kongress angemeldet, weshalb wir ihm vorschlugen, sich nun an unserer „Arbeitsgruppe" zu beteiligen. Im Übrigen verliefen die Abschlussarbeiten an unserem Erstling wieder in ausgesprochen kollegialem Geist, wie allein schon die Erstellung der „Einführung" belegt, für die es – ähnlich wie später bei manchem „Jahrbuch"-Editorial – mehrere Entwürfe und schließlich eine mit allen abgestimmte Endfassung gab.

Den eigentlichen Durchbruch in der Wahrnehmung als feste Gruppe brachte der Bielefelder Kongress, auf dem wir mit Lingelbach und mir auf dem von Wolfgang Klafki organisierten und geleiteten Podium „Pädagogik und Nationalsozialismus" vertreten waren (vgl. Klafki 1990), vor allem aber durch unsere ausgesprochen gut besuchte Arbeitsgemeinschaft „Erziehungswissenschaft und Nationalsozialismus. Kontinuitätsproblem und Positionsbestimmung" öffentlich sichtbar wurden, außerdem auf einer eigenen Pressekonferenz unser „Studienheft" vorstellen konnten. Kaum ein Bericht über den Kongress, in dem nicht die Auseinandersetzung über die NS-Vergangenheit der Disziplin und ihre unterschiedliche Bewertung durch die auf dem Kongress anwesenden Fachvertreter einen zentralen Platz einnahm; in der abschließenden Pressekonferenz wurde sogar, vielleicht etwas (zu) euphorisch, vom „Beginn einer neuen Streitkultur – nicht nur in diesem Bereich –„ gesprochen[5], wie sie sich etwa in Klaus Pranges Versuch einer Satire „Sind wir allzumal Nazis" (Prange 1990) und meiner Erwiderung in der ZfPäd. (Keim 1990b), aber auch in einer Reihe zustimmender wie ablehnender Kommentare und persönlicher Briefe von Mitgliedern der „Gesellschaft" an Beteiligte aus unserem Kreis niederschlug. „Streitkultur" konnte sich dabei sehr unterschiedlich artikulieren, von offener Anfeindung, wie sie in seiner Wissenschaftlerlaufbahn vor allem Hans-Jochen Gamm erfahren musste, bis hin zu freundlicher, den Kontrahenten respektierenden Auseinandersetzung, wie ich sie jederzeit mit dem Berliner Kollegen Heinz-Elmar Tenorth erlebt habe. Letztendlich bestätigte uns die breite und weithin zustimmende Resonanz, auf die wir mit unserem „Studienheft" wie mit unserer darauf basierenden Arbeitsgruppe in Bielefeld stießen, dass unsere Stimme als Gruppe durchaus eine wichtige Funktion innerhalb der Disziplin übernehmen konnte, eine Erfahrung, die für unsere spätere Entscheidung, ein eigenes Publikationsorgan zu begründen, von nachhaltiger Bedeutung war.

2. Die „Jahrbuch"-Gründung im Kontext der deutsch-deutschen Vereinigung zu Beginn der 1990er Jahre

Die Frage, wie es mit dem „Kreis" nach Bielefeld weitergehen könnte, beschäftigte uns schon auf unserem März-Treffen 1990 in Oedelsheim im Vorfeld des Kongresses, wussten wir doch alle aus vielfältigen Erfahrungen, dass ein solcher Kreis nur durch eine gemeinsame Aufgabe zusammengehalten werden konnte, wie es in der Anfangsphase der Wunsch, unserer kritischen Sicht auf die NS-Thematik innerhalb der Disziplin Geltung zu verschaffen, gewesen war. Deshalb hatte ich in meinem Einladungsschreiben alle Mitglieder darum gebeten, sich entsprechende Gedanken zu machen und als mögliche künftige Schwerpunkte – noch sehr vage – die Weiterarbeit an der Thematik „Erziehungswissenschaft und Nationalsozialismus", die Beschäftigung mit neuen Themen, die Vorbereitung kritischer Beiträge zu Kongressen der DGfE und Tagungen ihrer Kommissionen und/oder die Durchführung eines eigenen Kongresses, etwa im Rahmen des BdWi, erwogen. Andere Vorschläge zielten beispielsweise auf die gemeinsame Erarbeitung einer „Einführung in die Pädagogik" oder einer Erziehungsgeschichte mit Einführungscharakter, für die Kurt Beutler jeweils einen differenzierten Entwurf vorlegen konnte.

Die *inhaltliche* Weichenstellung ergab sich aus den politischen Veränderungen in Folge des Zusammenbruchs der DDR und der bevorstehenden Vereinigung beider deutscher Staaten, die sich bereits auf dem Bielefelder Kongress abzeichneten. Am Tag vor dessen Beginn (18.3.1990) erlebten wir auf unserer Fahrt von Oedelsheim nach Bielefeld den erdrutschartigen Sieg der CDU bei den Wahlen zur Volkskammer und wurden in den folgenden Tagen Zeugen wildester Spekulationen über das Schicksal der DDR-Erziehungswissenschaft, die mit über 100 Teilnehmern auf dem Kongress vertreten war. Zum Vorbereitungstreffen für Bielefeld hatte ich – nach Rücksprache mit den Mitgliedern des Kreises – Ulrich Wiegmann von der Akademie der Pädagogischen Wissenschaften Ost-Berlin, dessen B-Dissertation, die unserer Habilitation entsprach, ich mit begutachtet hatte, als Gast eingeladen. Sein Interesse an unserer Gruppe resultierte nicht zuletzt aus dem Thema seiner Arbeit: „Antisemitismus und Volksschule im faschistischen Deutschland 1933-1939". Ich kannte ihn von einem Faschismus-Kolloquium der Historiker 1988 in Jena, zu dem er auf Empfehlung von Christa Uhlig eigens aus Berlin angereist war, um mich zu treffen, wobei wir auf einem stundenlangen abendlichen Spaziergang Möglichkeiten einer Zusammenarbeit ventiliert hatten, die sich nun nach der Wende realisieren ließ. Wiegmann, der gleich am ersten Abend des Oedelsheimer Vorbereitungstreffens bis in die Nacht hinein über seine Eindrücke der Wende- und Nach-Wendezeit berichten und mit uns diskutieren musste, wurde bereits bei dieser ersten Begegnung voll in die Gruppe inkorporiert. Aus seinem Erinnerungsbericht über Oedelsheim und Bielefeld erfuhren wir, dass dies seine erste Fahrt in den „Westen" überhaupt gewesen und die Podiumsdiskussion in Bielefeld für ihn ein „wirkliches wissenschaftspolitisches und -methodisches Schlüsselerlebnis" war. „Hier fand eine echte Auseinandersetzung statt, die in Form und Inhalt in der DDR jahrzehntelang undenkbar war."[6]

Die Gespräche mit Ulrich Wiegmann wie die Erfahrung wachsender, gelegentlich fast hysterischer Ablehnung, ja Kriminalisierung all dessen, was auch nur im Entferntesten mit Materialismus, Marxismus und Sozialismus zu tun hatte, ließen es uns notwendig erscheinen, unser eigenes Verständnis dieser Begriffe, die ja in unseren Pädagogik-Konzepten zentrale Bedeutung besaßen, unter dem Stichwort „Materialistische Pädagogik" zu diskutieren; der Versuch ihrer Klärung stand im Mittelpunkt unserer Treffen im Herbst 1990 und im Frühjahr 1991. Dabei kam es zu einer spannenden Kontroverse über die Frage, ob der Materialismus-Begriff lediglich eine spezifische Methode zur Analyse gesellschaftlicher Wirklichkeit enthalte – so Beutler – oder aber bereits – im Verständnis von Gamm – bestimmte inhaltliche Vorstellungen einer besseren und gerechteren Gesellschaft impliziere, so dass ein materialistisches Erziehungsverständnis immer auf die Befreiung des Menschen von ungerechtfertigten Zwängen ausgerichtet sei, eine Kontroverse, die uns später noch einmal im Zusammenhang mit Jahrbuch 1997: „Zur Neufassung materialistischer Pädagogik" (Gamm/Koneffke 1997) beschäftigen sollte. Auch hier war für die Arbeitsweise und das Klima des „Kreises" charakteristisch, dass schließlich beide Sichtweisen nebeneinander Akzeptanz fanden, wie ihre Aufnahme in das 1997er-Jahrbuch belegt (vgl. Beutler 1997; Gamm 1997). Für mich besonders beeindruckend – hier wie in späteren Kontexten – waren die nahezu druckreifen historischen Rekonstruktionen der in Frage stehenden Begrifflichkeiten durch Gernot Koneffke, während ich Ulrich Wiegmanns Versuch, aus eigener Erfahrung das Materialismus- und Marxismus-Verständnis der DDR-Erziehungswissenschaft zu analysieren und zu kritisieren, als ausgesprochen hilfreich empfand.

Herbst- und Frühjahrstreffen 1990 bzw. 1991 dienten zugleich der Klärung und kritischen Reflexion der weiteren Entwicklung in der DDR, im Frühjahr 1991 der bereits in vollem Gang befindlichen „Abwicklung" von DDR-Pädagogik und -Erziehungswissenschaft. An der Herbsttagung 1990 nahm Christa Uhlig aus Berlin teil, die ich ebenfalls bereits vor der „Wende", und zwar auf einem Symposion anlässlich Fritz Hellings 100. Geburtstag in Schwelm, kennen und schätzen gelernt hatte, mit der sich aber der Kontakt erst nach dem November 1989 vertiefen ließ. Sie war eine der qualifiziertesten der damals jüngeren Erziehungshistorikerinnen der DDR, hatte an der Pädagogischen Hochschule Leipzig verschiedene Forschungsprojekte zur sächsischen Reformpädagogik initiiert, bevor sie 1986 an die Akademie der Pädagogischen Wissenschaften (APW) berufen, 1990 in deren Geschäftsführende Leitung gewählt wurde und sich für deren Fortbestand engagierte, aber noch im selben Jahr nach „Abwicklung" der APW wie die meisten dortigen Mitarbeiter(innen) in die Arbeitslosigkeit geriet, keinerlei Chance auf Fortsetzung ihrer Hochschullehrertätigkeit erhielt, sich mit Lehraufträgen an unterschiedlichen Hochschulen wie mit Drittmittelprojekten durchschlagen musste, dabei aber Überragendes leistete. Sie berichtete im Herbst 1990 von ihren Erfahrungen an der APW seit der Wende, über die verschiedenen Etappen bildungspolitischer Entwicklung seit Oktober 1989 wie auch die sich deutlich abzeichnende westdeutsche „Landnahme" in den Bereichen von Wissenschaft, Hochschule und Bildungswesen, an der sich offensichtlich die DGfE wie Repräsentanten der Disziplin ebenfalls beteiligten, indem sie sich bereits *vor* der Vereinigung über Neuordnungs- und Evaluationskommissionen in Stellung brachten. Nicht zuletzt aufgrund unserer Kontakte zu Ulrich Wiegmann und Christa Uhlig rückte die Entwicklung der Erziehungswissenschaft im Vereinigungsprozess immer stärker in unseren Interessenhorizont, so dass wir für den DGfE-Kongress 1992 in Berlin wieder eine Freie Arbeitsgemeinschaft anmeldeten, die sich mit dieser Thematik beschäftigen sollte. Etwa gleichzeitig erfolgten die Weichenstellungen für unser „Jahrbuch", das unserer Arbeit letztendlich erst Dauer und Kontinuität verlieh.

Das „Jahrbuch" hatte eine Vorgeschichte, die mit meiner Aktivität in der Historischen Kommission der DGfE zusammenhing. Dort gab es Ende der 1980er Jahre eine aufmüpfige Fraktion, die sich gegen den, als allmächtig wahrgenommenen Vorstand und sein Umfeld richtete und auf mehr Mitsprache pochte, beispielsweise bei der Themenwahl für Tagungen, einer Revision von deren (zumeist mit Vorträgen überladenen) Strukturierung, der Berücksichtigung von Forschungs- und Interpretationsansätzen außerhalb des Mainstreams wie nicht zuletzt einer Öffnung für die brennenden Fragen nach dem inhaltlichen Selbstverständnis der Disziplin. In diesem Kontext entstand während der September-Tagung 1989 in Detmold die Idee eines „Kritischen Jahrbuchs für Erziehungsgeschichte", das Hanno Schmitt (damals noch Marburg, später Potsdam), Frauke Stübig (ebenfalls Marburg, später Kassel), Pia Schmid (damals Frankfurt, später Halle/Saale) und ich herausgeben wollten. Die Planung (in mehreren Sitzungen reihum) war relativ weit gediehen, die ersten drei Jahrbücher (jährlich ab 1991) sollten sich den Themen „Reformpädagogik – neu erforscht, neu diskutiert", „'Geschlecht` in der Geschichte der Erziehung" sowie „Verdrängte Traditionen in der Geschichte der Erziehung" widmen, die Beiträge nach Möglichkeit „Verbindungen des Gegenstandes zu den Bewegungen der Zeit" herausarbeiten, die bisherige Forschung kritisch sichten und neue Forschungsperspektiven vorstellen, jedes Jahrbuch über gegenstandsspezifische Quellenbestände in Archiven, Nachlässen und Museen informieren, über Tagungen berichten und einen breiten Rezensionsteil enthalten, wobei das Konzept für das Reformpädagogik-Jahrbuch bereits vorlag, die vorgesehenen Autor/innen zugesagt, teilweise sogar Exposés geliefert hatten.[7] Von den sieben Verlagen, die wir anschrieben, artikulierten Beltz und Peter Lang Interesse – mehrheitlich entschied sich die Gruppe für Beltz mit dem scheinbar günstigeren Angebot und wohl auch mit dem bekannteren Verlagsnamen. Die Verhandlungen verliefen zügig, im Herbst 1990 trafen wir uns mit dem Lektor von Beltz, Peter Kalb, im Verlag zu einem abschließenden Gespräch, doch statt des erwarteten Verlagsvertrages erreichte uns kurze Zeit später die Nachricht aus Weinheim, dass ein Briefwechsel mit dem Vorsitzenden der Historischen Kommission ergeben habe, dass diese ebenfalls ein „Jahrbuch" plane, was die Absatzchancen unseres „Kritischen Jahrbuches" erheblich verringere, weshalb der Verlag „sehenden Auges … unser Jahrbuchprojekt nicht weiter betreiben (könne), wenn die ökonomischen Interessen des Verlages in dieser Weise tangiert" seien[8] – wir waren von Kalb „gelinkt" worden. Damit hatte sich unser Projekt im November 1990 zerschlagen, die Frustration bei uns Vieren war groß. Hanno Schmitt entschloss sich später, bei dem von der Historischen Kommission 1993 erstmals herausgegebenen und zunächst bei Juventa, später bei Klinkhardt erschienenen „Jahrbuch für Historische Bildungsforschung" mitzuwirken, bei mir selbst verfestigte sich der Gedanke, die Jahrbuch-Idee mit dem Oedelsheimer Kreis zu verbinden und dabei auf das Angebot des Verlages Peter Lang zurückzukommen.

Die Zusammenarbeit mit diesem Verlag geht auf die Anfänge meiner Tätigkeit in Paderborn Ende der 1970er Jahre zurück, als mir die Herausgabe einer wissenschaftlichen Buchreihe „Studien zur Bildungsreform", angeboten wurde, die inzwischen – nach über 30 Jahren – 51 Bände umfasst. Dabei ergab sich ein näherer Kontakt zu Jürgen-Matthias Springer, der als Linguist aus der Wissenschaft kam und schon bald die Programmleitung des Verlages übernahm. Unsere Zusammenarbeit hatte sich vor allem bei der Publikation der von mir in Paderborn veranstalteten Vortragsreihe „Pädagogen und Pädagogik im Nationalsozialismus..." bewährt, so dass ich es sehr bedauert hatte, das Angebot des Verlages für das geplante „Kritische Jahrbuch" ablehnen zu müssen. Für meinen zweiten Versuch einer Jahrbuch-Gründung sollte Springer nun einziger Ansprechpartner sein; ich erzählte ihm vom Oedelsheimer Kreis, den er von weitem schon auf dem Bielefelder Kongress der DGfE wahrgenommen hatte, und fragte ihn, ob er sich ein von den Kolleg/innen des „Kreises" herausgegebenes Publikationsorgan im Verlag Peter Lang vorstellen könne, was er grundsätzlich bejahte. Nachdem die Idee auf unserer Frühjahrstagung 1991 Zustimmung fand und konzeptionelle wie thematische Vorstellungen entwickelt wurden, ging alles ziemlich rasch und musste rasch gehen, weil die erste Ausgabe unseres „Jahrbuches für Pädagogik" wie seinerzeit das „Studienheft" nach Möglichkeit zum DGfE-Kongress im März 1992 in Berlin vorliegen sollte. Eckpunkte der Konzeption waren eine gesellschaftskritische pädagogische Orientierung, die Konzentration jedes „Jahrbuches" auf nur *eine* aktuelle Problemstellung sowie deren kritisch-konstruktive Durchdringung nach verschiedenen Seiten hin, die interdisziplinäre Perspektive sowie eine durchgängig einheitliche formale Struktur mit Themen-, Rezensionsteil und – als Besonderheit – einer in jeder Ausgabe wiederkehrenden Rubrik „Jahresrückblick" mit einem oder mehreren Beiträgen vorwiegend aus dem Herausgeberkreis zu zentralen Ereignissen und Diskursen des vergangenen Jahres mit pädagogischer und erziehungswissenschaftlicher Relevanz, was dem „Jahrbuch" einen unverwechselbaren Charakter geben und es zu einer festen Institution werden lassen sollte. Die Erarbeitung der Konzepte jedes einzelnen Jahrbuches wie die Diskussion einzelner Beiträge behielt sich der „Kreis" selber vor; aus dessen beiden jährlichen Treffen wurden somit Herausgeber-Sitzungen; die „Federführung" sollte alternierend in den Händen von je zwei Mitgliedern des „Kreises" als verantwortlichen Redakteuren liegen. Als Themen der ersten drei „Jahrbücher" waren die „´Abwicklung` der Erziehungswissenschaft in der ehemaligen DDR", „Reform und Gegenreform im Bildungswesen" sowie das „Geschlechterverhältnis in der Pädagogik" vorgesehen.[9]

Anfang Mai lag unser Konzeptpapier dem Verlag vor, ebenfalls noch im Mai teilte mir Springer telefonisch sein grundsätzliches Einverständnis mit, sofern sichergestellt sei, dass unser Periodikum über einen längeren Zeitraum erscheinen würde, Anfang Juli schickte er mir einen Vertragsentwurf (in zehnfacher Ausfertigung für alle Mitglieder des „Kreises") und bot zugleich an, noch Wünsche und Anregungen einzuarbeiten, sofern die rechtlichen Spielräume des Verlages dies zuließen. Die Vertragsunterzeichnung erfolgte auf dem 6. Treffen des „Kreises" im Oktober 1991. Bei dieser Gelegenheit stellte sich uns Springer gleich zu Beginn mit einem kurzen Statement: „Das `Jahrbuch für Pädagogik` und seine Verortung im Verlagsprogramm" vor, wobei mir noch gut in Erinnerung ist, dass sich daran viele Nachfragen knüpften, einerseits zum Verlag selbst und seinem Profil, andererseits zum Verlagsinteresse an unserem Projekt, einschließlich ökonomischer Voraussetzungen und Möglichkeiten. Schließlich hatte nicht nur ich Erfahrungen mit anderen Verlagen wie gerade erst mit Beltz gemacht und waren alle an Nachhaltigkeit ihrer in ein solches Projekt zu investierenden Arbeit interessiert. Außerdem wiesen wir darauf hin, dass der Verlag möglicherweise mit Außenseitern der Disziplin, als die wir uns zumindest wahrnahmen, potentielle Autoren und Autorinnen des Mainstreams verschrecken könne. Dies alles focht Springer nicht an, er konnte uns davon überzeugen, dass er als Programmleiter des Verlages dieses Projekt nicht in erster Linie aus ökonomischen Erwägungen, sondern vor allem als Prestigeobjekt des Verlages betreibe. Springer nahm in der Folgezeit an sämtlichen Herausgebertreffen des „Kreises" teil, eröffnete unsere Sitzungen mit dem Standardprogrammpunkt: „Zum Stand des Jahrbuchprojektes", u.a. mit den jeweils neuesten Zahlen über Abonnenten und verkaufte Exemplare, und blieb als interessierter Zuhörer bis zum Mittagessen des zweiten Tages. Im Laufe der Jahre wurde er durch seinen, als Verleger geweiteten Blick, seine vielfältigen Kontakte in benachbarte Wissenschaftsdisziplinen hinein wie nicht zuletzt seine zurückhaltende und feinsinnige Art zu einem wertvollen Mitglied des „Kreises". Die große Akzeptanz, derer er sich auch bei unseren Nachfolgern erfreute, wird daraus ersichtlich, dass sie ihm nach seinem Ausscheiden aus dem Verlag mit Erreichung der Altersgrenze die Mitgliedschaft im Herausgeberkreis anboten, dem er nun seit Jahrbuch 2012 angehört.

3. Das erste „Jahrbuch": „Erziehungswissenschaft im deutsch-deutschen Vereinigungsprozeß" (1992)

Sollte das erste Jahrbuch wirklich zum DGfE-Kongress im März 1992 in Berlin erscheinen, wäre ein Beginn der konzeptionellen Arbeiten *nach* vollzogener Vertragsunterzeichnung viel zu spät gewesen. Deshalb verließ sich der „Kreis" auf die mündliche Zusage Springers und begann mit den Planungen und Vorbereitungen unmittelbar nach dem Frühjahrstreffen 1991. Klaus Himmelstein und ich übernahmen die Redaktion. Uns wurde schon bald bewusst, auf welch heißes Eisen und auf was für eine komplexe Thematik wir uns mit dem Thema „Abwicklung" eingelassen hatten und dass es etwas anderes war, darüber zu diskutieren als zu publizieren. Das Thema musste weiter gefasst, der *gesamte* Prozess der Transformation, besonders soweit er die Erziehungswissenschaft betraf, mit einbezogen werden, so dass der Titel schließlich „Erziehungswissenschaft im deutsch-deutschen Vereinigungsprozeß" lautete. Außerdem bedurfte es intensiver Recherchen vor Ort, das heißt zumindest an einzelnen Hochschulen, um die Vorgänge dort nachvollziehen zu können und glaubwürdige Betroffene als Autoren wie Interviewpartner zu finden. Dabei kam mir zugute, dass ich bereits vor der „Wende" in den 1980er Jahren mit Studierenden mehrere Studienfahrten in die DDR gemacht, 1988 an einem Faschismus-Kolloquium bei den Historikern in Jena teilgenommen, dabei auch Kontakte zu den Pädagogen geknüpft, nicht zuletzt nach der „Wende" sog. deutsch-deutsche Tagungen besucht sowie eine Vielzahl von Kontakten zu Kollegen von „drüben" unterhalten hatte. Ich schlug deshalb ein Treffen mit einigen von ihnen an einem DDR-Hochschulstandort noch im Frühsommer vor, um zum einen aus ihren ganz persönlichen Erfahrungen an unterschiedlichen wissenschaftlichen Einrichtungen den Prozess der Transformation und damit der „Abwicklung" besser durchschauen zu können, zum anderen uns auf bestimmte Schwerpunkte und Autoren für das „Jahrbuch" zu verständigen und letztlich dessen Struktur endgültig festzulegen, denn letztmöglicher Termin für die Abgabe der Manuskripte musste der Oktober sein, sollte der März als Erscheinungszeitpunkt des „Jahrbuches" gehalten werden.

Das Jahrbuchtreffen wie die Begegnung mit Erziehungswissenschaftlern und Psychologen aus Leipzig (Helmut und Johanna Faust), Halle/Saale (Andreas Pehnke) und Berlin (Horst Weiß, Adolf Kossakowski, beide – wie auch Ulrich Wiegmann – bis zu deren Auflösung an der Akademie der Pädagogischen Wissenschaften) fand an einem Juni-Wochenende von Freitagabend bis Sonntagmittag in einem Nebenraum des Hotels „Deutschland" sowie einem Klassenzimmer der 25. Grundschule in Leipzig statt. Mit Ausnahme von Gamm und Koneffke nahmen alle Mitglieder des „Kreises" daran teil. Die detaillierten Einblicke in den Prozess von Transformation und „Abwicklung" aus der Perspektive der Betroffenen verkomplizierten zwar unsere anfänglichen Vorstellungen, zumal wir zu wenig über die Vorgeschichte der DDR-Wissenschaft wussten, ließen uns aber immer klarer sehen, dass der von *westdeutscher* Seite eingeleitete Prozess sog. „Abwicklung" mit Makeln behaftet war – seine Bezeichnung als „Okkupation" und „Kolonialisierung" entstand nicht zufällig! -, vor allem aber dass Teile und Akteure *unserer* Disziplin eine opportunistische, teilweise perfide Rolle spielten, indem sie beispielsweise zur Herabwürdigung ihrer ostdeutschen Kolleginnen und Kollegen beitrugen; diesen Prozess exemplarisch zu dokumentieren, war eines unserer Anliegen. Auf Seiten der Betroffenen, vor allem wenn sie noch auf eine berufliche Zukunft hoffen konnten, gehörte viel Mut dazu, ihre Erfahrungen öffentlich zu machen, weil sie damit ihre Wiedereinstellungschancen verschlechterten oder ganz verloren. Deshalb verwunderte uns nicht, dass einer unserer interviewten Hochschul-Mitarbeiter nach Veröffentlichung seiner Aussage diese zurückziehen wollte und sogar mit juristischen Schritten drohte, andere gar nicht erst zu einem Interview bereit waren und selbst eine unserer West-Berliner Autorinnen ihre „Impressionen zur Entwicklung der Humboldt-Universität zwischen Oktober 1989 und Ende 1991" nur anonym zu schreiben bereit war (vgl. Volksmund 1992).

Unser erstes „Jahrbuch" war zweifellos das spektakulärste, sowohl was seine Entstehungsgeschichte als seinen Inhalt, nicht zuletzt seine Wirkung innerhalb und außerhalb der Disziplin anbelangt. Jahrbuch-Strukturierung, Autorengewinnung und die Textproduktion selber mussten aus den dargestellten Gründen unter Zeitdruck über die Bühne gehen, gleichzeitig sollte die vor und nach der Vereinigung immer rasantere Entwicklung etwa beim Editorial oder den geplanten Fallstudien so lange wie möglich berücksichtigt werden. Erschwerend kam hinzu, dass bei diesem ersten Jahrbuch allgemeine Festlegungen zu treffen waren, vom Titel und der Farbe des Einbandes bis hin zur Aufstellung verbindlicher Zitierregeln. Da wir damals weder E-mails noch Handys hatten, häuften sich die Briefe innerhalb des Herausgeberkreises wie zwischen Redaktion und Autoren und stiegen unsere Telefonrechnungen in teilweise astronomische Höhen. Schließlich kamen – angesichts der Themen- und Materialfülle nicht verwunderlich – Probleme mit dem Umfang hinzu: aus den verabredeten 250 waren 324 Seiten geworden; die daraus resultierende Preiserhöhung fiel zum Glück moderat aus.

Liest man heute, nach über 20 Jahren, in diesem ersten Jahrbuch, ist es immer noch eine spannende Lektüre (vgl. Himmelstein/Keim 1992). Die vier zentralen Kapitel: „Außen-" und „Innenansichten von ´Abwicklung` und `Kolonialisierung`", „Erziehungswissenschaft im Prozeß der Neukonstituierung" sowie „Diskurse im Vereinigungsprozeß" spiegeln zentrale Dimensionen der Thematik mit Hilfe unterschiedlicher Textsorten wie Essay, Satire, Glosse, Interview, Dokumentation und Rezension. Im Mittelpunkt der „Außenansichten" standen Hasko Zimmers und Ulla Brachts Versuch, anhand Bourdieu`scher Kategorien und auf der Grundlage einer Zeitschriftenauswertung die „Rolle der westdeutschen pädagogischen Intelligenz … im Kontext des staatlichen Abwicklungsprogramms" zu analysieren, wie auch Otto Köhlers als Realsatire angelegtes Porträt eines „Abwicklers" aus der Erziehungswissenschaft, das aufgrund der in den verwendeten Originalzitaten zum Ausdruck kommenden Menschenverachtung immer noch verstörend wirkt. Die „Innenansichten" dokumentieren exemplarisch an Beispielen aus Berlin, Leipzig und Halle/Saale unterschiedliche Facetten von „Abwicklung", bis hin zu Hausverboten oder Bibliothekssperren für „abgewickelte" Kolleginnen und Kollegen. Im dritten Teil: „Erziehungswissenschaft im Prozeß der Neukonstituierung" entwickelte Hans-Jochen Gamm „Perspektiven historisch-materialistischer Pädagogik nach dem Scheitern des `real existierenden Sozialismus`", erinnerte Bernd Fichtner an die Tätigkeitstheorie der Kulturhistorischen Schule und deren Bedeutung für ein subjektorientiertes Verständnis von Lehr-Lernprozessen auf der Grundlage eines ganzheitlichen, gesellschaftlich vermittelten Menschenbildes und setzte sich Kurt Beutler differenziert mit der

Erziehungsgeschichtsschreibung der DDR am Beispiel der von Karl-Heinz Günther u.a. herausgegebenen „Geschichte der Erziehung" auseinander. Schließlich riefen die „Diskurse im Vereinigungsprozeß" in Form von Rezensionen die thematische Breite wie das Spektrum an Positionierungen damaliger Publikationen ins Bewusstsein, die im erziehungswissenschaftlichen Diskurs kaum entsprechende Beachtung fanden.

Unser erstes Jahrbuch wurde – ähnlich wie unser „Studienheft" 1990 in Bielefeld – auf dem Kongress der DGfE 1992 in Berlin der Öffentlichkeit präsentiert. Für die schon früh angemeldete Arbeitsgruppe „Die ´Abwicklung` der Erziehungswissenschaft in der ehemaligen DDR", konnten wir mehrere Gäste, darunter den bekannten Politologen Wolfgang Narr, als Referenten gewinnen. Sowohl die Presse-Konferenz, auf der es zu einem heftigen Schlagabtausch der Jahrbuch-Herausgeber mit Mitgliedern des Vorstandes der DGfE kam, als auch unsere AG fanden eine ausgesprochen breite Resonanz, schon deshalb, weil wir als einzige überhaupt auf diesem Kongress das gerade in Berlin brisante Thema „Abwicklung" aufgegriffen hatten. Die Kommentare reichten – wie kaum anders erwartet, aber auch nicht anders intendiert – von uneingeschränkter Zustimmung zu unserer Dokumentation und der Empfehlung unseres „Jahrbuches" als wichtiges neues Periodikum bis hin zu totalem Verriss z.B. in der ZfPäd., die allerdings das 1992er-Jahrbuch immerhin für so wichtig erachtete, dass sie ihm eine 4-seitige Rezension widmete (vgl. Leschinsky 1992). Die Aufregung, die es verursachte, lässt sich daran ablesen, dass uns, besonders aber dem bekannten Hamburger Journalisten Otto Köhler, rechtliche Schritte angedroht wurden, nachdem dieser seinem „Abwickler"-Porträt" im „Jahrbuch" auch noch „Nachbemerkungen zum Kongreß der DGfE" in der Wochenzeitung „DIE ZEIT" unter dem Titel „Im Vakuum der Rechtlosigkeit. Wie die westdeutschen Pädagogen ihre ostdeutschen Kollegen einschätzen und behandeln" hatte folgen lassen (vgl. Köhler 1992). Das Thema „Abwicklung" – jener in der deutschen Geschichte einmalige Vorgang der Auflösung ungezählter Einrichtungen des Erziehungs- und Bildungswesens wie des nahezu vollständigen Personalaustauschs an Schulen und Hochschulen über die Betroffenen hinweg – fand im „Jahrbuch 1993" mit Hasko Zimmers Jahresrückblick: „Pädagogik in den Vereinigungskrisen. Notizen zum pädagogischen Diskurs 1992" (vgl. Zimmer 1993) wie auch mit einer Dokumentation entsprechender Kongressbeiträge eine Fortsetzung. 10 Jahre später haben die „Jahrbuch"-Herausgeber das Thema unter dem Titel: „Kritik der Transformation – Erziehungswissenschaft im vereinigten Deutschland" noch einmal aufgenommen (vgl. Keim u.a. 2002), damit allerdings längst nicht mehr die Resonanz gefunden wie 1992; die Macht der Gewöhnung war hier wie anderswo stärker als der Wunsch nach Aufklärung eines bis heute weithin verdrängten Vorgangs.

4. Das „Jahrbuch für Pädagogik" – eine (Erfolgs-)Bilanz

Die Produktion unseres „Studienheftes" wie des ersten „Jahrbuches", jeweils parallel zur Vorbereitung einer Kongress-AG, forderte uns – neben dem Wissenschaftsbetrieb – in einer Weise, die auf Dauer nicht durchzuhalten war. Deshalb mussten Routinen für die Arbeit am „Jahrbuch" entwickelt werden, ohne substantielle Elemente wie die gemeinsame Diskussion von Themen, Konzepten und Autoren aufzugeben. Zu diesen Routinen gehörte, dass wir die „Jahrbuch"-Themen auf den zweimal jährlich stattfindenden Herausgeber-Sitzungen festlegten, in der Regel jeweils zwei Mitglieder des „Kreises" mit der Erarbeitung eines Konzeptes beauftragten, das dann in einer der folgenden Sitzungen diskutiert und mit der Entscheidung für spezifische Fragestellungen und geeignete Autoren konkretisiert wurde, so dass in den folgenden Sitzungen lediglich noch über den Fortgang der Arbeit berichtet werden musste, ggf. auftauchende Probleme zu klären waren. [10]

Überblickt man die in 20 Jahren behandelten Themen, lassen sich – wie nicht anders zu erwarten – deutlich gesellschaftspolitisch vermittelte Schwerpunktbildungen erkennen: in zwei „Jahrbüchern" wird die NS-Thematik aufgenommen: 1995 unter dem Aspekt „Auschwitz und die Pädagogik", 2003 unter der Perspektive „Erinnern – Bildung – Identität"; mehrfach werden Fragen einer gerechten und demokratischen Gesellschaft behandelt: 2000 „Gleichheit und Ungleichheit in der Pädagogik", 2007 „Arbeitslosigkeit", 2009 „Entdemokratisierung und Gegenaufklärung", 2011 „Menschenrechte und Bildung"; eine Reihe von „Jahrbüchern" setzen aktuelle Brennpunkte in Beziehung zur Pädagogik wie 1994 „Geschlechterverhältnisse *und* die Pädagogik", 2004 „Globalisierung *und* Bildung", 2005 „Religion – Staat – Bildung", 1996 „Pädagogik *in* multikulturellen Gesellschaften" oder 1998 „Bildung *nach* dem Zeitalter der großen Industrie", womit die moderne Arbeitsgesellschaft mit all ihren Problemen gemeint war; zweimal knüpften wir an zentralen Topoi erziehungswissenschaftlicher Diskurse an: 1999 im Jahrbuch „Das Jahrhundert des Kindes" und 2008 anlässlich der 40. Wiederkehr „1968 und die neue Restauration"; nur zwei Jahrbücher behandeln bildungsphilosophische Themen: 1997 „Mündigkeit. Zur Neufassung materialistischer Pädagogik" und 2001 „Zukunft"; bereits 1993 nahmen wir unter dem Titel „Öffentliche Pädagogik vor der Jahrhundertwende: Herausforderungen, Widersprüche, Perspektiven" das Bildungswesen als Ganzes kritisch unter die Lupe, in drei weiteren Jahrbüchern die sich dramatisch verändernden Lernkulturen mit ihren Leitbildern, Konzepten und Verfahrensweisen: 2006 „Infantilisierung des Lernens? Neue Lernkulturen – ein Streitfall", 2010 „'Der vermessene Mensch`. Ein kritischer Blick auf Messbarkeit, Normierung und Standardisierung" und 2012 „Schöne neue Leitbilder".

Für letztere war bereits ein völlig neues Herausgeberteam verantwortlich. Der Gründerkreis hatte sich mit dem 10. Jahrbuch verabschiedet; nur Beutler, Gamm und ich blieben im Interesse einer kontinuierlichen Fortsetzung des „Jahrbuchs". Neu hinzu kamen 2002 mit dem in Kassel „Politische Bildung und ihre Didaktik" lehrenden Gerd Steffens ein Koneffke- und Gamm-Schüler sowie mit Edgar Weiß (Jg. 1957) der erste Vertreter einer deutlich jüngeren Generation. Gamm und ich hatten ihn zur Mitarbeit eingeladen, nachdem wir an seinem Habilitationsverfahren über Friedrich Paulsen beteiligt gewesen waren (vgl. Weiß 1999). Wichtige Stützen des zweiten „Jahrbuch"-Abschnittes wurden außerdem Christa Uhlig und Dieter Kirchhöfer, der vor der „Wende" Erziehungsphilosophie an der Universität Potsdam gelehrt und wichtige Arbeiten zu kindheitssoziologischen Fragen im Ost-West-Vergleich publiziert hatte. Damit gehörten dem Herausgeberkreis wieder zwei Ost-Kolleg/innen an, nachdem Ulrich Wiegmann 1996 ausgeschieden war. Dauerhaft weitere Mitglieder zu gewinnen, gelang dagegen zunächst nicht,[11] so dass für „Jahrbuch" 2006 nur noch 6 Herausgeber/innen verantwortlich zeichneten; Kurt Beutler hatte uns 2003 aus gesundheitlichen Gründen verlassen – er starb 2011. Diese Zeit, in der wir mehrfach Krisensitzungen einberufen mussten, habe ich als die schwierigste „Jahrbuch"-Zeit überhaupt erlebt. 2008 schieden Gamm und ich als letzte aus dem Gründerkreis aus; Steffens und Weiß konnten in den folgenden Jahren mit „gestandenen" und interessanten Vertreter/innen deutlich jüngerer Generationen ein neues Herausgebergremium konstituieren, das sich inzwischen erfreulich stabilisiert hat, so dass man den nächsten Ausgaben des „Jahrbuchs" gespannt entgegensehen kann.

Die 20-, wenn man so will auch 25-jährige Geschichte des „Jahrbuchs" also eine Erfolgsgeschichte! Die Gründe dafür sind vielfältig und hängen m.E. mit der Ausgangskonstellation wie dem Kreis zusammen, der sich vor 25 Jahren zum ersten Mal in Oedelsheim traf und später zum „Jahrbuch"-Herausgeberkreis wurde. Ihn verband ein echtes Anliegen, hinzu kamen der Außendruck und die Stigmatisierung als Außenseiter, die zumindest einige seiner Mitglieder erfahren hatten, so dass sie die wechselseitige Zuwendung und Anerkennung als hohes Gut erlebten. Die Zusammenarbeit verlief freundschaftlich, ohne jede Konkurrenzsituation. Zwar gab es bei der „Jahrbuch"-Arbeit auch Konflikte, diese konnten jedoch ohne bleibende Verletzungen im und durch den „Kreis" selber gelöst werden, woran die inzwischen verstorbenen Älteren – Radde, Gamm und Koneffke – wesentlichen Anteil hatten. Vor allem dem feinen Menschenbeobachter Gamm gelang es immer wieder, uns Jüngeren bei Problemen zu helfen und uns zu stabilisieren. Als Glücksfall muss aber auch die Zusammenarbeit mit Matthias Springer und dem Verlag Peter Lang bezeichnet werden. Dass Springer bei jeder Herausgeber-Sitzung zwei halbe Tage blieb und echtes Interesse an unserer Arbeit zeigte, dürfte das „Jahrbuch"-Unternehmen beflügelt haben. Nicht zuletzt sei die Familie Koch genannt, die dem „Jahrbuch"-Kreis bis heute nicht nur Unterkunft und Verpflegung, sondern auch eine herzliche Atmosphäre angedeihen läßt, so dass trotz Arbeitsbelastung alle gern nach Oedelsheim kamen und kommen. Ich wünsche dem jetzigen Herausgeberkreis für die nächsten 20 „Jahrbücher" viel Erfolg!

Anmerkungen

1 Dem Aufsatz liegt ein Vortrag vor den Mitgliedern des alten und neuen Herausgeberkreises des „Jahrbuches" anlässlich der Feier zu dessen 20-jährigem Jubiläum im November 2012 zugrunde. Er basiert im Wesentlichen auf fünf in meinem Besitz befindlichen Ordnern zur Geschichte des „Oedelsheimer Kreises" und des „Jahrbuches" sowie einer von Hasko Zimmer erstellten Foto-Dokumentation; vgl. als ersten Jahrbuch-Rückblick nach 10 Jahren: Himmelstein/Keim 2001.

2 Freilich ohne Berührungspunkte zur Geisteswissenschaftlichen Pädagogik.

3 Vgl. zum Wilhelm-Streit aus unterschiedlichen Perspektiven Keim 1990, insbes. S.25, Fn.1; Wilhelm 1989; Hesse 1995, S.785ff.; Weiß/Weiß 1997, S.203-291; Horn 2003, S.375f.; aus der Sicht des DGfE-Vorstandes Berg u.a. 2004, S.29-35.

4 So Peter Menck in einem Brief an mich v. 20.12.1984. Die damalige Hilflosigkeit, die freilich der jahrzehntelangen Verdrängung der Problematik durch die Disziplin geschuldet war, spiegelt sich etwa auch bei Menck 1988.

5 So Helga Marzinski-Bozalp in einer Verlautbarung des Pressebüros „Bilanz für die Zukunft. Highlights des Kongresses der DGfE vom 19.-21.3.1990 in der Universität Bielefeld, 5 S., hier S.3.

6 Ulrich Wiegmann, Erinnerungsbericht über meinen Aufenthalt in Oedelsheim vom 16.3.-18.3. 1990 und über meine Teilnahme am 12. Kongreß der DGfE in Bielefeld vom 19.3.-21.3.1990, unveröffentl. Mskr., 11 S., hier S.9.

7 Protokolle und Korrespondenzen im Ordner: Projekt Kritisches Jahrbuch Erziehungsgeschichte.

8 Brief von Peter Kalb an Pia Schmid, Frauke Stübig, Hanno Schmitt und mich vom 26.11.1990.

9 Letzteres Thema – freilich in historischer Perspektive – hatte auch in der Planung des „Kritischen Jahrbuchs" eine zentrale Rolle gespielt, was den öffentlichen Stellenwert der Geschlechterproblematik, insbesondere hinsichtlich der Dimensionen von Ungleichheit und Differenz, vor knapp einem viertel Jahrhundert unterstreicht.

10 Nur zwei Mal, nämlich für die Jahrbücher 1996 und 1998, hat der Herausgeberkreis Redaktionen von außen zur Mitarbeit eingeladen (vgl. Auernheimer/Gstettner 1996; Rützel/Sesink 1998), zum einen um Kollegen mit interessanten Schwerpunkten hinzuzugewinnen, zum anderen zur Entlastung vom ständigen Druck Herausgeberinterner Redaktionen. Da jedoch Konzepte und Autoren auch dieser Jahrbücher mit den Außenredaktionen im gesamten Herausgeberkreis diskutiert wurden und jeweils ein Mitglied des „Kreises" beauftragt war, den Kontakt zur Außenredaktion zu halten, hielt sich die Entlastung in Grenzen, so dass dieses Verfahren später nicht wiederholt wurde. Eine zweite, offensichtlich entlastendere Variante war die Hinzugewinnung nur *eines* Mitredakteurs von außerhalb wie bei Jahrbuch 1994 und 2001 (vgl.

Bracht/Keiner 1994 und 2001). In einem Falle, Jahrbuch 2005, als der Herausgeberkreis bedenklich geschrumpft und die Last für die verbliebenen Mitglieder bis an die Grenze der Belastbarkeit gestiegen war (s.u.), zeichnete der *gesamte* Herausgeberkreis als Redaktion verantwortlich (vgl. Herausgeberkreis 2005).

11 Die Gründe für die in einigen Fällen nicht gelungene Integration neuer Mitglieder im Herausgebergremium waren vielfältig: Schwierigkeiten gruppendynamischer Art, sich in einen über Jahre gewachsenen Kreis einfädeln zu können und zu wollen, zu stark differierende Einstellungen und Standpunkte, zeitliche Probleme usf.

Literatur

Auernheimer, Georg/Gstettner, Peter (Red.), Jahrbuch für Pädagogik 1996: Pädagogik in multikulturellen Gesellschaften, Frankfurt/M. 1996.

Berg, Christa u.a.: Kleine Geschichte der Deutschen Gesellschaft für Erziehungswissenschaft. Eine Fachgesellschaft zwischen Wissenschaft und Politik, Wiesbaden 2004.

Beutler, Kurt: Zur Frage der marxistischen Methode in der Pädagogik, in: Gamm/Koneffke 1997, S.81-98.

Bracht, Ulla/Keiner, Dieter (Red.): Jahrbuch für Pädagogik 1994: Geschlechterverhältnisse und die Pädagogik, Frankfurt/M. 1994.

Bracht, Ulla/Keiner, Dieter (Red.): Jahrbuch für Pädagogik 2001: Zukunft, Frankfurt/M. 2001.

Gamm, Hans-Jochen: Zehn Thesen zum Materialismus in pädagogischer Absicht, in: Gamm/Koneffke 1997, S.17-30.

Gamm, Hans-Jochen/Koneffke, Gernot (Red.): Jahrbuch für Pädagogik 1997: Mündigkeit. Zur Neufassung materialistischer Pädagogik, Frankfurt/M. 1997.

Herausgeberkreis (Red.): Jahrbuch für Pädagogik 2005: Religion – Staat – Bildung, Frankfurt/M. 2006.

Hesse, Alexander: Die Professoren und Dozenten der preußischen Pädagogischen Akademien (1926-1933) und Hochschulen für Lehrerbildung (1933-1941), Weinheim 1995.

Himmelstein, Klaus/Keim, Wolfgang (Red.): Jahrbuch für Pädagogik 1992: Erziehungswissenschaft im deutsch-deutschen Vereinigungsprozeß, Frankfurt/M. 1992.

Himmelstein, Klaus/Keim, Wolfgang: 10 Jahre „Jahrbuch für Pädagogik", in: Bracht/Keiner 2001, S.481-484.

„Historikerstreit". Die Dokumentation der Kontroverse um die Einzigartigkeit der nationalsozialistischen Judenvernichtung, München 1987.

Hochschule und Wissenschaft im Faschismus. Forum Wissenschaft Nr.2/1985.

Horn, Klaus-Peter: Erziehungswissenschaft in Deutschland im 20. Jahrhundert. Zur Entwicklung der sozialen und fachlichen Struktur der Disziplin von der Erstinstitutionalisierung bis zur Expansion, Bad Heilbrunn/Obb. 2003.

Jahrbuch für Pädagogik 1992-2012, Frankfurt/M. 1992-2012.

Keim, Wolfgang (1988a): Vergessen oder Verantwortung. Zur Auseinandersetzung bundesdeutscher Erziehungswissenschaft mit ihrer NS-Vergangenheit, in: Forum Wissenschaft 5(1988), Nr.1, S.40-45.

Keim, Wolfgang (Hg.) (1988b): Pädagogen und Pädagogik im Nationalsozialismus – Ein unerledigtes Problem der Erziehungswissenschaft, Frankfurt/M. 1988, 1991[3].

Keim, Wolfgang (Keim 1990a): Pädagogik und Nationalsozialismus. Zwischenbilanz einer Auseinandersetzung in der Erziehungswissenschaft, in: Keim u.a. 1990, S.14-27 (Erstveröffentlichung in: Neue Sammlung 29, 1989, S.186-208).

Keim, Wolfgang (Keim 1990b): „Moralismus" versus „menschliches Maß". Eine Erwiderung auf den Versuch einer Satire von Klaus Prange in der Zeitschrift für Pädagogik 5/1990, in: ZfPäd. 36(1990), S.937-942.

Keim, Wolfgang u.a.: Erziehungswissenschaft und Nationalsozialismus – Eine kritische Positionsbestimmung, Marburg 1990.

Keim, Wolfgang u.a. (Red.): Jahrbuch für Pädagogik 2002: Kritik der Transformation – Erziehungswissenschaft im vereinigten Deutschland, Frankfurt/M. 2003.

Kempken, Gerd (Hg.): Wissenschaft: Geschichte und Verantwortung. Eine Dokumentation, Marburg 1988.

Klafki, Wolfgang: Bericht über das Podium „Pädagogik und Nationalsozialismus", in: Benner, Dietrich u.a.: Bilanz für die Zukunft: Aufgaben, Konzepte und Forschung in der Erziehungswissenschaft. Beiträge zum 12. Kongreß der Deutschen Gesellschaft für Erziehungswissenschaft vom 19. bis 21. März in der Universität Bielefeld, Weinheim/Basel 1990, S.35-55.

Köhler, Otto: Im Vakuum der Rechtlosigkeit. Wie die westdeutschen Pädagogen ihre ostdeutschen Kollegen einschätzen und behandeln, in: DIE ZEIT v. 3.4.1992, S.68.

Kühnl, Reinhard (Hg.): Vergangenheit, die nicht vergeht. Die „Historiker-Debatte" – Darstellung, Dokumentation, Kritik, Köln 1987.

Leschinsky, Achim: Besprechung Jahrbuch für Pädagogik 1992, in: ZfPäd. 38(1992), S.965-968.

Lingelbach, Karl-Christoph: Erziehung und Erziehungstheorien im nationalsozialistischen Deutschland, Weinheim u.a. 1970, überarb. u. erw. Zweitausgabe Frankfurt/M. 1987.

Lingelbach, Karl-Christoph (Lingelbach 1990a): Zur Kritik „Pädagogischen Denkens" in der zeithistorischen Erziehungsforschung, in: Keim u.a. 1990, S.123f.

Lingelbach, Karl-Christoph (Lingelbach 1990b): Unkritische Bildungshistorie als sozialwissenschaftlicher Fortschritt, in: Keim u.a. 1990, S.125-136.

Menck, Peter: Pädagogik in Deutschland zwischen 1933 und 1945. Überlegungen zur Aneignung einer verdrängten Tradition, in: Herrmann, Ulrich/Oelkers, Jürgen (Hg.): Pädagogik und Nationalsozialismus (22. Beiheft der ZfPäd.), Weinheim/Basel 1988, S.39-51.

Rützel, Josef/Sesink, Werner (Red.): Jahrbuch für Pädagogik 1998: Bildung nach dem Zeitalter der großen Industrie, Frankfurt/M. 1998.

Tenorth, Heinz-Elmar, Deutsche Erziehungswissenschaft 1930 bis 1945. Aspekte ihres Strukturwandels, in: ZfPäd. 32(1986), S.299-321.

Volksmund: Tischlein deck dich, Esel streck dich, Knüppel aus dem Sack … Impressionen zur Entwicklung der Humboldt-Universität zwischen Oktober 1989 und Ende 1991, in: Himmelstein/Keim 1992, S.79-86.

Weiß, Edgar: Friedrich Paulsen und seine volksmonarchistisch-organizistische Pädagogik im zeitgenössischen Kontext. Studien zu einer kritischen Wirkungsgeschichte, Frankfurt/M. 1999.

Weiß, Edgar u. Elvira: Pädagogik und Nationalsozialismus. Das Beispiel Kiel, Kiel 1997.

Wilhelm, Theodor: Die kulturelle Kraft Europas im Kriege, in: Internationale Zeitschrift für Erziehung 13(1944), S.1-14.

Wilhelm, Theodor: Verwandlungen im Nationalsozialismus. Anmerkungen eines Betroffenen, in: Neue Sammlung 29(1989), S.498-506.

Zimmer, Hasko: Pädagogik in den Vereinigungskrisen. Notizen zum pädagogischen Diskurs 1992, in: Lingelbach, Karl-Christoph/Zimmer, Hasko (Red.): Jahrbuch für Pädagogik 1993: Öffentliche Pädagogik vor der Jahrhundertwende: Herausforderungen, Widersprüche, Perspektiven, Frankfurt/M.1993, S.271-282.

Krisendiskurse und (ausgebliebene) gesellschaftliche Lernprozesse

Gerd Steffens

Krise und gesellschaftliches Lernen

1. Was meinen wir eigentlich, wenn wir von Krise reden? – Eine Vorüberlegung

Der Begriff der Krise ist heute in aller Munde, scheint selbstverständlich und keiner Erläuterung zu bedürfen. Gleichwohl ist es hilfreich zu vergegenwärtigen, was wir eigentlich meinen, wenn wir von Krise reden. Noch im Alltagsslapstick „Ich glaub, ich krieg die Krise", der in seinem ironischen Gebrauch wie ein Rettungsanker der Souveränität wirkt, schwingt ja der Bedeutungskern unverkennbar mit: dass sich ein Zustand grundlegend und ohne oder gegen den Willen des Subjekts ändert. Wer die Krise kriegt, ist aus dem inneren Gleichgewicht, kennt sich kaum wieder, beherrscht die Entwicklung nicht mehr, sondern fühlt sich ihr und ihren Zwängen ausgeliefert und auf eine Entscheidungssituation zutreibend, deren Ausgang kaum zu beeinflussen, aber schwerwiegend ist. Deshalb erschreckt und fasziniert uns der Begriff der Krise gleichzeitig – und selbst wenn wir mit ihm spielerisch umgehen, spielen wir mit ebendiesen Wirkungen.

Es geht ums Ganze und wir haben die Dinge nicht in der Hand – das ist schon das Bedeutungssignal des medizinischen Gebrauchs des Krisenbegriffs seit der Antike. Aber zugleich – Kritik und Krise haben den gleichen griechischen Wortstamm von ent- und unterscheiden, klären – ist Krise ein semantisches Signal der Herausforderung, ihre Zeichen zu lesen, ihren Verlauf verstehen und beeinflussen zu können. Der Gebrauch des Begriffs ist daher kein Zeichen von Fatalismus, sondern viel eher mit der Hoffnung verknüpft, den Gang der Dinge doch durchschauen und zum Besseren wenden zu können – und das möglichst grundlegend. Denn wer die Krise, ihre Ursachen und Wirkungszusammenhänge verstanden hat, kann hoffen, die Verhältnisse so ändern zu können, dass sie nicht mehr eintritt – das wäre der wirkliche Wiedergewinn der Handlungssouveränität, deren Verlust den Schrecken der Krise ausmacht.

Krise ist also eigentlich ein Wort für ein reales Drama, einen dramatischen Zusammenprall von Objektivem und Subjektivem, von Verhältnissen und handelnden Menschen, in dem die Menschen zunächst unterzugehen scheinen, weil ihnen das Gesetz des Handelns völlig entgleitet, und in dem sie verzweifelt, aber eben mit der Kraft ihres Verstandes, versuchen, eben dieses Gesetz des Handelns wieder in die Hand zu bekommen und die Dinge zu ihren Gunsten zu wenden. Krisentheorien, so abstrakt sie auch sein mögen, beschreiben, analysieren im Grunde solche Verläufe und sind deshalb so etwas wie theoretische Dramen.

Nicht von ungefähr fällt manchen Autoren, wenn sie über den Begriff der Krise reflektieren, die klassische Dramentheorie ein, nach welcher die dramatische Handlung auf einen Umschlagpunkt, die Peripetie, zutreibt, um dann mit einer unverhofften Lösung oder in der Katastrophe zu enden (etwa Habermas 1973, S.10).

Eine andere kennzeichnende Eigenart, die ebenfalls wie von selbst in der Verwendung des Wortes mitschwingt, muss noch hervorgehoben werden: Von Krise reden wir nie im Hinblick auf ein einzelnes Missgeschick, sondern haben immer eine fatale Verkettung von Umständen im Auge. Sich den Arm zu brechen ist ein begrenztes Unglück und lästig, zur Krise führte es erst dann, wenn der ganze Mensch, die Integrität seiner Lebensführung, davon erfasst würde, z. B. weil der Bruch so schlecht verheilte, dass dieser Mensch seinen Beruf nicht mehr ausüben könnte. Krise meint also immer Systemkrise, ob es nun das organische System des Körpers ist oder das ökonomische, politische oder ökologische System einer modernen Gesellschaft oder der Weltgesellschaft.

Krisen und krisenhafte Zustände können lang andauern oder schlagartig eintreten oder eine Kombination von beidem sein. Ihre grundlegenden Eigenschaften bleiben von ihrem zeitlichen Modus unberührt, auch wenn sie sich an einem plötzlichen Eintreten besonders plastisch darstellen lassen. Beides, lange Dauer und Plötzlichkeit, ja Schockartigkeit des Eintretens, lässt sich an der gegenwärtigen Krise beobachten, ein Zeichen, so könnte man sagen, ihrer Tiefe. Eine ihrer Besonderheiten sei, wie verschiedene Autoren hervorheben, dass es sich um eine „multiple Krise" (Brand 2009), eine „Vielfachkrise" (Demirović u.a. 2011), handele. Dies ist einerseits durch die Interdependenz der Reproduktionszusammenhänge im Kapitalismus bedingt. Andererseits zeige sich gegenwärtig „eine historisch-spezifische Konstellation", in der „verschiedene Krisendynamiken zusammentreffen, sich wechselseitig verstärken und beschleunigen" (ebd.S.13).

Im Folgenden sollen zwei Aspekte dieser historisch-spezifischen Konstellation beleuchtet werden, die m.E. besonders wichtig sind , weil sie epochale Veränderungen in den Grundbedingungen der kapitalistischen Reproduktion und deren krisenhafte Folgen betreffen: die als „Globalisierung" bezeichnete Transformation der Handlungsfelder und Entscheidungshorizonte (2) sowie die oft unumwunden – und mit Recht – als „Revolution" (aktuell etwa Hank 2013) bezeichnete Radikalisierung ökonomischen Denkens, welche als durchgesetztes Weltordnungskonzept zur allseitigen Hegemonie der Finanzmärkte geführt und die Tiefe der durch sie hervorgerufenen Krise bewirkt hat (3). Abschließend kehre ich zur Betrachtung der Krise als Lerngelegenheit zurück (4).

2. Globalisierung und Transformationskrisen

Globalisierung ist ein zeitgenössischer Begriff für eine epochale Transformation, die den ganzen Globus erfasst. Gleich, ob positiv oder negativ besetzt, signalisiert er im Bewusstsein der Zeitgenossen eine grundlegende Veränderung, eine Zeitenwende. Ihre wesentliche Triebkraft bildete seit Anfang der achtziger Jahre eine fortschreitende Bewegung der weltweiten Öffnung der Märkte, d.h. ihrer progressiven Freistellung von staatlicher Regulierung bis hin zum Verzicht von Staaten auf politische Gestaltung. Verbunden mit einer – neoliberalen – Umwertung der Werte, die der Freiheit wirtschaftlichen Handelns prinzipiell Vorrang vor politischer Gestaltung etwa nach Grundsätzen sozialer Gerechtigkeit verlieh, führte die Dynamik der Bewegung innerhalb weniger Jahre zu einer weitgehenden Asymmetrierung der Handlungsfelder und Handlungsfreiheiten von Wirtschaft und Politik. Während Kapitaleigner und -manager sich auf entgrenzten und deregulierten Märkten bewegten und der Gewinnmaximierung der Shareholder als konkurrenzlos gestellter Handlungsnorm folgten, blieb politische Gestaltung an die Nationalstaaten oder die mühsamen Prozeduren supranationaler Vereinbarungen gebunden und war doch häufig nichts als ein Deregulierungswettlauf der Staaten untereinander. Nicht nur die Migration als reale und sinnfällige Form der Globalisierung der Menschen belegt die auf die Individuen durchgreifende Macht der Veränderung wo und auf wen auch immer.

Um diese Veränderung als eine krisenhaft sich vollziehende epochale Transformation zu erkennen, bedurfte es nicht erst der 2007 einsetzenden Weltwirtschaftskrise. Während der Sturm der Veränderung, der durch die Welt ging, noch mit dem Versprechen immerwährender Prosperität verbunden war und ein einflussreicher amerikanischer Denker das „Ende der Geschichte" (Fukuyama) verkündete, weil alle Verheißungen des Liberalismus erfüllt seien, konstatierte der Historiker Eric Hobsbawm Mitte der neunziger Jahre mit distanziertem Blick eine so tiefgehende und umfassende Krise, dass ihm die Welt am Ende des 20. Jahrhunderts ohne Struktur und ohne Zukunftskontur erschien. Es gebe keine überzeugenden Angebote zur Lösung der Menschheitsfragen mehr. Sozialismus und Liberalismus seien bankrott und auch die vermittelnden sozialstaatlichen Angebote in großen Schwierigkeiten. Während die traditionellen Religionen in den industrialisierten Ländern ihre Haltekraft verloren hätten, gingen Religion und Massenmobilisierung in der Dritten Welt enge Verbindungen ein. Die Kluft zwischen Armut und Reichtum vertiefe sich weltweit und der Migrationsdruck auf die immer stärker befestigten Grenzen zwischen Armuts- und Reichtumszonen wachse täglich. Für jedermann erkennbar, habe die Fortsetzung des wirtschaftlichen Wachstums irreversible ökologische Folgen. Vollbeschäftigung sei nicht mehr herstellbar, weil Arbeitsplätze zunehmend durch Technologie verdrängt würden. Der Siegeszug der radikalen Marktideologie habe nicht nur zu einer erheblichen Schwächung der Regulationsinstrumente geführt, sondern auch zu einer Unterminierung der Masseneinkommen und der sozialen Sicherung. (Hobsbawm, 1995, S. 688ff)

Hobsbawms Krisendiagnose von 1995 braucht heute, 18 Jahre später, in keinem Punkt revidiert zu werden. Im Gegenteil: Nach der Asien-Krise (1997) und der Krise der New Economy (2000), nach dem 11. September 2001, dem Afghanistankrieg (seit 2001) und dem Irakkrieg (seit 2003), schließlich der Weltwirtschaftskrise (seit 2007) stehen eher Vertiefungen und Erweiterungen an. Mit den als Weltordnungskriegen angelegten Kriegen des US-Präsidenten Bush im Mittleren Osten dürfte der auf absehbare Zeit letzte Versuch gescheitert sein, der Welt eine imperiale Struktur aufzuerlegen, in welcher die Interessen der Vormacht unbestritten an der Spitze der weltweiten Entscheidungshierarchie stünden. Und ein vergleichbar spektakuläres Desaster hat in der Weltfinanzkrise von 2007 – 2009 – der heftigsten Eruption nach einigen vorangegangenen – eben jene neoliberale Revolution der Denkungsart erlitten, welcher es seit den achtziger Jahren unter kräftiger Mithilfe der Politik gelungen war, der Freiheit der bestmöglichen Rendite auf das eingesetzte Kapital – *„Shareholder Value"* – eine global unangefochtene Alleinstellung als Legitimationsquelle *allen* Handelns zu verschaffen. Abgesehen von Lehman Bros. ist kaum etwas derart ramponiert aus der Krise hervorgegangen wie die Grundannahmen der vorherrschenden neoklassischen Schule ökonomischen Denkens.

3. Nach dem „Blick in den Abgrund": Ist der homo oeconomicus noch gesellschaftsfähig?

Eine der besten und anregendsten Analysen der gegenwärtigen ökonomischen Weltkrise, Joseph Vogls Gespenst des Kapitals (Zürich 2010), arbeitet heraus, dass diese Krise die Denkansätze der herrschenden Ökonomie, ihr Verständnis von sich selber, auf geradezu spektakuläre Weise falsifiziert hat. Eines der Selbstmissverständnisse der Ökonomie bestehe darin, dass ihr Feld eben nicht das der Physik und quasi-physikalischer Gleichgewichtsmodelle ist, deren Verläufe und Zustände mathematisch berechenbar und prognostizierbar sind. Das Feld, auf dem die ökonomischen Akteure sich in Wahrheit bewegen, ist das der Geschichte und deren Ineinanderspielen von Struktur und – kontingentem – Ereignis. Weil im modernen Finanzmarktkapitalismus die hier gehandelten Produkte ihren Wert über die Erwartung ihres zukünftigen Wertes bilden (und die Erwartung der Erwartung und so fort), hängt alles daran, dass diese Erwartungen auch eintreten. „Je mehr die Zukunft – risikologisch – dazu benutzt wird, gegenwärtige Entscheidungen zu profilieren, desto mehr hängt der Erfolg dieser Strategie davon ab, dass die Zukunft den Erwartungen (oder der erwartbaren Streuung von Möglichkeiten) entspricht." (Vogl 2010, S.170) Gerade die Kumulation solcher Erwartungen trägt aber – als „Blasenbildung" – dazu bei, „dass stets andere Zukünfte als die erwarteten in die Gegenwart zurückkehren" (ebd.). Das „Gespenst des Kapitals kommt stets aus einer eigenen Zukunft zurück" (ebd. S.172).

„Gerade weil hier die Gegenwart von einer Zukunft abhängt, die sie selbst anstößt, hat sich die darin akkumulierte Macht der Zukunft auf paradoxe Weise artikuliert. Der Reichtum zukünftiger Zeiten hat sich in gegenwärtigen Profiten verwirklicht." (ebd. S.171) Und er hat sich – so ist hinzuzufügen – in Schulden der Allgemeinheit niedergeschlagen.

Obgleich die Krise andauert und sich täglich neu in Meldungen über Staatsschulden-Krisen, Euro-Krisen, hektischen Preisbewegungen von Rohstoffen etc. manifestiert, sind die Finanzmärkte – und in ihrem Gefolge die Regierungen ebenso wie weithin die Medien – zur alten Tages- und Herrschaftsordnung zurückgekehrt. Vergessen scheint, was im ersten Jahr der Krise so offen und unbestreitbar zu Tage getreten war. „Die Märkte", so die mittlerweile eingespielte Bezeichnung des wiedergekehrten Weltherrschers, entscheiden wieder und nur umso unverfrorener über Wohl und Wehe ganzer Staaten und Bevölkerungen, indem sie über die Refinanzierung der Staatsschulden die Daumen heben oder senken. Die nach Maßgabe der Sicherheitserwartungen der großen Finanzmarkt-Akteure modellierte Zukunft erlegt Regierungen und Bevölkerungen langfristig eine Politik auf, in der die Sicherstellung der Schuldenbedienung bis hin zum Verkauf von Infrastrukturen, sog. Privatisierungen von Staatsvermögen, absoluten Vorrang vor allen Formen gesellschaftlicher Zukunftsgestaltung hat.

Der manifeste Zusammenbruch der Axiome der neoklassischen Ökonomie, dem deren theoretische und praktische Akteure noch 2008/09 fassungslos gegenüberstanden, wird heute ignoriert, als wäre nichts gewesen. Der Markt und seine „Selbstheilungskräfte", seine unübertreffliche Effizienz als perfektes System der Informationsverarbeitung im ständigen Spiel von Angebot und Nachfrage, die damit begründete Freiheit des Marktes von politischer Regulierung, die Modellierung einer auf individuelle Nutzenmaximierung fokussierten Rationalität der Marktteilnehmer und der Glaube an eine „unsichtbare Hand", die die individuelle Nutzenverfolgung hinter dem Rücken der Akteure zum Gemeinwohl fügt: all diese Elemente der kapitalistischen Meistererzählung seit fast drei Jahrhunderten hatten sich auf einen Schlag als das gezeigt, was sie sind: Glaubenssätze einer ökonomischen Religion, die sich – in einer säkularisierten Moderne – als Wissenschaft behauptet. Das hat schon Marx gezeigt und nach ihm eine Reihe kritischer Sozialwissenschaftler (etwa Deutschmann 1999), und neuerdings hat Joseph Vogl in der eben vorgestellten Analyse der Weltfinanzkrise den eigentlich theologischen Charakter des ökonomischen Denkens herausgearbeitet, welches nach dem Modell der Theodizee funktioniere. Wie diese das Wirken Gottes mit den Übeln seiner Schöpfung in Einklang zu bringen sucht, so die Oikozidee seit Adam Smith die ökonomischen Wechselfälle mit der allmächtigen und wohltätigen Wirkung des Marktes. Mit dem evidenten Zusammenbruch der Future-Technologie der Finanzmärkte sei nun aber „ein längst fälliges Ende der Oikozidee markiert. Während man lange Zeit darauf setzte, dass die unzuverlässigen Verhaltensweisen von einzelnen über Marktmechanismen zur Vernunft gebracht werden, muss man nun konzedieren, dass Finanzmärkte als Märkte aller Märkte so operieren, dass sie mit rationalen Entscheidungsprozessen systematisch Unvernunft produzieren." (Vogl 2010, S.174)

Dass das Kernproblem der Krise in den Denkansätzen der Ökonomie selbst zu Hause ist, war dem öffentlichen Diskurs, nachdem sich die Schockstarre der Krise einmal gelegt hatte, zunächst nicht fremd. Die einschlägigen Artikel in den Wirtschaftsteilen deutscher Zeitungen 2009 signalisierten eine Öffnung von Fragestellungen, wie sie vor der Krise unter der Herrschaft der Glaubenssätze der radikalisierten Marktfreiheit nicht denkbar gewesen wäre. Die „Frankfurter Allgemeine Sonntagszeitung" rückte die Frage nach den Grundlagen des Kapitalismus gar in die Perspektive des Sozialismus. „Der Sozialismus ist gar nicht so übel" titelte sie in ihrem Wirtschaftsteil am 20.12.09 – eine gezielte Provokation, die den Blick dafür öffnen sollte, dass die Frage: Was nun und wie weiter? zunächst den Prinzipien gelten muss, nach denen sich die Gesellschaft ökonomisch reproduziert und politisch-moralisch integriert. „Den anderen, mit dem ich im wirtschaftlichen Tausch stehe, nie nur als Mittel, sondern immer als Endzweck zu behandeln" – mit dieser an Kant angelehnten Formulierung leitete die FAS die Dokumentation der Reaktionen auf die Sozialismus-Provokation ein (Frankfurter Allgemeine Sonntagszeitung, 3.1.10).

Bis in die Wirtschaftredaktionen hinein hatte die Erschütterung der Krise den Blick für die Einsicht geöffnet, die Douglas C. North, Nobelpreisträger der Ökonomie, einst aus der kritischen Analyse der Wirtschaftsgeschichte gewonnen hatte: „Eine neoklassische Welt wäre wahrhaft eine Art Freistilringen; keine Gesellschaft könnte in ihr überleben." (North, 1988, S.12). Aus dem neoklassischen Denkansatz der Ökonomie ist die gesellschaftliche Welt weder normativ zu konstruieren noch zu erklären. Dazu bedarf es , wie die FAS Anfang 2010 noch zu ahnen schien, eines Denkens, welches sich der Heiligsprechung individueller Nutzenmaximierung als Basisregel der Vergesellschaftung widersetzt und Gesellschaft stattdessen auf die soziale Produktivität wechselseitiger Anerkennung gründen will. Das spektakuläre Scheitern der Ökonomie als Leittheorie der modernen, globalisierten Welt sollte daher wieder den Blick frei für die Leistungen jener Gesellschaftstheorien geben, die Gesellschaftlichkeit aus von vornherein kommunikativ gemeinten, sozial gerichteten individuellen Handlungen hervorgehen lassen, weil Individuation und Vergesellschaftung eben gleichursprünglich, d.h. ohne einander gar nicht zu haben sind. Der Gedanke, dass individuelle Autonomie nur zugleich mit der Autonomie aller Anderen, also nur gesellschaftlich gedacht und verwirklicht werden kann, bildet den Dreh- und Angelpunkt eines sozialtheoretischen Denkens, nach welchem Gesellschaftlichkeit nicht pure Hilfs- oder Notmaßnahme eines individuellen Egoismus, sondern innere Notwendigkeit einer individuellen Autonomie ist, die sich selbst nur durch die der anderen hindurch ergreifen kann.

Als bildungstheoretisches Konzept der Mündigkeit bietet dieser Grundgedanke seit der selbstkritischen Erneuerung aufgeklärten Denkens in den sechziger Jahren des vergangenen Jahrhunderts den wichtigsten Ankerpunkt pädagogischer Diskurse, theoretisch seitdem unbestritten, aber praktisch heute weithin unbeachtet. Umso wichtiger ist es, die Krise als eine Lerngelegenheit derjenigen zu reflektieren, die als gesellschaftliche Subjekte mit Recht den Anspruch erheben, ihre Lebensverhältnisse kooperativ selbst zu steuern.

4. Die Krise als Lerngelegenheit?

Es ist ebendieser so selbstverständlich erscheinende Horizont der Legitimität gesellschaftlicher Selbststeuerung, der durch die normativ gewendeten und dadurch radikalisierten Axiome neoklassischer Ökonomie bestritten wird. Es gebe keine Gesellschaft, sondern nur Individuen, pflegte M. Thatcher bekanntlich zu sagen, und der Ökonomie-Nobelpreisträger Gary S. Becker propagierte allen Ernstes einen „ökonomischen Imperialismus" (Pies/Leschke 1998), der nun berufen sei, die Leitung aller Dinge in die Hand zu nehmen. Was einem soziologisch aufgeklärten Bewusstsein als unsägliche Naivität oder maßlose Selbstüberschätzung erscheinen musste, setzte sich in selbstgewisser Ignoranz, frei von jedem selbstkritischen Zweifel, durch und leitete die Unterordnung aller gesellschaftlichen Tätigkeiten unter ökonomische Messzahlen an. Wie immer fiktiv, zurechtgebogen oder an den Haaren herbeigezogen solche Messzahlen auch sein mochten, so war ihre Wirkung doch durchschlagend: Nur was in marktförmiger Vergleichbarkeit, in wie immer auch fiktiver Wertform, ausgedrückt werden kann, hat Anspruch auf Wahrnehmung und Geltung. Diese Zugangskontrolle modelliert die soziale Welt nach den trivialen Axiomen des methodologischen Individualismus, der sich für die einzig überhaupt mögliche Form von Rationalität hält und alles andere selbstgewiss und kopfschüttelnd als defizient und irrig ausschließt.

Dass rationales Denken von vornherein kooperativ und kommunikativ angelegt sein könnte, ist aus der Perspektive des methodologischen Individualismus völlig undenkbar, wie sich an vielen Fundstücken demonstrieren lässt, etwa an diesem aktuellen: Gemessen an der Zentralregel der individuellen Nutzenmaximierung ist es irrational, ein „Denkfehler", Trinkgelder auch dann und dort zu geben, wo die Dienstleistung aller Wahrscheinlichkeit nach einmalig bleibt, wie die FAS in einer Folge ihrer volkspädagogischen Serie „Denkfehler, die uns Geld kosten" (FAS, 14.4. 2013) zeigen will. Wo das Kalkül auf wiederholte Freundlichkeit der Bedienung als Begründung fehle, müsse man die dennoch gegebenen Trinkgelder auf eine quasi genetisch gewordene Fehlsteuerung aus Zeiten zurückführen, in denen die Menschen ausschließlich in sozialen Nahverhältnissen gelebt hätten. Dass heutige Menschen sich aus eigener reflektierter sozialer Erfahrung, also aus Gerechtigkeitsempfinden oder aus sozialem Wissen über Einkommens- und Lebensverhältnisse, sich so verhalten könnten, kommt aus dieser Sicht gar nicht in Betracht. Lieber greift – wie einst das geozentrische Weltbild durch Erfindung komplizierter Planetenbahnen gerettet werden sollte – das normativ radikalisierte ökonomische Denken zur Verteidigung seiner Alleinstellung auf die Annahme von Vorzeit-Residuen (mit denen sein anthropologischer Naturalismus vereinbar bliebe) zurück, als etwa eine an Gerechtigkeit orientierte moralische Wechselseitigkeit der heute Lebenden zu konzedieren, also die humane Möglichkeit postkonventioneller Autonomie einzuräumen.

Wenn es die Basisregeln der Vergesellschaftung und die (zugelassenen) Denkformen ihrer Begründung sind, die in dieser Krise zur Debatte stehen, steht damit die Möglichkeit gesellschaftlich selbstbestimmter Zukünfte überhaupt zur Debatte, also der Denkgrund von Demokratie und Bildung. Warum es in dieser Krise um den Fortbestand von Demokratie in Europa geht, hat Wolfgang Streeck gerade überzeugend dargetan (Streeck 2013). Wenn der Kapitalismus nicht einmal mehr die Illusion sozial gerecht geteilten Wachstums erzeugen könne, müssten sich die Wege von Kapitalismus und Demokratie unweigerlich trennen. „Der heute wahrscheinlichste Ausgang (der Krise) wäre dann die Vollendung des hayekianischen Gesellschaftsmodells der Diktatur einer vor demokratischer Korrektur geschützten kapitalistischen Marktwirtschaft. Ihre Legitimität hinge davon ab, dass diejenigen, die einmal ihr Staatsvolk gebildet haben, gelernt hätten, Marktgerechtigkeit und soziale Gerechtigkeit für dasselbe zu halten und sich als Teil eines vereinigten Marktvolkes zu begreifen. Ihre Stabilität würde darüber hinaus wirksame Instrumente erfordern, mit denen die anderen, die das nicht akzeptieren wollen, ideologisch marginalisiert, politisch desorganisiert und physisch in Schach gehalten werden können." (Streeck 2013, S. 62)

Wie der andere Halbgott des Neoliberalismus, Milton Friedman, es gezeigt hat, als er die gerade installierte Diktatur von Pinochet in Chile seit 1973 als Laboratorium für den Großversuch einer zwangsweise nach den Regeln des Marktradikalismus gestalteten Gesellschaft wählte (Klein 2007), so findet sich auch im Denken von Friedrich Hayek, des anderen Propheten der neoliberalen Revolution, keine Spur vom Bedingungszusammenhang von Kapitalismus und Demokratie, wie er in manchen Ammenmärchen der Politikwissenschaft immer noch behauptet wird. In Hayeks Vorstellung hat soziale Gerechtigkeit als Vergesellschaftungsprinzip keinen Platz und muss bekämpft werden, sobald politische Gestaltung sich ernsthaft an ihr orientieren will (Streeck 2012). In Europa hat – unter dem Druck insbesondere der deutschen Bundesregierung – die politische Bearbeitung der marktradikal herbeigeführten Krise gerade zur Verschärfung des marktradikalen Szenarios geführt. Die durchgesetzten Maßnahmen liegen – für jedermann sichtbar – alle in der Linie eines demokratieentlasteten „Durchregierens" von den ohnehin bestehenden demokratiefreien Durchgriffsrechten der Kommission über Fiskalpakt und Schuldenbremse, von Schäubles Plan eines europäischen Finanzministers mit Weisungsrechten gegenüber den Nationalstaaten noch zu schweigen.

Ebenso beunruhigend wie diese – in ihrer evidenten Tatsächlichkeit ja unbestreitbare – Diagnose einer Stillstellung von Demokratie zugunsten einer ungehinderten politischen Herrschaft marktradikaler Imperative und der davon begünstigten Reichen, ist der Umstand, dass – zumindest in Deutschland – diese Politik offenbar breite Zustimmung genießt. Bis in die Opposition hinein scheint die Tragweite einer unter dem Namen „Krisenpolitik" vorangetriebenen Entwicklung nicht begriffen oder stillschweigend akzeptiert zu sein, die Streeck als Umstellung der Legitimitätshorizonte von sozialer Gerechtigkeit auf „Marktgerechtigkeit" (in Gestalt angemessener Rendite auf Kapitalinvestitionen) beschreibt – wobei zudem befürchtet werden muss, dass damit sich schließlich auch ein Einverständnis mit all den legalen oder extralegalen Tricks und Manipulationen verbindet, mit denen der „Marktgerechtigkeit" zum eigenen Vorteil nachgeholfen zu werden pflegt. Die nahezu täglichen Enthüllungen solcher Manipulationen und Betrügereien in kaum vorstellbaren Größenordnungen scheinen jedenfalls nur zu rituellen moralischen Verurteilungen zu führen, während die zugrundeliegende Denkweise nach wie vor Achtung genießt oder sogar für unabdingbar gehalten wird.

Wer gesellschaftliche Verhältnisse analysiert, öffnet und beschreibt damit immer auch Lernwege – sei es diskursiven gesellschaftlichen Lernens oder in Form von Unterricht. In Zeiten der Krise springt das mehr noch als sonst ins Auge – nicht nur, weil es um mehr geht als sonst, sondern auch, weil das, was als Krise erlebt wird, besondere, blicköffnende Lernanstöße bietet. Wie einleitend erörtert, hat der Begriff der Krise schon von seinen eingespielten Konnotationen her eine ganze Reihe von Bedeutungsdimensionen, die auf geradezu existenzielle Formen gesellschaftlichen, politischen Lernens verweisen und Übertragungen in die didaktische Reflexion nahe legen: So den Zusammenstoß von Objektivem und Subjektivem, die Erfahrung von der Macht der hergebrachten Verhältnisse und Regeln und der Möglichkeit ihres langsamen, aber unaufhaltsamen oder ihres plötzlichen Zusammenbruchs, des Ausgeliefertseins und des doch Durchschauen- und Beherrschen –Wollens, also die Erfahrung, dass es nichts als das kritische Vermögen ihrer Vernunft ist, worauf Menschen sich zur Regelung ihrer Verhält- nisse letztlich verlassen können oder – etwas pathetischer – die Erfahrung, dass der Mensch sich gegen überwältigende Verhältnisse stellen und sie zum Besseren wenden könne. Krise bringt Zukunft als die eigentliche Dimension gesellschaftli- cher Entscheidungen ganz deutlich zum Vorschein. In ihr gewinnt die allgemeine Frage nach der gesellschaftlichen Zukunft aktuelle, persönliche, konkrete und alltägliche Dimensionen. Was wird, wie geht es weiter, sind die drängendsten Fragen. Daher erzwingt die Krise, weil Ursachenforschung zu ihrer Bewältigung unerlässlich ist, die Reflexion auf den Zusammenhang von Vergangenheit und Zukunft, sie erweist historisches Bewusstsein als unerlässlich für die Durchdrin- gung menschlicher Verhältnisse.

Ob eine so allgemeine, tiefgehende Krise, wie sie gegenwärtig zu konstatieren ist, solche Lernwirkungen entfalten kann, ist freilich offen. Dies hängt nicht nur von der kritischen Reichweite diskursiver Strukturen der Öffentlichkeit ab, ihrer Fähigkeit, Verhältnisse transparent zu machen und Triftiges zu erörtern, sondern auch davon, dass die professionell Lehrenden ihre Aufgabe zu verstehen und re- flektieren gelernt haben. Beides scheint heute eher fraglich.

Literatur

Brand, Ulrich (2009): Die Multiple Krise. Dynamik und Zusammenhang der Krisendi- mensionen, Anforderungen an politische Institutionen und Chancen progressiver Po- litik, Berlin

Demirović, Alex/Julia Dück/Florian Becker/Pauline Bader (Hrsg.) (2011): Vielfachkrise. Hamburg

Deutschmann, Christoph (1999): Die Verheißung des absoluten Reichtums. Zur religiö- sen Natur des Kapitalismus. Campus, Frankfurt/New York

Habermas, Jürgen (1973): Ein sozialwissenschaftlicher Begriff der Krise. In: Legitima- tionsprobleme im Spätkapitalismus. Frankfurt. S. 9 – 49

Hank, Rainer (2013): Thatchers Revolution der Ideen. Margret Thatcher brachte eine po- litische Zäsur: Nicht der Staat, sondern der Markt zählt. Das Ganze hat eine spannen- de Vorgeschichte. Frankfurter Allgemeine Sonntagszeitung, 14. April 2013, S. 32f.

Hobsbawm, Eric (1995): Das Zeitalter der Extreme. Weltgeschichte des 20. Jahrhunderts. München Wien

Klein, Naomi: Die Schockstrategie (2007): Der Aufstieg des Katastrophen-Kapitalismus. Frankfurt

North, Douglass C. (1988): Theorie des institutionellen Wandels. Eine neue Sicht der Wirtschaftsgeschichte. Tübingen

Ingo Pies /Martin Leschke (Hrsg.) (1998): Gary Beckers ökonomischer Imperialismus. Tübingen

Steffens, Gerd (2007): Ist der homo oeconomicus gesellschaftsfähig? Denkansätze der Ökonomie und politische Bildung. In: Steffens, Gerd (Hrsg.): Politische und ökonomische Bildung in Zeiten der Globalisierung. Eine kritische Einführung. Münster. S. 258 – 275

Steffens, Gerd (2008): Wirtschaftssubjekt und Staatsbürger. In: Steffens, G./ Widmaier, B. (Hrsg.): Politische und ökonomische Bildung. Konzepte – Leitbilder – Kontroversen. Wiesbaden. S. 27 – 37

Streeck, Wolfgang (2013): Was nun, Europa? Kapitalismus ohne Demokratie oder Demokratie ohne Kapitalismus. Blätter für deutsche und internationale Politik 4/2013. S. 57 – 68

Streeck, Wolfgang (2012): Auf den Ruinen der Alten Welt. Von der Demokratie zur Marktgesellschaft. Blätter für deutsche und internationale Politik 12/2012. S. 61-72

Vogl, Joseph: Das Gespenst des Kapitals. Zürich 2010

Birgit Mahnkopf / Elmar Altvater

Die Krise des Kapitalismus eskaliert zum Krieg gegen den Planeten

Wie im Illusionstheater erscheint die Krise des gegenwärtigen Kapitalismus vielgestaltig, vielfältig oder in der distanzierten Sprache der Wissenschaft „multipel". Die Distanz wird in einem Feuerzauber von Krisendiskursen reduziert. Hier züngelt die Subprime-Krise aus einem Loch im Gewand des modernen Kapitalismus, dort die Krise der Arbeit, aus einem großen Loch quillt die Umweltkrise, neben sich die Klimakrise, das Loch, aus dem die Energiekrise zündelt, ist größer geworden. Die heftigsten Flammen erzeugen die Finanzkrise, die Staatsschuldenkrise und die Euro- und Währungskrise. Die Löcher und die lodernden Krisenfeuer werden untersucht, einzeln oder in ihrer Gesamtheit. Wie auch immer, das löchrige Gewand, der verlumpte Kapitalismus des 21. Jahrhunderts jedenfalls verschwindet aus dem kritischen Gesichtskreis.

Wer die einzelnen Dimensionen, Aspekte, Facetten der Krise in den Blick nimmt, wird das Gewand nicht übersehen dürfen, das so löchrig geworden ist, dass an allen Enden Krisen losbrechen. Das gilt auch für die Energie- und Klimakrise, mit der wir uns in erster Linie beschäftigen wollen. Während noch Politiker und Wissenschaftler heftig über das Ziel räsonnieren, ob und wie die durchschnittliche Erderwärmung bei höchstens 2°C mehr als vor der industriellen Revolution gebremst werden kann, kommt die Meldung vom Mona Loa Observatorium in Hawaii, dass der CO_2-Eintrag in die Erdatmosphäe die 400 ppm-Marke im Mai 2012 überschritten hat. Während wir diesen Text im August 2013 fertig stellen, alarmiert das „Gobal Footprint Network" die Menschheit, dass die für das ganze Jahr verfügbare biophysische Kapazität bereits aufgebraucht sei und wir (also die gesamte Menschheit) die letzten fast fünf Monate des Jahres von der Substanz des Planeten zehren müssen. Klimapolitisch gibt es offenbar kein Halten mehr, denn keinen schert die Dramatik der Lage. Niemand nennt des Kaisers löchrige Kleider beim Namen. Die Naivität des Kindes in Andersens Märchen haben auch kritische Wissenschaftler nur selten. Denn sie müssten sagen: um die sogenannte 2°C-Grenze einhalten zu können, müsste nicht nur der Anstieg der Treibhausgasemissionen reduziert werden, es müsste die Konzentration von CO_2 in der Erdatmosphäre gesenkt werden. Doch kommen die bis zum gegenwärtigen Zeitpunkt nachgewiesenen und von der Energiewirtschaft bereits eingepreisten Öl-, Kohle- und Gasvorkommen zum Einsatz, werden bis zur Jahrtausendmitte weitere 2500 Giga-Tonnen Kohlendioxid in die Atmosphäre geblasen. Das wäre etwa das Fünffache dessen, was nach den verfeinerten Computersimulationen der

Klimaforscher gerade noch zuträglich wäre, um das 2°C-Ziel einhalten zu können. Statt die Löcher im Gewand zu stopfen, werden neue gerissen und die bestehenden geweitet.

Es steht also nicht gut um das Klima des Planeten Erde. Eine Konferenz zur Eindämmung der Emissionen von Treibhausgasen jagt die nächste. Tagungsort ist immer „Grandhotel Abgrund", das wie der ungarische Philosoph Georg Lukács vor einem halben Jahrhundert bemerkt hat, von seinen Gästen keine andere Legitimation verlangt als die des „geistigen Niveaus". Daher hört man nichts davon, dass die Teilnehmer an Klimakonferenzen unglücklich wären, denn interessante small talks und gepflegtes entertainment dürften sie trotz allem gehabt haben.

Aus dem Grand Hotel checken wir beschleunigt aus und die Vorstellung im Illusionstheater wollen wir vor dem tristen Finale verlassen. In diesem kleinen Artikel soll vor allem auf die energetischen Grundlagen des modernen Wirtschaftens eingegangen und die Aspekte benannt werden, die die Unhaltbarkeit des gegenwärtigen fossilen Energie- und Klimaregimes hervorheben.

Wir pflügen die Erde um, plündern die Ressourcen, vermüllen die irdischen Sphären und vergeben selbst die Möglichkeiten, die sich bei der Nutzung erneuerbarer Ressourcen und solarer Energiequellen ergeben würden. Die Krisen der kapitalistischen Produktionsweise nennen wir multipel und wissen dann gar nicht mehr, wo wir den Kehraus beginnen sollten.

Planetarische Grenzen allenthalben

Nicht allein die steigende CO_2-Konzentration und die nachfolgende Erderwärmung markieren eine „planetarische Grenze", deren Überschreitung zum Kollaps komplexer Ökosysteme führen dürfte. Für das Erdsystem haben Naturwissenschaftler bislang neun biophysische Grenzen identifiziert (Rockström et al. 2009). Die Erderwärmung hat bereits alle Schranken gerissen. Aber auch der Stickstoffzyklus und der Verlust an Artenvielfalt befinden sich im roten Bereich. Beim schützenden Ozon in der Stratosphäre, der Übersäuerung der Meere und beim globalen Frischwasserverbrauch sowie beim Wandel der Landnutzung sind die planetarischen Grenzen sehr nahe; für das Aufladen der Atmosphäre mit Aerosolen und die noch zuträglichen Mengen chemischer Vergiftungen konnten die Daten für das Erreichen planetarischer Grenzen noch nicht korrekt bestimmt werden.

Die inzwischen wahrscheinliche Erderwärmung bis zum Ende des Jahrhunderts um weit mehr als 2°C gegenüber dem vorindustriellen Niveau dürfte eine Kaskade katastrophischer Veränderungen auslösen: extreme Hitze, die über einigen Landflächen zwischen 4° und 10°C betragen wird; eine substanzielle Verschärfung von Wasserknappheit in einigen Weltregionen (dazu gehört auch die Mittelmeerregion) und häufigere Überflutungen in anderen; ein Anstieg des Meeresspiegels um 0,5 bis 1 Meter, von dem hunderte Millionen Menschen in den dicht besiedelten Städten des Globalen Südens betroffen sein werden; und eine zunehmende Wucht von Wirbelstürmen, die auch den nordamerikanischen Kontinent treffen werden (World Bank 2012).

Die Folgen des Überschreitens von planetarischen „Kipppunkten" bei den biologischen Ressourcen wären kaum weniger dramatisch (vgl. dazu Barnosky et al. 2012). Jenseits der Kipppunkte können, dafür gibt es in der Geschichte viele Belege, Ökosysteme zusammenbrechen und in einen neuen historischen Aggregatzustand umschlagen, der sich aber insbesondere für das Leben der Menschen feindlich und nicht freundlich darstellen kann.

Weder biophysische Systeme noch Gesellschaften brechen einfach in sich zusammen. Da stellt sich immer noch die Frage der Transition und Transformation, und natürlich auch in sozialen Systemen – unter handlungsstrategischen Aspekten – die der Evolution und Revolution. Wenn erst einmal die Wegscheide erreicht ist, können soziale Konflikte, anders als während langer Perioden des „normalen Funktionierens" eines Systems, auch radikale strukturelle Veränderungen auslösen. Daher meint Immanuel Wallerstein (1998), dass sich der Kapitalismus seit den 1970er Jahren in einer „strukturellen Krise" befindet, in der elementare Voraussetzungen dieses Gesellschaftssystems zusehends unterminiert werden. Bei diesen Voraussetzungen handelt es sich zum einen um die Aneignung und nachfolgende Plünderung von natürlichem Reichtum – sei es in der Gestalt von mineralischen und agrarischen „Ressourcen" oder in der Form menschlicher Arbeitskraft – und zum anderen um die Verfügbarkeit von „Abfallräumen" für die von Menschen nicht mehr verwendbaren Stoffe.

Die Akkumulation von Kapital ist immer an stoffliche Grundlagen gebunden: an Energie, Rohstoffe und an Arbeitskräfte. Wenn die Wachstumsrate gehoben wird, so wie dies während der letzten Jarhzehnte in nahezu allen Regionen des Globus der Fall war, so bedingt dies einen höheren Energie- und Materialeinsatz, dank arbeitssparender technologischer Innovationen aber nicht unbedingt einen Mehrbedarf an Arbeitskräften. Die ökonomischen Wachstumsraten des Industriezeitalters seit dem Ende des 18. Jahrhunderts betragen real und pro Kopf im weltweiten Durchschnitt etwa 2,2% pro Jahr, so Angus Maddison in der „Millenniumsstudie" der OECD (Maddison 2001). Das hat in den vergangenen etwa zweieinhalb Jahrhunderten eine Verdoppelung des Pro-Kopf-Reichtums von einer Generation zur nächsten ermöglicht.

So ein Wunder hat es während der gesamten hunderttausendjährigen Menschheitsgeschichte nie gegeben und in der Erdgeschichte zuvor auch nicht. Das

Wunder wurde möglich durch den Zugriff auf fossile Energieträger und deren hohen „EROEI" (den „energy return on energy invested"), die hohe Energieernte auf die eingesetzte Energie, und nicht zuletzt auch durch die sozialen und ökonomischen „Treiber", wie Profitprinzip, Zinseszins und Renditejagd in der modernen kapitalistischen Gesellschaftsformation. Beschleunigung und Expansion werden zum Prinzip.

Daran schließen sich unweigerlich zwei Fragen an: Erstens die Frage nach der Relevanz der, wie Immanuel Kant hervorhob, „begrenzten Kugelfläche" des Planeten Erde und der daher ebenfallls begrenzten Ressourcen auf und unter ihr für eine Grenzen missachtende kapitalistische Akkumulationsdynamik. Zweitens ergibt sich die komplementäre Frage: Inwieweit und wie lange lassen sich die kapitalistische Produktionsweise und mit dieser die etablierten politischen Systeme stabilisieren, wenn das Wachstum und damit Beschleunigung und Expansion zum Erliegen kommen sollten – weil sich in Folge der Einbeziehung tatsächllch aller Regionen des Globus in das Gravitationsfeld der kapitalistischen Akkumulationsdynamik „planetarische Grenzen" für das gleichzeitig „schöpferische" wie zerstörerische Wirtschaftswachstum abzeichnen?

Entropiemigration und das Anthropozän

Moderne Gesellschaften können mit ihrer gestalterischen Intelligenz den Herausforderungen der gesellschaftlichen Transformation Rechnung tragen. In der bisherigen Geschichte des Kapitalismus lautete die systemisch intelligente Antwort: Externalisierung. Auf der Ressourcenseite hieß das Welteroberung zur Ressourcenplünderung und Transfer der Ressourcen in den „offenen Adern" (dies das bekannte Bild von Eduardo Galeano 1991) der Territorien, aus denen die Ressourcen stammen, zu den Orten ihres Verbrauchs, wo sie genutzt werden konnten, um den ökonomischen „Wohlstand der Nationen" (Adam Smith) zu steigern und die Macht von Imperien zu begründen. Dass die antiken Großreiche allesamt auf der Plünderung mineralischer Ressourcen aufbauten, hat Ugo Bardi in seiem Bericht an den Club of Rome hervorgehoben (Bardi 2013: 109 – 152). Um den Zugang zur Ressource Öl werden heute, wie die Bush-Administration nach der Invasion in den Irak 2003 offen eingestand, Kriege geführt. So konnte auf sehr gewalttätige Weise die Entropie in der reichen Welt immer wieder durch Importe von Stoffen und Energien mit niedriger Entropie (auch „Syntropieimport" genannt) aus dem „globalen Süden" gesenkt werden. „Intelligent" war und ist es auch, die hohe Entropie, die bei der Transformation der geplünderten Ressourcen in nützliche Gebrauchswerte erzeugt worden ist, abzuführen: als Abgase in die Atmosphäre, als Abwasser in die Ozeane und als Abfall „not in my backyard".

Seit der Heraufkunft des kapitalistischen Systems entsteht mit der Urbanisierung und dem Welthandel also nicht nur die Weltwirtschaft (Braudel 1986), sondern auch ein ökologisches Weltsystem. Das gesellschaftliche Naturverhältnis wird globalisiert, aber in höchst unausgeglichener Weise. Die auf dem Planeten Erde organisierte „Entropiemigration" begünstigt die Rohstoffimportländer und diejenigen, denen es gelingt, ihre Abfälle, Abwässer, Abluft loszuwerden – und benachteiligt alle anderen. Fatal ist, dass die ökologischen Nachteile sich monetär und daher in den Einkommensströmen, also in der globalen Einkommensverteilung und den Akkumulationsfonds replizieren.

Nicht nur die Weltwirtschaft ist daher globalisiert, wie eine Enquete-Kommission des Bundestags „Globalisierung der Weltwirtschaft" 2002 festgestellt hat (Enquete Kommission 2002), sondern der Globus ist globalisiert, und das bedeutet etwas Dramatisches: Der Globus ist zum Material menschlicher Bearbeitung mit beabsichtigten, aber auch mit nicht-beabsichtigten Folgen in globalem Maßstab geworden. Im Kapitalismus ist daher nicht nur ein ökonomisches Weltsystem entstanden, sondern auch ein ökologisches. Das war im Prozess der Globalisierung von Anfang an angelegt, ist aber erst jetzt so deutlich hervorgetreten, dass dem Phänomen ein Name gegeben werden konnte: das Anthropozän. Mit diesem Begriff wird eine Erdepoche bezeichnet, in der die Menschen das biblische Wort („Macht Euch die Erde untertan") nicht länger allein auf der biologischen Ebene, wie seit Jahrtausenden schon, praktisch umsetzen können, sondern nun auch die geologischen und klimatischen Grundbedingungen des Planeten beeinflussen – dank der fossilen Energieträger, mit denen planetarische Raum- und Zeitstrukturen auf menschliche Dimensionen gebracht und umgekehrt der Einfluss der Menschen auf die Natur des Planeten globale Ausmaße annehmen konnte. Die „Natur" war immer schon eine durch menschliche Praxis geschaffene und nicht nur eine vom Schöpfer geschöpfte Natur. Heute freilich entspricht die Natur mehr diesem Naturbegriff als je zuvor in der Natur- und Gesellschaftsgeschichte der Menschheit auf diesem Planeten. Die menschliche Praxis, angetrieben von Bedürfnissen, Rationalitäten und Zielvorgaben aus kapitalistischer Vergesellschaftung, haben in den letzten zweieinhalb Jahrhunderten nicht nur das Weltklima und ganze Landschaften verändert, sondern greifen mit den Instrumenten der Wissenschaft selbst in die genetischen Grundlagen allen Lebens und daher der Evolution der Arten ein. In der kurzen Spanne der „Menschenzeit" (Schwägerl 2012) wird die Erde tiefgreifend und langfristig mit nicht absehbaren Folgen umgestaltet. Das menschliche Tun wird mit seinen Folgen selbst in der langen Zeitskala der Geologie bis in eine ferne Zukunft wahrnehmbar sein. Selbst wenn die Menschheit auf dem Planeten Erde gar nicht mehr existiert, werden Aliens, sofern sie die Erde erreichen sollten, ihre Spuren in den Sedimenten finden (so der britische Geologe Zalakiewicz, zit. nach Häntzschel 2013). Doch schon vorher stelt sich die Frage, ob nicht und wenn dann wie „das Menschliche neu gedacht werden (muss), wenn die Umwelt, die den Menchen hervorgebracht hat, selbst zum Produkt menschlichen Handelns geworden ist und nicht mehr von der Gesellschaft unterschieden werden kann"(Heise 2010: 138). Wenn es so ist, dann muss der Menscheneinfluss als gesellschaftlich vermittelter Einfluss auch begrifflich festgehalten werden. Dann ist es genauer, das Anthropozän als Zeitalter von Menschen in kapitalistischer Gesellschaftsformation, als „Kapitalozän" zu begreifen (dazu Altvater 2013).

Immanuel Kant hat in seiner Schrift zum „ewigen Frieden" aus dem Jahre 1795 ausgeführt, dass die Menschen auf Erden nur „ein Besuchsrecht (haben), welches allen.... zusteht, ...vermöge des Rechts des gemeinschaftlichen Besitzes der Oberfläche der Erde, auf der, als Kugelfläche, sie sich nicht ins Unendliche zerstreuen können...." (Kant 1795: 214). Die Menschen müssen sich nicht nur mit der begrenzten Kugelfläche arrangieren, sondern auch mit den begrenzten Ressourcen auf ihr irgendwie haushalten. Nicht nur die Grenzen des vermessenen Territoriums der Erdkugel, sondern auch die Grenzen, die sich aus Naturgesetzen (also vor allem aus den thermodynamischen Hauptsätzen und den Gesetzen der Evolution) ergeben, sind bedeutungsvoll. Ökonomisches Wachstum ist in diesen Grenzen des „Umweltraums" nur vorübergehend und keineswegs dauerhaft möglich, weil alle ökologischen Reproduktionszyklen an den unvermeidlichen Grenzen aus den Fugen geraten können.

Das Wissen von den „planetary boundaries" oder von den „sustainability goals", die auf dem fossilen Pfad seit der industriellen Revolution um Längen verfehlt werden, ist heute im Gegensatz zu den wachstumskritischen Ahnungen, die die gesamte Geschichte des Industriezeitalters begleiten, hart begründet und daher nicht in Frage zu stellen. Doch dass Grenzen der Natur sich in Grenzen der Akkumulation von Kapital transformieren und dann auch das Wachstum beschränken, wird ebenso in Frage gestellt wie die Wahrscheinlichkeit, dass Wachstumsgrenzen ökonomische Krisen, soziale und politische Konvulsionen und Konflikte provozieren.

In der Frühzeit der kapitalistischen Industrialisierung am Ende des 18. Jahrhunderts wurde das ökonomische Wachstum durch den Rückgriff auf fossile Energieträger enorm beschleunigt. Holzkohle und andere erneuerbare Energieträger waren knapp geworden, so dass Kohle als „nicht-konventionelle" Energie interessant wurde und zunehmend – zuerst in England, dann auf dem europäischen Festland und schließlich weltweit – die konventionelle Energie des Holzes ersetzen musste. Die fossile Energie war wesentlich dichter und der „Energy Return on Energy Invested" (ERoEI) war wesentlich höher als in präfossilen Zeiten. Mit mächtigerer Energie waren hohe Zuwachsraten der Produktivität der Arbeit und daher auch höhere Wachstumsraten möglich als in der Zeit vor der industriell-fossilen Revolution. Auch die militärische Macht konnte so gesteigert werden (Bardi 2013, 3. Kapitel). Ein gesellschaftlicher Imperativ oder ein kulturell konditionierter Zwang, das Wachstum zu steigern, existierte jedoch zu Beginn der Entfesselung der kapitalistischen Dynamik nicht. Die Akkumulation des Kapitals fand in langsamem Tempo statt, auch wenn der Zwang zur Akkumulation tonangebend war. Die Gesellschaften waren noch nicht vollständig durchkapitalisiert und die im kapitalistischen Akkumulationsprozess auftretenden Umweltschäden waren entweder noch so geringfügig, lokal begrenzt und temporär, dass sie nicht wahrgenommen wurden, oder sie wurden als „Preis von Fortschritt und Wohlstand" akzeptiert oder als bittere Pille geschluckt. Die Geschwindigkeit in noch vorwiegend landwirtschaftlich geprägten Milieus war noch die des Ochsenkarrens auf dem Feldweg und nicht die des SUV auf sechsspurig asphaltierter Autobahn.

Hinzu kommt, dass fern von den wahrnehmbaren Grenzen des Wachstums Märkte gut funktionieren können, denn Güter sind physisch nicht knapp und folglich kann das Angebot elastisch auf Nachfrageschwankungen reagieren ebenso wie umgekehrt die Nachfrage auf Preisänderungen des Angebots. Die Waren auf dem Markt sind prinzipiell reproduzierbar und werden durch die harte Budgetrestriktion des Geldes ökonomisch verknappt. Nun werden rationale Wahlhandlungen von Konsumenten und Produzenten verlangt, um die Allokation von Ressourcen und Produktionsfaktoren optimal zu gestalten. Jedes neoklassische Lehrbuch der Ökonomie zeigt die Regeln der instrumentellen Rationalität.

Doch an den Grenzen, angesichts der „tipping points" eines dialektischen Umschlags der Qualität von Ökosystemen, verwandeln sich einst verfügbare und reproduzierbare Güter, die durch die „harte Budgetrestriktion" des Geldes ökonomisch knapp gehalten werden, in „positionelle Güter" (Hirsch 1980). Diese sind soziale und vor allem ökologische Mangelware (Zum Unterschied von Knappheit und Mangel vgl. Altvater 1992: 82ff.). Denn „positionelle Güter" sind Güter, deren Angebot nicht mit steigender Nachfrage ausgeweitet werden kann. Knappheit ist ein ökonomisches Grundprinzip für rationale Wahlhandlungen, ohne das es keine Wissenschaft des „rationalen Umgangs mit knappen Gütern", so wird ja zumeist die Ökonomie definiert, geben könnte. Doch die Knappheit der positionellen Güter wird zu einem Mangel, mit dem nicht nach den Regeln der ökonomischen Markttheorie umgegangen werden kann.

Erfordert Wachstum dann nicht politische Reglementierung und wie soll diese gestaltet sein? Über den Markt lassen sich Wachstum und Verteilung positioneller Güter nicht steuern und die gleichen Rechte der Gerechtigkeitstheorie verwandeln sich in Privilegien derjenigen, die über die „Mangelware" verfügen, die andere gar nicht mehr erwerben können – es sei denn das „positionelle Gut" wird durch administrativen Eingriff oder militärische Gewalt verteilt. Systeme von

Verteilung und Zuteilung positioneller Güter sind rationaler als es der Marktme-chanismus sein kann. Die „Mangelware" ist Folge davon, dass Massenproduktion und Massenkonsumtion einen ebenfalls massenhaften Naturverbrauch verlangen und die Natur eine noch härtere Budgetrestriktion darstellt als das Geld. Kant hatte dies erkannt, die modernen neoliberalen Ökonomen haben es vergessen.

Wo Mangel – an Ressourcen, an Schadstoffsenken – offensichtlich ist, gera-ten unweigerlich Grenzen des Wachstums ins Blickfeld. Doch fällt es schwer, die praktischen Konsequenzen aus der weitverbreiteten Erkenntnis zu ziehen, dass der Naturverbrauch reduziert werden muss. Denn anders als zu Beginn des In-dustriezeitalters ist das Wachstum zur positiv besetzten Norm in der kapitalisti-schen Gesellschaft geworden, und diese hat Form angenommen und sich in ma-terielle und immaterielle Institutionen transformiert. Diese befolgen selbstge-setzte Regeln, erlassen Gesetze, formulieren Programme oder schließen Verein-barungen, z. B. über eine „Wachstumsbeschleunigung" (zur Kritik vgl. Mahnkopf 2012).

Nun sorgt das normale Funktionieren des politischen Systems und der gesell-schaftlichen Regulationsweise für die Fortsetzung der Wanderung auf dem ein-mal eingeschlagenen Wachstumspfad. Doch das Vorankommen wird langsamer. Statt der angestrebten Wachstumsbeschleunigung flachen die Wachstumsraten über die Jahrzehnte unweigerlich ab, eine Erfahrung, die alle Gesellschaften zu allen Zeiten in unterschiedlichem Ausmaß haben machen müssen (vgl. auch die Daten im Bericht der Enquete-Kommission 2013: 22).

Selbst Wachstumskritiker wollen „das Gute, das Wachstum in den letzten 50 Jahren gebracht hat, (nicht bestreiten): höhere Lebenserwartung, bessere Ge-sundheitsfürsorge, umfassendere Bildung, weniger harte Arbeit, größere Mobili-tät, erweiterte Möglichkeiten für Kreativität, Freizeit, Reisen" (Jackson 2011). Das ist ein Rückfall hinter die Argumentation von Nicholas Georgescu-Roegen, der als thermodynamisch argumentierender Ökonom die Frage aufgeworfen hat-te, warum wir die Degradation der Natur, also den Anstieg der Entropie verbissen betreiben oder fatalistisch in Kauf nehmen und nur eine Antwort fand: das Stre-ben nach Glück (Georgescu-Roegen 1971: 284).

Doch die Lebensfreude ist keineswegs der wichtigste Beweggrund des Wirt-schaftens im Kapitalismus, und sie steigt nicht linear mit dem Lebensstandard, sondern nimmt, wenn ein bestimmtes Niveau des ökonomischen Output erreicht worden ist, sogar ab. Die Orientierung der Wirtschaft auf die Steigerung von Glück, auf das von Nicholas Georgescu-Roegen ins Zentrum gerückte „enjoy-ment of life" oder den in der amerikanischen Verfassung erwähnten Grundsatz des „pursuit of happiness" ist keine Garantie dafür, dass dies auch zustande kommt und vor allem nicht dafür, dass dies auch dauerhaft ist. Im Kapitalismus ist nicht Lebensfreude oder das „Glück" der Zweck des Wirtschaftens. Das missachtet auch die neue Sparte der „Glücksforschung" (zur Kritik vgl. auch Exner 2010), die in der Wirtschafts- und Finanzkrise der Misere von Pleiten und Jobverlusten noch eine glückliche Seite abgewinnt.

Kein „Neuland" in Sicht

Doch war es nicht immer so in der kapitalistischen, wenn nicht gar in der menschheitlichen Entwicklung, dass eine „neue Grenze", die „new frontier", mit großer Kraftanstrengung geöffnet werden muss, um „Neuland", eine „neue Welt", zu entdecken und die Dynamik des Systems beizubehalten?

Das Ende der Holzkohle, als die Wälder in England und auf dem europäischen Festland abgeholzt waren, bereitete fast der Erzschmelze ein Ende, hätte nicht der „nicht-konventionelle" Energieträger Steinkohle die Stelle der Holzkohle, und obendrein besser als diese eingenommen. Das teure Korn in England, verantwortlich für Lohnsteigerungen, die auf die Profite drückten, wurde mit Hilfe der Korngesetze in den 40er Jahren des 19. Jahrhunderts verbilligt, also durch Importe aus den Weiten der USA, wo Abenteurer die „new frontier" nach Westen vorangetrieben hatten. So konnten die Reproduktionskosten der Arbeitskraft in England während der „Großen Transformation" zum modernen Kapitalismus gesenkt und mit der Wertminderung der Arbeitskraft der Mehrwert des Kapitals gesteigert werden. Der Traum mancher grüner „Vordenker", wie Ralf Fücks (2011) in den Medien gern bezeichnet wird, von dem „Wachstum der Grenzen" ist in der Vorgeschichte des Kapitalismus wahr geworden.

Der Kapitalismus, dies ist bereits den detailreichen Studien Fernand Braudels zu entnehmen, hat sich nicht also etwa trotz der vielen, aufeinander folgenden lokalen ökologischen Krisen entwickelt, sondern eher infolge der von ihm ausgelösten ökologischen Krisen (vgl. dazu ausführlich Mahnkopf 2013). Regionale ökologische Krisen haben ganz wesentlich dazu beigetragen, dass die kapitalistische Dynamik Tempo aufnehmen und eine neue Entwicklungsrichtung einschlagen konnte. Sobald die Belastungsgrenzen lokaler ökologischer Systeme erreicht oder überschritten wurden, konnten Krisen der ökologische Entwicklung – die stets mit sozialen Verwerfungen und politischen Erschütterungen einhergingen – in der Vergangenheit immer durch geographische Expansion sowohl innerhalb wie außerhalb Europas gelöst werden, sowie durch eine schnelle Inwertsetzung von neuem Land, von nicht-konventioneller Energie – und von neuer menschlicher Arbeitskraft. Siedler überschritten die Grenzen oder Menschen wurden aus fernen Ländern auch unfreilig als Sklaven über die Grenzen von weither importiert.

Daher wanderte die „Zucker *frontier"* im 16. und 17. Jahrhundert von Madeira nach Brasilien und auf die Karibischen Inseln, die *„frontier"* des Silberbergbaus aus dem Erzgebirge und dem Harz nach Peru und später nach New Mexico – und mit der geographischen Verschiebung der *„frontier"* wandelten sich auch die technischen und organisatorischen Formen der Produktion (vgl. dazu ausführlich Moore 2010a,b). Durch die Aufeinanderfolge und Verknüpfung von immer neuen „commodity frontiers" innerhalb und außerhalb Europas bildeten sich auf der Basis weltökonomischer Arbeitsteilung neue Akkumulationsregime heraus, die einerseits den Aufstieg hegemonialer Mächte finanzieren halfen (Bardi 2013, 3. Kapitel) und andererseits neue und *destabilisierende* Verdichtungen von Natur-Gesellschafts-Beziehungen hervorgebracht haben. Im 16. und 17. Jahrhundert waren dies die *„frontiers"* für Nordseefisch, norwegisches Holz, brasilianischen Zucker, peruanisches Silber und polnisches Getreide, die den Aufstieg Amsterdams zum Organisator und Kapitalgeber des transatlantischen und innereuropäischen Schiffsverkehrs beförderten. Im 19. Jahrhundert bildete die Eroberung der *„frontiers"* für Baumwolle eine wichtige Grundlage für den Aufstieg Englands zur imperialen Macht. Im 20. Jahrhundert spielte die Öl-*frontier* für den Aufstieg der USA zur Weltmacht eine vergleichbare, aber ungleich destruktivere Rolle.

Auch gegenwärtig geht die Suche nach neuen „commodity frontiers" weiter und die Spekulanten auf den Finanzmärkten spielen dabei eine Doppelrolle: als „scouts" mit einem Gespür für verborgene, noch nicht kommodifizierte Quellen natürlichen Reichtums und als Treiber für die Meute des anlagesuchenden Kapitals. Überall wird „Neuland" vermutet: beim „land grabbing" in Afrika (vgl. u.a. Carmody 2012, Hoerig 2007), Zentralasien oder in Rumänien, bei der Produktion von Treibstoff aus Ackerfrüchten, in der Förderung unkonventioneller Gas- und Ölvorkommen in Nordamerika, vor allem aber bei Rohstoffvorkommen am Grunde der Meeresböden, in bis zu 6000 Meter Tiefe oder sogar unter dem (infolge des Klimawandels nicht mehr „ewigen") Eis der Arktis (Heinberg 2010). Doch es locken auch die „Ernteerträge" von solarthermischen Kraftwerken in der nordafrikanischen Wüste und die Inwertsetzung von sogenannten „Dienstleistungen der Ökosysteme" (vgl. u.a. Sullivan 2011, Gómez-Baggethun/Ruiz-Pérez 2011).

Von besonderer Bedeutung für einen neuen Akkumulations- und Hegemoniezyklus aber wäre das Aufspüren von unerschlossenen „frontiers" der Energieerzeugung, denn Wachstum in der Energieproduktion ist die wesentliche Bedingung für ökonomisches Wachstum des BIP. Doch gibt es begründete Zweifel daran, dass auch nur eine der gegenwärtig stattfindenden Expeditionen tatsächlich auf „Neuland" stoßen wird, das groß genug ist, um die Bedingungen für eine neue Phase der Akkumulation zu schaffen. Denn die entscheidende Schwäche der bis in die letzten Erdenwinkel vorgedrungenen kapitalistischen Akkumulations-dynamik besteht gerade darin, dass die biophysisch leicht zugänglichen und sehr ergiebigen *frontiers* bereits erobert und geplündert sind! Bei den Territorien des Globus, die heute noch für Prozesse der Profitmaximierung „entdeckt" und neu erschlossen werden könnten, handelt es sich um die „high hanging fruits", die technisch schwer zu erreichen und deren Extraktion, Produktion und Transport ausgesprochen kostenträchtig sind. So verkünden Ölkonzerne und Servicebran-chen der Öl- und Gasindustrie, die ihre auf der Basis des heutigen Ölpreises kal-kulierten Gewinne aus nachgewiesenen (und manchmal auch aus den lediglich geschätzten) Reserven ja längst eingepreist haben, dass Öl und Gas noch für viele Jahrzehnte vorhanden seien. Der Scheitelpunkt der Extraktion und Produktion von „konventionellem" Öl, der nach begründeter Einschätzng der ASPO (Asso-ciation of the Study of Peak Oil) vermutlich um das Jahr 2010 erreicht worden ist, schreckt insofern nicht, als sich bei einem derzeitigen Ölpreis von 100 Dollar viele „nicht-konventionelle", marginale Bohrvorhaben auszahlen. Die Aufwen-dungen für unkonventionelles Öl und Gas aus Tiefseebohrungen oder aus der Er-schließung von Schiefergas und Schieferöl oder für Extraktionsprojekte in pola-ren Regionen steigen. Der technische Fortschritt hat einmal zur Folge, dass diese gesenkt werden können, aber zum anderen den fatalen Nebeneffekt, dass bislang noch nicht gehobene „Schätze" sehr viel schneller als dies mit älteren Technolo-gien der Fall gewesen ist, gehoben und daher erschöpft werden. Das Beispiel des dank modernster Fördertechnik auch besonders schnell entnommenen Öls in der Nordsee gilt als Menetekel; etwas Ähnliches deutet sich gegenwärtig bei der neu-en Technologie des „fracking" an. Eine kurzzeitige Bonanza, und dann gehen die Lichter aus.

In der näheren Zukunft ist mit physischer Knappheit bei fossilen Energieträ-gern ebenso wie bei Metallen und anderen Rohstoffen, v.a. aber bei fruchtbarem Ackerland und sauberem Wasser zu rechnen. Der „geplünderte Planet" (Bardi 2013) ist in absehbarer Zukunft ausgeweidet. Wenn dieses Problem systemkon-form, also über höhere Preise für die knapperen energetischen, mineralischen und agrarischen Rohstoffe zu lösen versucht wird und wenn es nicht gelingen sollte, dies durch eine stärkere Steigerung der Arbeitsproduktivität zu kompensieren, dürfte die Verwertungsmaschinerie ins Stocken geraten. Einmal ganz zu schwei-gen davon, dass diejenigen sozialen Konflikte, die etwa aus deutlich höheren Energie- und vor allem aus steigenden Lebensmittelpreisen resultieren, nicht nur autokratische Regimes (wie in Nordafrika) sondern auch demokratisch verfasste Staaten zum Kollabieren bringen könnten. An der durch die Marktkräfte von An-gebot und Nachfrage erzeugten Knappheit von Energie und Nahrungsmitteln können zwar die vermachteten Monopole und Oligopole auch zukünftig gut ver-dienen. Doch wenn sich die so erzeugte Knappheit in existentiell bedrohlichen

Mangel für Millionen von Menschen – in Ländern des Südens, doch nicht nur dort – übersetzt, sind soziale Konflikte und alle Arten von gewaltsamen Auseinandersetzungen zu erwarten, die die politische Stabilität von Gesellschaften gefährden.

Das Wachstum der Grenzen lässt neue Grenzen entstehen

Für findige Menschen klingt die Bezeichnung des gegenwärtigen Erdzeitalters als „Anthropozän" eher wie ein Versprechen: Wenn denn zum ersten Mal in der Erdgeschichte eine einzelne Spezies die gesamte Oberfläche der Erdkugel dominiert, einen Großteil der Biosphäre unter ihre Kontrolle gebracht hat, Wasserkreisläufe umgestaltet und sogar die Zusammensetzung der Atmosphäre und der Ozeane verändern kann – warum sollte diese Spezies an den Grenzen des Wachstums nicht auch „die Grenzen wachsen lassen" können (so Fücks 2011). Warum auch sollte der Mensch sich noch der natürlichen Evolution anpassen? Der Mensch wird zum Demiurgen, das biblische Projekt, sich die Welt untertan zu machen (Genesis, 28f.), findet einen krönenden Höhepunkt, der planetare Raum ist keine fixe Größe und Kant irrt mit seiner Aussage von der begrenzten Kugelfläche des Planeten Erde. Diese kann nämlich geweitet werden. Auch die Biokapazität der Erde ist in dieser Fiktion wachsender Grenzen keine Konstante, sondern eine Variable. Denn mit Düngern und speziell designtem Saatgut, mit Pestiziden und Fungiziden und anderen Pharmaprodukten sowie mit moderner Landwirtschaftstechnik lassen sich die Ernteerträge steigern. Man kann also die Biokapazität mit intelligenter Forschung, mit all den Errungenschaften der industriellen Zivilisation aufputschen und so den von den Menschen zur Produktion von Nahrungsmitteln genutzten globalen Raum weiten. Auch den Kampf gegen den Hunger, so lautet die frohe Botschaft, kann man gewinnen. Der ökologische Fußabdruck kann größer werden, man muss sich nicht einschränken oder sich wie die Stiefschwestern im Märchen vom Aschenputtel den großen Zeh oder die Ferse abschneiden, um den Fuß und damit auch den Fußabdruck zu verkleinern. Obendrein, so tröstet Peter Sloterdijk (2011), befinden wir uns nicht nur in der Zwangsjacke von begrenzter Atmosphäre, Hydrosphäre oder Lithosphäre, sondern in den unendlichen Weiten der Noosphäre. Unser Wissen kennt keine Grenzen, und wenn sie sich bemerkbar machen, dann als Herausforderung, sie zu überwinden.

Doch so himmlisch und spirituell geht es auf Erden nicht zu. Bei steigender Nachfrage nach Sprit, knapper werdendem Öl und steigenden Preisen kann die noch reichhaltig verfügbare Kohle genutzt werden, auch wenn deren Verbrennung den Treibhauseffekt ungleich mehr verstärkt als dies bei der Verbrennung von Erdöl oder Gas geschehen würde. Auch können die ungenützten Räume der Kavernen im Erdboden erschlossen werden, um das Treibhausgas hineinzupressen und für immer und ewig unschädlich zu machen: CCS, Carbon Capture and Storage (World Energy Outlook der IEA 2011). Der von den Menschen genutzte Raum wird also nicht nur geweitet, sondern auch vertieft. Aschenputtels Stiefschwestern können ihre Ferse behalten. Zuerst wurde mit der Kohle – im Vergleich zum Holz einstmals ein unkonventioneller Brennstoff – nach den irdischen Wäldern der „unterirdische Wald" (Sieferle 1982) geplündert, heute werden die Kavernen der Pedosphäre zum Verpressen des CO_2 genutzt, weil die Kohlendioxid-Deponie in der Atmosphäre so gefährlich überlastet ist.

Wenn die Grenzen der Räume, aus denen Ressourcen geschöpft und in denen Schadstoffe abgelagert werden, verschoben werden könnten, würden auch Grenzen für die Beschleunigung in der Zeit dehnbar. Wer schneller ist als die Konkurrenz, steigert die Wettbewerbsfähigkeit. Das bringt Einkommenszuwächse und vorübergehend auch zusätzliche Arbeitsplätze. Fantastisch, das ist die Hoffnung grüner Ökonomen, die Überzeugung der Verfechter einer „green economy" und eines „Green New Deal" (z. B. UNEP 2011, OECD 2011 oder die Heinrich Böll Stiftung 2011). Doch Geschwindigkeitsgrenzen zu überschreiten ist risikoreich und mit großen Umweltbeeinträchtigungen, ja mit der Zerstörung von Naturräumen verbunden. Die Strafe für Grenzverletzungen ist hoch. Das haben Deepwater Horizon und Fukushima gezeigt.

Schluss: Die Zukunft der Menschheit

Das Gewand des modernen Kapitalismus ist durchlöchert, aber es hält die marode Gestalt in Fasson. Und dies erlaubt eine gesteigerte Aggressivität, die sich als „erbarmungsloser... Krieg gegen den Planeten" ausdrückt. Das ist ein Krieg, „den man nicht gewinnen kann. Auf lange Sicht wird sich der Planet vom Angriff der... Menschheit erholen und die einzig möglichen Opfer sind am Ende wir selbst" (Bardi 2013: 151). Wo bleibt denn das Positive? – fragt in solch ausweglosen und daher depressiven Augenblicken Erich Kästner. In Andersens Märchen von „des Kaisers neuen Kleidern" ist es das naive Kind, das durch die Krisenlöcher des Gewandes erkennt: Der Kaiser ist doch nackt. Also ist es ratsam, das lumpige kapitalistische Festgewand abzulegen. Als nackter Kaiser hat die Menschheit eine Zukunft, in löchrigem Gewand, durch die die Krisen multipel pfeifen, nicht.

Literatur

Altvater, Elmar (1992): Die Zukunft des Marktes. Ein Essay über die Regulation von Geld und Natur nach dem Scheitern des ‚real existierenden Sozialismus' Münster: Westfälisches Dampfboot

Altvater, Elmar (2005): *Das Ende des Kapitalismus, wie wir ihn kennen*, Münster: Westfälisches Dampfboot (6. Aufl.).

Altvater, Elmar (2013): Wachstum, Globalisierung, Anthropozän. Steigerungsformen einer zerstörerischen Wirtschaftsweise, in: Emanzipation, Zeitschrift für sozialistische Theorie und Praxis, Nr. 5, Sommer 2013: 71-88

Bardi, Ugo (2013): Der geplünderte Planet. Die Zukunft des Menschen im Zeitlater schwindernder Ressourcen, München: oekom

Barnosky, Anthony et al. (2012): Approaching a state shift in Earth's biosphere, in: *Nature*, Vol. 486, 7 June 2012, 52-58.

Braudel, Fernand (1986): *Sozialgeschichte des 15. bis 18. Jahrhunderts. Aufbruch zur Weltwirtschaft*. Frankfurt/Main; Olten; Wien: Büchergilde Gutenberg.

Carnoy, Pádraig (2011): *The New Scramble for Africa*, Cambridge: Polity Press

Crutzen, Paul (2002): Geology of mankind. The Anthropocene, in: *Nature* 415: 3

Enquete-Kommission (2002): Deutscher Bundestag, Hrsg.: Schlussbericht der Enquete-Kommission Globalisierung der Weltwirtschaft: Globalisierung der Weltwirtschaft (Leske +Budrich) Opladen

* Enquete-Kommission (2013): Schlussbericht der Enquete-Kommission „Wachstum, Wohlstand, Lebensqualität – Wege zu nachhaltigem Wirtschaften und gesellschaftlichem Fortschritt in der Sozialen Marktwirtschaft", Deutscher Bundestag Drucksache 17/13300 17. Wahlperiode (03. 05. 2013)

Exner, Andreas (2010): Capitalism in Emergency – Profit ohne Wachstum?, in: Streifzüge 48/2010 (http://www.streifzuege.org/2010/capitalism-in-emergency-profit-ohne-wachstum – *download 22.4.2010*)

Fücks, Ralf (2011): Das Wachstum der Grenzen, in: böll-Thema. Das Magazin der Heinrich-Böll-Stiftung, Ausgabe 2, 2011: 4-6

Galeano, Eduardo (1991): Die offenen Adern Lateinamerikas. Die Geschichte eines Kontinents von der Entdeckung bis zur Gegenwart – erweiterte Neuauflage, Wuppertal: Peter Hammer Verlag (14. Aufl.)

Georgescu-Roegen, Nicholas (1971): The Entropy Law and the Economic Process, Cambridge (Mass.)/ London: Harvard University Press

Gómez-Baggethun, Erik/Ruiz-Pérez, Manuel (2011): Economic valuation and the commodification of ecosystem services, in: *Progress in Physical Geography* 35 (5): 613-628

Hirsch, Fred (1980): Die sozialen Grenzen des Wachstums, Reinbeck bei Hamburg: Rowohlt

Heinberg, Richard (2010): *Peak Everything. Waking up to the Century of Declines*, Gabriaola Island/BC: New Society Publishers

Heise, Ursula K. (2010): Nach der Natur. Das Artensterben und die moderne Kultur, Frankfurt/Main: Suhrkamp

Hoering, Uwe (2007): *Agrar-Kolonialismus in Afrika. Eine andere Landwirtschaft ist möglich*, Hamburg: VSA-Verlag

IEA (International Energy Agency)(2011): World Energy Outlook, Paris

Jackson, Tim (2011): Die Droge Wachstum, in: Institut für Auslandsbeziehungen, Kulturaustausch-online, 1/ 2011 (http://www.ifa.de/pub/kulturaustausch/archiv/ausgaben-2011/weniger-ist-mehr/die-droge-wachstum/)

Kant, Immanuel (1984): Zum ewigen Frieden. Ein philosophischer Entwurf, Werke, Band 11, S. 195ff. hier zitiert nach der Reclam-Ausgabe, Stuttgart

Maddison, Angus (2001): The World Economy: A Millennial Perspective, Paris (OECD)

Mahnkopf, Birgit (2012): Kapitalismuskritik als Wachstumskritik, in: *Kapitalismustheorie und Arbeit. Neue Ansätze soziologischer Kritik*, hrsg. von Klaus Dörre, Dieter Sauer und Volker Wittke, Frankfurt/Main: Campus Verlag, 389-409

Mahnkopf, Birgit (2013): Peak Capitalism? Folgen der sozial-ökologischen Krise für die Dynamik des historischen Kapitalismus", Working paper des DFG-Kolleg „Postwachstumsgesellschaften" der Friedrich-Schiller-Universität Jena; http://www.kolleg-postwachstum.de/sozwgmedia/dokumente /WorkingPaper/wp2_2013.pdf

Moore, Jason W. (2010a): Madeira, Sugar, and the Conquest of Nature in the ‚First' Sixteenth Century, Part II: From Local Crisis to Commodity Frontier, 1506-1530, in: *Review: A Journal of the Fernand Braudel Center* 33(1), 1-24

Moore, Jason W. (2010b): ‚Amsterdam is Standing on Norway' Part II: The Global North Atlantic in the Ecological Revolution of the Long Seventeenth Century, in: *Journal of Agrarian Change* 10(2), 188-227

OECD (Organisation for Economic Cooperation and Development)(2011): Towards Green Growth, Paris: OECD

Rockström, Johan et al (2009): Planetary Boundaries: Exploring the Safe Operating Space for Humanity, in: Ecology and Society 14 (2); http://www.ecologyandsociety.org/vol14/iss2/art32/

Scheer, Hermann (2010): Der energethische Imperativ. 100% jetzt: Wie der vollständige Wechsel zu erneuerbaren Energie zu realisieren ist, München: Kunstmann

Schwärgerl, Christian (2012): Menschenzeit, München: Goldmann

Sieferle, Rolf Peter (1982): *Der unterirdische Wald. Energiekrise und industrielle Revolution,* München: Beck

Sloterdijk, Peter, 2011: Wie gross ist ‚gross'? In: böll-Thema, Das Magazin der Heinrich-Böll-Stiftung, Ausgabe 2, S. 12-16

Sullivan, Sian (2011): Banking Nature? The financialisaton of environmental conservation, Open Anthropology Cooperative Press; http://openanthcoop.net/press/http:/openanthcoop.net/press/wp-content/uploads/2011/03/Sullivan-Banking-Nature.pdf

UNEP (United Nation Environment Program)(2011): Towards a Green Economy: Pathways to Sustainable Development and Poverty Eradication, UNEP; http://www.unep.org/greeneconomy

Wallerstein, Immanuel (1998): Utopistics or, historical choices of the twenty-first century, New York: New Press

World Bank (2013): *Global Economic Prospects and the Developing Countries. Assuring growth over the medium term*, Washington DC: The World Bank; http://siteresources.worldbank.org/INTPROSPECTS/Resources/334934-1322593305595/8287139-13394 27993716/GEPJune2012_Full_Report.pdf

David Salomon

Die Krise der Demokratie als Problem einer Politischen Bildung[1]

Demokratie und Kapitalismus

„Wer würde bestreiten", fragt Daniel Bensaïd mit Claude Lefort, „„daß die Demokratie an den Kapitalismus ebenso gebunden ist, wie sie sich von ihm unterscheidet?' Sicher niemand, da das ganze Problem darin besteht, festzustellen, inwiefern sie historisch mit ihm verbunden ist [...] und inwieweit sie sich von ihm abhebt, ihn kritisiert und über ihn hinausgeht." (Bensaïd 2012, 28) Ellen Meiksins Wood schlägt in die gleiche Kerbe, wenn sie betont, die *moderne* Demokratie unterscheide sich kategorisch von frühen demokratischen Perioden etwa in der Antike: „Der Kapitalismus ermöglichte [...] die Konzipierung einer ‚formalen Demokratie', in der eine Form staatsbürgerlicher Gleichheit neben sozialer Ungleichheit existieren kann, und die die ökonomischen Verhältnisse zwischen ‚Elite' und ‚arbeitender Masse' nicht antastet." (Wood 2010, 215) Die von Wood herausgestellte „Trennung zwischen staatsbürgerlichem Status und Klassenposition" (ebd.) ist nicht nur demokratie*historisch* von Bedeutung, sondern auch demokratie*theoretisch*. Von hier führt eine Spur zur „üblichen Denkweise, von zwei Sphären oder Funktionssystemen auszugehen, der Politik und der Ökonomie", der Frank Nullmeier zufolge „auf legitimatorischer Ebene ein ‚Trennmodell' entspricht": „Demokratische Gleichheit gilt als Leitwert des politischen Funktionssystems, Allokationseffizienz als Leitwert des ökonomischen Systems." (Nullmeier 2013, 428) Im Anschluss an Nullmeiers kritische Analyse dieser Annahme lässt sich feststellen, dass legitimatorische „Trennmodelle" *innerhalb* der bürgerlichen Gesellschaft keineswegs als *Konsens* begriffen werden können: Das normativ wünschbare Verhältnis zwischen ökonomischer Reproduktion und politischer Gestaltung von Gesellschaft war vielmehr stets ein zentraler, wenn nicht der zentrale *Streitpunkt* der Moderne. Um ihn kristallisierten sich früh *gegensätzliche* Konzeptionen der Demokratie.

Wo, Wood zufolge, ein *liberaldemokratisches* Verständnis seit der „amerikanischen Neudefinition der Demokratie" durch die Federalists (Wood 2010, 215), politische Legitimation gerade in *solchen* Verfahren hergestellt sieht, die die privatökonomische Verfügungsweise möglichst wenig tangierten, stellte die Perspektive einer *sozialen* Demokratie materiale Gleichheitsinteressen von Subalternen (Salomon 2012a, 14) ins Zentrum ihrer Legitimitätskonzeption. Beiden Alternativen, „Demokratie" zu bestimmen, entsprechen unterschiedliche Begriffe von

Freiheit und Gleichheit und damit korrespondierend von privat und öffentlich: Die vom Liberalismus – wenn auch historisch durchaus stark eingeschränkt[2] – postulierte *Rechtsgleichheit* dient nicht zuletzt dem Zweck des Schutzes von Eigentum. Gerade der Bereich, in dem politisch-ökonomische Ungleichheit generiert wird, ist somit dem demokratischen Zugriff verschlossen. Es ist nur folgerichtig, dass in einem so verstandenen Konzept zwischen „Freiheit" und „Gleichheit" eine Spannung besteht, die zwar überbrückt, nie aber aufgehoben werden kann. Umgekehrt sehen Konzeptionen einer sozialen Demokratie keine *prinzipielle* Spannung zwischen Freiheit und materialer Gleichheit. Indem die Tragbarkeit *kapitalistischer* Effizienz als Legitimationsform selbst infrage gestellt wird, wird auch politisch nicht „Legitimation durch Verfahren" (Luhmann), sondern „Legitimation *von* Verfahren" zur theoretischen Kernfrage einer Demokratietheorie, die neben „Input" und „Output" auch den „Outcome, d.h. die Ergebnisse politischen Handelns" erörtert (Schmidt 2010, 225).

In der Konsequenz dieser Betrachtungsweise liegt, dass sie „Demokratie" nicht in bestehenden *politischen* „Institutionen" bereits für etabliert hält, sondern zugleich als „Aufgabe" versteht (Abendroth 2008, 416). Was Jürgen Habermas auf die Moderne insgesamt bezog, gilt nach dieser Sichtweise für die Demokratie im Besonderen: Sie ist ein „unvollendetes Projekt" (Habermas 2003, 7). Insofern stellen Theorien „sozialer Demokratie", sofern sie das Trennmodell in Theorie und Praxis zu überwinden streben[3], soziale *Prozesse* ins Zentrum ihrer Analyse. „Sozialen Demokratietheorien" geht es – anders formuliert – um eine unabgeschlossene *Demokratisierung* der „gesamten Gesellschaft" (ebd.), einschließlich der Sphäre „des Ökonomischen". Diese Tradition freilich markiert zugleich jenen von Daniel Bensaïd im oben stehenden Zitat anvisierten Punkt, an dem sich Demokratie vom Kapitalismus „abhebt, ihn kritisiert und über ihn hinausgeht".

Der „soziologische Raum" (Sternberg) der modernen Demokratie ist kein friedliches Terrain, sondern ein Kampfplatz, auf dem liberale und soziale Perspektiven seit je um *Hegemonie* (Gramsci) rangen. Die Ergebnisse dieser Kämpfe waren historisch häufig von Zugeständnissen geprägt, aber auch von der Rücknahme solcher Zugeständnisse bei veränderten Kräfteverhältnissen[4]. Es ist ein Verdienst der Soziologen Luc Boltanski und Ève Ciapello nachgezeichnet zu haben, wie diesen politischen Zyklen Erneuerungsdynamiken der kapitalistischen Produktionsweise selbst entsprachen. So gelang es nicht nur dem Nachkriegskapitalismus durch die Absorption der Forderungen nach sozialem Ausgleich ein neues Wachstumsmodell zu etablieren. Wie Boltanski und Ciapello herausarbeiten, konnte sich auch der (neoliberal inspirierte) „Finanzmarktkapitalismus" auf die teilweise radikaldemokratischen Forderungen der neuen sozialen Bewegungen seit den 60er Jahren stützen und auch durch die Absorbtion ihrer „Künstlerkritik" die ökonomische Krise des „Fordismus" überwinden (Boltanski/Ciapello

1999). Gerade diese Fähigkeit der kapitalistischen Produktionsweise sich *mittels* sozialer Bewegungen (und auf ihre Kosten) zu erneuern, verweist auf das demo-kratietheoretische Grundproblem des Verhältnisses von Ökonomie und Politik in der bürgerlichen Gesellschaft selbst zurück, in der sich – wenn auch durchaus verworren und vielgestaltig – letztlich doch zumeist der Primat der (kapitalisti-schen) Ökonomie über die Politik behaupten konnte. Im Sinn eines radikalen Bruchs mit dieser Dynamik lässt sich Rahel Jaeggis Forderung an eine *spezifi-sche* Kapitalismuskritik verstehen, die „die Krisenhaftigkeit und die Funktions-störungen sozialer Praxiszusammenhänge zu ihrem Ausgangspunkt" zu machen „und von diesen her die Vollzugsbestimmungen einer rationalen oder guten Le-bensform zu bestimmen" habe: „Eine gelingende Lebensform wäre dann eine, die sich dadurch auszeichnet, dass sie gelingende kollektive Lernprozesse – Lernpro-zesse, die zum Teil ausgelöst sein mögen durch Krisen funktionaler Art – nicht behindert, sondern ermöglicht. Ob der Kapitalismus dies tut, ist mehr als frag-lich." (Jaeggi 2013, 349)

Die von Jaeggi hier angesprochenen „kollektiven Lernprozesse" sind freilich kein ausschließlich bildungstheoretisches Problem. Ihre Bedeutung für eine poli-tische Bildungstheorie- und -praxis sind dennoch evident: „Politische Bildung lebt davon, dass sie mit den Heranwachsenden das Interesse an der Gestaltung der Welt teilt, in die diese hineinwachsen. Für Gesellschaften, die sich durch de-mokratische Formen von Politik steuern, mithin auf diese Weise ihre Zukunft ge-stalten, ist dies [...] nach wie vor unbestreitbares und notwendiges Schlüsselar-gument der Begründung von politischer Bildung." (Steffens 2011, 285) Es ist dieser nun originär bildungstheoretische Kontext, in dem sich die Frage nach dem *gegenwärtigen* Zustand der Demokratie in Zeiten der fortdauernden *ökono-mischen* und politischen Krise, von der – mit Jaeggi gesprochen – zunächst of-fenbleiben muss, ob sie unter den gegebenen gesellschaftlichen Strukturbedin-gungen auch kollektiv „als Lerngelegenheit" (Steffens 2010) wirken kann – mit kaum zu überschätzender Dringlichkeit stellt.

Demokratietheoretische Krisendiskurse

In der gegenwärtigen Zeitdiagnostik lassen sich zumindest drei große Stränge des demokratietheoretischen Krisendiskurses ausmachen:

(1) Die Diagnose einer „Postnationalen Konstellation" und eine „kosmopo-litische" Perspektive: „Weil die Idee, daß eine Gesellschaft demokratisch auf sich einwirken kann, bisher nur im nationalstaatlichen Rahmen glaubwürdig im-plementiert worden ist, ruft die postnationale Konstellation jenen gebremsten Alarmismus aufgeklärter Ratlosigkeit hervor, den wir in unseren politischen Are-

71

nen beobachten." (Habermas 1998, S. 95) Im Rekurs auf Immanuel Kant und Karl von Polanyi interpretiert Habermas die „Globalisierung" Ende der 90er Jahre als ökonomisch induzierte „Öffnung". Die hieraus resultierende Herausforderung könne von der bislang lediglich nationalstaatlich ausgeprägten Demokratie nur dann bewältigt werden, wenn es ihr gelinge, rechtliche Formen zu entwickeln, die demokratische Teilhabe auch in einer „Weltgesellschaft" verbürgten[5]. Dass die Entwicklung von globalen ökonomischen Verflechtungen zu „globaler Demokratie" (Weiß 2012, 233) kein Automatismus ist, wurde von zahlreichen Sozialwissenschaftlern betont, die den „Globalisierungsprozess" weit eher durch Formen einer „globalen Enteignungsökonomie" (Zeller 2004, Harvey 2005), der Informalisierung von Arbeit, Geldkreisläufen und Politik" (Altvater/Mahnkopf 2002) und die Tendenz zu einem wirtschaftsliberal überformten „neuen Konstitutionalismus" (Gill 2000, 43) charakterisiert sahen, als durch die „Konstitutionalisierung des Völkerrechts" (Habermas 2004), die Etablierung weltbürgerlicher Rechtsverhältnisse[6] oder gar eine „Soziale Demokratie im globalen Zeitalter (Held 2007). Treffend schrieben Andreas Fischer-Lescano und Kolja Möller jüngst über „globale soziale Rechte": „Widerstreit im Recht ist das, was von dem emanzipatorischen Leitbegriff erwartet werden kann. Ohne *pólemos*, also ‚Streit', ‚Auseinandersetzung', ‚Widerspruch', ist eine andere Welt nicht zu haben." (Fischer-Lescano/Möller 2012, S. 84).

(2) Die Krise der Demokratie als Bestandteil einer „postpolitischen Konstellation" und die Perspektive einer radikalen Demokratie als einer „Wiedergewinnung des Politischen": „Schon bei einer oberflächlichen Betrachtung wird deutlich, daß diejenigen, die in der Gegenwart über Demokratie reden, diese einmal als eine Verfassung des Gemeinwesens, ein anderes Mal als eine Regierungstechnik verstehen. Der Terminus verweist also zugleich auf die Konzeption des öffentlichen Rechts und auf die der Verwaltungspraktik: Er beschreibt ebenso eine Legitimationsform der Macht wie auch die Art und Weise ihrer Ausübung." (Agamben 2012, 9) Giorgio Agambens Verweis auf die Doppelbedeutung des Demokratiebegriffs im politischen und polittheoretischen Diskurs zeigt die Konturen eines zunehmend beachteten Debattenstrangs an, in dessen Zentrum die Paradoxien tendenziell antagonistischer, doch „dialektisch" miteinander verbundener Duale stehen: „Marktdemokratie" bzw. „Demokratie als Staatsform" und „wahre Demokratie" (Bensaïd 2012, 26ff.), *politeia* und *politeuma* (Agamben 2012, 10), „Politik und Polizei" (Rancière 2002, 33) „die Politik" und „das Politische" (Mouffe 2007, Marchart 2010, Bedorf/Röttgers 2010) – all diese Begriffspaare verweisen auf das Verhältnis von Statik und Dynamik, von *politischem* System und *politischer* Bewegung und somit auf eine konstitutive Grundspannung in jeder Rekonstruktion *politischer* Verhältnisse. Wenn sich auch die überwiegend einem „postmodernen Linksradikalismus" (Peter 2012) zurechenba-

ren Beiträger zu diesem Debattenstrang sowohl in ihrer Begrifflichkeit als auch in ihrer Positionierung (z. T. erheblich) voneinander unterscheiden[7], haben sie doch gemein, dass sie das zeitdiagnostische Problem einer Krise der Demokratie im Horizont einer allgemeinen *politischen* Krisis verorten. So sieht Chantal Mouffe (2007, 21) (in Anknüpfung an die Liberalismuskritik Carl Schmitts) gerade in kosmpolitischen und universalistischen Modellen, wie sie unter anderen von Jürgen Habermas verfochten werden, eine „Neutralisierung des Politischen"[8], eine post-politische Ideologie. „Demokratie" scheitert demnach als *politische* Form, wenn sie versucht die in der Gesellschaft bestehenden Freund-Feind-Relationen zu nivellieren oder zu neutralisieren. Stattdessen gelte es, die Konflikte zu bändigen, (Tod)Feindschaft in Gegnerschaft, „Antagonismus" in „Agonismus" zu überführen (ebd. 31): „Demokratie erfordert eine Form der Wir-Sie-Unterscheidung, die mit der Anerkennung des für die moderne Demokratie konstitutiven Pluralismus vereinbar ist." (ebd., 22)

(3) „Die Postdemokratische Konstellation" und die Perspektive einer erneuerten „sozialen Demokratie": Auch wenn Jacques Rancière (2010) den Begriff der Postdemokratie bereits in den 90er Jahren prägte, wurde er doch populär erst durch den gleichnamigen Essay Colin Crouchs (2008) und die sich an ihn anschließende Debatte[9]. Im Kern beschreibt „Postdemokratie" einen politischen Zustand, der nicht Demokratie, nicht Autokratie ist und die (weitgehend intakten) Verfahren bürgerlicher Demokratie leer laufen lässt, weil sich die Entscheidungsfindung aus den klassischen Arenen demokratischer Politik verlagert (Crouch 2008, 10). Die funktionale Trennung von kapitalistischer Ökonomie und demokratischer Politik wird – anders formuliert – von Seiten einer direkt in die politische Entscheidungsfindung drängenden und global agierenden ökonomischen Macht unterlaufen, ohne dass ein politisches Subjekt ausgemacht werden könne, das – wie die traditionelle Arbeiterbewegung – ökonomische Macht in sozialen Kämpfen erfolgreich herausfordern und zurechtstutzen würde. Während Crouch und in seiner Folge Streeck (2013) eher eine *Tendenz* beschreiben, geht Ingolfur Blühdorn bei seinem Versuch einen „soziologisch starken Begriff der Postdemokratie" (Blühdorn 2012) zu bestimmen, weitgehend von einer bereits installierten „Postdemokratischen Konstellation" (ebd.), einer vollzogenen „postdemokratischen Wende" (Blühdorn 2013) aus, deren Ergebnis er als „Simulative Demokratie" (ebd.) zu fassen sucht[10]. Mit dieser *positiven* Bestimmung des Zustands versucht Blühdorn zugleich auf ein Problem zu reagieren, das im *negativen* Post-Begriff angelegt ist: Die Rede von einer „Postdemokratie" nimmt einen vergangenen „Augenblick der Demokratie" (Crouch 2008, 14) an, der als Maßstab der Zeitdiagnose fungiert. Der (keineswegs unberechtigte) Vorwurf, Crouch betreibe eine demokratiepolitische Verklärung der fordistischen Ära des Kapitalismus, ist daher der am häufigsten artikulierte Einwand[11]. Will man die Idealisierung des

fordistischen Kapitalismus und „seiner" Demokratie vermeiden, so erscheint es lohnenswert, ein in der Diskussion häufig vernachlässigtes Argument Crouchs gegen seinen Autor selbst zu stärken, demzufolge ein Zusammenhang zwischen *liberaler* Demokratiekonzeption und postdemokratischer Tendenz angenommen wird (Crouch 2008, 9). Postdemokratie wäre dann so etwas wie ein „vereinsamter Liberalismus", eine endgültig oligarchisch gewordene „Liberaldemokratie", die sich ohne einen sie herausfordernden Gegenspieler und somit der lästigen Notwendigkeit enthoben glaubt, Forderungen nach sozialer Demokratie zum Zwecke der eigenen hegemonialen Stellung Zugeständnisse machen zu müssen (Salomon 2012c, 131)[12]: Auf eine Ära der „*defensiven Demokratisierung*" (siehe FN 4) folgte dann einmal mehr eine Ära der – wenn auch postdemokratisch verschleierten – „*offensiven Entdemokratisierung*", die (gerade bei vermeintlich direktdemokratischen Verfahrenserneuerungen) Nähen zu klassischen Formen eines bonapartistischen Autoritarismus aufweist (Wagner 2011). Hierzu gehört die auch heute vielfach vernehmbare Denunziation von Parteistrukturen, „die sich zwischen den authentischen Volkswillen und den leader schieben, handele es sich nun um den leader des einzelnen örtlichen Wahlkreises oder den obersten Führer der Nation" (Losurdo 2008, 369). Forderungen nach einem Mehrheitswahlrecht oder der Direktwahl politischer *leader* gehören demnach zum klassischen Reservoir einer Beschneidung der Repräsentation subalterner Gleichheitsinteressen und enthalten die permanente Gefahr, ein Einfallstor für mehr oder weniger offene Formen autoritärer Herrschaft zu sein.[13] Diese theoretischen und zeitdiagnostischen Entwürfe werden zugleich flankiert von empirischen Studien, die die These einer zunehmenden Oligarchisierung demokratischer Verfahren untermauern: Weisen einerseits Analysen zur Wahlbeteiligung eindeutig auf eine soziale Schlagseite traditioneller Verfahren hin (Schäfer 2010), so erscheinen andererseits auch Verfahren einer „direkten Demokratie" – wie bereits in der Reflexion ihrer bonapartistischen Instrumentalisierbarkeit angedeutet – keineswegs als Ausweg: „Volksabstimmungen sind im Kern ein Instrument für die mittleren und oberen Schichten unserer Gesellschaft." (Merkel 2011, 55) Nicht nur bei Plebisziten – etwa zur Schulreform in Hamburg (Jörke 2011, 16), auch bei deliberativen und „unkonventionellen Formen der Bürgerbeteiligung wie Bürgerkonferenzen, runden Tischen oder Konsenskonferenzen" (ebd., 15) zeige sich die strukturelle Dominanz von Angehörigen der Mittelschichten (ebd., 16). Gerade der soziale Kern der postdemokratischen Tendenz, lässt sich zusammenfassend festhalten, wird somit in tradierten wie alternativen Beteiligungsverfahren permanent reproduziert. Normativ rückt bei all dem – soll nicht demokratiepolitische Resignation die Folge der Analyse sein – die Frage nach den Möglichkeiten einer Erneuerung sozialer Demokratie ins Zentrum einer die Postdemokratiediagnose ernst- und aufnehmenden Demokratietheorie. (Eberl/Salomon 2013b). Neben Diskussionen um grundsätzlich neue Verfahren, denen das Potential zugeschrieben wird, die Exklusivität bisheriger Abstimmungsformen zu überwinden[14], dürfte eine Schlüsselfrage sein, ob Angehörige der von Partizipationsmöglichkeiten ausgeschlossenen sozialen Gruppen, ihre Interessen in neuen sozialen Bewegungen zum Ausdruck bringen können oder ob ihre sozialen Proteste auf der Ebene vorpolitischer *Riots* stehen- bzw. gänzlich ausbleiben.

Postdemokratie und (Politische) Bildung

„Das Verhältnis von politischer Bildung und Demokratie ist von einem wechselseitigen Bedingungsverhältnis geprägt. So ist eine lebendige Demokratie ohne eine systematisch verankerte politische Bildung ebenso wenig denkbar, wie politische Bildung grundsätzlich auf ein demokratisches Umfeld angewiesen ist, um eigene Ansprüche umzusetzen." (Friedrichs/Lange 2012, 53) Die Betonung eines Interdependenzverhältnisses von Demokratie und politischer Bildung weicht in erfrischender Weise ab von jenem Allerweltsbekenntnis, demzufolge Demokratie politische Bildung brauche[15]. Zugleich leitet sie über zur These der Autoren: „Wenn eine der beiden Seiten in eine Krise gerät, ist entsprechend die andere mitbetroffen." (ebd.) Die gegenwärtigen Diskussionen um eine Krise der Demokratie müssten demnach im Zentrum der Diskussion um die Aufgaben und Möglichkeiten politischer Bildung in der Gegenwart stehen. Umso stärker fällt auf, dass trotz einiger mittlerweile – insbesondere im Kontext der Diskussion um eine kritische politische Bildung[16] – vorgelegter Arbeiten Christian Zimmermanns Feststellung noch immer gilt, derzufolge, „sich die fachdidaktische Diskussion um politische Bildung, sei es in der Schule, sei es in außerschulischen Bildungseinrichtungen, von diesen fundamentalen Veränderungen des demokratischen Gemeinwesens und der damit einhergehenden fachwissenschaftlichen Diskussion weitgehend unbeeindruckt" zeige (Zimmermann 2012, 66). Tatsächlich ist die Zahl der Beiträge zu den Konsequenzen der postdemokratischen Tendenz für formale wie non-formale politische Bildung bislang äußerst überschaubar[17]. Dabei ist „politische Bildung" von den als Krise der Demokratie diskutierten Entwicklungen in doppelter Weise betroffen: Zum einen – gewissermaßen *objektiv* – als Bildungssysteme sich derzeit im Umbruch befinden und Bildungspolitik (wie jedes Politikfeld) an den in den demokratietheoretischen Krisendiskursen diagnostizierten Entwicklungen partizipiert; zum anderen – *subjektiv* – als die diagnostizierten Krisenprozesse sowohl ihr Selbstverständnis als auch das Verständnis ihrer Gegenstände berühren.

(1) Die bildungspolitische Perspektive: „Die neue Leitidee der Bildung als Humankapital ist eingebettet in ein Weltbild, das die Gesellschaft als ‚Wissens-

gesellschaft' versteht, die mit einer ‚wissensbasierten' Ökonomie im zunehmend härteren internationalen Wettbewerb bestehen muss. Dieses Weltbild wird durch eine Koalition transnationaler Eliten (Manager, Unternehmensberater, Wirtschaftsprüfer und Analysten) gestützt, die innerhalb der Diskursformation ‚Wirtschaft' den Standortwettbewerb in den Vordergrund geschoben haben." (Münch 2009, 33) Auffallend ist, dass Münch hier Elemente aus der Diagnose einer „postnationalen Konstellation" mit solchen der Diagnose eines postdemokratischen Eingriffs von (transnationalen) Wirtschaftseliten auf das Politikfeld „Bildung" verbindet. Die These, „Globalisierung" sei *Ausbruch des Politischen* aus dem kategorialen Rahmen des Nationalstaates" (Beck 1997, 13) mag die bleibende Bedeutung nationalstaatlicher Rechtsetzung in „internationalisierten Wettbewerbsstaaten" (Hirsch 2005, 145) unterschätzen, doch Ulrich Becks Insistieren auf der Feststellung, dass die „Globalisierung" eine „Politik" sei (Beck 1997, 16), ist fraglos von exorbitanter Bedeutung – auch und gerade im Hinblick auf die Transformation von Bildungssystemen. Es ist diese *strategische* Dimension des „Globalisierungsprozesses", die im Kontext seiner landläufigen „Inszenierung" (ebd., 14) allzuoft unkenntlich wird: „Infolge der zunehmenden Wissensintensität in vielen Arbeits- und Lebensbereichen und der Globalisierung von Arbeits- und Bildungsmärkten wird die Frage nach der Produktivität des Bildungswesens zu einer gesellschaftlichen Kernfrage. Von der Bildungsforschung wird erwartet, dass sie diese Produktivität messbar macht, Erklärungsmodelle für Verlauf, Effektivität und Effizienz von Bildungsprozessen bereitstellt und Interventionsstrategien wissenschaftlich untersucht. Diese Anforderungen wachsen in dem Maße, in dem das Bildungswesen selbst zum Gegenstand internationalen Wettbewerbs wird, beispielsweise durch die Vergleichsstudien der OECD zu life skills von Jugendlichen am Ende der Pflichtschulzeit (PISA) oder durch einheitliche Regelungen von Studienzulassung, Studienverlauf und Zertifizierung im Rahmen des Bologna-Prozesses. Um zu beschreiben, inwieweit Individuen den Anforderungen in verschiedenen Kontexten gewachsen sind, wird häufig der Begriff der *Kompetenz* verwendet. Über Kompetenzen in einem bestimmten Bereich zu verfügen, bedeutet in diesem Bereich erfolgreich handeln zu können; Inkompetenz heißt, den Anforderungen in einem Bereich nicht gewachsen zu sein." (Klieme u.a. 2007, 5) Es ist kein Zufall, dass in dieser Passage nicht gesagt wird, wer etwas von der Bildungsforschung und dem Bildungswesen erwartet und ob es vernünftig ist, wenn Wissenschaft und Bildungsanstalten sich bemühen, diesen Erwartungen zu entsprechen. Die (gleichwohl vorhandene) Normativität verliert sich vielmehr in einem nebulösen Begriff des „erfolgreichen Handelns", dessen Kriterien zu bestimmen, scheinbar die Aufgabe höherer Mächte ist. Wo Forschung und Bildung zunehmend als *Markt* organisiert werden (Waldrich 2007), Bildungsziele zu vergleich- und messbaren „Wettbewerbsressourcen" werden

76

(Hartong 2012) und Wissen als Investment fungiert, ist ein *demos* fehl am Platz. Der hegemoniale „Kompetenzbegriff" der empirischen „Bildungsforschung"[18] meint eben nicht die souveräne „Kompetenz" zur Rechtsetzung, die demokratietheoretisch die verfassungsgebende Gewalt des Volkssouveräns ausmacht. Ganz im Sinne einer abstrakt-liberalen Individualität verliert sich die Freiheit des „Bürgers" in den Weiten des Marktes. Dem entspricht zugleich die Konditionierung der Persönlichkeit, von der Juliane Hammermeister in ihrer Auseinandersetzung mit den Schlüsselkompetenzen der OECD – Thomas Lemke zitierend – treffend bemerkt: „Persönliche Eigenschaften werden dem vermeintlichen Sachzwang Weltmarkt unterworfen und hören so auf, das ganz andere zu sein: Sie treten dem Einzelnen als gesellschaftliche Erwartung, wenn nicht als institutioneller Zwang entgegen.'" (Hammermeister 2010, 92)

Partizipiert der Bildungsdiskurs der Gegenwart mithin unübersehbar am postdemokratischen Übergriff von Wirtschaftseliten auf nahezu alle Politikfelder, so wäre doch schlecht beraten, wer ungebrochen *bildungsidealistisch* in der hiermit verbundenen „Erziehung zur Anpassung"[19] eine historische Neuigkeit erblicken wollte. Die grundsätzliche Problematik des Begriffs „Bildung" ist zumindest einer kritischen Pädagogik und Bildungstheorie seit je vertraut: „Unter Berufung auf deutsche ‚Bildung' und deutsche ‚Kultur' verstärkt sich eine antiaufklärerische, idealistisch-romantische Tradition gegen Positivismus und Rationalismus, gegen Empirismus und Materialismus." (Bollenbeck 1996, 22) Dieser Ideologie, die „Bildung" und „Kultur" zu einem spezifischen Deutungsmuster synthetisierte, entsprach, wie Bollenbeck herausarbeitet, als sozialer Träger eine keineswegs sonderlich demokratieaffine soziale Gruppe: „Die Geschichte des Deutungsmusters ist mit dem Schicksal des deutschen Bildungsbürgertums verbunden, mit dem deutschen Eigenweg in die Moderne und einer Modernisierungskrise, mit der das Bildungsbürgertum schließlich anfällig für den Nationalsozialismus wird." (ebd., 25) Folgt man Bollenbecks Argumentation, so ist gerade eine Spezifik des *deutschen* Bildungsdiskurses, dass er, obschon ihm stets eine politische *Funktion* zukam, doch eben keineswegs die Mündigkeit des Citoyens bezweckte, sondern sich im scheinbar zweckfreien und vorpolitischen Reich kultureller Identitäten verlor, um die „edle Einfalt" und die „stille Größe" eines antikisierend-gesunden „Geistes", schließlich gegen die Wehrertüchtigung einer lautstarken faschistischen Einfältigkeit und die großmäulige Herrenmenschenattitüde einer genozidal-rassistischen Forderung nach „Volksgesundheit" einzutauschen[20]: „Schützt Humanismus denn vor gar nichts?" – Alfred Anderschs berühmte Frage gilt zurecht als das Menetekel einer *un*politischen und gerade darum *anti*demokratischen Bildungstradition. Damit dem Bildungsbegriff überhaupt ein emanzipatorischer Gehalt abgewonnen werden konnte, bedurfte es einer mühsamen Dekonstruktionsarbeit, die die bildungstheoretischen Schriften etwa eines Wilhelm von Humboldt oder des vom Gang der französischen Revolution enttäuschten Friedrich (von) Schiller aus ihrer wilhelminisch verstaubten Konnotation befreite und der Ideengeschichte der Aufklärung zurückeroberte. Im über lange Zeit hindurch hegemonialen Diskurs war Bildung zumindest keine Alternative zu „Anpassung". Es scheint somit beinahe, als kehre – nun freilich nicht mehr auf „semantischen Sonderwegen" (ebd., 20) – in der „Postdemokratie" ein geradezu *klassisches* Verständnis von Bildung zurück – wobei die „Mythen des Marktes" (dies vielleicht gar ein Fortschritt) den Mythos der Nibelungen beerbt haben.

Auch die Unterwerfung der Bildungsziele unter ökonomische Zwecksetzungen ist freilich keineswegs ein historisch neues Phänomen, sondern ein – mit der oben beschriebenen identitätspolitischen Tradition bald verbundener, bald konkurrierender Dauerbrenner moderner Bildungspolitik. Für eine zeitdiagnostische Durchdringung des gegenwärtigen Ökonomisierungsprozesses als bedeutsam erweist sich jedoch die von Colin Crouch hervorgehobene Verbindung zwischen der Tendenz zur Postdemokratie und dem Aufstieg des „*Neoliberalismus*" als einer politische Praxis leitenden Ideologie (Crouch 2011). Bereits ein Jahr vor der Weltwirtschaftskrise von 1973, die allgemein als Wendepunkt in der politökonomischen Nachkriegsgeschichte gilt, beschrieb Freerk Huisken einen bildungspolitischen Trend, der im Licht von PISA und OECD-Kompetenzen eigenartig aktuell anmutet: „Ökonomische Rationalität und die aus ihr resultierende Hypertrophie von neuen Methoden und Techniken, denen die inhaltlich-intentionale Betrachtung der Lernziele und Unterrichtsinhalte aufgeopfert wird, erstreckt sich nicht allein auf den Unterrichtsprozeß, seine Planung, Steuerung und Kontrolle. Neuerdings beziehen die Didaktiken auch die Schule und das Bildungswesen mit in diese Überlegungen ein. Das ganze System wird auf seine Effektivität hin untersucht. Die traditionellen Gegenstandsbereiche der Didaktik, die Bildungsinhalte und -gehalte, bzw. der Unterrichtsprozess, werden ergänzt, ohne daß jedoch die den neuen Aspekten innewohnenden politischen und ökonomischen Probleme genauer untersucht werden. Die zweckrationale Konstruktion des gesamten Schulsystems steht im Vordergrund, wobei die Zwecke selbst entweder als ‚educative Zwecke' in abstrakter Beliebigkeit belassen werden oder neue effektivere Lehrtechniken und -methoden selbst zu Zwecken werden." (Huisken 1972, 138) Vierzig Jahre später hat sich zwar das Blatt dahingehend gewendet, dass nun weniger über das Schulsystem im Ganzen, sondern wieder verstärkt über eine neue Strukturierung des Unterrichts selbst gesprochen wird, die von Huisken seinerzeit festgestellte Tendenz einer unhinterfragten Unterwerfung über transzendent an Bildungsprozesse herangetragene Effizientkriterien erscheint heute indes mindestens ebenso zutreffend wie seinerzeit: „Die Didaktik wäre damit ausschließlich eine technische Disziplin, die ihre Aufgabenstellung von der ihr übergeordneten Bildungsökonomie erhält, der allein es überlassen ist, über gesellschaftlichen Nutzen oder Schaden, bezogen auf die Finanzierung des Bildungssystems einerseits und auf die optimale Verwendung seiner ‚Produkte' andererseits, Forschungen anzustellen." (ebd., 139) Ganz in diesem Sinne formulierte Christian Zimmermann jüngst: „Wenn Politik zumindest auch bedeuten kann, andere als die bestehenden Verhältnisse der Einrichtung des Gemeinwesens zu artikulieren und reflektierend abzuwägen, empfiehlt die OECD mit der flexiblen, unernehmerischen, eigenmotivierten und eigenverantwortlichen Unterwerfung unter den Bereich des Machbaren den Erstickungstod des Politischen." (Zimmermann 2012, 74)

(2) Perspektiven einer politischen *Bildung*: Was bedeuten nun diese Prozesse für das Selbst- und Gegenstandsverständnis (schulischer wie außerschulischer) politischer Bildung? Eine Alternative zur freiwilligen Unterwerfung unter den postdemokratischen Trend skizziert abermals Zimmermann: „Meine These [...] besteht darin, dass sich die politische Bildung in Zeiten der Postdemokratie nicht von den die herrschenden Interessen nur mühsam verschleiernden Imperativen der Bildungsstandards einschüchtern lassen darf, sondern nach Wegen suchen muss, verlorenes demokratisches Terrain zurückzugewinnen. [...] Meiner Auffassung nach kann dabei nur ein dezidiert emanzipatorischer Ansatz vertreten werden." (ebd., 67) Die Diskussion darüber, worin ein emanzipatorischer Ansatz in der „Postdemokratischen Konstellation" bestehen könnte, hat erst begonnen. Zumindest drei Dimensionen sollten bei seiner Ausarbeitung zusammengedacht werden:

a) Historische Kontextualisierung im Umgang mit der Tradition: Nimmt man den – in unterschiedlicher Intensität – in allen oben skizzierten Diskurssträngen hergestellten inneren Zusammenhang zwischen der Krise der Demokratie und einem liberalen Demokratieverständnis auf, so vermag es kaum zu überraschen, dass nicht alle im Zusammenhang mit „Globalisierung", „Postpolitik" und „Postdemokratie" diskutierten Erscheinungen historisch neuartige Phänomene sind. Hinter der zeitdiagnostischen Konkretheit verweisen die Krisendiskurse um Demokratie auf die klassische Frage nach der Vereinbarkeit von demokratischer Selbststeuerung der Gesellschaft und kapitalistischer Produktionsweise zurück. Begründet dieser grundsätzliche Strukturkonflikt des bürgerlichen Modus der Vergesellschaftung den Rückgriff auf klassische Konzeptionen sozialer Demokratie im fachwissenschaftlichen Kontext, so erfordert die zeitdiagnostische Konkretisierung ihrerseits eine *Rekonstruktionsleistung*, die mehr ist als eine bloß oberflächliche Aktualisierung klassischer Theorien[21]. Gleiches gilt für die weitgehend noch ausstehende Wiederaneignung klassischer Ansätze einer kritisch-emanzipatorischen politischen Bildung[22]: „Die Emanzipation des Menschen, d.h. die Befreiung von überflüssig gewordener Herrschaft und Unmündigkeit, von entfremdeter Arbeit und Lustverweigerung, bedeutet Verlust von Herrschaftspositionen und Privilegien für die herrschenden und privilegierten Minderheiten in der Gesellschaft. Diese Privilegierten und Herrschenden sind im Interesse der Aufrechterhaltung ihrer gesellschaftlichen Positionen gezwungen, den – von den vorhandenen Mitteln ermöglichten und angeregten – Prozeß der Demokratisierung der Gesellschaft und der Befreiung des Menschen aufzuhalten, und zwar auch auf Kosten des sozioökonomischen Fortschritts." (Schmiederer 1971, 34) Der gesellschaftspolitische *Optimismus* Rolf Schmiederers und das mit ihm verbundene Vertrauen in gesellschaftliche *Mehrheiten* ist beinahe typisch für jene (kurze) Zeit zwischen dem Mai 1968 und dem September 1973, in der vielen „Emanzipation" und „Demokratisierung" nicht nur regulative Ideen, sondern tagesaktuell erreichbare Ziele schienen: „Grob umrissen lassen sich zwei grundverschiedene Flügel in der Schülerbewegung unterscheiden. Der eine, sich selbst als liberal verstehende Flügel, sieht im heutigen Gymnasium einen Fremdkörper inmitten einer demokratischen Gesellschaft, einen ‚alten Zopf' inmitten der Moderne (R. Dahrendorf), Die elitäre soziale Funktion und die autoritäre innere Struktur des Gymnasiums *widersprechen* demnach den herrschenden demokratisch-egalitären Prinzipien dieser Gesellschaft. […] Der andere sich selbst als radikal bzw. sozialistisch verstehende Flügel sieht im heutigen Gymnasium den mehr oder minder adäquaten Ausdruck einer Klassengesellschaft. Die parlamentarisch-demokratische Verfassung dieser Gesellschaft erscheint ihnen als Verschleierung tatsächlicher, in der ökonomischen Sphäre begründeter Herrschaftsverhältnisse. […] Die von ihnen geforderte Demokratisierung des Schulwesens soll der allseitigen Emanzipation der Individuen dienen; sie soll dazu beitragen, den angenommenen Widerspruch zwischen den Erwartungen der Gesellschaft und den Bedürfnissen der Schüler zugunsten der Schüler aufzuheben." (Liebel 1970, 97) Die Gefahr, die allseitige Politisierung der frühen 70er Jahre zu überschätzen, bzw. ihre *zeitgenössische* Überschätzung zu reproduzieren, bedacht, mögen diese Stellen doch belegen, dass das *politische Alltagsdenken* der Zeit, in der „Demokratisierung und Emanzipation" zur zentralen Losung didaktischer und bildungspolitischer Forderung werden konnte, nicht vom „passiven Konsens" (Gramsci) über Sachzwänge und Alternativlosigkeit geprägt waren. Gerade hier liegt die vielleicht größte Herausforderung eines emanzipativen Selbstverständnisses politischer Bildung heute und zugleich die größte Differenz zu „klassischen" Konzeptionen einer kritisch-emanzipativen Theorie politischer Bildung: Ganz der These entsprechend, wonach sich das *„Post"* der „Postdemokratie" nicht auf einen einmal etablierten *Zustand*, sondern die offensichtliche Pluralität der Demokratiekonzeptionen in den politischen *Auseinandersetzungen* der Zeit beziehen lässt, bestünde die Aufgabe heute weniger darin die Institutionen, in denen politische Bildung stattfindet, gegenüber Diskussionen über gesellschaftlich ohnedies umkämpfte Alternativen zu *öffnen*, sondern darin, das Denken in Alternativen überhaupt erst zu erschließen[23].

b) „Politische Bildung": Ein Lernprinzip als programmatischer Begriff. Wie der Begriff der Politik selbst, lässt sich auch der Begriff der *politischen* Bildung in einem weiteren und einem engeren Sinn verstehen: Ebenso wie Politik nicht nur dort zu finden ist, wo in „politischen Systemen" und Institutionen Gesetze formuliert und exekutiert werden, sondern überhaupt dort „wo das allgemeine Zusammenleben der Menschen und menschlicher Gruppen zu einem Problem geworden ist" (Massing 2004, 87), findet auch politische Bildung nicht nur dort statt, wo politische Systeme und Institutionen selbst „Lernstoff" sind. Ganz in diesem Sinne bestimmt Peter Massing im Anschluss an Bernhard Sutor das Politische der politischen Bildung als „Formalobjekt [...], als leitende Perspektive als integrierende[n] Aspekt unterschiedlicher inhaltlicher Elemente der sozialen Wirklichkeit." (ebd.) Aus dieser Feststellung folgt einerseits die Unterscheidung von politischer Bildung als einem „Unterrichtsfach" (respektive – insbesondere mit Blick auf außerschulische politische Bildung – einem gesonderten Lern*bereich*) und von politischer Bildung als einem „Unterrichtsprinzip". Dort, wo unter „Unterrichtsprinzip" nicht – etwa unter dem diffusen Begriff eines pädagogisierenden „Demokratielernens" oder eines „Service-Learning"[24] – ein Bündel von Verhaltensformen und „Sozialkompetenzen" verstanden wird[25], gilt fraglos auch heute noch: „Das Unterrichtsprinzip hätte in den anderen Fächern politische Sinngehalte aufzusuchen, das eigene Fach muß den Gegenstandsbereich der Politik im sacheignen Zusammenhang betrachten." (Heinrich Schneider, zit. n. Fischer 1965, 141) In der Rekonstruktion eines so verstandenen „Prinzips" der politischen Bildung liegt freilich zugleich ein Verständnis beschlossen, das – über das klassische „Unterrichtsprinzip" hinausweisend – *politische* Bildung als einen *programmatischen* Begriff begreift, dessen *differentia specifica* sich weniger im Verhältnis zu anderen Bildungs*gegenständen* als vielmehr zu anderen Formen von Bildung überhaupt erweist: Politische Bildung stünde dann nicht in einem Differenzverhältnis etwa zu ästhetischer oder ökonomischer Bildung, sondern erwiese sich darin, dass sie – um beim Beispiel zu bleiben – Ästhetik und Ökonomie nicht als isoliert oder unabhängig von gesellschaftlichen Problem- und Konfliktzusammenhängen imaginierte, sondern solche Zusammenhänge im Gegenteil auch dort aufzuspüren suchte, wo sie sich nicht *unmittelbar* erschließen. Eine *rein* ästhetische oder *rein* ökonomische Bildung wären schlechterdings bloße Ideologie, so wie eine *rein* politische Bildung im Wortsinn „gegenstandslos" bleiben müsste. Indem im Gegenteil alle Bereiche menschlicher Praxis auf ihre Gestaltbarkeit und mögliche Konflikte um ihre Gestaltung hin befragt würden, fielen auf ein „Formalobjekt des Politischen" (Massing 2004, 87) gegründete Gegenstandsorientierung und (politische) Subjektorientierung in eines.

c) Das „Formalobjekt" des Politischen als politisches Gegenstandsverständnis: Folgt aus dem zuvor gesagten ein konsequent interdisziplinäres Verständnis des Gegenstands politischer Bildung, so hat die Zeitdiagnose einer „postdemokratischen Konstellation" doch auch Konsequenzen für die Gegenstände einer im engeren Sinn verstandenen politischen Bildung. Sollte richtig sein, dass sich im Kontext der Postdemokratiediskussion der Schwerpunkt demokratietheoretischer Forschungen analytisch und normativ erneut dem Verhältnis von ökonomischer Reproduktion und politischer Selbststeuerung der Gesellschaft zuzuwenden hat, so folgt daraus, dass diese *Verhältnisbestimmung* auch im Kontext politischer Bildung zunehmend bedeutsam wird. Betrachtet man freilich den bildungspolitisch induzierten Trend, so fällt – wie Christian Zimmermann treffend hervorhebt – auf, dass „sowohl in der Ausbildung der Lehrerinnen und Lehrer als auch in den Stundentafeln eine Reduzierung des Politikunterrichts zugunsten ökonomischer Anteile im sozialwissenschaftlichen Unterricht zu beobachten" ist (Zimmermann 2012, 73). Das zentrale Problem dieser Entwicklung liegt freilich nicht in der Beschäftigung mit ökonomischen Sachverhalten, sondern in einem bloß äußerlichen Verhältnis von politischer und ökonomischer Bildung, das sich bald als Konkurrenz zwischen beiden „Disziplinen" bald als „Arbeitsteilung" zwischen ihnen darstellt, in beiden Fällen jedoch den Anspruch einer *sozialwissenschaftlichen* Integration politischer und ökonomischer Aspekte verfehlen muss[26]. Im Hinblick auf die demokratietheoretischen Implikationen legitimatorischer Trennmodelle bedeutsam ist jedoch vor allem, dass eine wie immer als „Konkurrenz" oder „Arbeitsteilung" aufgefasste bloß äußerliche Verhältnisbestimmung der Gegenstandsbereiche „Ökonomie" und „Politik" an der von der Sache selbst sich aufdrängenden Frage nach der Vereinbarkeit von *Kapitalismus* und *Demokratie* scheitern muss. Wo sich ein neoklassischer „Modellplatonismus" dezisionistisch als legitim setzt (ohne auf andere Wirtschaftsordnungen als eine kapitalistische glaubt überhaupt eingehen zu müssen) und wo eine Didaktik der politischen Bildung die Behandlung ökonomischer Fragen bereitwillig eben solchen neoklassischen Wirtschaftswissenschaftlern überlässt, ist *Demokratie* a priori als *liberale* akzeptiert. Soll hingegen die Tragfähigkeit legitimatorischer Trennmodelle *selbst* thematisch werden und somit der Raum zur Diskussion der im Kontext der Postdemokratiedebatte zentralen Alternative einer sozialen Demokratie eröffnet werden[27], bedarf es einer politisch-soziologischen Perspektive, die den sozialen Funktionszusammenhang kapitalistischer Ökonomie als eine dezidiert *politische* Ökonomie erschließt und so überhaupt erst *kritisierbar* macht. Eine politische Bildung, die es versäumt sich dieser zentralen Herausforderung zu stellen, verfehlt nicht nur das von ihr selbst eingeforderte Kontroversitätsgebot gerade an der Stelle, an der sich die politische Ideengeschichte als am stärksten kontrovers erweist, sondern macht sich über kurz oder lang schlicht überflüssig.

Anmerkungen

1 In diesen Abschnitt gehen zahlreiche Überlegungen aus einem Arbeitszusammenhang mit Oliver Eberl ein, in dessen Zentrum die Rekonstruktion einer „sozialen Demokratietheorie" vor dem Hintergrund der aktuellen Diskussionen um „Postdemokratie" steht. Siehe hierzu insbesondere Eberl/Salomon 2012 und Eberl/Salomon 2013a.

2 Zur Kritik des Liberalismus im Kontext demokratietheoretischer Überlegungen vgl. neben Wood 2010 auch Canfora 2007 und Losurdo 2008.

3 Da dies keineswegs bei allen „Theorien sozialer Demokratie" der Fall ist, haben Oliver Eberl und ich in einem bislang noch unveröffentlichten Beitrag auf der diesjährigen Herbsttagung der Sektion politische Theorie der Deutschen Vereinigung für Politische Wissenschaft (DVPW) vorgeschlagen, hier von „sozialen Demokratietheorien" zu sprechen, von Demokratietheorien folglich, deren *gesellschaftstheoretische* Grundlage sich substantiell von scharfen *legitimatorischen* Trennmodellierungen sozialer Systeme unterscheidet.

4 Diese in der Geschichte der Demokratie geradezu dominante Figur eines erzwungenen Zugeständnisses seitens liberaler und konservativer „Eliten" an weitergehende demokratische Forderungen „von unten" zum Zwecke der eigenen Machtbehauptung nenne ich „defensive Demokratisierung" (Salomon 2012a, 17). Eine ausführliche Auseinandersetzung mit der – von mir erst kürzlich entdeckten – Begriffsverwendung einer „defensive democratisation" durch Glenn E. Robinson (im weitaus engeren Kontext liberaldemokratischer Reformen in peripheren Rentierstaaten), steht bislang noch aus (vgl. Robinson 1998, 389).

5 Zur Kritik des in dieser Konzeption angenommenen Verhältnisses von Politik und Ökonomie siehe Salomon 2005. Eine Rekonstruktion der „Postnationalen Konstellation" im Lichte der heutigen Postdemokratiedebatte versuchten Oliver Eberl und ich in dem erwähnten Beitrag auf der Herbsttagung der Sektion Politische Theorie der DVPW.

6 siehe hierzu die kontroversen Beiträge in Widmaier/Steffens 2010

7 Zu erwähnen sind unter anderen so heterogene Denker wie Alain Badiou (2008, 2010, 2012), Slavoj Žižek (2012), Miguel Abensour (2012) und Jacques Rancière (2010, 2011, 2012), aber auch Michael Hardt und Antonio Negri (2013). Unterschiede bestehen zwischen diesen Konzeptionen nicht nur hinsichtlich der terminologisch-begrifflichen Verwendungsweisen etwa des Gegensatzpaares „die Politik" und „das Politische", das etwa Badiou in umgekehrter Weise verwendet als andere Beiträger (Marchart 2010, 154), sondern auch hinsichtlich ihrer Positionierungen etwa zum Begriff, Charakter und zu Möglichkeiten politischer Repräsentation oder zur Rolle politischer Parteien. Im Rahmen dieses Aufsatzes ist es freilich kaum möglich, diese erheblichen Differenzen eingehend zu untersuchen.

8 Mit „Das Zeitalter der Neutralisierungen und Entpolitisierungen" ist der Aufsatz überschrieben, mit dem Carl Schmitt (2009, 88ff.) seine 1932 erschienene Untersuchung „Der Begriff des Politischen" beschließt.

9 siehe u.a. Buchstein/Nullmeier 2006, Nordmann et al. 2012, Eberl/Salomon 2013a

10 Auch Oliver Eberl und ich sprechen in Anknüpfung an Blühdorn von einer „Postdemokratischen Konstellation" (Eberl/Salomon 2013b, 421) Anders als Blühdorn fassen wir darunter jedoch keinen kohärenten Zustand, sondern ein durchaus ungleichzeitiges und uneindeutiges Gesamt von Elementen und Merkmalen.

11 siehe etwa Sauer 2011, 33; Merkel 2011, 47f; Haus 2012; Pelinka 2012; Ludwig 2013, 464 Auffallend ist jedoch, dass sich viele Kritiker mit dem empirischen Befund einer sozial exklusiven Partizipationskultur einverstanden erklären (insb. Merkel 2011, Pelinka 2012).

12 Hier liegt ein Anschluss an Michael Haus' instruktive Unterscheidung einer „postproletarischen" (Crouch, Rancière) und einer „neorepublikanischen" (Jörke, Buchstein) Lesart des Postdemokratietheorems beschlossen. Der Zusammenhang zwischen beiden Dimensionen verdiente freilich eine eingehendere Würdigung, als sie hier geleistet werden kann.

13 Vgl. auch hierzu die Überlegungen in Salomon 2012a, 17ff.

14 Zu den Vorschlägen, die in diesem Zusammenhang gemacht wurden, gehören Formen einer „Dezentralisierung der Gesetzgebung" (Maus 2011, 12) ebenso wie „Vetorechte für sozial Benachteiligte" (Jörke 2013, 498) und die Implementierung von Losverfahren (Buchstein 2009). Ein wesentliches Prüfkriterium der Sinnhaftigkeit solcher und anderer Verfahrensvorschläge dürfte sein, inwieweit ihr *Outcome* tatsächlich geeignet ist, materiale soziale Gleichheit zu befördern.

15 Mit diesem Satz beginnen nicht nur Lehrpläne (etwa der Hessische Lehrplan für das Fach Politik und Wirtschaft an Gymnasien), „Demokratie braucht politische Bildung" heißt auch ein wichtiger Sammelband in der politikdidaktischen Debatte des letzten Jahrzehnts (vgl. Breit/Schiele 2004). Kritisch zur in diesem Satz konnotierten Ableitung der Funktionen politischer Bildung aus einer *Staatsform* vgl. Salomon 2012b, 73f.

16 Siehe insbesondere die Beiträge in: Mende/Müller 2009; Lösch/Thimmel 2010; Alheim/Matthes 2011; Alheim/Schillo 2012; Widmaier/Overwien 2013

17 Neben Zimmermanns eigenem Beitrag (Zimmermann 2012) und dem – eher im Horizont Rancières, denn dem Crouchs argumentierenden Aufsatz Friedrichs und Langes (2012) sind insbesondere die Beiträge Bettina Löschs (2010, siehe auch Lösch/Rodrian-Pfennig 2014) zu erwähnen. Ausführlicher behandelt wurde indes die Diskussion um eine „postnationale Konstellation" (siehe hierzu. insb. Overwien 2000; Overwien/Rathenow 2009; Widmaier/Steffens 2010; Riß/Overwien 2010; Sander/Scheunpflug 2011)

18 Zur Ambivalenz des Kompetenzbegriffs und seinen unterschiedlichen Verwendungsweisen vgl. Feltes/Salomon 2010.

19 „Erziehung zur Anpassung?" ist der Titel eines auch heute noch lesenswerten Bandes von Egon Becker, Sebastian Herkommer und Joachim Bergmann (1970).

20 Insofern führt Wolfgang Sanders Rede von einer „Politisierung der Schule im Nationalsozialismus" (Sander 2004, 53) in die Irre. Wie für den Faschismus insgesamt gilt, dass er eine „Ästhetisierung der Politik" betrieb, der Walter Benjamin als originär *ästhetisches* Programm eine „Politisierung der Kunst" entgegenstellen konnte (Benjamin 1991, 508), gilt auch für faschistische Pädagogik, dass sie letztlich in einer konsequenten *Entpolitisierung* der (politischen) Bildung bestand, indem sie alles *gesellschaftlich* Kontroverse im Mythos der Volksgemeinschaft nivellierte. Gerade darin besteht etwa die Kontinuität zwischen dem frühen und dem späten Theodor Wilhelm. Dies wäre freilich einen eigenen Aufsatz wert.

21 Insbesondere die Akteurskonstellation ist heute weitaus unübersichtlicher als im 19. oder auch noch im 20. Jahrhundert. Insbesondere der weitgehend selbstverständliche Bezug auf eine starke Arbeiterbewegung als Träger der Forderung nach sozialer Demokratie ist heute so nicht mehr möglich.

22 Erwähnt seien hier nur Namen wie Rolf Schmiederer, Bernhard Claußen oder auch Oskar Negt.

23 Für diesen Gedanken danke ich Christian Zimmermann.

24 Es kann mitunter nützlich sein, Anglizismen ins Deutsche zu übersetzen: „Service-Lerning" scheint zumindest – aus welchen Gründen auch immer – einfacher über die Lippen zu gehen als „Lernen zu dienen".

25 Frank Nonnenmacher betont zurecht die (zumeist implizite) Herkunft des Service-Learnings im der Volksgemeinschaft entwachsenen Partnerschaftskonzept Theodor Wilhelms alias „Friedrich Oetingers": „Im Nahraum soll das harmonische und partnerschaftliche Zusammenleben geübt werden. Leitfrage war auch bei Oetinger: Was können wir selbst tun, um Missstände beseitigen zu helfen. Strukturanalyse und -kritik waren nicht gefragt." (Nonnenmacher 2011, 94) Zum Streit zwischen Demokratiepädagogik und Politikdidaktik vgl. u.a. Massing 2004. Zum Gesamtkomplex siehe auch Wohnig 2013.

26 Stellvertretend für gegen diesen Trend gerichtete Integrationsmodelle vgl. etwa Hedtke 2011, 63. Zur kontrovers geführten Diskussion über das Verhältnis von politischer und ökonomischer Bildung insgesamt siehe die Beiträge in Weißeno 2006 und Steffens/Widmaier 2008

27 Zur didaktischen Bedeutung des Gegensatzes von liberaler und sozialer Demokratiekonzeption vgl. Salomon 2013

Literatur

Abendroth, Wolfgang 2008: Demokratie als Instituion und Aufgabe, in: ders.: Gesammelte Schriften Bd. 2, Hannover, S. 407-416

Abensour, Miguel 2012: Demokratie gegen den Staat, Berlin

Agamben, Giorgio 2012: Einleitende Bemerkung zum Begriff der Demokratie; in: ders. u.a: Demokratie? – Eine Debatte, Berlin, S. 9-12

Alheim, Klaus/Matthes, Klaus 2011 (Hrsg.): Utopie denken Realität verändern – Bildungsarbeit in den Gewerkschaften, Hannover

Alheim, Klaus/Schillo, Johannes 2012 (Hrsg.): Politische Bildung zwischen Formierung und Aufklärung, Hannover

Altvater, Elmar/Mahnkopf, Birgit 2002: Globalisierung der Unsicherheit – Arbeit im Schatten, schmutziges Geld und informelle Politik, Münster

Badiou, Alain 2008: Wofür steht der Name Sarkozy?, Berlin

Badiou, Alain 2010: Ist Politik denkbar?, Berlin

Badiou, Alain 2012: Das demokratische Wahrzeichen; in: Agamben Giorgio u.a.: Demokratie? – Eine Debatte, Berlin, S. 13-22

Beck, Ulrich 1997: Was ist Globalisierung?, Frankfurt/Main

Becker, Egon/Herkommer, Sebastia/Bergmann, Joachim 1970: Erziehung zur Anpassung? – Eine soziologische Untersuchung der politischen Bildung in den Schulen, Schwalbach/Ts.

Bedorf, Thomas/Röttgers, Kurt 2010 (Hrsg.): Das Politische und die Politik, Berlin

Benjamin, Walter 1991: Das Kunstwerk im Zeitalter seiner technischen Reproduzierbarkeit (Dritte Fassung), in: ders.: Gesammelte Schriften Bd. I.2, S. 471-508

Bensaïd, Daniel 2012: Der permanente Skandal; in: Agamben Giorio u.a.: Demokratie? –
Eine Debatte, Berlin, S. 23-54

Blühdorn, Ingolfur (2012): Die Postdemokratische Konstellation – Was meint ein soziologisch starker Begriff der Postdemokratie?; in: Nordmann, Jürgen/Hirte, Katrin,
Ötsch, Walter Otto: Demokratie! Welche Demokratie – Postdemokratie kritisch hinterfragt, Marburg, S. 69-92

Blühdorn, Ingolfur 2013: Simulative Demokratie – Neue Politik nach der postdemokratischen Wende, Berlin

Bollenbeck, Georg 1996: Bildung und Kultur – Glanz und Elend eines deutschen Deutungsmusters, Frankfzrt/Main

Boltanski, Luc/Ciapello, Ève 1999: Der neue Geist des Kapitalismus, Konstanz

Breit, Gotthard/Schiele, Siegfried 2004 (Hrsg.): Demokratie braucht politische Bildung,
Schwalbach/Ts.

Buchstein, Hubertus 2009: Demokratie und Lotterie – Das Los als politisches Entschei-
dungsargument von der Antike bis zur EU, Frankfurt/Main und New York

Buchstein, Hubertus/Nullmeier, Frank 2006 (Hrsg.): Themenschwerpunkt; Postdemokratie – Ein neuer Diskurs?, in: Forschungsjournal Neue Soziale Bewegungen, Heft 4,
S. 16-120

Canfora, Luciano 2007: Eine kurze Geschichte der Demokratie, Köln

Crouch, Colin 2011: Das befremdliche Überleben des Neoliberalismus, Berlin

Crouch, Colin 2008: Postdemokratie, Frankfurt/Main

Eberl, Oliver/Salomon, David 2012: Zum Verhältnis von Wirtschaftsdemokratie und sozialer Demokratie; in: Fischer-Lescano, Andreas/Perels, Joachim/Scholle, Thilo
(Hrsg.): Der Staat der Klassengesellschaft – Rechts- und Sozialstaatlichkeit bei Wolfgang Abendroth, Baden-Baden, S. 197-214

Eberl, Oliver/Salomon, David 2013a (Hrsg.): Themenschwerpunkt – Postdemokratie und
soziale Demokratie; in: Politische Vierteljahresschrift, Heft Nr. 3, S. 415-557

Eberl, Oliver/Salomon, David 2013b: Postdemokratie und soziale Demokratie; in: dies.
(Hrsg.): Themenschwerpunkt – Postdemokratie und soziale Demokratie; in: Politische
Vierteljahresschrift, Heft Nr. 3, S. 415-425

Feltes, Torsten/Salomon, David 2010: Zur Kritik der empirischen Grundlagen gegenwärtiger Schulleistungsstudien; in: Jahrbuch für Pädagogik, S. 141-156

Fischer, Kurt Gerhard 1965: Politische Bildung – eine Chance für Demokratie, Linz

Fischer-Lescano, Andreas/Möller, Kolja 2012: Der Kampf um globale soziale Rechte –
Zart wäre das Gröbste, Berlin

Friedrichs, Werner/Lange, Dirk 2012: Bewusstlose Demokratie? – Das Bürgerbewusst-
sein in der (post)demokratischen Konstellation der Gegenwart; in: Mörschel, Tobias/
Krell, Christian: Demokratie in Deutschland, Wiesbaden, 53-70

Gill , Stephen (2000): Theoretische Grundlagen einer neo-gramscianischen Analyse der
europäischen Integration, Münster, in: Bieling, Hans-Jürgen/Steinhilber, Jochen: Die
Konfiguration Europas – Dimensionen einer kritischen Integrationstheorie, Münster,
S. 23-50

Habermas, Jürgen 1998: Die postnationale Konstellation, Frankfurt/Main

Habermas, Jürgen 2003: Die Moderne – ein unvollendetes Projekt; in: ders. Zeitdiagnosen, Frankfurt/Main, S. 7-26

Habermas, Jürgen 2004: Hat die Konstitutionalisierung des Völkerrechts noch eine Chance; in: ders.: Der gespaltene Westen – Kleine Politische Schriften X, S. 113-193

Hammermeister, Juliane 2010: Die Sache mit den Schlüsselkompetenzen – Kritische Anmerkungen zum OECD-Kompetenzmodell; in: Jahrbuch für Pädagogik, S. 87-96

Hardt, Michael/Negri, Antonio 2013: Demokratie! – Wofür wir kämpfen, Frankfurt/Main und New York

Hartong, Sigrid 2012: Basiskompetenzen statt Bildung – Wie PISA die deutschen Schulen verändert hat, Frankfurt/Main und New York

Harvey, David 2005: Der neue Imperialismus, Hamburg

Haus, Michael 2012: Regieren als Schatten der Demokratie? – Zum Verhältnis von Postdemokratie und Governance-Diskurs; in: Egner, Björn/ders./Terizakis, Georgios (Hrsg.): Regieren – Festschrift für Hubert Heinelt, Wiesbaden 2012, 135-155

Hedtke, Reinhold 2011: Die politische Domäne im sozialwissenschaftlichen Feld; in: Autorengruppe Fachdidaktik: Konzepte der politischen Bildung – Eine Streitschrift, Schwalbach/Ts. 2011, S. 51-68

Held, David 2007: Soziale Demokratie im globalen Zeitalter, Frankfurt/Main

Hirsch, Joachim 2005: Materialistische Staatstheorie, Hamburg

Huisken, Freerk 1972: Zur Kritik bürgerlicher Didaktik und Bildungsökonomie, München

Jaeggi, Rahel 2013: Was (wenn überhaupt etwas) ist falsch am Kapitalismus? – Drei Wege der Kapitalismuskritik; in: dies./Loick, Daniel: Nach Marx – Philosophie, Kritik, Praxis, Berlin, S. 321-349

Jörke, Dirk 2011: Bürgerbeteiligung in der Postdemokratie, in: Aus Politik und Zeitgeschichte, Heft 61, S. 13-18

Jörke, Dirk 2013: Re-Demokratisierung der Postdemokratie durch alternative Beteiligungsverfahren?; in: Eberl, Oliver/Salomon, David 2013a (Hrsg.): Themenschwerpunkt – Postdemokratie und soziale Demokraie; in: Politische Vierteljahresschrift, Heft Nr. 3, S. 485-505

Klieme, Eckart u.a. (2007): Möglichkeiten und Voraussetzungen technologiebasierter Kompetenzdiagnostik – Eine Expertise im Auftrag des Bundesministeriums für Bildung und Forschung, Bonn/Berlin

Liebel, Manfred 1970: Theoretische und praktische Aspekte der Schülerrebellion; in: ders./Wellendorf, Franz: Schülerselbstbefreiung – Voraussetzungen und Chancen der Schülerrebellion, Frankfurt/Main, S. 92-158

Lösch, Bettina 2010: Ein kritisches Demokratieverständnis für die politische Bildung; in: dies./Thimmel, Andreas 2010 (Hrsg.): Kritische politische Bildung – Ein Handbuch, Schwalbach/Ts.

Lösch, Bettina/Rodrian-Pfennig, Margit 2014: Kritische Demokratiebildung unter Bedingungen globaler Transformationsprozesse; in: Eis, Andreas/Salomon, David (Hrsg.): Gesellschaftliche Umbrüche gestalten – Transformationen in der politischen Bildung, Schwalbach/Ts. (im Erscheinen)

Lösch, Bettina/Thimmel, Andreas 2010 (Hrsg.): Kritische politische Bildung – Ein Handbuch, Schwalbach/Ts.

Losurdo, Domenico 2008: Demokratie oder Bonapartismus – Triumph und Niedergang des allgemeinen Wahlrechts, Köln

Ludwig, Gundula 2013: Feministische Überlegungen zu Postdemokratie und Entpolitisierung des Sozialen; in: Eberl, Oliver/Salomon, David 2013a (Hrsg.): Themenschwerpunkt – Postdemokratie und soziale Demokraie; in: Politische Vierteljahresschrift, Heft Nr. 3, S. 461-484

Marchart, Oliver 2010: Die politische Differenz – Zum Denken des Politischen bei Nancy, Lefort, Badiou, Laclau und Agamben, Berlin

Massing, Peter 2004: Der Kern der politischen Bildung?; in: Breit, Gotthard/Schiele, Siegfried 2004 (Hrsg.): Demokratie braucht politische Bildung, Schwalbach/Ts., S. 81-98

Maus, Ingeborg 2011: Über Volkssouveränität – Elemente einer Demokratietheorie, Berlin

Mende, Janne/Müller, Stefan 2009 (Hrsg.): Emanzipation in der politischen Bildung – Theorien, Konzepte, Möglichkeiten, Schwalbach/Ts.

Merkel, Wolfgang 2011: Volksabstimmungen: Illusion und Realität; in: Aus Politik und Zeitgeschichte, Heft 61, S. 47-55

Mouffe, Chantal 2007: Über das Politische – Wider die kosmopolitische Illusion, Frankfurt/Main

Münch, Richard 2009: Globale Eliten, lokale Autoritäten – Bildung und Wissenschaft unter dem Regime von PISA, McKinsey & Co, Frankfurt/Main

Nonnenmacher, Frank 2011: Handlungsorientierung und politische Aktion in der schulischen politischen Bildung – Ursprünge, Grenzen und Herausforderungen; in: Benedikt Widmaier/ders. (Hrsg.): Partizipation als Bildungsziel – Politische Aktion in der politischen Bildung, Schwalbach/Ts., S. 101-110

Nordmann, Jürgen/Hirte, Katrin, Ötsch, Walter Otto: Demokratie! Welche Demokratie – Postdemokratie kritisch hinterfragt, Marburg

Nullmeier, Frank 2013: Zu einer politischen Theorie der Marktökonomie – Theoriebildung in Zeiten der Postdemokratie; in: Eberl, Oliver/Salomon, David 2013a (Hrsg.): Themenschwerpunkt – Postdemokratie und soziale Demokraie; in: Politische Vierteljahresschrift, Heft Nr. 3, S. 426-460

Overwien, Bernd 2000 (Hrsg.): Lernen und Handeln im globalen Kontext – Beiträge zur Theorie und Praxis internationaler Erziehungswissenschaft, Frankfurt/Main

Overwien, Bernd/Rathenow, Hanns-Fred 2009 (Hrsg.): Globalisierung fordert politische Bildung – Politisches Lernen im globalen Kontext, Leverkusen und Opladen

Riß, Karsten/Overwien, Bernd 2010: Lösch, Bettina/Thimmel, Andreas 2010 (Hrsg.): Kritische politische Bildung – Ein Handbuch, Schwalbach/Ts., S. 205-215

Pelinka, Anton 2012: Wider die Nostalgie, wider das Wunschdenken – Koreferat zu Colin Crouchs Festvortrag; in: Nordmann, Jürgen/Hirte, Katrin, Ötsch, Walter Otto (Hrsg.): Demokratie! Welche Demokratie – Postdemokratie kritisch hinterfragt, Marburg, S. 25-34

Peter, Lothar 2012: Postmoderner Linksradikalismus – Aufbruch zu neuen Ufern?; in: Z. Zeitschrift Marxistische Erneuerung Nr. 91, S. 156-169

Rancière, Jacques 2002: Das Unvernehmen – Politik und Philosophie, Frankfurt/Main

Rancière, Jacques 2011: Der Hass der Demokratie, Berlin

Rancière, Jacques 2012: Demokratien gegen die Demokratie. Jacques Rancière im Gespräch mit Eric Hazan; in: Agamben Giorgio u.a.: Demokratie? – Eine Debatte, Berlin, S. 90-95

Rancière, Jacques 2010: Demokratie und Postdemokratie; in: Badiou, Alain/ders.: Politik der Wahrheit, Wien und Berlin, S. 119-156

Robinson, Glenn E. 1998: Defensive Democratization in Jordan, in: International Journal for Middle East Studies Nr. 30, S. 387-410.

Salomon, David 2005: „Weltinnenpolitik" als „neuer Konstitutionalismus"? – Jürgen Habermas und die Rolle des Rechts im „globalisierten Kapitalismus"; in: Badziura, Alexander u.a. (Hrsg.): Hegemonie, Krise, Krieg – Widersprüche der Globalisierung in verschiedenen Weltregionen, Hamburg, S. 60-75

Salomon, David 2012b – Mündige Bürger oder Mündel der Bürgerlichkeit? – Zur Kritik von Bürgerleitbildern in der politischen Bildung, in: Jahrbuch für Pädagogik, S. 73-86

Salomon, David 2012a: Demokratie, Köln

Salomon, David 2012c: Der Bürger als Edelmann? – Zur Kritik liberaler und postdemokratischer Konzepte des politischen Subjekts; in: Nordmann, Jürgen/Hirte, Katrin, Ötsch, Walter Otto: Demokratie! Welche Demokratie – Postdemokratie kritisch hinterfragt, Marburg, S. 113-138

Salomon, David 2013: Postdemokratie? Postpolitik? – Zur Demokratietheorie (in) der politischen Bildung; in: Eis, Andreas/ders. (Hrsg.): Gesellschaftliche Umbrüche gestalten – Transformationen in der politischen Bildung, Schwalbach/Ts. (im Erscheinen)

Sander, Wolfgang 2004: Politik in der Schule – Kleine Geschichte der politischen Bildung in Deutschland, Marburg

Sander, Wolfgang/Scheunpflug, Annette 2011: Politische Bildung in der Weltgesellschaft – Herausforderungen, Positionen, Kontroversen, Bonn

Sauer, Birgit 2011: Feministische Anmerkung zur „Postdemokratie"; in: Aus Politik und Zeitgeschichte, Heft Nr. 61, S. 32-36

Schäfer, Armin 2010: Die Folgen sozialer Ungleichheit für die Demokratie in Westeuropa, in: Zeitschrift für Vergleichende Politikwissenschaft, Heft 4, S. 131-156

Schmidt, Manfred G. 2010: Demokratietheorien – Eine Einführung, Bonn

Schmiederer, Rolf 1971: Zur Kritik der Politischen Bildung – Ein Beitrag zur Soziologie und Didaktik des politischen Unterrichts, Frankfurt/Main

Schmitt, Carl 2009: Der Begriff des Politischen, Berlin

Steffens, Gerd 2010: Die Krise als Lerngelegenheit – Einführung; in: Polis, Heft 1, S. 7-8

Steffens, Gerd 2011: Politische Bildung in einer Welt der Umbrüche und Krisen; in: Sander, Wolfgang/Scheunpflug, Annette (Hrsg.): Politische Bildung in der Weltgesellschaft – Herausforderungen, Positionen, Kontroversen, Bonn, S. 385-398

Steffens, Gerd/Widmaier, Benedikt 2008 (Hrsg.): Politische und ökonomische Bildung – Konzepte, Leitbilder, Kontroversen; Wiesbaden

Streeck, Wolfgang 2013: Gekaufte Zeit – Die vertagte Krise des demokratischen Kapitalismus, Berlin

Wagner, Thomas 2011: Demokratie als Mogelpackung – Oder: Deutschlands sanfter Weg in den Bonapartismus, Köln

Waldrich, Hans-Peter 2007: Der Markt, der Mensch, die Schule – Selektionsmaschine oder demokratische Lerninstitution?, Köln

Weiß, Edgar 2012: Aspekte einer kritischen Demokratietheorie; in: ders.: Politisch-pädagogische Perspektiven – Tendenzanalysen im Zeichen Kritischer Theorie, Kirchvers, S. 221-238

Weißeno, Georg 2006 (Hrsg): Politik und Wirtschaft unterrichten, Bonn

Widmaier, Benedikt/Overwien, Bernd 2013 (Hrsg.): Was heißt heute Kritische Politische Bildung?, Schwalbach/Ts.

Widmaier, Benedikt/Steffens, Gerd 2010 (Hrsg.): Weltbürgertum und Kosmopolitismus – Interdisziplinäre Perspektiven für die Politische Bildung, Schwalbach/Ts.

Wohnig, Alexander 2013: Beteiligung fordern und fördern? Engagement-Lernen in Politik, Gesellschaft und politischer Bildung; in: Eis, Andreas/Salomon, David (Hrsg.): Gesellschaftliche Umbrüche gestalten – Transformationen in der politischen Bildung, Schwalbach/Ts. (im Erscheinen)

Wood, Ellen Meiksins 2010: Demokratie contra Kapitalismus – Beiträge zur Erneuerung des historischen Materialismus, Köln

Zeller, Christian 2004 (Hrsg.): Die globale Enteignungsökonomie, Münster

Zimmermann, Christian 2012: Politische Bildung im Postdemokratischen Staat; in: Perspektivends, Heft 1, S. 66-80

Žižek, Slavoj 2012: Das „unendliche Urteil" der Demokratie; in: Agamben Giorgio u.a.: Demokratie? – Eine Debatte, Berlin, S. 116-136

Christine Demmer / Dorle Klika

Renaturalisiert, entpolitisiert, ökonomisiert und diversifiziert – der Geschlechterdiskurs in der Krise?

„Krisendiskurse" lautet der Titel dieses Jahrbuchs – findet sich der Genderdiskurs dort wieder? Gehört Gender nicht zu *den* diskutierten und viel bearbeiten Themen in der Erziehungswissenschaft schlechthin? Oder war Gender gestern und heute ist Diversity?

Ziel des Beitrags ist es, den aktuellen Stand des Genderdiskurses mit Bezug auf krisenhafte Elemente zu diskutieren. Dabei lassen sich im Kontext theoretischer, wissenschafts- und alltagspolitischer Transformationen durchaus Entwicklungen ausmachen, die als krisenhaft gedeutet werden können. Nichtsdestoweniger blicken wir positiv auf die künftige Entwicklung des Diskurses, da die Krisensemantik zwar ernst zu nehmen ist, zugleich aber konstruktive Spannungen und Reflexionen eröffnet.

Auf den ersten Blick manifestiert sich eine Zunahme an Breite, Präsenz und Ausdifferenzierung der Genderforschung als Querschnitts-Thema: Es gibt Gender-Studiengänge und -Professuren, regelmäßige Tagungen in den Fachgesellschaften, die Gründung der Fachgesellschaft Geschlechterstudien/Gender Studies, diverse Fachzeitschriften, Handbücher und zahlreiche Einzelpublikationen zum Thema. Der Genderdiskurs entwickelte sich in den vergangenen dreißig Jahren rapide und „ist fraglos auf dem Weg, sich als ‚normale' wissenschaftliche Disziplin zu etablieren" (Bührmann 2009, S. 28). Hinsichtlich der Genderprofessuren, die als „Schlüsselfiguren im akademischen Feld [...] die Möglichkeit haben, Forschungsthemen und Lehrinhalte zu platzieren sowie zentrale wissenschaftliche Fragen der Zeit miteinander auszuhandeln" (Bock u.a. 2011, S. 20), zeichnen Bock u.a. jedoch ein ambivalentes Bild: Zwar sei der Zuwachs an Genderprofessuren überproportional gewachsen, doch liege ihre Anzahl im Verhältnis zur Gesamtzahl an Professuren nach wie vor auf einem niedrigen Niveau (vgl. ebd., S. 100).

Allerdings soll vorab festgestellt werden: *Den* Genderdiskurs gibt es von Beginn an auch in der Erziehungswissenschaft nur in verschiedenen Spielarten mit unterschiedlichen wissenstheoretischen und -politischen Standorten. Innerhalb des Diskurses herrscht kein Konsens darüber, inwiefern etwa terminologische Differenzen (feministische Frauen-, Geschlechter- oder Genderforschung) an spezifische politische, wissenschaftliche, programmatische Positionen gebunden sind, ob sich Genderforschung tatsächlich als Querschnitts- oder eigenständige

Disziplin versteht oder inwiefern Standards für Forschung unter dem Label ‚Gender' erforderlich oder widersinnig sind. Im Sinne dieser exemplarisch genannten Diskussionspunkte sind in den letzten Jahren verstärkte Selbstvergewisserungen und -positionierungen festzustellen[1]. Sie können krisenhaft als Infragestellung und Anachronismus des Gegenstandes oder aber als Ausdruck zunehmender Ausdifferenzierung und Reflexion der eigenen Wirkungsgeschichte gedeutet werden. Unser Resümee vorab: Der Genderdiskurs ist nicht von Auflösung bedroht – und dennoch: Es sind u.a. genau jene fortgeschrittenen institutionalisierten und akademisierten Verankerungen und Verstetigungen, die beunruhigen, da sie die Frage aufwerfen, inwiefern sich der Diskurs von seinem kritischen Ursprung und damit von (s)einer grundlegenden Prämisse entfernt (hat). Ist der Geschlechterdiskurs also in der Krise, weil er seinen aufrührerischen Gehalt zu verlieren droht?

Daneben verweisen die Tendenzen der Selbstvergewisserung auf Verortung der eigenen Position in einem sich rasant entwickelnden Arbeitsfeld bezüglich weiterer Ungleichheiten und Differenzen, die sich unter dem Label Intersektionalität (Intersectionality) oder Diversity formieren. Verkommt Genderforschung also zum Appendix?

Um uns dem Krisenhaften des Genderdiskurses zu nähern, greifen wir exemplarisch zwei Beobachtungen auf: den beklagten Verlust einer kritisch-utopischen Perspektive und die Suchbewegungen innerhalb sich formierender Ungleichheits- und Differenzenforschung. Dem wird eine kurze Abhandlung über die Entwicklung des Genderdiskurses vorangestellt.

Entwicklung des Diskurses – eine knappe Skizze

Die Anfänge der Frauenforschung sind eng verknüpft mit der Frauenbewegung der 1970er Jahre und lassen sich als dezidiert parteiliche Forschung mit feministisch geprägten Orientierungen charakterisieren. Die frühen Wegbereiterinnen fokussierten spezifische Lebenslagen und Bedürfnisse von Mädchen und Frauen sowie einen entsprechenden Zugang in die als androzentristisch gekennzeichnete Wissenschaft. Diesem Ursprung nach versteht sich Frauenforschung als kritische Wissenschaft mit dem Ziel, an Geschlecht gebundene Machtverteilungen aufzubrechen.

In den letzten dreißig Jahren hat sich Geschlecht als Analysegegenstand im Diskurs der deutschen Erziehungswissenschaft verstetigt. Dabei verschob sich der Fokus von der Frauen- hin zur Geschlechterperspektive, in der Auffassung, dass eine Eruierung dessen, was vermeintlich eine Differenz markiert, die relationale Analyse von Geschlechterdifferenzen und -ordnungen erfordert. Von Beginn an unterschieden sich die Differenz- und die Gleichheitsoption, letztere kritisierte die Annahme von Differenz als ontologisierend und dichotomisierend (vgl. Prengel 1993, S. 116 ff.). Die eingeführte Unterscheidung von *sex* und *gender* fokussierte die soziale Verfasstheit und interaktive Herstellung von Geschlecht und deren Veränderungsmöglichkeiten. Aus erkenntnistheoretischer Perspektive diente der Gender-Begriff „als kritische Instanz gegenüber einer Naturalisierung von Geschlechtlichkeit" (Borst 2008, S. 193) und wurde „zum Marker für die kulturellen und gesellschaftlichen Konstruktionen von Geschlecht mit ihren machtvollen Zu- und Einschreibungen" (ebd).

Parallel dazu kritisierten dekonstruktive Positionen (etwa Butler) die inzwischen geläufige Aufspaltung als essentialistisch, da *sex* die gesellschaftlich-historische Verfasstheit von biologischen Körpern ignoriere (vgl. Dietze u.a. 2007, S. 16). Fortan geht es neben den Auswirkungen jener Differenzen und Machtverhältnisse verstärkt um die Verfasstheit von Geschlecht selbst. Geschlecht erscheint aus biologischer Perspektive mehrdeutig, „das Geschlecht eines Körpers ist einfach zu komplex. Es gibt kein Entweder-Oder. Vielmehr gibt es Schattierungen von Unterschieden" (Fausto-Sterling 2002, S. 19). Differenziert man Geschlecht weiter mit Bezug auf Klasse, Ethnizität oder Behinderung, werden neben geschlechtsinhärenten Pluralisierungen andere Unterschiede sichtbar, gesprochen werden muss von Weiblichkeit*en* und Männlichkeit*en*.

Siegeszug oder Verlust der subtilen Revolte? Tendenzen der Entpolitisierung und Renaturalisierung

Der Feminismus ist akademisch geworden, aus der engagierten feministischen Bewegung wurden Genderprofessuren, Studienmodule und Gleichstellungsbüros. Das erscheint als Errungenschaft oder gar Siegeszug[2], impliziert jedoch zugleich weitreichende und widersinnige Entwicklungen, die zu der Frage führen, ob feministische Forschung ein „sklerotisches Überbleibsel aus vergangener Zeit?" (Hark 2013, S. 65) sei, die Genderforschung ihren revolutionären ‚politischen Stachel' eingebüßt habe und die Universität, in die sich der Feminismus in Form von ‚geglätteten' Gender Studies eingepflegt habe, demnach ein „wesensfremdes Feld des Feminismus" (Priem 2008, S. 234) sei.

Da das akademische Milieu nach wie vor durch männlichkeitsbetonte Entwürfe und Logiken geprägt sei, konstatiert Sabine Hark mit Rekurs auf Karin Hausen die Errungenschaften des wissenschaftlichen Feminismus seien zwar *bemerkenswert* – allerdings ohne in der kompetitiven scientific community *bemerkt* und somit anerkannt zu werden; doch Anerkennung, nicht Wissen, sei im akademischen Wissensdiskurs die Erfolg weisende Strategie (vgl. Hark 2008, S. 226 ff.;

Kuster 2013, S. 115). Um jene Anerkennung zu erlangen, sei als kritisch-dissidentes Projekt zu bestehenden Spielregeln zu kämpfen, so dass „gerade die Teilhabe an jenen herrschaftsförmig verfassten Ökonomien die prekäre Voraussetzung für die Existenz jener kritischen Projekte" sei (Hark 2008, S. 219). Daraus entstehe eine sukzessive Einpflegung und Untergrabung des kritischen Gehalts. Diesem Prozess werde darüber hinaus durch die allgemeine wissenspolitische Transformation des marktförmig gewordenen universitären Feldes Vorschub geleistet, was Friederike Kuster als „Trockenlegung der Biotope intellektueller Kreativität" (Kuster 2013, S. 117) charakterisiert. Dies geschehe durch eine ausgesprochene Mußelosigkeit, die in den alltäglichen Wissenschaftsbetrieb Einzug gehalten habe, bedingt durch unsichere Beschäftigungsverhältnisse und wachsende bürokratische Aufgaben. Mußezeiten „werden dieser Tage in die große Geist- und Zeitvernichtungsmaschine des akademischen Antrags- und Evaluationswesen eingefüttert", so Kuster (ebd.), was erhöhten Konformismus protegiere. Mit Aristoteles folgert sie: „Mußelosigkeit macht Theorie unmöglich" (ebd.). Das gilt jedoch nicht nur für Genderforschung, sondern für kritische Theoriebildung insgesamt.

Die angebliche Entfernung des Diskurses von seiner politisch-kritischen Ausgangslage kritisiert Karin Priem und betont, Wissenschaft und Bewegung wären von Beginn an nicht präzise voneinander abgrenzbar. Vielmehr stammten die Akteurinnen der Frauenbewegung aus akademischen Milieus und konnten an wissenschaftliche Linien der ersten Frauenbewegung anknüpfen (vgl. Priem 2008, S. 234). Die vielfach vorgebrachte Kritik an der Vorrangstellung, die theoretisches Wissen in akademischen Zirkeln über den vormaligen Austausch mit beteiligten Akteurinnen und der Betonung von Erfahrungsweisen erlangt habe, qualifiziert Priem daher als wenig tragfähig. Sie vermutet darin eine implizite essentialistische Zuschreibung an den ‚eigentlichen' Ort der Frau, der nicht mit politisch und institutionell machtvollen Positionen zusammengedacht werde (vgl. ebd., S. 235).

Die deklarierte ‚Entpolitisierung' wird zudem im Kontext (re-)naturalisierender und essentialisierender Tendenzen diskutiert. Sie lassen sich nicht nur in Argumentationen populärer Wissenschaftsrichtungen, sondern auch in Forschung und Theoriebildung wiederfinden (vgl. Hirschauer 1994, S. 668 f.). Nach wie vor beanspruchen (Evolutions-)Biologie und Medizin die gesellschaftliche Deutungshoheit über das Geschlechtliche, deren Vorstellungen vom am Körper ablesbaren Geschlecht erweisen sich als überaus resistent. Insbesondere neurowissenschaftliche Zugänge untermauern dieses Bild (Geschlecht des Gehirns). Populärwissenschaftliche Sachbücher springen medienwirksam auf den Zug und erfreuen sich reger Beliebtheit (das im Jahr 2000 erschienene Buch ‚Warum Männer nicht zuhören und Frauen schlecht einparken' rangierte monatelang auf internationalen Bestsellerlisten). Die mediale Inszenierung von Geschlecht trägt dazu bei, dass zugeschriebene Eigenschaften naturalisiert werden. Konsumwirtschaftlich wird ‚Geschlechtergerechtigkeit' durch rosafarbenes Duschgel für Mädchen und blaues für Jungen suggeriert. Spiderman-Hausschuhe, Lillyfee-Pullover und ähnlich geschlechtsspezialisierte Waren dienen als Identifikationsfolie für naturalisierte Zuschreibungen: *Die* Jungen bewegen sich lieber kämpfend, *die* Mädchen spielen fliegende Fee.

Auch Humankapitaltheorien implizieren naturalistische Geschlechterbilder, indem sie von individuellen Entscheidungsprämissen ausgehen und strukturelle Ungleichheitslagen vernachlässigen. Hendrix (2011) verdeutlicht mit Bezug auf den Gender-Pay-Gap, inwiefern Frauen selbstverständlich eine spätere Mutterschaft und ein damit verbundener Ausfall an Berufszeit sowie ein partieller Verfall des eigenen Humankapitals gleichsam naturalistisch in ihren rationalen Überlegungen unterstellt werden. Während das geringere Einkommen von Frauen auf eine Selbstselektion zurückgeführt wird und Erklärungen auf der Mikroebene des rational handelnden Subjekts verharren, bleiben Betrachtungen übergreifender gesellschaftlicher Zusammenhänge ausgeblendet und kulturelle Entwertungstendenzen weiblicher Arbeitskraft unthematisiert. Für die ebenfalls zunehmend ökonomischen Verwertungstendenzen unterliegende Erziehungswissenschaft, schlussfolgert Hendrix: „Bildung als zentrale Variable muss in ihrer Verkürzung auf den Erwerb formaler Qualifikationen kontextualisiert werden, anstatt in der Tradition ökonomischer Neoklassik sämtliche Benachteiligung von Frauen individualisierend mit ‚falschen' Ausbildungs- und Berufswahlentscheidungen erklären zu wollen" (2011, S. 92). Meso- und makrosoziologische Betrachtungen könnten diesen verkürzten Schluss aufbrechen und Ansätze befördern, die für die Bewertung von Leistung und gesellschaftlicher Teilhabe machttheoretische Überlegungen einbeziehen (vgl. ebd.).

Die Frage, „welche geschlechterpolitischen Implikationen in scheinbar unpolitischen Formen der Lebensführung und der Selbstinitiierung (stecken)" (Kleinau u.a. 2011, S. 7) enthält re- bzw. dekonstruierendes Potenzial. Der erste Gleichstellungsbericht der Bundesregierung zeigt eindrücklich, dass Frauen nach wie vor als hauptverantwortlich für unbezahlte Reproduktionsarbeit gelten und Teilhabe am Arbeitsmarkt für einen Großteil der Mütter nur unter besonderem persönlichem Einsatz und überwiegend in Teilzeit erfolgt, was lebenslaufperspektivisch deren Armutsrisiko erhöht (vgl. BMFSFJ 2011). Solche Re-Traditionalisierungsmuster, die nach der Geburt von Kindern auftreten, werden durch institutionelle, politische und gesellschaftlich normative Bedingungen begünstigt (vgl. ebd., S. 153 f.). Etwa wird der Ausbau des frühkindlichen Betreuungssystems in der öffentlichen Debatte als ‚Frauenfrage' diskutiert, als ‚Wahlfreiheit' von Müttern, nach der Geburt in den Beruf zurückzukehren bzw. zuhause bleiben zu dürfen" (Ehnis 2009, S. 9). Die volle Erwerbstätigkeit des Vaters bleibt außer Frage.

Anhand des 7. Familienberichts und des 3. Armuts- und Reichtumsberichts zeigt Toppe, wie aktuelle Leitbilder von Familie und Vorstellungen über Armut eine „weiblich konnotierte (Re-)Privatisierung und (Re-)Individualisierung sozialer Risiken beinhalten" (2011, S. 244). Sie konstatiert eine zunehmende Re-Privatisierung durch Zurücknahme staatlicher sozialer und materieller Unterstützungsleistungen und die Verlagerung von Verantwortung in die Familie und somit auf Frauen.

Insgesamt nimmt die humanökologische und volkswirtschaftliche Argumentation bezüglich der Vereinbarkeit von Familien- und Erwerbsleben zu: Mangels alternativer Ressourcen sei Deutschland gut beraten, in Humankapital zu investieren. Wegen des demografischen Wandels und des erwarteten Fachkräftemangels stellen familien- (oder vielmehr frauen-)freundliche Maßnahmen wie Betriebskindergärten und Heimarbeit gewinnoptimierende Strategien für Unternehmen dar – dies evoziert die Frage, welchen Stellenwert genderbewusste Personalführung erlangt, sofern die erwartete Effizienzsteigerung nicht eintritt. Solche Theorien implizieren ambivalente Geschlechtervorstellungen, die zwischen der „Festschreibung und Naturalisierung des Geschlechts auf der einen sowie Neutralisierung des Geschlechts auf der anderen Seite" changieren (Casale/ Forster 2011, S. 9). Einerseits werden Frauen in ihrer Funktion als Mütter fokussiert, so dass traditionell private Aufgaben und Ressourcen wie Bildungsgrad und Gesundheitszustand der Mütter zum öffentlichen Interesse werden. Andererseits setzen diese Ansätze konsequent auf Leistung als einzig legitimes Kriterium sozialer Ungleichheit, so dass Geschlecht – zumindest theoretisch und programmatisch – aus dem Blickfeld verschwindet. Neoliberalistisch geprägte Ansätze führen so in der familien- und bildungspolitischen Debatte zu einem „Widerspruch von Neokonservatismus und liberalem Individualismus" (ebd., S. 10). Gleichstellungskonzepten wie „gender mainstreaming" oder „diversity management" haftet von daher der Vorwurf einer entpolitisierten Optimierungsstrategie für marktförmige Karriereverläufe und Unternehmensmanagement an, ganz im Sinne eines Wirtschaftlichkeit steigernden ‚Assets'. Andererseits werden die Konzepte nicht ‚an sich' falsch, nur weil sie unternehmensstrategisch genutzt werden.

Heterogenität, Diversity und Intersektionalität – Positionierungen und Selbstvergewisserungen

Andrea Bührmann verortet die Geschlechterforschung gegenwärtig in einer krisenhaften Situation, in widerstrebendem Verhältnis zunehmender Verankerung

96

und Ausdifferenzierung einerseits und grundlegendem Hinterfragen des eigenen Gegenstandes andererseits: Die Geschlechterforschung sei „zweifellos auf dem Weg, sich als wissenschaftliche Disziplin zu etablieren", zugleich gerate die Kategorie Geschlecht in die Kritik (Bührmann 2009, S. 29). Bemühungen, Geschlechterforschung auszudehnen zugunsten umfassenderer Analysen gesellschaftlicher Herstellung pluraler Ungleichheitslagen bewertet Bührmann als Reaktion auf diese Paradoxie, realisiert in der sich ausprägenden Forschungsperspektive Intersektionalität (vgl. ebd.). Die Historiographie des Diskurses zeigt jedoch, dass bereits zu Beginn feministischer Forschung Überschneidungen verschiedener Ungleichheits- und Differenzlagen diskutiert wurden. Das gilt nicht nur für den angelsächsischen Raum als Impulsgeber für intersektionale Konzepte, sondern auch für den deutschsprachigen (vgl. Knapp 2008, S. 34 ff.)[3]. Schon die Kunstfigur des „katholischen Arbeitermädchens vom Lande" impliziert diesen Gedanken (vgl. Kelle 2008, S. 58). Die Popularität des Ansatzes, der als en vogue *wahrgenommen* werde (vgl. Knapp 2008, S. 40 f.) dokumentiert den gestiegenen Bedarf an komplexeren Konzepten von Ungleichheit. Die Marginalisierung von bestimmten Frauen (class, race) innerhalb des feministischen Diskurses machte den Ansatz notwendig; Differenzlagen zwischen Frauen als intrakategoriale Ungleichheiten lassen sich nur in Relation zu inter-kategorialen Ungleichheiten erforschen (ebd., S. 46). Gleichzeitig ist es schwierig, das tatsächlich Neue der Intersektionalitätsforschung auszumachen. Strategien des New Public Mangament forcieren Vermarktungsmechanismen und „innovationistische Rhetorik" (ebd., S. 42). Als zuträglich und problematisch zugleich sieht Knapp die Unbestimmtheit des Ansatzes, der vielfältige Anknüpfungspunkte bietet, zugleich jedoch Bedeutung nivelliert und ein erhebliches Auslegungsspektrum erfordert (vgl. ebd., S. 44). Theoretisch, methodologisch und handlungspraktisch ist bislang ungeklärt, wie sich Geschlechterforschung und Konzepte wie Intersektionalität, Diversity oder Heterogenität zueinander verhalten.[4] Welchen Stellenwert nimmt Geschlecht in diesen Ansätzen ein? Wird Geschlecht künftig nur noch ‚mitgedacht' als „ein Spiegelstrich unter anderen (wie z.B. ‚Umgang mit Heterogenität', Migration oder Behinderung)" (Casale/Rendtorff 2008, S. 10)?

Solche Bedenken erwachsen nicht nur aus der Konjunktur oder Rezession von Konzepten, sondern auch aus der universitären „Austrocktung der Geisteswissenschaften" (ebd.) sowie aus der Beobachtung, dass innerhalb der fortgeschrittenen Curricularisierung erziehungswissenschaftlicher BA/MA-Studiengänge Geschlecht nicht als ausgewiesenes Theorie- und Forschungsfeld erhalten bleibt, sondern differenztheoretisch angelegten Konzepten als Spiegelstrich untergeordnet oder nebengeordnet wird (vgl. ebd.). Es ist zu befürchten, dass eine Verflechtung von Forschungssträngen (etwa der Geschlechter- und Migrationsforschung) „zu einer begrifflichen und systematischen ,Verdünnung' führen" könnte, die die jeweils umfassend entwickelten Konzepte ignoriert (ebd.).

Aus psychoanalytischer Perspektive warnt Rendtorff vor einem verkürzten Verständnis von Geschlecht, dessen Macht sie anders gelagert sieht als weitere Faktoren des Intersektionalitätsfeldes. Die Kategorie „Geschlecht" verweise auf Sexualität und Differenz als Ursprung des Lebens, auf eigene Unabgeschlossenheit und „Öffnung zum Anderen hin" (Rendtorff 2012) sowie auf den Tod, da alles Leben unabwendbar zu einem Ende kommt. Darin erkennt Rendtorff eine beunruhigende und „elementare Art des Angewiesenseins" (ebd.) als grundlegende und in andere gesellschaftliche Strukturen *eingelagerte* Erfahrensweise des Menschen, da „Geschlecht (als ,Erster Repräsentant' von Differenz (vgl. Rendtorff 1998)) die Notwendigkeit repräsentiert, sich der Unabgeschlossenheit, Nicht-Vollständigkeit, der Gespaltenheit des Subjekts zu konfrontieren (und nicht zuletzt: sie nutzbar zu machen für die unterschiedlichsten Weisen von Befriedigung)" (ebd.).

Demnach liege die Brisanz von Geschlecht und Geschlechterordnungen in den Bedeutungszuschreibungen und der Sinnhaftigkeit, drängende Auseinandersetzungen mit der eigenen Existenz und Vergänglichkeit zu regeln. Während Rendtorff von einer grundlegenden Bedeutungsfolie Geschlecht ausgeht, weisen Lutz/Davis Konzepte zurück, die vom Primat der Differenzlinie Geschlecht und seiner Omnipräsenz ausgehen (vgl. Lutz/Davis 2005, S. 233). Vielmehr sehen sie Gender (nicht Geschlecht!) als eine Komponente an, die von den Subjekten flexibel in Identitätskonstruktionen eingeflochten wird und im Kontext von Machtstrukturen unterschiedliche Eigenlogiken entfaltet. Sie beschreiben ,Doing Gender' als intersektionales Unternehmen. Ähnlich plädiert Walgenbach für eine integrale Konzeption von Gender und weiteren sozialen Kategorien (vgl. 2007, S. 58 ff.). Soziale Kategorien als interdependent aufzufassen, so Walgenbach, vermöge die Vorstellung eines genuinen Kerns von Gender zu relativieren, die in intersektionalen Ansätzen kaum aufgebrochen werde und durch Reifizierung angenommene Entitäten tendenziell stabilisiere.

Den Versuch methodischer Realisierung der intersektionalen Perspektive stellen Lutz/Davis mit einem biografietheoretischen Zugang vor. Sie zeigen, dass sich erhebliche Bedeutungsverschiebungen ergeben können, wenn nicht von der Vorrangstellung von Geschlecht ausgegangen wird und sich die Forscherinnen gegenüber unerwarteten Identitätsbezügen der beforschten Subjekte offen halten und bereit sind, eigene Vorannahmen irritieren zu lassen und diese differenziert zu analysieren (vgl. Lutz/Davis 2005).

Die Positionierungsversuche, die theoretischen und methodologischen Entwicklungen können insgesamt als unabgeschlossen beschrieben werden, doch scheint überwiegend konsensfähig, dass intersektionale Forschungsperspektiven *ein* Feld künftiger Auseinandersetzungen für die Genderforschung bietet. Die Potenziale liegen in der Reduzierung einer statisch eindimensionalen und reifizierenden Konzeptualisierung von Geschlecht sowie in der komplexeren Untersuchung des Zustandekommens sozialer Ungleichheit.

Bührmann sieht Intersektionalität bisher nicht als eigenständiges Forschungsparadigma, aber dennoch für die Geschlechterforschung als zukunftsweisend, da es zum „Kristallisationspunkt einer transdisziplinären Forschung über Differenzen werden" könnte (Bührmann 2009, S. 40). Auch Knapp kommt zu dem Schluss, die künftige Frauen- und Geschlechterforschung werde „um die Auseinandersetzung mit einer intersektionalen Perspektive nicht herumkommen" (Knapp 2008, S. 48). Anregungspotenziale des Konzepts für Forschung und Theoriebildung berge der Blick auf gesellschaftliche Kategorisierungen insbesondere für die Formulierung eines bisher ausstehenden inter-kategorialen Theorieansatzes (vgl. ebd. 46 ff.). Intersektionalität ermögliche zudem, „der Vielfalt von Identität konstruierenden Differenzen Rechnung zu tragen" (Lutz/Davis 2005, S. 233). Eine intersektionale Perspektive rege dazu an, augenscheinliche Erklärungsmuster zu hinterfragen und die Herstellung von Geschlecht als verwoben und kontextuell dynamisch zu fassen.

Gleichwohl werfen die angenommenen Potenziale intersektionaler Forschung und Theoriebildung kritische Nachfragen auf. Kelle verdeutlicht die theoretischen und forschungsmethodischen Schwierigkeiten eines intersektionalen Konzepts und problematisiert den Anspruch, Reifizierungen von Kategorien zu vermeiden (vgl. Kelle 2008, S. 55 ff.). Entscheidend sind Fragen nach der Repräsentation (aufgegriffene vs. vernachlässigte Kategorien), der Gewichtung (zentral vs. randständige Kategorien) sowie der Epistemologie (Konstruktion bzw. Fusion verschiedener Phänomene zu spezifischen Kategorien vs. interdependente Kategorien; vgl. Dietze u. a. 2007, S. 15). Klika und Schubert bemerken schließlich, dass „auch die Betonung mehrerer Merkmale oder Zugehörigkeiten (...) die Gefahr der Festlegung durch Stereotypisierungen, Kulturalisierungen oder Naturalisierungen (birgt). Das starre Denken in Zuordnungen wird damit nicht überwunden, sondern pluralisiert. Es bedarf daher ebenso einer ,reflexiven Diversity Praxis' (Mecheril) wie es einer ,reflexiven Interkulturalität' (Hamburger) und einer reflexiven Gender-Pädagogik bedarf. Hinzu kommt die Gefahr des Relativismus." (Klika/Schubert 2013, S. 296)

In den meisten Ansätzen bleibt der Blick fixiert auf sozialstrukturelle Zuschreibungen, „so stehen selbst gewählte Zuordnungen (Religionszugehörigkeit) und sozialstrukturelle, materielle Bedingtheiten (Prekarität) unterschiedslos nebeneinander" (ebd.).

Der Ausgangspunkt der kritischen Frauenforschung, Geschlecht sei keine biologische Tatsache, sondern ein aktiver und passiver historisch, kulturell und sozial eingebetteter Prozess des (Ver-)Geschlechtlichwerdens trägt bis heute. Bei aller Differenz setzen Geschlechtertheorien konsequent auf Veränderbarkeit sozial hierarchisierter Ungleichheitsverhältnisse. Als vorläufige Bilanz kann festgehalten werden: Auf politischer, wissenschaftlicher und für die Erziehungswissenschaft pädagogisch-praktischer Ebene bleiben viele alte und neue Herausforderungen für Gleichstellungspolitik und Geschlechterforschung. Es gibt keine Krise, aber Gefahren: Die dargestellten Individualisierungs- und Renaturalisierungstendenzen nivellieren machtvolle Verstrickungen der Geschlechterbeziehungen und bleiben eine Herausforderung. Die Bedingungen für die Kämpfe zur sozialen Gleichstellung haben sich verändert: Soziale Geschlechtergerechtigkeit scheint politisch-gesellschaftlicher Konsens – ein sichtbarer Erfolg! Doch suggerieren dieser (vordergründige) Konsens und die Einrichtung politischer Maßnahmen den Eindruck, Gleichstellung sei weitgehend erreicht. Auch wenn nun antifeministische Stimmen laut, die Krise der Männer diskutiert und Jungen als vernachlässigte Bildungsverlierer entdeckt werden – Genderforschung und Gleichstellung(spolitik) gelten nach wie vor als Frauenthema, werden kaum mehr als Errungenschaft wahrgenommen, was den Blick auf die Persistenz hierarchischer Geschlechterverhältnisse verdeckt (vgl. Kleinau u.a. 2011, S. 8). Wachsamkeit ist angebracht, zentral bleiben für die Geschlechterforschung daher Fragen, „wer *was* erhält und nicht erhält, wer welche Rechte und Verpflichtungen übertragen bekommt, wer woran gemessen, wem was abverlangt, wer woran gehindert wird und welche Konsequenzen das hat – für die Einzelnen, ihre jeweilige geschlechtstypische Positionierung, für die Positionierung von Geschlechtsgruppen und für die Gesellschaft insgesamt" (Moser/Rendtorff 2012, S. 10).

Dringlich erscheint die Stärkung politischer und historischer Perspektiven. Die von Opitz konstatierte „Geschichtsvergessenheit" (Opitz 2008, S. 13) gilt für die Erziehungswissenschaft in besonderem Maße, denn durch die Entwicklung der Disziplin in den letzten 20 Jahren mit dem Primat sog. empirischer Bildungsforschung ist die historische Perspektive insgesamt von Marginalisierung bedroht (vgl. Schmid 2008, S. 30) und Geschlechterforschung ist „in der Historischen Bildungsforschung mitnichten im mainstream angekommen" (Jacobi 2008, S. 93). Ein Generationendialog, wie er in der Sektion Frauen- und Geschlechterforschung der DGfE initiiert wird, erscheint da hilfreich.

Neue Forschungsfelder ergeben sich durch Kooperationen mit der kritischen Männerforschung und über neue Problemstellungen. Konzeptionelle Entwicklungen für die pädagogische Praxis (reflexive Koedukation, parteiliche Mädchen-

und Jungenarbeit) sind noch lange nicht selbstverständlich implementiert. In intersektionaler Sicht fehlt es überhaupt an Forschungen, z.B. über vorhandene Differenzordnungen in pädagogischen Institutionen (vgl. Klika/Schubert 2013, S. 296f). Differenzierte Grundlagenforschung (Geschlecht, Gender) ist ebenso notwendig wie kreativer Theorienstreit (vgl. Rendtorff 2005).

Da junge Studierende sich als gleichgestellt und emanzipiert erleben, mit Geschlechtergrenzen für das eigene Leben nicht rechnen, später aber davon „überrumpelt" werden (vgl. Kleinau u.a. 2011, S. 8), bleiben Aufklärung und Reflexion über verdeckte Ungleichheitslagen ständige Herausforderung in der universitären Lehre. Das erscheint umso notwendiger, je medienwirksamer populärwissenschaftliche (aktuell: Martenstein 2013) und konsumwirtschaftliche Naturalisierung von Geschlecht inszeniert werden. Allerdings brauchen kritische Theoriebildung und reflexive Bildungsprozesse Muße. Dafür Raum zu schaffen und gleichzeitig nicht müde zu werden, auf den erheblichen Erkenntnisgewinn bisheriger Geschlechterforschung aufmerksam zu machen, ist bleibende Aufgabe.

Anmerkungen

1   Z. B. Casale/Rendtorff 2008: Was kommt nach der Genderforschung?; Andresen u.a. 2009: Gender und Diversity: Albtraum oder Traumpaar; feministische studien, Heft 1, 2013: Was ist und wozu heute noch feministische Theorie?
2   Beispielsweise erkennen Boeser u. a. Geschlechtergerechtigkeit als „zentrales Leitbild (spät)moderner demokratischer Gesellschaften" und als „Maßstab für individuelles und kollektives Denken und Handeln" (Boeser u. a. 2012, S. 7) – was sie maßgeblich auf die von der Frauenbewegung und -forschung ausgehenden Entwicklungen und Wirkungen zurückführen.
3   Überblick über die Entwicklungen des Verhältnisses von Geschlechterforschung und Intersektionalität bei Lutz/Davis 2008.
4   Als Plädoyer für vielgestaltige Verbindungen problematisiert Krell drei mögliche: „Diversity unter dem Dach Gender", „Gender unter dem Dach Diversity" sowie „Gender und Diversity" (Krell 2009).

Literatur

Andresen, Sünne/Koreuber, Mechthild/Lüdke, Dorothea (2009): Gender und Diversity: Albtraum oder Traumpaar? Wiesbaden: VS.
Boeser, Christian/Fahrenwald, Claudia/Bauer, Quirin (Hg.) (2012): Von der Vision zur Profession – Die Genderperspektive in der Pädagogik. Opladen u. a.: Budrich Uni-Press.
BMFSFJ (2011) (Hg.): Neue Wege – Gleiche Chancen. Gleichstellung von Frauen und Männern im Lebensverlauf. Erster Gleichstellungsbericht. Berlin.

Bock, Ulla/Heitzmann, Daniela/Lind, Inken (2011): *Gender*forschung – zwischen disziplinärer Marginalisierung und institutioneller Etablierung. Zum aktuellen Stand des Institutionalisierungsprozessen von Genderprofessuren an deutschsprachigen Hochschulen. In: Gender. Zeitschrift für Geschlecht, Kultur und Gesellschaft. Heft 2, S. 98–113.

Bührmann, Andrea D. (2009): Intersectionality – ein Forschungsfeld auf dem Weg zum Paradigma? Tendenzen, Herausforderungen und Perspektiven der Forschung über Intersektionalität. In: Gender. Zeitschrift für Geschlecht, Kultur und Gesellschaft. Heft 2, S. 28–44.

Casale, Rita/Forster, Edgar (2011): Editorial. In Dies. (Hg.): Ungleiche Geschlechtergleichheit. Geschlechterpolitik und Theorien des Humankapitals. Opladen: B. Budrich, S. 9–13.

Casale, Rita/Rendtorff, Barbara (Hg.) (2008): Was kommt nach der Genderforschung? Zur Zukunft der feministischen Theoriebildung. Bielefeld: Transcript.

Dietze, Gabriele/Hornscheidt, Antje/Palm, Kerstin, Walgenbach, Katharina (2007): Einleitung. In: Walgenbach, Katharina u.a. (2007): A.a.O., S. 7–22.

Ehnis, Patrick (2009): Väter und Erziehungszeiten. Politische, kulturelle und subjektive Bedingungen für mehr Engagement in der Familie. Sulzbach/Taunus: Ulrike Helmer.

Fausto-Sterling, Anne (2002): Sich mit Dualismen duellieren. In: Pasero/Gottburgsen (Hg.): A.a.O., S. 17-64.

Hark, Sabine (2008): Zwischen Aktivismus und Akademie. Die Zeiten feministischen Wissens. In: Casale/Rendtorff (Hg.) (2008): A.a.O., S. 215–231.

Hark, Sabine (2013): Feministische Theorie heute: Die Kunst, ‚Nein' zu sagen. In: feministische studien, Heft 1, S. 65–71.

Hendrix, Ulla (2011): Der „gender pay gap" – eine Frage des Humankapitals? In: Casale/Rendtorff (Hg.) (2008): A.a.O., S. 77–94.

Hirschhauer, Stefan (1994): Die soziale Fortpflanzung der Zweigeschlechtlichkeit. In: Kölner Zeitschrift für Soziologie und Sozialpsychologie, Bd. 46, S. 668–692.

Kelle, Helga (2008): Kommentar zum Beitrag: „Intersectionality" – ein neues Paradigma der Geschlechterforschung? In: Casale/Rendtorff (Hg.) (2008): A.a.O., S. 55–58.

Knapp, Gudrun-Axeli (2008): „Intersectionality" – ein neues Paradigma der Geschlechterforschung? In: Casale/Rendtorff (Hg.) (2008): A.a.O., S. 34–53.

Kleinau, Elke/Maurer, Susanne/Messerschmidt, Astrid (Hg.) (2011): Ambivalente Erfahrungen – (Re-)politisierung der Geschlechter. Opladen: B. Budrich.

Klika, Dorle/Schubert, Volker (2013): Einführung in die Allgemeine Erziehungswissenschaft. Erziehung und Bildung in einer globalisierten Welt. Weinheim: Beltz Juventa.

Kelle, Helga (2008): Kommentar zum Beitrag: „Intersectionality" – ein neues Paradigma der Geschlechterforschung? In: Casale/Rendtorff (Hg.): A.a.O., S. 55–58.

Krell, Gertraude (2009) Gender und Diversity: Eine ‚Vernunftehe'. Plädoyer für vielfältige Verbindungen. In: Andresen/Koreuber/Lüdke (Hg.): A.a.O., S. 133–153.

Kuster, Friederike (2013): Feministische Theorie heute: Ein subjektives Schlaglicht. In: Feministische Studien, Heft 1, S. 113–119.

Lutz, Helma/Davis, Kathy (2005): Geschlechterforschung und Biographieforschung: Intersektionalität als biographische Ressource am Beispiel einer außergewöhnlichen Frau. In: Völter, Bettina u.a. (Hg.): Biographieforschung im Diskurs. Wiesbaden: VS, S. 228-247.

Martenstein, Harald: Schlecht, schlechter, Geschlecht. ZEIT online, 08.06.2013.

Moser, Vera/Rendtorff, Barbara (Hg.) (2012): Riskante Leben. Geschlechterordnungen in der Reflexiven Moderne. Opladen: B. Budrich.

Opitz, Claudia (2008): Nach der Genderforschung ist vor der Genderforschung. Plädoyer für eine historische Perspektive in der Geschlechterforschung. In: Casale/ Rendtorff, (Hg.): A.a.O., S. 13–28.

Pasero, Ursula/Gottburgsen, Anja (Hg.) (2002): Wie natürlich ist Geschlecht? Gender und die Konstrukltion von Natur und Technik. Wiesbaden: Westdeutscher Verlag.

Priem, Karin (2008): Kommentar zum Beitrag: Zwischen Aktivismus und Akademie. In: Casale/Rendtorff (Hg.): A.a.O., S. 233–236.

Rendtorff, Barbara (2005): Strukturprobleme der Frauen- und Geschlechterforschung in der Erziehungswissenschaft. In: Jahrbuch Frauen- und Geschlechterforschung in der Erziehungswissenschaft, hrsg. v. Casale, Rita u.a.: Geschlechterforschung in der Kritik, 1/2005, S. 19-39.

Rendtorff, Barbara (2012): Warum Geschlecht doch etwas Besonderes ist. *URL: www. portal-intersektionalität.de [20.06.2013]*

Schmid, Pia (2008): Kommentar zum Beitrag: Nach der Gender-Forschung ist vor der Gender-Forschung. In: Casale, Rita/Rendtorff, Barbara (Hg.): A.a.O., S. 29–31.

Toppe, Sabine (2011): „Väter wie Mütter wollen ihre Fähigkeiten am Arbeitsmarkt entfalten können" – Familienleitbilder in Armutsdiskursen und ihre Bedeutung in Debatten über zeitgemäße Fürsorge und Bildung. In: Kleinau, Elke/Maurer, Susanne/Messerschmidt, Astrid (Hg.): A.a.O., S. 239–253.

Walgenbach, Katharina (2007): Gender *als* interdependente Kategorie. In: Walgenbach, Katharina u.a.: A.a.O., S. 23–64.

Walgenbach, Katharina u.a. (2007): Gender als inderdependente Kategorie. Neue Perspektiven auf Intersektionalität, Diversität und Heterogenität. Opladen: B. Budrich.

Clemens Knobloch

„Bildung" – ein Strategiekern neoliberaler Rhetorik?

[1] Vorab

Bildung, so scheint es dem aufmerksamen Medienkonsumenten, ist die Antwort auf alle Fragen. Bildung schützt vor den Wechselfällen des Arbeitsmarktes und der Finanzkrise, sie hält den Standort Deutschland konkurrenzfähig im globalen Wettbewerb (wir haben ja nur unsere Ideen!). Als Substitut für soziale Gerechtigkeit steht sie hoch im Kurs: Armut heißt jetzt bildungsferne Schichten, was jedenfalls suggeriert, dass der Verarmung leicht entgeht, wer nur die nötigen Bildungsanstrengungen unternimmt. Wer bei Bildung an den leicht muffigen Geruch der deutschen Kunst- und Kulturreligion, an zweckfreie Persönlichkeitsbildung durch Goethe, Kant und Hegel denkt, der reibt sich neuerdings verblüfft die Augen: Die OECD (entgegen dem Anschein ein globaler Liberalisierungs- und Privatisierungsagent reinsten Wassers und weltfremder Neigungen ganz unverdächtig) fordert von Deutschland, die Studierendenquote zu erhöhen und die sozialen Ungerechtigkeiten im Bildungssystem zu beseitigen. Die Kanzlerin organisiert Bildungsgipfel und spricht programmatisch von der Bildungsrepublik Deutschland und die Arbeitsministerin verordnet den (notorisch flachbildschirmverdächtigen) Hartz-IV-Kindern ein Bildungspaket, das dann (wen wundert's?) von deren Eltern nur unzureichend abgerufen wird. Kein Wunder, wenn die Kinder auch „hartzen"!

Offenbar wächst und gedeiht der rhetorische Charme von Bildungsprogrammatik im Umfeld rapide wachsender sozialer Ungleichheiten. Dafür gibt es zahlreiche Gründe, nicht zuletzt auch den, dass die medial adressierten breiten Mittelschichten die (immer noch beträchtliche) eigene Prosperität gerne als Bildungsaufstieg kodieren (und nicht als Ergebnis der kurzen Blüte während der goldenen Jahre des fordistischen Kapitalismus). Was ja auch für den Einzelnen viel schmeichelhafter ist, weil der Wohlstand so als Ergebnis eigener Tüchtigkeit erscheint. Diese zusehends „statuspanische" (Bude 2011) Schicht fürchtet nun, den mühsam errungenen sozialen Vorsprung nicht an die eigenen Kinder weitergeben zu können. Sie ist ergo der Hauptadressat aller Rhetoriken, die Bildung, Status und Wohlstand engführen (und sie ist, beiläufig gesagt, zunehmend bereit, erhebliche Geldsummen in die Statussicherung des Nachwuchses zu investieren, wenn exklusive Bildungsabschlüsse finanziellen und beruflichen Aufstieg versprechen). Das aus den angelsächsischen Ländern schon länger bekannte emblematische Phänomen ist die junge Akademikerfamilie, die schon bei der Geburt ihrer Kinder da nach einer Wohnung sucht, wo exklusive, eben noch bezahlbare Kindergärten und Schulen in der Nachbarschaft winken, und dieses Phänomen macht sich auch hierzulande breit.

[2] Das meritokratische Fundament

Nun wissen natürlich alle, dass sozialer Status, Reichtum und Schul- oder Bildungsintelligenz keineswegs gleichsinnig verteilt sind. Alle wissen aber auch, dass das deutsche Schul- und Bildungssystem so funktioniert, als seien sie gleichsinnig verteilt. Status- und Herkunftsvorteile werden feudalisiert, erblich gemacht, und dabei spielt das marktlich umgekrempelte Bildungssystem eine durchaus neue und veränderte Rolle. Was man gemeinhin als soziale Durchlässigkeit des Bildungssystems apostrophiert, das ist in den letzten Jahrzehnten weitgehend verdampft. Darüber herrscht zwischen den Bildungsforschern aller Lager weitgehende Einigkeit. Das Modell Aufstieg durch Bildung ist in den Köpfen, im Horizont von Erfahrung und Erwartung der älteren Generation, sehr stark verankert, aber in der Realität der jungen Generation kommt es so gut wie nicht mehr vor.

Der historische Kern des Bildungsgedankens ist meritokratisch. Reichtum, Status, Herkunft, weltliche Macht, all das ist vererbbar und letztlich kein Verdienst des Einzelnen. Selbst Intelligenz gilt, da man geneigt ist, den Genen sehr viel zuzutrauen, als erblich. Gebildet wird man dagegen nur durch die eigene Leistung und Tätigkeit. Bildung beginnt als meritokratisches Gegenprogramm zu feudaler Erblichkeit des Status (Bollenbeck 1994). Deswegen ist die (vom deutschen Bildungssystem beförderte) Quasi-Erblichkeit von Abitur und Studienabschluss so leicht skandalisierbar, auch wenn alle Welt bei Bildung eben nicht an die zweckfreie Perfektionierung der Persönlichkeit, sondern an möglichst exklusive Zertifikate denkt, deren Reputation den beruflichen Ein- und Aufstieg garantiert. Selbstverständlich weiß man heute auch, dass der historische Erfolg der deutschen Bildungsreligion nicht allein in dem beförderten Persönlichkeitsideal, sondern in der Kopplung an gut ausgebildete Beamte, Funktionseliten, Wissenschaftler etc., d.h. eben auch an Karrieren lag. Und wie es heute um die Kopplung von Hochschulabschluss und Berufseinstieg wirklich steht, das lehrt ein Blick in die Südländer der EU. Was im übrigen Anlass gibt, daran zu erinnern, dass die Diskrepanz zwischen guter akademischer Ausbildung und gesellschaftlicher Hochschätzung auf der einen, magerer Entlohnung auf der anderen Seite, in der deutschen Geschichte des 19. Jahrhunderts ein ziemlich dynamischer politischer Faktor gewesen ist.

Dennoch ist die fortwirkende meritokratische Suggestion von Bildung der harte Kern aller Bildungsrhetoriken. Der Verweis auf Bildung spielt die Verantwortung für alles, was daraus folgt, den Anstrengungen des Einzelnen zu. Das Prinzip „Jedem nach seinen Fähigkeiten" scheint in der Bildungswelt, sofern sie als heile Welt auftreten kann, immer gewährleistet, auch wenn man natürlich weiß, dass Bildungsabschlüsse nicht nur durch kognitive, sondern auch durch finanzielle Leistungen „erworben" werden können. Der historische Charme des Bildungsprogramms liegt darin, dass es sich um ein universelles, prinzipiell an alle gerichtetes Teilhabeangebot – mit implizitem Aufstiegsversprechen – handelt. Wie weit dieses Versprechen jemals eingelöst worden ist, das steht auf einem andren Blatt. Es wird jedoch zu zeigen sein, dass der rhetorische Charme der Bildung bis heute von diesen Ressourcen zehrt.

Bildungsrhetoriken befördern und unterstellen den Wunsch nach einer Gesellschaft, in der Können und Leistung des Einzelnen über Erfolg und Status bestimmen – und nicht umgekehrt Erfolg und Status des Einzelnen darüber, welche Bildungsdiplome er sich leisten kann. Wer demnach in Bildungsanstrengungen den Königsweg zur Überwindung sozialer Ungleichheit sieht, der unterstellt, dass wir bereits in einer solchen meritokratischen Leistungsgesellschaft leben. Weiterhin ist das Prinzip Bildung in seiner tiefsten konnotativen Schicht zwar universalistisch, aber in den deutschen Bildungsdebatten ist diesem Universalismus bis heute eine gewisse Portion nationaler Farbe beigemischt. Im (ehemaligen) Land der Dichter und Denker ist man gegen Kränkungen auf dem Felde der Bildung besonders empfindlich, weil man sich hier immer noch besonders viel zutraut.

[3] Bildung als Angst- und Wunschort

Einwandsimmune politische Programm- und Fahnenwörter wie Demokratie, Freiheit, Zivilgesellschaft bezeichnet Salomon (2013) als politische Strategiekerne. Um sie herum lassen sich exemplarische Erzählungen, zustimmungsfähige Forderungen und unwiderstehliche Identitätsangebote so gruppieren, dass die öffentliche Etablierung wirkungsvoller Gegenmacht so gut wie unmöglich wird. In Syrien, wo der Westen gerade zum Gefangenen seiner eigenen Narrative wird, kann man studieren, wohin es führt, wenn man als Opposition, Demokratiebewegung und Zivilgesellschaft verkauft, was man ebenso gut auch als Terrorismus feilbieten könnte: eine von außen finanzierte und bewaffnete Bürgerkriegstruppe.

Zweifellos ist der Komplex Bildung ebenfalls ein solcher politischer Strategiekern. Die Gesamtheit zirkulationsfähiger Bildungsnarrative bildet ein massendemokratisches Szenario, in dem Drohung und Verheißung so abgemischt werden können, dass Zwang und Selbstzwang kaum noch unterscheidbar sind. Da gibt es die hoch dramatischen, die Zukunft des Standorts in Frage stellenden Erzählungen des Typs PISA, wo der abstiegsbedrohte Tabellenplatz die gewesene Bildungs- und Wissenschaftsgroßmacht tief beunruhigt. Und damit so etwas nicht mehr vorkommt, bestimmt PISA spornstreichs Themen, Lernziele und Methoden der schönen neuen Schule. Nach dem von allen Evaluationspraktiken nachhaltig beförderten Grundsatz:

„Man tut, was gemessen, und unterlässt, was vom Bewertungsraster nicht erfasst wird. Evaluation schafft so erst die Wirklichkeit, die sie zu bewerten vorgibt, und erzeugt statt der allseits beschworenen Innovationsfähigkeit einen Aggregatszustand betriebsamer Konformität." (Bröckling 2007: 78)

Und weil wir ja bekanntlich akademische Weltmarken, *global player* des Elitetyps Harvard, Yale, Oxford, Cambridge oder MIT nicht haben, droht uns in Zeiten der wissensbasierten Wirtschaft der *brain drain*, wenn Staat und Wirtschaft nicht mit vereinten Kräften Exzellenzzentren aus dem Boden stampfen, bei denen der Steuerzahler das Geld beisteuert und die Wirtschaft die Richtung, in die es fließen soll.

Gibt es dann erst einmal Eliteuniversitäten, dann fragt sich die Rest-Studentenschaft, was ihre Abschlüsse denn einmal auf dem Arbeitsmarkt der Zukunft wert sein werden. Prompt verspricht man ihnen *employability* (=Beschäftigungsfähigkeit) als verbindlichen obersten Grundsatz aller deutschen Bachelorstudiengänge. Was eigentlich hinreicht, um zu demonstrieren, wie verzweifelt das akademische Publikum jedenfalls in den wirtschaftsfernen Fächern bereits ist, wenn es sich mit dem Versprechen der bloßen Beschäftigungsfähigkeit abspeisen lässt, die ja schon ein unbezahltes Praktikum einlöst.

Am unteren Ende der Bildungswelt, in den Hauptschulen, droht natürlich ebenfalls die Denormalisierung. Man kann fast sicher sein, dass jedenfalls die Bezeichnung „Hauptschule" in absehbarer Zeit verschwinden wird (die Sache selbst natürlich nicht!). Und eigentlich müsste den Eintretenden über jedem Hauptschulportal ein „Lasst alle Hoffnung fahren!" entgegenschauen.

Wie viele andere „mittlere Geschichten" der massendemokratischen neoliberalen Propaganda besteht auch das Bildungsrepertoire aus einem reichen Vorrat an Denormalisierungsnarrativen, deren Folgen durch unermüdliche Reformtätigkeit der Politik und lebenslange Anstrengungen des Einzelnen in Schach gehalten und in „Chancen" verwandelt werden müssen („Lebenslanges Lernen" war in der alten Bildungswelt ein Versprechen, jetzt hat es einen mächtig bedrohlichen Unterton). Wie überall da, wo gleichzeitige mächtige Privatisierungsinteressen im Spiel sind (z.B. auch im Gesundheitswesen), gehört auch in der Bildung die moralische Zerstörung des öffentlichen Systems fest in Dramaturgie und Spielplan.

Umso heller strahlt das Licht exklusiver Privateinrichtungen. Wer nicht mit dem öffentlichen System untergehen möchte, muss zukaufen.

Die feine Dialektik von Drohung und Verheißung wird erst in den Bildungsgeschichten deutlich, in denen die offizielle Verheißung zugleich die subkutane (und öffentlich nicht artikulationsfähige) Drohung *ist*. Hier wäre z.B. an die moralisch unanfechtbare Forderung nach „Inklusion" zu denken. Deren harter Kern ist die Zerschlagung der bisherigen Sonderschulen und die Eingliederung von lerngestörten und förderbedürftigen Kindern in die Regelklassen und Regelschulen. Neben den nicht-muttersprachlichen Migrantenkindern werden künftig in großer Zahl auch lernbehinderte Kinder im Regelbetrieb der öffentlichen Schulen auftreten.[1] Wie die ohnehin statuspanische Mitte auf diese neue Herausforderung reagieren wird, mag man sich gar nicht vorstellen. Jedenfalls werden die Motive, um die es dabei geht, jenseits der öffentlichen Sagbarkeitsgrenze liegen. Keiner kann sagen: „Ich nehme meine Kinder aus der Schule, weil der Lehrer/die Lehrerin sich jetzt auch noch um die Behinderten kümmern muss." Jeder kann es aber tun und die Gründe für sich behalten, weil er nach außen nicht unkorrekt oder minderheitenfeindlich wirken möchte. Die stille Logik der Sache wird gewiss dafür sorgen, dass sich ehrgeizige Bildungsprivatisierer am Ende die Hände reiben. Diskurse etablieren Sagbarkeitsgrenzen, und wer sich öffentlich gegen die Inklusion Behinderter in das allgemeine Schulsystem ausspricht, der kann in einer so hochgradig moralisierten Angelegenheit leicht in die böse Ecke gestellt werden. Handeln wird er jedoch nicht nach den moralischen Maximen der Inklusionslyrik, sondern so, wie es seinen artikulierbaren Interessen entspricht: nur das Beste für die eigenen Kinder.

Als Programm- und Fahnenwort ist Bildung von hoher Inklusionskraft. Niemand darf ausgeschlossen bleiben von ihren Segnungen, wenn vom Bildungserfolg der ganze Berufs- und Lebenserfolg abzuhängen scheint. *No child left behind*, so lautet der Slogan der US-amerikanischen Bildungsreform (scharfsichtig persifliert zu *No child left untested*). De facto verwalten die öffentlichen Regeleinrichtungen am Ende noch diejenigen, für die private Alternativen definitiv unerschwinglich sind. Das lässt sich dann wunderbar moralisch einkleiden als Inklusion. Die Bildungssoziologie ist da freilich nüchterner:

> „Die deutsche bildungszentrierte Halbtagsschule hat keine Ressourcen, um auf die Bedürfnisse schwieriger und aus unterschiedlichen Gründen lernbehinderter Kinder kompensierend zu reagieren. Schulsozialarbeit und die selbstverständliche Zusammenarbeit von Lehrern, Sozialarbeitern, Ergo-, Logopäden und Psychologen […] gibt es in deutschen Schulen nur ausnahmsweise." (Graßl 2008: 52)

Diskursive Angst- und Wunschorte (wie Bildung) üben eine magische Anziehungskraft auf massendemokratische Politiker aus. Wer über Bildung spricht, kann der allgemeinen Aufmerksamkeit sicher sein, obwohl niemand wirklich rasche Verbesserungen erwartet. Es geht darum, den Ängsten, die man im Publikum getrost unterstellen kann, eine Wunschperspektive beizumischen. So verträgt sich blendend, was auf den ersten Blick widersprüchlich und paradox anmutet: die öffentliche Mystifikation von Bildung als Allheilmittel, die in politischen Programmen immer buntere Blüten treibt, und die öffentlichen Ausgaben pro Schüler oder Student, die seit Jahrzehnten nur eine Richtung kennen: nach unten.[2]

Für die Staatsakteure bleibt das Feld Bildung in jedem Falle reizvoll, weil es immer den meritokratischen Verweis auf die erforderlichen Anstrengungen des Einzelnen gibt. Riskant ist freilich, dass die Öffentlichkeit die Politik auch dann für den Gesamtzustand des Bildungswesens verantwortlich hält, wenn es teil- oder scheinprivatisiert ist (wie etwa die „autonomen" Hochschulen in NRW) oder tatsächlich marktprivatisiert. Insofern fürchtet man sich vor den Erfahrungen, die neoliberale Bildungsprivatisierer in Australien und Neuseeland bereits machen mussten: Dass nämlich mit üppigen Steuersubventionen privatisierte und dann an die Wand gefahrene Bereiche des Bildungssektors (nebst den angehäuften Schulden) wieder von der öffentlichen Hand übernommen werden mussten.

Das Geschichtenrepertoire des Wunschsektors ist rasch umrissen, wir alle kennen es zur Genüge: Die Arbeitslosigkeit ist unter Hochschulabsolventen viel geringer als in anderen Sektoren, das Lebenseinkommen steigt tendenziell mit dem Niveau des Bildungsabschlusses, jeder in das System der Vorschulerziehung investierte Euro führt später zu unglaublichen Renditen etc. Ein Beispiel: In der Sparte „Geld" der *Süddeutschen Zeitung* erläutert der Ökonom Ludger Wößmann (Titel des Interviews: „Wer vier Jahre studiert, verdient 40% mehr") am 24. Mai 2013, wieso Bildung und Einkommen viel stärker miteinander zusammenhängen, als man gemeinhin annimmt. Dabei betätigt er sich nebenbei als „Mythenkiller". Das ist in den Zeitungen sehr beliebt, weil es Aufmerksamkeit sichert: Kleine Klassen bringen gar nichts und der Computereinsatz in der Schule wird maßlos überschätzt. Von dem folgenden absurden Satz waren Autor und Blatt offenbar so angetan, dass sie ihn gleich zweimal im gleichen Artikel bringen: „Wenn wir es schaffen würden die 20 Prozent Schüler, die bei PISA sehr schlecht abschneiden, nur etwas besser auszubilden, dann bedeutet das binnen 80 Jahren 2,8 Billionen Euro mehr Wirtschaftsleistung. Pro Jahr vier Prozent geschenktes Wachstum".

Damit sich die Bildungsanstrengungen des Einzelnen rechnen, müssen Bildungserfolg und Wirtschaftserfolg tendenziell dasselbe werden. Diese Engführung hat hohe Suggestionskraft. Dem Einzelnen teilt sie mit, dass er seinen wirtschaftlichen Erfolg selbst in der Hand hat. Den Staatsakteuren wird vermittelt, dass sie Wachstumschancen verspielen, wenn sie nicht an den richtigen Stellen in

Bildung investieren – und die statusängstlichen Mittelschichten werden bestätigt in ihrem Drang nach möglichst exklusiven Bildungsabschlüssen.

Man fragt sich natürlich auch, wer diese Geschichten noch glaubt, wenn er über die Landesgrenzen nach Frankreich, Italien, Spanien, Portugal oder gar Griechenland schaut, wo die beruflichen Chancen für junge HochschulabsolventInnen nicht eben rosig ausschauen. Als ob es automatisch mehr hochwertige und sichere Arbeitsplätze gäbe, wenn mehr Leute Abitur machen oder studieren! Das Gegenteil dürfte der Fall sein: Mehr Andrang und mehr Auswahl im Sektor der „gehobenen" Berufe führt auch dort (angesichts der bestehenden Machtverhältnisse) zur Absenkung der Standards, zu wachsender Prekarität und zu einem blühenden Praktikumswesen. Was freilich immer gilt, ist das Gesetz der Verdrängung der schlechter qualifizierten durch die besser Qualifizierten, und das ist es auch, was die Wunschgeschichten zugleich alternativlos macht und sie unmerklich den Angstgeschichten annähert. Wenn ich nicht wenigstens Abitur oder einen Bachelor habe, dann bekomme ich bald nicht einmal mehr eine Lehrstelle. Nüchterne Bildungssoziologen resümieren das Verhältnis von Bildung und Berufsaussichten (nach der Entkopplung von Hochschulabschluss und gehobenen akademischen Berufen in den 80er Jahren des vorigen Jahrhunderts) so:

„Die Konkurrenz um Bildungstitel wird intensiver, gerade weil ihre Bedeutung für die Eingliederung in die Hierarchie der Berufspositionen und damit auch der Einkommen abgenommen hat; den Betroffenen bleibt kaum etwas anderes als der Versuch, den gewachsenen Arbeitslosigkeits- und Armutsrisiken über präventive Aufwertung der eigenen Arbeitskraft zu begegnen." (Draheim, Krause & Reitz 2010: 349)

Diese gestiegene Bereitschaft zur „präventiven Aufwertung der eigenen Arbeitskraft" dürfte das einzig sichere Ergebnis der schönen neuen Bildungseuphorie sein. Von der Intensivierung der Konkurrenz um Bildungsabschlüsse profitieren jedenfalls immer auch die privaten Anbieter von mehr oder minder exklusiven Prestigezertifikaten. Für den aufmerksamen Diskursbeobachter lohnt auch ein Seitenblick auf die Mediennarrative, in denen uns die *lost generation* der südeuropäischen Krise näher gebracht wird. Hier erprobt Deutschland nämlich erstmals ein imperiales Gutmenschenmodell, das wir bisher hauptsächlich aus den USA kennen, wo das einheimische Bildungssystem notorisch nicht ausreicht, um eine hinreichende Anzahl hoher Qualifikationen zu erzeugen. Selbstverständlich ist es ein moralisches Gebot, diesen jungen Leuten zu helfen, ihnen, wie es so schön heißt, eine Chance zu geben. Man schließt also symbolische Abkommen über Ausbildung und Einsatz dieser gut qualifizierten Kräfte in Deutschland und kommt damit nicht nur in den Genuss einer moralischen Dividende, sondern auch in den Genuss von Fachkräften, deren Ausbildungskosten in der Hauptsache anderswo angefallen sind. Die weitere Belebung der Konkurrenz auf den Arbeitsmärkten für besser qualifizierte, die damit unweigerlich einhergeht, dürfte ebenfalls nicht unwillkommen sein. Bis vor etwa 10 Jahren wurden Geschichten über hoffnungslose, gut ausgebildete und migrationswillige junge Leute noch als Teil der Angstgeschichte über Nordafrika und den Mahgreb erzählt, und von einer „Willkommenskultur" war deutlich seltener die Rede.

Zusammen genommen ergibt das so etwas wie einen festen Platz der Bildungskonkurrenz auf dem neoliberalen Aktivierungslaufband. Allein die in den Mittelschichten höchst verbreitete Frühförder-Hysterie, die schon Neugeborene und Vorschulkinder mit Chinesischunterricht und naturwissenschaftlichen Experimenten traktiert, dokumentiert hinreichend, wie dicht Angst- und Wunschorte auf diesem Feld beieinander liegen. Die Eltern werden zu ehrgeizigen Projektmanagern des Bildungserfolgs ihrer Kinder, und die Kinder selbst geraten in einem Alter auf das Selbstoptimierungslaufband der Konkurrenzgesellschaft, in dem sie vermutlich mehr lernen würden, wenn man sie im Sandkasten sich selbst überließe. Dabei verdrängen alle erfolgreich, was bei der intensivierten Konkurrenz um Bildungsabschlüsse zwangsläufig herauskommen muss: eine Art Normalverteilung, bei der sich die Zahl der Gewinner und Verlierer günstigenfalls lediglich auf etwas höherem Niveau reproduzieren wird. Wirklich nützlich ist das einerseits für die Arbeitgeberseite, der das Definitionsmonopol über den Wert von Bildungsabschlüssen zuwächst, und für die Strategen der reputativen Spreizung des Bildungssystems, die immer neue Prestigemarken für den gehobenen Sektor ersinnen und vermarkten können. Der Kunde im schönen neuen Bildungssystem wird sich mit dem Kalauer begnügen müssen, dass auch ein Hamsterrad von innen aussieht wie eine Karriereleiter. *Hamster*

Wer in dieser Konstellation auf den Eigen- und Persönlichkeitswert von Bildung verweist, der hat natürlich recht, er wird aber *nolens volens* zum Snob oder Zyniker, weil die skizzierte Dynamik den Restraum, den das Bildungssystem für Persönlichkeitsbildung bereithält, zügig implodieren lässt. Im Durchlauferhitzer für einen prekarisierten Arbeitsmarkt sind verwertungsfremde Nischen auf Dauer nicht zu halten. Und wer sie anbietet, der wird alsbald zu hören bekommen, er handele unverantwortlich gegenüber seinen Kunden und Abnehmern. Die nämlich glauben, eine nachhaltige Aufwertung ihrer Arbeitskraft erwarten zu können.

[4] Konsensfiktion Bildung

Als Konsensfiktionen können Werte (bzw. die sie vermittelnden sprachlichen Bezeichnungen) gelten, die im öffentlichen Diskurs nicht negiert, aber jederzeit als zustimmungspflichtige aufgerufen werden können. Es handelt sich gleichsam um die Gesslerhüte der modernen Massendemokratie. Wer sie nicht grüßt, ihnen nicht mit der gebotenen Ehrfurcht begegnet, der kann vom Platz gestellt werden (Habscheid & Knobloch 2009). Medial zirkulierte Konsensfiktionen liefern gewissermaßen den normativen und moralischen Gegenhalt für Gesellschaften, die ansonsten weitestgehend über Normalitäten integriert sind (Link 2006). Der fiktive Konsens, den in Anspruch nimmt, wer öffentlich über Bildung redet, ist freilich alles andere als homogen und widerspruchsfrei. Charakteristisch für Konsensfiktionen ist im Gegenteil, dass sich hinter der konsensuellen Hochwertfassade des Wortes völlig unvereinbare Definitionen und Verständnisse desselben verbergen, die bedarfsweise auf- oder abgeblendet werden können. Ein Programm- und Fahnenwort kann man im Machtdiskurs entweder einzureißen oder autoritativ zu definieren versuchen. Bei Bildung hat man zunächst beides versucht: die Ridikülisierung weltfremder und nutzloser Wissensbestände des klassischen Gymnasiums, der universitären Geisteswissenschaften etc., da fällt dann oft der mitleidige Hinweis auf das 19. Jahrhundert, an dem man sich wahrhaftig im Zeitalter des globalen Wettbewerbs nicht mehr orientieren dürfe. Im Gegenzug wurde aber auch Bildung als spezifisch deutsche Marke im internationalen Wettbewerb aufgewertet. Zur Konsensfiktion wird ein Konzept wie Bildung, wenn sein konnotativ-evaluativer Wert feststeht und nur noch über seine Definition gestritten werden darf. Das ist bei Bildung inzwischen der Fall. Der Vorteil, den eine solche Konstellation für die massenmediale Kommunikation bietet, liegt auf der Hand: Ohne Mühe lassen sich Programmtexte kompilieren, die für jeden etwas Identifikationsfähiges enthalten, die Angst- und Wunschkomponenten so arrangieren, dass am Ende alle beifällig nicken können. Ein unerreichtes Muster für solche Hybridtexte bietet Tanjev Schultz in der SZ vom 22.11.2011 (im Wirtschaftsteil unter dem Titel: „Ohne Maß. Bildung entzieht sich dem ökonomischen Kalkül. Sie lässt sich nicht in Euro ausdrücken – aber sie macht den Menschen frei").[3]

Die suggestive Kontinuität des Zeichenträgers <Bildung> mildert den radikalen Systembruch in der öffentlichen Geltung von Bildung (und verbirgt ihn vor den Augen des Publikums).

In der Tat zeigen sich die Analysten der Projektgruppe „Staatlichkeit im Wandel" nachgerade verblüfft darüber, wie glatt und reibungslos der völlig informell qua „Bologna" angestoßene Systemwechsel in Deutschland, einem Land mit ausgeprägter Staatstradition im Bildungswesen, über die Bühne gehen konnte. Man spürt bei der Lektüre förmlich das Erstaunen über den völlig ausgebliebenen Widerstand der „Vetospieler" und „Blockierer" in den deutschen Universitäten und in den Wohnstuben des deutschen Bildungsbürgertums.

So wird Bildung zum diskursiven Wunschterrain staatlicher und ökonomischer Akteure im Neoliberalismus. Wer nicht über Marktmacht und soziale Ungleichheit sprechen möchte, der braucht nur zu größeren Bildungsanstrengungen zu ermuntern. Die kommen nicht nur dem Einzelnen, sondern in der Wissensgesellschaft natürlich auch der stets innovationshungrigen Wirtschaft zugute. Und wer übermütig auf den Prestigewert seiner Bildungsdiplome baut, dem droht man mit dem Stecken des Lebenslangen Lernens. Die diskursiven Kopplungen auf diesem Gebiet streifen stets das Lächerliche, auch wenn sie in den so genannten Qualitätszeitungen zirkulieren. Die OECD teilt – ebenso wie der oben zitierte Ökonom Ludger Wößmann – mit, die deutschen Schüler könnten viele Milliarden zusätzlichen Wachstums generieren, wenn sie ihre Leistungen nur um ein paar PISA-Punkte steigern. Das teilt Tanjev Schultz im o.g. Artikel mit, um dann fortzufahren:

„Wahre Bildung entzieht sich jedoch dem ökonomischen Kalkül. Bildung ist keine Ware, für die man einen Preis und den Profit angeben könnte. Sie ist bereichernder, als sich in Cent und Euro ausdrücken lässt. Und das Schönste ist: Bildung ist beständig. Niemand kann sie einem Menschen mehr nehmen. Das ist ein Trost in unsicheren Zeiten. Wissen kann verfallen, bestimmte Fertigkeiten können nicht mehr nachgefragt werden. Doch Bildung im Sinne von Reife und Reflexion vergeht nicht so schnell. Ihr Kurs ist fest. Bildung ist sicherer als Gold und Immobilien." (Schultz 2011)

Und niemand lacht, obwohl im nämlichen Artikel auch die Angst mehr als reichlich bedient wird. „Ohne die richtigen Zeugnisse ist sozialer Aufstieg kaum noch möglich", heißt es da, und „es kommt immer stärker darauf an, von welcher Schule und von welcher Universität ihr Zeugnis kommt und wo sie Praktika gemacht haben".

Solche Texte zeigen exemplarisch, wie eng der Zusammenhang zwischen dem konsensuellen Problemlöser Bildung und dem politischen Operationsmodus „Krise" ausfallen kann. Die zuletzt zitierten Passagen richten sich direkt an den verunsicherten und statuspanischen Mittebewohner, und die hymnischen Lobpreisungen der Wertbeständigkeit von Bildung liefern ihm die höchst zirkulationsfähigen Motive dazu. Notfalls ist auch das Komplementärnarrativ von der ach so kurzen Halbwertzeit allen Wissens in der Wissensgesellschaft im Programm und abrufbar. Trotzdem scheint Bildung jedenfalls in der wirtschaftswissenschaftlichen und politischen Sonntagsrede über den Charme des Krisenfesten zu verfügen. Je mehr freilich die jungen AkademikerInnen ängstlich nach Spanien oder Griechenland oder Ungarn schielen, desto deutlicher wird, dass die eine Hälfte der Bildungsrhetorik just von dem Selbstwert der Bildung lebt, der im ökonomisierten Subtext der anderen Hälfte nicht die geringste Rolle spielt.

[5] Verpunktungs-, Verdatungs- und Vergleichbarkeitsregimes

Markant und aufdringlich ist das stete Vorrücken von Scheinwährungen, Ran-
kingprozeduren, Vergleichbarkeitsfiktionen auf breiter Front. Verrechnungsein-
heiten wie Kreditpunkte, die erworben werden müssen, prägen den Alltag der
Studienorganisation. Sie erzeugen die Fiktion der Messbarkeit. 10 Kreditpunkte
hier sind genauso viel wert wie 10 Kreditpunkte dort. Für Schulen und Hochschulen gibt es, gewissermaßen als Gegenmittel, die zahllosen Rankings und
Evaluationen, welche die Vergleichbarkeit der Kreditpunkte Lügen strafen, aber
die der Bildungsinstitutionen selbst nahe legen. Wie in einer Hitparade oder einer
Bundesligatabelle kann man jederzeit prüfen, wo man gerade steht im Wettbewerb. In ihrer Gesamtheit entziehen die Verpunktungszwänge dem so traktierten
gesellschaftlichen Teilsystem die Definitionshoheit über das, was es tut, und
schiebt sie den Instanzen zu, die über die Verpunktungskriterien entscheiden.
Wenn Absolventenzahlen, Drittmittel oder Promotionen (oder alle drei zusammen) über die Mittelzuweisung an eine Universität entscheiden, dann müssen
eben diese Faktoren optimiert werden. Wenn es der Rangplatz in einem Ranking
ist, dann muss eben der verbessert werden. Das ist nicht anders als im Gesundheitssystem, wo auch mehr künstliche Knie- oder Hüftgelenke transplantiert werden, wenn die Mittelzuweisung davon abhängt.

Die Ausrichtung des Bildungssystems auf globalen Wettbewerb, Beschäftigung, Wirtschaftsanforderungen ist, so ließe sich argumentieren, keinesfalls neu.
Neu ist hingegen das imperiale Selbst- und Sendungsbewusstsein, mit dem der
unumschränkte Machtanspruch der Wirtschaft auch im Bildungswesen vorgetra-
gen wird. Dass auch auf Scheinmärkten reales Geld verdient wird, steht fest, und
dass jetzt die Akkreditierungsagenturen (kostenpflichtige) Kurse anbieten, in denen sie Hochschullehrern und .-verwaltungen beibringen, wie man seine Studiengänge am besten akkreditiert bekommt, ist ein Vorgang, bei dem man nicht recht
weiß, ob man „Korruption!" rufen oder einfach nur lachen soll (vgl. Jürgen Kau-
be, „Tipps und Tricks für Akkrediteure" in der FAZ vom 12. Juni 2013).

Was über Scheinwährungen und Scheinmärkte im Bildungswesen zu sagen
ist, das ist schon oft gesagt worden (Draheim & Reitz 2006, Knobloch 2012).
Darum hier nur der Hinweis auf einen gewöhnlich vernachlässigten Effekt der
Vergleichbarkeitsfiktionen. Die werden ja vom Ranking über die Evaluation bis
zur Akkreditierung damit begründet, dass die Output-Leistungen des Bildungssystems messbar sein müssten, eben weil der zu erwartende wirtschaftliche Nutzen (für den Einzelnen wie für die Gesamtheit!) ja von der Qualität abhänge. An
der (vom Zentralabitur bis zur Modularisierung und zur *employability* beobacht-
baren) Vereinheitlichungstendenz der Inhalte, der Methoden, der zu produzieren-
den Kompetenzen wird überdeutlich, dass der Verpunktungs- und Verdatungsap-

parat zwar keine positive Vergleichbarkeit erzeugen, wohl aber nützliche Variation vernichten und entmutigen kann. Die „betriebsförmige Konformität", welche durch gezielte Dauerbeobachtung erzeugt und aufrecht erhalten wird, sorgt zuverlässig dafür, dass die Risiken, die mit jedem „Etwas-anders-machen" verbunden sind, unüberschaubar werden. Und an der fetischisierten „Vergleichbarkeit" der Abituranforderungen lässt sich erkennen, dass ihr erst dann Genüge getan sein wird, wenn alle zum gleichen Zeitpunkt die gleichen Aufgaben unter den gleichen Bedingungen zu lösen haben. Erst dann wird man sehen, was das Abitur (dann noch) wert ist: nichts mehr nämlich, weil es eine Bildungslandschaft restlos planiert hat, deren Nutzen in Variation und Vielfalt besteht. Die Abertausende von BA-Studiengängen, die nach Bologna aus dem Boden geschossen sind, können kaum darüber hinweg täuschen, dass allenthalben in sechs Semestern und mit wenigstens einem Drittel berufsbezogenem „Kompetenztrainig" in den Studienvolumina bestenfalls ein wenig Wissenschaftspropädeutik drin ist. Was man mit Gewalt zählbar macht, wird darum nicht wirklich vergleichbar, aber einförmiger wird es definitiv.

Es ist demnach kein Wunder, dass der manageriale Putsch in den Bildungsinstitutionen auch den Widerstand derjenigen auf den Plan gerufen hat, die in der eigenständigen Stimme von Wissenschaft, Technik, Kultur und Bildung eine erhaltenswerte Errungenschaft des bürgerlich-kapitalistischen Projekts sehen, sei es als eine Art Korrektiv und Gegengewicht gegen die Plusmacherei um jeden Preis, sei es auch nur als wichtige Ressource derselben, als eine Ressource freilich, die wie durch einen bösen Zauber just in dem Augenblick zu versiegen droht, da die Herren des Geldes glauben können, sie hätten sie sich endgültig unter den Nagel gerissen. Institutionen tun ja nicht nur das, was sie tun sollen, sie erzeugen und nähren zugleich das Ethos, das in sie eingebaut worden ist. Man darf getrost bezweifeln, dass der auf möglichst preiswerten und effizienten Erwerb der nötigen Kreditpunkte gepolte Absolvent der schönen neuen Universität über das „Innovationspotential" verfügt, das die Industrie angeblich händeringend sucht. Zudem teilt das Bildungssystem diesem Absolventen unmissverständlich mit, dass es auf das Prestige der erworbenen Zertifikate ankommt, nicht so sehr auf seine Leistungen in einer „eigensinnigen" Disziplin. Allen Ernstes versuchen die deutschen Universitäten, Marken zu werden, und niemand sollte sich darüber wundern, dass ihr output dann auch so wahrgenommen und beurteilt wird wie Markenware. Würden Sie zum Beispiel einem Arzt trauen, der alle seine Energien und Mittel in die Imageproduktion steckt? Der Wissenschaftssoziologe Peter Weingart (2001) hat schon vor vielen Jahren vorausgesagt, dass Ökonomisierung, Mediatisierung und Politisierung der Wissenschaften insgesamt dafür sorgen werden, dass das Publikum die Wissenschaften dann eben auch wie beworbene Warenangebote wahrnimmt. Was soll es auch sonst tun?

Wie in anderen Warenwelten wird auch im Bildungsmarkt Diversität und Variation durch marginale Image- und Markendifferenzen ersetzt. Überall ist das gleiche drin, es klebt aber jeweils ein anderes Logo drauf. Wie auch in der Warenwelt wird man auch bei Bildungszertifikaten keinesfalls sicher davon ausgehen können, dass der Aldiabschluss wirklich schlechter ist als der exklusive Gucciabschluss. Fest steht bloß, dass der letztere mehr hermacht (und im Zweifel mehr gekostet hat). Kein Wunder auch, dass die traditionellen Bildungsschichten sich durch diese „Aufwertung" ihrer Angelegenheiten eher entwertet, marginalisiert und veralbert fühlen. Auch die akademische Pädagogik hat längst erkannt, dass, bei aller blühenden Bildungsrhetorik, in der schönen neuen Bildungswelt für sie durchaus kein Ehrenplatz vorgesehen ist (vgl. die Beiträge in Frost & Rieger-Ladich 2012). Überdeutlich wird hier aber auch, dass zum Bildungsspiel eine stillschweigende Prämisse gehört, die immer mitgedacht, aber nie öffentlich formuliert wird: Dass es unter dem Deckmantel der Bildung um den Tauschwert der Zertifikate auf dem Arbeitsmarkt geht.

[6] Versuch einer Zusammenfassung

Für Diskursforscher ist die medienöffentliche Bildungsdebatte in vieler Hinsicht ein Klassiker. Was man seinen Studierenden über die Besetzung von Begriffen oder über die Grenzen der öffentlichen Sagbarkeit vermitteln möchte, das lässt sich mühelos am Bildungsdiskurs vorführen.

[a] Einmal haben wir es, wenn von Bildung die Rede ist, mit einem mehrfach gestaffelten Konnotationsraum zu tun. Was mitschwingt, ist nicht nur das sprichwörtliche deutsche (bildungsreligiöse) Deutungsmuster (Bollenbeck 1994), sondern auch die von langer Hand präsente Grauzone zwischen Bildung und Ausbildung, d.h. zwischen zweckfreier Persönlichkeitsbildung und Aufstiegschancen auf dem Arbeitsmarkt. Je prekärer die Verhältnisse perspektivisch für den einzelnen werden, desto stärker schiebt sich das exklusive Zertifikat als Ziel vor den selbstgenügsamen Bildungsgedanken. Der bleibt dann vielleicht als Rückzugspunkt, wenn es mit der Karriere nicht gleich so richtig klappt. Schaden kann eine gute Ausbildung ja nicht!

[b] Weiterhin haben wir es mit einer Konnotationsschicht zu tun, die jüngeren Datums ist und zu den Erfahrungen und Erwartungen der nunmehr „angekommenen" Mittelschichten zählt. Für die war Bildung, wie oben skizziert, die plausible und schmeichelhafte semantische Einkleidung der eigenen Aufstiegserfahrungen im westlichen Nachkriegsdeutschland. Mit dem gebildeten Persönlichkeitsideal des cellospielenden Chirurgen hatte sie nicht mehr viel im Sinn. Sichere Arbeitsplätze und Eigenheime bildeten den Lohn der Bildungsanstrengungen. Diese bil-

dungsdefensive neue Mittelschicht (das ist eine Formulierung von Bude 2011) verlängert das eigene Deutungsmuster in die Generation ihrer Kinder hinein und scheut keine Kosten und Mühen, dem eigenen Nachwuchs die möglichst exklusiven Bildungszertifikate zu verschaffen, die zur Erhaltung des eigenen sozialen Status' nötig zu sein scheinen, Diese, quantitativ erhebliche Schicht ist der eigentliche Adressat der Exzellenz- und Markenimage-Kommunikationen. Sie verteidigt mit Zähnen und Klauen das Gymnasium „als Refugium der Selbstähnlichkeit in einer Welt heilloser Differenzen" (um eine hübsche Floskel von Bude 2011: 12 zu zitieren). Sie lässt sich mühelos abzocken, weil sie keine andere Chance hat oder sieht zur präventiven Aufwertung der eigenen Arbeitskraft. Obwohl sie keinesfalls so reich ist, dass sie Bildungszertifikate einfach ignorieren oder kaufen könnte, identifiziert sie sich (und konkurriert ergo) mit den gesellschaftlichen Gruppierungen, die genau wissen, dass man keinerlei Philosophie oder Kultur braucht, um einen Hedgefonds zu managen – während ein exklusiver Abschluss von einer Eliteuni durchaus hilft, die entsprechende Position zu erhalten. Bedroht fühlt sie sich von den aufstrebenden (vor allem: migrantischen) Gruppierungen, was aber ganz natürlich in dieser Schicht nicht öffentlich artikulierbar ist. Man ist schließlich aufgeklärt, für soziale und bildungsmäßige Gerechtigkeit und keineswegs ausländerfeindlich! Aber diese Gerechtigkeit beginnt natürlich immer bei einem selbst. Und wenn sie die Konkurrenz einbezieht, dann kann man zwar nicht öffentlich dagegen sprechen, aber man kann immer stillschweigend nach anderen Möglichkeiten suchen: Gesamtschule (so heißt das natürlich schon lange nicht mehr!) und Inklusion: prima, jede(r) soll seine Chance haben, aber ich muss dann eben ausweichen. Es passt übrigens glänzend hierzu, dass die Stadt Köln Inklusionseinrichtungen vor allem im Sekundar- und Gesamtschulbereich plant, die Gymnasien aber von den Segnungen der Inklusion weitgehend zu verschonen gedenkt (Nienhaus-Böhm 2013): Die Inklusion wird vor allem denen ans Herz gelegt, die selbst von sozialer Exklusion bedroht sind

[c] Hieraus folgt dann unweigerlich der Regelapparat zur Sagbarkeit, der von den meritokratischen Traditionen angefüttert und von der Selbstgewissheit der neureichen Mittelschichten heuchlerisch gemästet wird. Schließlich kann niemand etwas dagegen haben, wenn man seinen Kindern eine gute Ausbildung mit auf den Weg geben möchte. Je weniger das gemeine Abitur und das Studium an einer gemein-egalitären deutschen Hochschule diesbezüglich zählen, desto charmanter wirken die seit Jahrzehnten auch öffentlich geförderten Spreizungsversuche, die Exzellenzuniversitäten, Privathochschulen, Graduiertenkollegs, kurz: alles, was mit Exklusivität wirbt.

Soziologisch ist das natürlich alles banal. Abitur und Studium reichten als Ausweis der Exklusivität, so lange nicht mehr als 5% eines Jahrgangs auf dieser Schiene fahren konnten. Nunmehr, mit beinahe 40%, muss Exklusivität anderweitig substituiert werden. Eine ganz andere (nämlich eine politische) Frage ist, ob sich das steuerfinanzierte öffentliche Bildungssystem für diese Zwecke einspannen lassen sollte!

[d] Vor allem gegenüber den migrantischen Schichten ist es politisch attraktiv, die zweifellos vorhandenen sozialen und beruflichen Diskriminierungen auf Bildung umzukodieren. Von Tilo Sarrazins intellektuell minderbemittelten „Kopftuchmädchen" bis hin zur „positiven" Abweichung (Die Studierendenquote der Kinder von iranischen Einwanderern ist deutlich höher als die der einheimischen Bevölkerung!) bietet sich das Feld der Bildung an für meritokratische Umdeutungen anderweitig fundierter Ungleichheit.

[e] Für die Staatsakteure hat Bildung notwendigerweise auch die Dimension eines allgemein einforderbaren Bürgerrechts. Bei aller Exzellenz-, Privatisierungs- und Autonomie-Euphorie wissen die Politiker aller Parteien, dass sie die Verantwortung für den Gesamtzustand des Bildungswesens nicht loswerden. Die Vorstellung eines allgemeinen, öffentlichen und kostenfreien Schul- und Bildungswesens, das tendenziell die Startunterschiede der Schichten und Klassen ausgleichen kann, ist im neoliberalen Staat zwar rhetorisch noch präsent, faktisch aber längst aufgegeben. Die Aufgabe, sich nach Kräften und Möglichkeiten für den Arbeitsmarkt fit zu machen, wird gewissermaßen reprivatisiert. Die fortdauernde moralische Zuständigkeit des Staates tobt sich dann in einwandsimmunen Projekten des Typs Inklusion, Kompetenz oder PISA-Punktezugewinn aus. Der langfristige Effekt entspricht ganz dem Lehrbuchkonzept des neoliberalen Staates. Der bleibt nämlich zuständig für diejenige Restbevölkerung, die für den Erwerb prestigeträchtiger Bildungszertifikate nicht die erforderlichen privaten Mittel hat. Denen garantiert der Staat einen guten PISA-Rangplatz und das Recht auf elementare Kompetenzen. Das Beispiel Inklusion zeigt auch die Logik solcher Maßnahmen: Der Staat steht mit seinem Inklusionsprinzip moralisch prima da, zugleich schiebt er die Entscheidung aber den Einzelnen zu, sie können qua Inklusion einfordern, an der allgemeinen Schule unterrichtet zu werden. Die OECD betreibt solche Angelegenheiten strategisch. Sie ist einer der *player*, die den Staaten gezielt Vorgaben machen, die bildungsförderlich und hoch moralisch aussehen, aber allesamt bloß den Sinn haben, diejenigen zu stigmatisieren, die auf staatliche Bildung angewiesen bleiben. Bude (2011: 74) schreibt über diese Rolle der OECD einen Satz, bei dem er immer behaupten kann, er sei ironisch gemeint gewesen: „Es scheint einen Willen der entwickelten Länder, die sich zumindest der Marktwirtschaft verpflichtet fühlen, zu geben, sich durch Wettbewerb untereinander zum jeweiligen Vorteil voranzubringen." Dafür also steht die OECD!

So mausert sich die Bildung insgesamt zu einem für alle Beteiligten höchst praktischen Kollusionskonzept. Man einigt sich stillschweigend darauf, dass Bildung die Lösung aller Probleme befördert. Wie gesagt: Armut und soziale Ungleichheit heißen jetzt: bildungsferne Schichten. Im Feld der Bildung kann jeder sein ganz persönliches Gruppen- und Schichteninteresse so artikulieren, dass es meritokratisch und gerecht wirkt und als Gesamtinteresse zugleich moralisch einwandfrei einher kommt. Als Bildungsziel für den eigenen Nachwuchs formuliert wirkt selbst die Statuspanik der verunsicherten neureichen Mittelschichten vollkommen selbstlos und anständig. Bildung ist so etwas wie ein fiktives Zentralgebiet in der neoliberalen Ideologie. Die von Bildung transportierten Konnotationen fasst Bude (2011: 55) so zusammen: Bildung klingt tiefgreifender als Ausbildung, nachhaltiger als Erziehung und vielgestaltiger als Lernen. In der Tat: Bildung klingt öffentlich immer noch ziemlich gut. Vor allem, wenn man in der Position ist, zu definieren, was als Bildung gelten soll. Das auf den ersten Blick höchst widersprüchliche Nebeneinander von rhetorischer Mystifizierung und faktischer Entwertung von Bildungswissen unterstreicht bloß das Definitionsmonopol der Märkte bei der Auswahl geeigneter Kräfte in den verschiedenen Sektionen des Arbeitsmarktes. Was Bude allen Ernstes behauptet: „Bildung ist die entscheidende Leistungskategorie der Leistungsgesellschaft" (Bude 2011: 36), das wird von den medialen Akteuren einvernehmlich und kollusiv gespielt, von den gleichen medialen Akteuren übrigens, die – schon auf der nächsten Seite der Zeitung – nicht einmal selbst mehr daran glauben, dass der ökonomische Erfolg von Wirtschafts- und Finanzeliten irgendetwas mit „Leistung" zu tun hat. Dann nämlich, wenn es um Boni für die höheren Chargen des Managements und um ähnliche Dinge geht.

Anmerkungen

1   Es versteht sich, dass ich hier nur von den erwartbaren diskursiven Breitenwirkungen der Inklusion spreche, nicht von der Sache selbst, für die ja durchaus einiges spricht.

2   Im Hochschulsektor scheint es hier indes eine Trendwende zu geben: Seit es den kompakten Akteuren des Wirtschaftsliberalismus (von der Bertelsmann Stiftung über die WTO bis zur OECD) gelungen ist, den Einsatz der öffentlichen Mittel in ihrem Sinne zu lenken, werden die Rufe nach mehr öffentlichem Geld deutlich lauter.

3   Ich komme gleich auf den Artikel zurück.

Literatur

Bollenbeck, Georg (1994): *Bildung und Kultur. Glanz und Elend eines deutschen Deutungsmusters.* Frankfurt/M., Leipzig: Insel.

Bröckling, Ulrich (2007): Artikel „Evaluation". In: Bröckling, Ulrich et al. (Hg.): *Glossar der Gegenwart.* Franfurt/M.: Suhrkamp. S. 76-81).

Bude, Heinz (2011): *Bildungspanik. Was unsere Gesellschaft spaltet.* München: Hanser.

Draheim, Susanne & Reitz, Tilmann (2006): „Währungsreform. Die neue Ökonomie der Bildung". In: Frost, Ursula, Hg.: *Unternehmen Bildung. Die Frankfurter Einsprüche und kontroverse Positionen zur aktuellen Bildungsreform.* Paderborn: Schoeningh. S. 201-212.

Draheim, Susanne & Krause, Alexandra & Reitz, Tilman (2010): „Von Chancen und Statuskämpfen. Klassenverhältnisse in der Erziehungsgesellschaft". In: *PROKLA* 160. S. 341-360.

Frost, Ursula & Rieger-Ladich, Markus, Hg. (2012): *Demokratie setzt aus. Gegen die sanfte Liquidation einer politischen Lebensform* (Sonderheft zur *Vierteljahresschrift zur wissenschaftlichen Pädagogik*). Paderborn, München: Schöningh.

Graßl, Hans (2008): *Ökonomisierung der Bildungsproduktion. Zu einer Theorie des konservativen Bildungsstaats.* Baden-Baden: Nomos.

Habscheid, Stephan & Knobloch, Clemens, Hg. (2009): *Einigkeitsdiskurse. Zur Inszenierung von Konsens in organisationaler und öffentlicher Kommunikation.* Wiesbaden: VS.

Knobloch, Clemens (2012): *Wir sind doch nicht blöd! – Die unternehmerische Hochschule.* 2. Aufl. Münster: Westfälisches Dampfboot.

Link, Jürgen (2006): *Versuch über den Normalismus. Wie Normalität produziert wird.* 3. Aufl. Göttingen: Vandenhoeck & Ruprecht.

Nienhaus-Böhm, Uschi (2013): „Inklusion: Das gebrochene Versprechen". In: *Blätter für deutsche und internationale Politik*, Heft 8/2013, S. 29-32.

Salomon, David (2012): *Demokratie.* Köln: PapyRossa.

Weingart, Peter (2001): *Die Stunde der Wahrheit? Zum Verhältnis der Wissenschaft zu Politik, Wirtschaft und Medien in der Wissensgesellschaft.* Weilerswist: Velbrück.

Krise oder Zerstörung der Pädagogik?

Edgar Weiß

Krise der Allgemeinen Pädagogik und allgemeine Krise der Pädagogik.
Ein Versuch über Gegenwartssituation und Zukunftsperspektiven der Erziehungs- und Bildungswissenschaft

Krisendiagnosen haftet das Problem an, dass es für das Vorliegen einer „Krise" nur sehr bedingt – am ehesten wohl noch im Rahmen der medizinischen und vielleicht noch der wirtschaftswissenschaftlichen Begriffsverwendung – klar definierte Kriterien gibt.[1] Wann eine Situation als eine „entscheidende, schwierige" – so die umgangssprachliche Semantik von „Krise" seit dem 18. Jahrhundert – gelten soll, das ist keineswegs ohne weiteres eindeutig. Eine Krise diagnostizieren heißt eine Situation interpretieren, und Interpretationen sind gegen Fehlurteile nicht prinzipiell geschützt; auch ist – entsprechend dem Thomas-Theorem[2] – damit zu rechnen, dass Krisenrhetorik mitunter eine behauptete Krise faktisch erst generiert. Mithin sind Krisendiagnosen bekanntlich keineswegs standpunktunabhängig (vgl. Dollinger, 2006, S. 32 f.).

Nichtsdestoweniger aber dürfte plausibel nicht bestreitbar sein, dass es bedenkliche, gefährliche, entscheidende – eben „kritische" oder „krisenhafte" – Situationen gibt. Ob und gegebenenfalls inwiefern die inzwischen vielbesagte „Krise" der Allgemeinen Pädagogik sinnvollerweise als eine solche zu begreifen ist, scheint mir der Nachfrage wert. Ich werde sie – aus der Perspektive eines kritisch-pädagogischen Selbstverständnisses[3] – im folgenden näher thematisieren und mit einigen Strichen ihr Zustandekommen rekonstruieren (1) sowie exemplarisch die Muster erörtern, mit denen aus den Reihen Allgemeiner Pädagogik auf sie reagiert worden ist (2). Sodann möchte ich vermittelst einiger Hinweise zeigen, dass sich nicht nur eine *Krise Allgemeiner Pädagogik*, sondern auch eine *allgemeine Krise der Pädagogik* konstatieren lässt (3), ehe ich mich abschließend der Frage annehmen will, welchen Beitrag Allgemeine Pädagogik heute leisten könnte, um ihrem eigenen Bedeutungsschwund wie der behaupteten allgemeinen Krise der Pädagogik entgegenzuwirken (4).

1.

Die Konstituierung der Pädagogik als Wissenschaft erfolgte aus dem Bemühen um die Ausgestaltung einer *Allgemeinen* Pädagogik: aus der Reflexion auf pädagogische Fragestellungen überhaupt, auf deren Gemeinsamkeiten und Systematisierbarkeit, auf deren Zusammenhang mit Ethik, Psychologie und anderen Nachbardisziplinen, auf pädagogische Grundbegriffe, Handlungsformen, Forschungsweisen und bereichsrelevante historische Erfahrungen. Reflexionen dieser Art bestimmten die Entwürfe, die mit der Entwicklung der Pädagogik zur Wissenschaft gemeinhin verbunden werden; in diesem Sinne ging es Trapp in seinem Hauptwerk um ein „vollständiges System der Pädagogik", zielten Kant und Schleiermacher in ihren pädagogischen Vorlesungen auf eine „Theorie der Erziehung" überhaupt und führte Herbart den Begriff „Allgemeine Pädagogik" durch seine gleichnamige Schrift von 1806 in die Diskussion ein.[4]

Seitdem galt, wenngleich in der Geschichte der Erziehungs- und Bildungswissenschaft[5] Richtungsstreitigkeiten, Kontroversen über Ziele, Handlungsformen, Forschungsmethoden, theoretische und historische Rekurse nie fehlten, Allgemeine Pädagogik lange unangefochten als Kernstück und Leitdisziplin des Faches. So unterschiedlich z.B. die Ansätze Wilhelm Flitners und seines einstmaligen Promovenden Hans-Jochen Gamm waren, – hinsichtlich der Aufgaben Allgemeiner Pädagogik stimmten sie *grundsätzlich* überein. Diese habe, heißt es bis in die späten Auflagen Flitners „Allgemeiner Pädagogik", „das erzieherische Phänomen als solches" zu klären (Flitner, 1980, S. 23), sie habe, heißt es ähnlich bei Gamm, „das Gesamtgefüge erzieherischer Einwirkungen" zu erfassen und zu systematisieren (Gamm, 1979, S. 13).

Ein solcher Konsens gehört längst der Vergangenheit an. Inzwischen scheint sich die Geschichte Allgemeiner Pädagogik als „Verlust- und Verfallsgeschichte" zu erweisen, über Status, Aufgaben, Inhalt, Funktion und Möglichkeit Allgemeiner Pädagogik herrscht offenbar „notorische Ungewißheit" (Winkler, 1994, S. 97; 1998, S. 61). Ihren Gehalten nach scheint es Allgemeine Pädagogik nurmehr im Plural zu geben (Brinkmann/Petersen, 1998a), im Singular ist sie augenscheinlich allenfalls noch „Sammelbezeichnung" für „unbestimmtes pädagogisches Denken" oder „loser Verbund" diverser, miteinander unvermittelter Vorstellungen.[6]

Technologische Innovationen und gesellschaftlicher Wandel haben zunehmend die Infragestellung anthropologischer Konstanten und die Thematisierung des adäquaten Umgangs mit Lebensstadien und Generationsverhältnissen mit sich gebracht und zur Problematisierung traditioneller pädagogischer Überzeugungen geführt.[7] Fortschreitende soziale Desintegrations- und Ausdifferenzierungsprozesse haben die Diversifizierung differentieller Pädagogiken bewirkt, die Identifizierung „allgemeiner Merkmale" des pädagogischen Feldes in der stark pluralisierten Gesellschaft erschwert und damit die Funktionstüchtigkeit Allgemeiner Pädagogik als „Integrationswissenschaft" fraglich gemacht.[8] Die pädagogische Rezeption traditionelle Kausalitätserwartungen und „naiv-realistische" Empiriebezüge problematisierender systemtheoretischer und konstruktivistischer Theoriegehalte, vor allem aber universelle Verbindlichkeitsansprüche rationaler Argumentation zugunsten einer Affirmation vermeintlich je monadologisch abgeschlossener Sprachspiele verabschiedender postmodernistischer Ansätze haben die einstige Strahlkraft Allgemeiner Pädagogik massiv erschüttert.[9]

Seit den 1980er Jahren ist im Hinblick auf die Situation des Faches von einer „Trivialisierung" und immer neuen Wenden, von „Paradigmenschwund", „Vielfältigkeit und Uneindeutigkeit", „Durcheinander-Systemen", dem „buntscheckigen Gemisch von Moden" und „Auflösungserscheinungen" die Rede; Fachvertreter argwöhnten das „Überflüssigwerden" der in Einzeldisziplinen zerfallenden Pädagogik, die nurmehr einer „öffentlichen Baustelle" gleiche.[10]

In den 1990er Jahren ist der eklatante Bedeutungsverlust Allgemeiner Pädagogik dann offenkundig zur weit verbreiteten Gewissheit innerhalb der Disziplin geworden. Winklers Frage „Wo bleibt das Allgemeine?" (Winkler, 1994) brachte eine generelle Wahrnehmung und den damit verbundenen Klärungsbedarf lapidar zum Ausdruck. Winkler selbst, Krüger, Mollenhauer, Wimmer, Vogel, Oelkers u.a. bescheinigten der Allgemeinen Pädagogik eine „Krise", – auch von der „Diffusion", vom „Niedergang" oder „Zerfall" Allgemeiner Pädagogik war die Rede.[11]

Für die diagnostizierte Krise sprechen nun nicht nur eine bis in die Gegenwart anhaltende Infragestellung des Stellenwerts Allgemeiner Pädagogik im Fachdiskurs und die zunehmende Komplexität der Lebensbedingungen, beschleunigte Verfallszeiten jeweiliger Wissensstände, die Entstehung immer neuer Teilpädagogiken und die schwindende Kraft zu deren Integration. Analysen pädagogischer Qualifikationsarbeiten zeigen auch, dass sich die Erstellung von Dissertationen und Habilitationen im Bereich Allgemeiner Pädagogik im Zeitraum von 1945 bis 1990 halbiert und auf einen Anteil von 23 % reduziert hat.[12] Und wenngleich für die Hochschulpädagogik der Nachkriegszeit insgesamt eine wachsende Personalexpansion feststellbar ist, hatten bereits Anfang der 1990er Jahre nur 17 % der ausgeschriebenen pädagogischen Hochschullehrer- und Hochschullehrerinnenstellen ein allgemein-pädagogisches Ausschreibungsprofil (vgl. Brinkmann/Petersen, 1998b, S. 18). Die Zahl der Professuren für Allgemeine Pädagogik ist zugunsten spezifizierter Stellenprofile in der Erziehungs- und Bildungswissenschaft deutlich rückläufig; allgemein-pädagogische Ordinariate werden zunehmend nicht neu besetzt, sondern gestrichen oder umdefiniert, und auch der allgemein-pädagogische Anteil an Lehrveranstaltungen ist rückläufig; die Behandlung traditionell allgemein-pädagogischer Themen hat sich offenkundig – in stark gestreuter und atomisierter Form – mehr und mehr in die spezialisierten Teildisziplinen verlagert.[13]

Weiterhin ist – m.E. mit guten Gründen – deutliches Unbehagen an älteren Erscheinungsformen Allgemeiner Pädagogik artikuliert worden. Man hat auf das Versagen – etwa das politische Versagen der die Allgemeine Pädagogik über Jahrzehnte maßgeblich bestimmenden Geisteswissenschaftlichen Pädagogik –, auf Borniertheiten, übermäßige Selbstbezüglichkeit und die Vernachlässigung bedrängender Zeitfragen im Rahmen traditioneller Allgemeiner Pädagogik verwiesen (vgl. z.B. Oelkers, 2006, S. 192). Von seiten differentieller Pädagogiken sind unterdessen – plausiblerweise – Platzanweisungsansprüche Allgemeiner Pädagogik zurückgewiesen worden, vor allem – pädagogikgeschichtliche Interdependenzen ignorierende (vgl. Dollinger, 2006, S. 15) – Bestrebungen, elementare schul- sowie sozialpädagogische Ausbildungsprozeduren statusmindernd aus dem universitären Bereich auszugrenzen.[14] Kaum zu bestreiten dürfte auch sein, dass verschiedene wichtige Themenbearbeitungen, die durchaus im Bereich auch Allgemeiner Pädagogik lagen, im Rahmen differentieller Pädagogiken mitunter weitaus intensiver und ertragreicher erfolgt sind.[15]

2.

Ich möchte nach dieser kurzen Bestandsaufnahme, nach der feststellbar sein dürfte, dass sich im Sinne des Verlusts an Integrationskraft und unangefochtener Bedeutung sowie im Sinne wachsender Bestandsgefährdung durchaus von einer Krise Allgemeiner Pädagogik sprechen lässt, einschlägige Muster erörtern, gemäß derer aus den Reihen des Faches auf diese Krise reagiert worden ist.

Dabei wird, soweit ich sehe, nahezu durchgängig übereinstimmend gefordert, dass aus der krisenhaften Situation – sei es zum Zweck der Rettung oder aber der Verabschiedung Allgemeiner Pädagogik – überhaupt Konsequenzen zu ziehen seien. Dies wird auch dort eingeräumt, wo ziemlich direkt an den traditionellen Aufgabenbestimmungen Allgemeiner Pädagogik festgehalten wird. So versucht etwa Benner, dem Zerfall der Pädagogik in diverse Einzeldisziplinen durch die Rückbesinnung auf einen *„pädagogischen Grundgedanken"* entgegenzutreten, der „für alle Handlungsfelder pädagogischer Praxis" und in aller pädagogischer Theorieentwicklung und Forschung Geltung beanspruchen müsse (Benner, 1989, S. 1232; 2001, S. 9, 15 ff.). So sind Pranges Versuche, das Eigentliche der Pädagogik auf Herbarts Spuren unter Rekurs auf die „einheimischen Begriffe" (Herbart, 1806, S. 21) der Disziplin zu klären und „Erziehung" und „Bildung" als deren einzigen Gegenstand und das „Zeigen" als deren Grundoperation auszuweisen (Prange, 2000, S. 7; 2005), sichtlich auf eine aktuelle Profilgewinnung und neue Demarkation berechnet. So soll Tremls systemtheoretisch fundierte Allgemeine Pädagogik nach wie vor für den Blick auf „das Unvermeidliche und Unhintergehbare der Erziehung" und für systematische und historische „Orientierung" zuständig und keineswegs nur noch „auslaufende ‚Rest-Pädagogik'" sein, im Hinblick auf den Status Allgemeiner Pädagogik gleichwohl aber deutliche Konzessionen an den konstatierten Bedeutungsverlust machen (Treml, 2000, S. 30; 1998, S. 197 f., 217). So will schließlich Bernhard dem Trend der „Dekonstruktion Allgemeiner Pädagogik" durch deren Reetablierung als fachbereichsklärender und begriffsstrukturierender Instanz entgegenwirken, was allerdings die weithin ausstehende Fundierung der Erziehungs- und Bildungswissenschaft auf Kritische Theorie und praxisphilosophischen Geschichtsmaterialismus erfordere (Bernhard, 2011, S. 11, 29).

Zunehmende Einsichten in die Problematik älterer allgemein-pädagogischer Ansprüche, aber auch der immer wieder hervorgehobene Umstand, dass Allgemeine Pädagogik anders als etwa die Schul- und Sozialpädagogik jenseits des Hochschulbetriebs kein eigenes Berufsfeld repräsentiert[16], dürften verstärkt zu einer neuen Selbstbescheidung Allgemeiner Pädagogik beigetragen haben, die etwa in der zunehmend verbreiteten Auffassung zum Ausdruck gelangt, Allgemeine Pädagogik könne allemal nur noch „Reflexions-", nicht aber länger auch „Handlungswissenschaft" sein (exemplarisch: Winkler, 1999; 2006, S. 46; Krüger, 1999, S. 176), wobei ich an dieser Stelle nicht näher darauf eingehen möchte, dass mir die Polarisierung in dieser zugespitzten Form – bei aller Berechtigung der Zurückweisung der sogenannten „normativen Pädagogik" und hemdsärmeliger Rezeptpädagogiken – als allzu simplifizierend und undialektisch erscheint (vgl. Weiß, 2011).

Mithin ist es heute weithin Konsens geworden, die Allgemeine Pädagogik nicht mehr als „Leitdisziplin", sondern nurmehr als eine „Teildisziplin" des Faches unter anderen bzw. als eine der „differentiellen Pädagogiken" zu betrachten[17], was m.E. jedoch oft zu einer „misplaced concreteness" im Sinne Whiteheads (1949, S. 67 f.; 1984, S. 39, 184) gerät. Denn zu unterscheiden wäre doch zwischen der arbeitsteiligen Organisation eines Fachbereichs einerseits und der Logik von Denkzusammenhängen andererseits. Kein etwaiger Anspruch einer schwerpunktmäßig allgemein-pädagogisch arbeitenden Fraktion, andere Fraktionen des Faches statusbedingt gleichsam leitend an die Hand nehmen zu dürfen, ließe sich schlüssig begründen. Gleichwohl aber werden allgemein-pädagogische – d.h. Grundlagen und Legitimation pädagogischen Handelns überhaupt betreffende – Überlegungen in aller Pädagogik (die als solche andernfalls gar nicht zur Selbstvergewisserung gelangen könnte) orientierend und insofern allerdings erkenntnis- und handlungs*leitend* bleiben müssen. Das aber ist ganz unabhängig davon, ob allgemein-pädagogische Reflexionen relativ verselbständigt oder aber in direkter Verbindung mit jeweiligen differentiell-pädagogischen Bestrebungen erfolgen.

Wollte man hingegen, was keineswegs selten geschieht, Allgemeine Pädagogik (im Sinne der Befassung mit pädagogischen Fundamentalfragen) nurmehr als pädagogische Teilangelegenheit verstehen, so wäre allerdings der logische Widerspruch zu bedenken, auf den schon Bernhard (2011, S. 33) hingewiesen hat: Als „Teildisziplin" wäre Allgemeine Pädagogik de facto keine allgemeine mehr, sie unter *diesen* Bedingungen retten zu wollen, liefe unfreiwillig auf das Paradoxon hinaus, Allgemeine Pädagogik um den Preis ihrer Auflösung erhalten zu wollen.

Neben solch unfreiwilligen Tendenzen zur substanziellen Aufweichung Allgemeiner Pädagogik stehen aber auch Ansätze, die – gleichsam nach der Nietzsche-Devise: „... was fällt, das soll man auch noch stoßen!" (Nietzsche, 1883 ff., S. 455) – durchaus den „Niedergang" Allgemeiner Pädagogik begrüßen und mit neuen Chancen assoziieren. Tendenzen zu „antipädagogischen Programmen" (Winkler, 1998, S. 62) gab und gibt es durchaus auch bei etablierten Fachvertretern, etwa bei Giesecke, der das von ihm behauptete „Ende der Erziehung" explizit als chancenträchtig betrachtet und den Pädagogen durch einen „Lernhelfer" ersetzen will (Giesecke, 1985; 1996, S. 395). Dieter Lenzen plädiert für die Anpassung an die faktische Entgrenzung der als „pädagogisch" firmierenden Praktiken, und das heißt: für die Transformation der Pädagogik in eine die Humanontogenese beschreibende und kurativ begleitende Lebenslaufwissenschaft (D. Lenzen, 1997; 1998). Dabei erweise sich, wenngleich die Erziehungswissenschaft in diesem Kontext „integrationswissenschaftliche" Funktionen behalten solle, die Allgemeine Pädagogik als „Leitdisziplin" definitv als obsolet und die Suche nach einem erziehungswissenschaftlichen „Proprium" als „verfehlt" (D. Lenzen, 1998, S. 49; 1997, S. 18 f.). Und ähnlich möchte Huschke-Rhein die Pädagogik in eine die Differenzen von Erziehung, Therapie und Beratung einebnende „Beratungs-" oder „Lebensbegleitwissenschaft" überführt sehen (Huschke-Rhein, 1998).

3.

Die Frage, ob solche Obsoleszenzerklärungen überzeugen, ist m.E. zu verneinen. M.E. signalisieren sie, dass nicht nur eine *Krise der Allgemeinen Pädagogik*, sondern auch eine *allgemeine Krise der Pädagogik* konstatiert werden kann. Jedenfalls gilt dies m.E. dann, wenn man aus der Perspektive Kritischer Theorie und eines durch sie inspirierten Kritischen Pädagogikverständnisses denkt.

130

Aus dieser Sicht erweisen sich dominierende gesellschaftliche und bildungs-politische Tendenzen als in hohem Maße beunruhigend. Offensichtlich sind eine zunehmende Funktionalisierung und Ökonomisierung des Bildungssystems (Kluge/Steffens/Weiß, 2009), dessen gezielte Angleichung an einen neoliberalen Marktfundamentalismus, der *scheinbar* vor staatlichen Bevormundungen schützt, faktisch jedoch einen „Paradigmenwechsel vom öffentlichen Gut Bildung zu dessen Kommodifizierung" durchgesetzt hat (Ptak, 2009, S. 84). Die Aktualität des Heydornschen Satzes: „Von der Schule soll ein lückenloser Übergang zum Arbeitsmarkt erfolgen, auf dessen Nachfrage abgestimmt" (Heydorn, 1972, S. 90) zeigt sich an der inzwischen vollzogenen „Engführung von Bildung als Qualifikation von Arbeitskraft", der „Steuerung der Bildungspolitik mittels marktwirtschaftlicher oder marktähnlicher Instrumente" und der (hypokritisch als „autonomiefördernd" suggerierten) „Liberalisierung des Bildungssektors zur Schaffung eines neuen globalen Wachstumsmarktes"; treibende Akteure der aktuellen Bildungsreformen sind supra- und transnationale Organisationen mit ihren Beratungsagenturen, deren Entscheidungen „demokratischen Kontrollverfahren entzogen sind" (Ptak, 2009, S. 81, 84).

Wenn die Bunderegierung und die Arbeitgeberverbände BDA und BDI „unisono die ‚Bildungsrepublik Deutschland'," ausrufen, geht es um das gleiche wie bei der rasch zum „lukrativen Geschäft" eines internationalen Konsortiums avancierten (vgl. Liesner, 2009, S. 97) OECD-Initiative PISA, die mit Winklers Bemerkung weniger ein „Programme for International Student Assessment" als vielmehr ein „Programme for International Student Adjustment" repräsentiert (Winkler, 2006, S. 29): Es geht vorrangig um verwertbare „skills", um die „Zurichtung des Bildungssystems auf seine ökonomische Zweckmäßigkeit" (Ptak, 2009, S. 81), nicht aber um die Freisetzung von „Selbstbestimmung", „Ich-Stärke", „Mündigkeit", die Befähigung zu „kritischer Selbstreflexion", „Demokratie" und „Widerständigkeit" gegen repressive Strukturen, wie etwa Heydorn und Adorno sie engagiert als Orientierungsgrößen der Erziehungs- und Bildungsarbeit vertreten haben (Adorno, 1981, S. 93, 143, 107, 133, 90, 118; Heydorn, 1972, S. 121, passim).

Anlässe zum Nachdenken über einschneidende Kurskorrekturen gäbe es freilich genug: etwa die Ergebnisse der jüngsten „Mitte-Studie", derzufolge, verbunden mit wachsender sozialer Kälte und Abstiegsängsten, bei jedem und jeder zehnten Deutschen ein „gefestigtes rechtsextremistisches Weltbild" konstatierbar ist (Decker/Kiess/Brähler, 2012, S. 15), womit zweifellos eine enorme Herausforderung auch der Pädagogik bezeichnet ist; etwa eine nach dem kürzlich erschienenen Armutsbericht des Paritätischen Gesamtverbandes dramatisch wachsende, mit neoliberalen Wirtschaftsprinzipien und der zunehmenden Prekarisierung des Arbeitslebens unmittelbar zusammenhängende Armutsgefährdungsquote von 15,1 % der deutschen Bevölkerung (Der Paritätische Gesamtverband, 2012), die zahlreiche junge Menschen betrifft und deren Bildungsmöglichkeiten erheblich beeinträchtigt; überhaupt signifikante herkunftsbedingte Ungleichheiten der Bildungschancen, denen durch bloße Forderungen nach Inklusion und differenz- und heterogenitätssensiblen Bildungsbedingungen nicht beizukommen sein wird, wenn es bei der notorischen Bildungsunterfinanzierung bleibt, – mit 4,4 % des Bruttoinlandsproduktes liegen die bundesdeutschen Bildungsausgaben nicht nur deutlich unter dem OECD-Durchschnitt und weit unter den Ausgaben der skandinavischen Länder, die öffentlichen Bildungsausgaben weisen hierzulande auch seit Jahrzehnten eine stetig fallende Tendenz auf (vgl. Ptak, 2009, S. 83).

Vor dem Hintergrund der soeben grob skizzierten Trends lässt sich mutmaßen, dass der konstatierte Abbau Allgemeiner Pädagogik gerade deren geringer ökonomischer Nutzbarkeit geschuldet ist. Bemerkenswerterweise korrespondiert dieser Abbau mit einer disziplinären und professionellen Expansion der Pädagogik insgesamt.

Das aber scheint vordergründig zu einer allgemeinen Krise der Pädagogik nicht zu passen, sondern vielmehr die Vermutung nahezulegen, die Krise Allgemeiner Pädagogik markiere so etwas wie einen „Niedergang im allgemeinen Erfolg" (Winkler, 1994, S. 103), sie treffe also mit einer Erfolgsgeschichte der Pädagogik in Gestalt einer wachsenden „Pädagogisierung" zusammen. Eine solche Annahme aber würde die *Dialektik* dessen, was man seit Kobs „Soziologischer Theorie der Erziehung" „Pädagogisierung" nennt (Kob, 1976; vgl. Pollak, 2012), verkennen.

„Pädagogisierung" in diesem Sinne ist zunächst Bestandteil dessen, was Foucault (1999, S. 198) die „stetige Etatisierung von Machtverhältnissen" genannt hat; sie meint die fortschreitende Ausdifferenzierung eines Erziehungssystems zur „Zivilisierung, Disziplinierung und Qualifizierung", kurz: zur gesellschaftlichen „Verfügbarmachung" des bürgerlichen Individuums (Pollak, 2012, S. 489). Dieser Prozess setzte maßgeblich im 18. Jahrhundert mit einer zunehmend systematischen Scholarisation ein, erfasste nach und nach auch die Vorschulzeit und den Freizeitbereich und führte zum Aufbau einer institutionalisierten Sozialpädagogik (Herrmann, 1986). Die zeitgenössische Expansion und Ausdifferenzierung pädagogischer Arbeitsfelder – begleitet vom Ausbau und der Diversifizierung beratender Professionen, aber auch von einem boomenden Paidotainment (vgl. z.B. Oelkers, 2006; Winkler, 2006, S. 27 ff.) – ist historisch betrachtet nur der (vorläufige) Kulminationspunkt dieses Prozesses.

Inzwischen ist Kindheit – in Gesellschaften unseres Typs – in einem zuvor nie erreichten Ausmaß „pädagogische Kindheit" (Hentig, 1976, S. 51); Schule beansprucht ein nie zuvor erreichtes Zeitvolumen, Kindheit ist durch ein immenses Freizeit- und vermeintes Förderangebot, durch mit pädagogischen Ansprüchen liierte Regelungen und durch die Dauerreize einer ebenfalls noch pädagogische Wertigkeitsansprüche erhebenden kommerzialisierten „Kinderkultur" (K.-D. Lenzen, 1978) geprägt. Aber nicht nur die Kindheit, auch andere Lebensalter und Lebenssphären sind in diesem Sinne zunehmend „pädagogisiert" worden; der Hinweis auf ein blühendes Angebot der Gesundheits- und Lebensberatung, Erlebnispädagogik und Freizeitanimation sowie auch die fortschreitende „Pädagogisierung des Arbeitslebens" durch betriebliche Fortbildungsmaßnahmen, Management-Training usw. möge an dieser Stelle zur Verdeutlichung ausreichen.

Damit dürfte die Dialektik der Pädagogisierung bereits greifbar werden. Wilhelm Brinkmann hat in einem luziden Beitrag aufgewiesen, dass es sich bei der „Pädagogisierung" der Kindheit um einen in sich überaus ambivalenten Prozess handelt, dass sie vor dem Hintergrund des Vergleichs mit anderen historischen Epochen einerseits zu erweiterten Freiheiten, zur Entlastung der Kinder von Erwerbsarbeit und anderen Zugriffen, zu Schonräumen und Schutzbestimmungen, andererseits aber zugleich zu größerer Fremdbestimmung, zur Kolonialisierung, Verplanung und Verwaltung von Kindheit geführt hat (Brinkmann, 1987), – eine Ambivalenz, deren problematische Seite ohne Gefährdung der positiven Errungenschaften erst noch abzutragen wäre. Was Brinkmann für die „Pädagogisierung" der Kindheit gezeigt hat, gilt unterdessen für den Prozess der „Pädagogisierung" schlechthin.

Wenn man mit Bernfeld damit rechnet, dass Pädagogik selbst „vielleicht die Zukunft" verhindert, „die sie verspricht" (Bernfeld, 1967, S. 11), rechnet man damit, dass Pädagogik in einem präzisierbaren Sinne ihrerseits „unpädagogisch" sein und sogenannte „Pädagogisierung" sich im Perspektivenwechsel als „Depädagogisierung" (Prange, 1991, S. 115) erweisen könnte. Für ein kritisch-pädagogisches Grundverständnis bezeichnet postkonventionelle Mündigkeit den – als solchen erstmals von Kant deutlich konturierten und vernunftethisch begründeten – pädagogischen Orientierungsmaßstab. Pädagogische Interventionen, die als solche legitim sein sollen, haben aus dieser Sicht notwendig der regulativen Idee zu folgen, Hilfen auf dem Weg zur Autonomie bereitzustellen.

Pädagogisches Handeln ist damit implizit auf ein Emendations- sowie auf ein jeweiliges Selbstauflösungsprinzip verpflichtet. Pädagogik hat sich, so verstanden, nicht auf gesellschaftlich je funktionale Zubringer- und Anpassungsdienste reduzieren zu lassen, sondern sich – über die konservativen Funktionen, die sie unweigerlich auch hat, hinaus – im Rahmen ihrer Möglichkeiten in den Dienst sozialer und individueller Emanzipation zu stellen. Sie hat zudem als konkrete Intervention immer wieder auf ihr Überflüssigwerden zugunsten des Mündigkeitserwerbs der ihr Anvertrauten hinzuarbeiten, nicht aber auf wahllose Verstetigung und Ausdehnung eigener Einflusssphären.

Betrachtet man vor diesem Hintergrund die zeitgenössische Expansion der Pädagogik, so erfolgt diese offenbar zu einem nicht unwesentlichen Teil gerade um den Preis des Verzichts auf ein Pädagogikverständnis wie das eben grob umrissene. Aus dessen Blickwinkel haftet der zunehmenden Funktionalisierung und Ökonomisierung der Pädagogik, der Kommodifizierung von Bildung und der weitgehenden Reduktion der Bildungsinstitutionen auf ihnen zugedachte Selektions-, Qualifikations- und Legitimationsdienste eine geradezu „unpädagogische" Grundtendenz an; in diesem Sinne kann die Expansion der Pädagogik als Ausdruck deren allgemeiner Krise verstanden werden, was sich vermutlich auch empirisch erhärten ließe, sofern man den Erfolg unseres Bildungssystems unter interessanten Aspekten jenseits des PISA-Genres – etwa unter denen der Entwicklung der moralischen Urteilskompetenz und sozialer Handlungsfähigkeiten, des Verständnisses für gesellschaftliche und politische Zusammenhänge, der etwaigen Anfälligkeit für demokratiefeindliche Haltungen usw. – untersuchte.

Die Pädagogik geht heute „auf den Markt und verhält sich nach dessen Gesetzen" (Winkler, 2006, S. 244). Soweit sie das tut, steht postkonventionell verstandene Mündigkeit ihren Interessen grundsätzlich entgegen: autonome Subjekte dürften schwerlich Bedarf an als „pädagogisch" etikettierten Konsumgütern haben. Die Mündigkeitsidee explizit preisgebende, Lernwelten arrangierende professionelle Beratungsdienste für alle Lebenslagen vorsehende Modelle einer „kurativen" Lebensbegleitdisziplin (vgl. D. Lenzen, 1997, S. 18 ff.) erheben indes genau das problematisierte Expansions- affirmativ zum Zukunftsprinzip. Damit soll freilich nicht das mindeste gegen ein allen Altersgruppen erforderliche Hilfen verfügbar machendes Angebot pädagogischer, beratender und therapeutischer Dienste (deren Konfundierung allerdings ihre ganz eigene Problematik haben dürfte) gesagt sein; es soll damit lediglich der Konfundierung pädagogischer mit anderen Aufgaben sowie der Überantwortung von Lebensläufen an die etwaigen Entmündigungs-, Instrumentalisierungs- und Kolonialisierungsabsichten geschäftiger Begleitdienst-Agenturen opponiert werden.[18]

Eine immer weiter fortschreitende, zunehmend den Gesetzen des Marktes unterworfene „Pädagogisierung" ist aus kritischer Perspektive also über weite Strecken augenscheinlich wesensgemäß *unpädagogisch*. Sie zeigt eine allgemeine Krise der Pädagogik insofern an, als der Preis der Expansion pädagogischer Arbeit in deren zunehmender strukturkonformistischer Funktionalisierung, in ihrem weitgehenden Verzicht auf emanzipatorische Ambitionen, in ihrer Vereinnehmbarkeit für letztlich ökonomisch bestimmte Interessen liegt, – offenkundig konnte der derzeit zu verzeichnende Bedeutungszuwachs der Pädagogik insgesamt „nur um den Preis gesellschaftlicher Affirmativität" erfolgen (Winkler, 1999, S. 272).

4.

Es wäre nun gewiss völlig illusorisch anzunehmen, die vor dem Hintergrund eines kritischen Pädagogik-Verständnisses trotzt allen Scheinerfolgs bzw. aller konstatierbaren Expansion und Ausdifferenzierung pädagogischer Phänomene aufscheinende pädagogische Allgemeinkrise könne von der heute institutionell geschwächten, allenfalls vermittelt „praktisch" werdenden Allgemeinen Pädagogik „bewältigt" werden, – das wäre wohl überhaupt nur im Kontext struktureller Wandlungen möglich, und es erforderte allemal diskursive Neubesinnung, Kooperation und eine entschiedene, bloßer funktionaler Indienstnahme opponierende Positionierung möglichst aller pädagogischen Fraktionen. Sehr wohl aber könnte Allgemeine Pädagogik Impulse geben und dazu beitragen, dass diese Krise reflektiert und Gegenpotentiale erwogen und freigesetzt werden.

Gerade darin ist m.E. in der Tat auch eine ihrer entscheidenden Gegenwarts- und Zukunftaufgaben zu sehen. Und dabei könnte Allgemeiner Pädagogik durchaus zum Vorteil gereichen, was ihr häufig als Schwäche ausgelegt worden ist: das Faktum, dass sie jenseits der Hochschulen kein eigenes Berufsfeld vertritt, womit sie aber gerade von der Erwartung unmittelbar nutzungsfähiger Zubringerdienste vergleichsweise entlastet ist, ihre Ressourcen also ungleich freier als die differentiellen Pädagogiken der Behandlung entsprechender grundlegender pädagogischer Selbstverständigungsaufgaben widmen könnte (vgl. auch Winkler, 1994, S. 106).

M.E. ist dem immer noch von vielen Vertreterinnen und Vertretern Allgemeiner Pädagogik zur Geltung gebrachten Urteil, Allgemeine Pädagogik sei bei allem *institutionellen* Bedeutungsverlust keineswegs obsolet, ausdrücklich zuzustimmen. Genuin allgemein-pädagogische – etwa Fragen der pädagogischen Ethik, der Rezeption nachbarwissenschaftlicher Einsichten, pädagogik- und erziehungsgeschichtlicher Entwicklungen usw. betreffende – Vergegenwärtigungen werden auch in den jeweiligen Diskursen differentieller Pädagogiken unabdingbar sein. Nichtsdestoweniger dürfte Allgemeine Pädagogik nicht ohne bedenkliche Substanzverluste in die pädagogischen Teildisziplinen auflösbar sein (vgl. z.B. Krüger, 1994, S. 122 ff.; Winkler, 1994, S. 103 ff.). Bemühungen um eine scharfe Konturierung und Abgrenzung angemessener pädagogischer Interventionsformen gegenüber Formen der Manipulation, Indoktrination usw., Fragen der Begründung von Erziehung überhaupt, der pädagogischen Ethik und Moralerziehung, der Familienerziehung, der pädagogischen Anthropologie, der pädagogischen Grundbegriffe, der Geschichte des Faches, des Aufwachsens unter früheren und heutigen Bedingungen und der Bildungstheorie, Auseinandersetzungen mit Formen des Paidotainments, mit einer vulgarisierenden „Dissemination des pädagogischen Wissens in den Alltag" (Krüger, 1999, S. 177), mit populistischen

135

„Erziehungsratgebern" und Rezeptpädagogiken (vgl. z.B. Brinkmann/Petersen, 1998b, S. 15; Oelkers, 2006, S. 193 ff.) und dergleichen mehr wären im Falle eines definitiven Niedergangs einer sich *schwerpunktmäßig* auf traditionell als allgemein-pädagogisch geltende Sujets kaprizierenden Instanz innerhalb des Faches vermutlich großenteils in Gefahr zu veröden.

Anmaßender Selbstgenügsamkeit und irgendwie gearteter Leitungsansprüche hat Allgemeine Pädagogik als ihrerseits auf Lernprozesse fortwährend angewiesen bleibende Instanz im Ensemble der arbeitsteiligen Bereiche des Faches freilich konseqeunt zu entsagen. Pädagogik ist ein „multidisziplinäres Fachgebiet" (Baumert/Roeder, 1994, S. 36). Ihr Feld weist eine Komplexität auf, der – sofern überhaupt – lediglich vermittelst intra- und interdisziplinärer Anstrengungen gerecht zu werden wäre. Von einer gemeinsamen Reflexion auf ein pädagogisches „Proprium" unterdessen entbindet das m.E. nicht, – ohne sie ließe sich eine verstärkte Selbstvergewisserung der Pädagogik als *kritischer* Erziehungs- und Bildungswissenschaft, die allerdings dringend desiderabel wäre, kaum erwarten.

Anmerkungen

1   „Krise" – von gr. κρίσις (ursprünglich: „Scheidung", „Streit", „Entscheidung" im Sinne eines Urteilsspruches oder einer Beurteilung und zunächst nicht von „Kritik" unterschieden) – meint heute allgemein eine „schwierige Lage", „Klemme". In der Medizin steht das Wort für den Höhepunkt einer akuten Krankheit und einen Wendepunkt im Krankheitsverlauf, definiert z.B. als schneller Fieberabfall, der binnen 24 Stunden zur normalen oder subnormalen Körpertemperatur führt und von einer „Pseudokrise" (nur vorübergehender, eine „Krise" lediglich vortäuschender Fieberanfall) unterschieden wird. Ökonomisch meint „Krise" die im Vergleich zu den übrigen Phasen empirisch bestimmbare Phase des wirtschaftlichen Niedergangs im Konjunkturzyklus. Vgl. Koselleck (1973), S. 196 ff.; Brockhaus (1998), S. 93; Dudenredaktion (1963), S. 371 f.; Pschyrembel (1977), S. 656, 990.

2   „Wenn die Menschen Situationen als real definieren, so sind auch ihre Folgen real" (Thomas, 1965, S. 114).

3   Standortgebundenheit bedeutet freilich nicht Standpunktbeliebigkeit. Selbstverständlich wird hier beansprucht, dass eine kritisch-theoretische bzw. kritisch-pädagogische Sichtweise anderen Perspektiven gegenüber prinzipiell als argumentativ überlegen ausweisbar ist. Dies im Rahmen einer paradigmata-vergleichenden Diskussion zu zeigen ist indes nicht Thema des vorliegenden Beitrags.

4   Trapp (1780), S. 61; Kant (1803), S. 700; Schleiermacher (1826), passim; Herbart (1806); vgl. Rieger-Ladich (2010), S. 23.

5   Ich verwende diese Bezeichnung, was nicht ungebräuchlich (vgl. Bernhard, 2011), aber keineswegs einheitliche Praxis ist, als Synonym für „Pädagogik" im Sinne der wissenschaftlichen Dimension des Wortes.

6   Heid (1991), S. 68; Brinkmann/Petersen (1998b), S. 7; Raithel/Dollinger/Hörmann (2007), S. 16; vgl. auch Benner (1989), S. 1232.

7   Näheres dazu, samt betreffender Hinweise: Weiß (2001); (2012), S. 11 ff., 53 ff., 127 ff.

8   Vgl. Benner (1989); Brinkmann/Petersen (1998b), S. 14; Loch (1998), S. 312; Rieger-Ladich (2010), S. 24.

9   Vgl. dazu: Luhmann/Schorr (1982); (1988); Raithel/Dollinger/Hörmann (2007), S. 195 ff.; Baacke u.a. (1985); Kupffer (1990); Vogel (1998), S. 163 ff.; Rieger-Ladich (2010), S. 24.

10 Vgl. Neumann/Oelkers (1981); Loch (1984); Raithel/Dollinger/Hörmann (2007), S. 201; Garz (1989); D. Lenzen (1989); Gudjons (1992); Lassahn (1996); Bittner (1982); Benner (1989); Schulze (1993), S. 33.

11 Vgl. Winkler (1994); Krüger (1994); Mollenhauer (1996); Wimmer (1996); Vogel (1998); Oelkers (2006).

12 Vgl. Krüger (1995), S. 314 f.; Wigger (1996), S. 918 f.; D. Lenzen (1998), S. 33; Vogel (1998), S. 159.

13 Vgl. Krüger (1994), S. 116 ff.; Oelkers (2006), S. 193; Baumert/Roeder (1994), S. 34; Vogel (1998), S. 158 f.; Macke (1994), S. 65.

14 Die seinerzeitige Überantwortung der elementaren Lehrerbildung an die preußischen Pädagogischen Akademien (später an die Pädagogischen Hochschulen) erfolgte unter dem Einfluss der Geisteswissenschaftlichen Pädagogik (Spranger, 1920); Diskussionen über den geeigneten Ort sozialpädagogischer Ausbildungsprozeduren (Fachhochschulen vs. Universitäten) haben bis in die jüngere Zeit angehalten (vgl. Hamburger, 1995; Prange, 1996; Erziehungswissenschaft, 1997).

15 Ich denke etwa an die Behandlung der NS-Geschichte in schulpädagogischen oder an die Befassung mit dem Rechtsextremismus Jugendlicher in sozialpädagogischen Kontexten. Auch friedenspädagogische Fragen sind „differentiell-pädagogisch" intensiver als im Rahmen Allgemeiner Pädagogik erörtert worden, obschon sie durchaus als allgemeinpädagogische Sujets Beachtung verdienten (vgl. Weiß, 2012, S. 157 ff.).

16 Vgl. Macke (1994), S. 65 f.; Winkler (1994), S. 99; Wigger (1996), S. 920 f.; Müller (1997), S. 51; Oelkers (2006), S. 192).

17 Vgl. Dietrich (1988); Benner (2001); Wigger (1996), S. 917; Rieger-Ladich (2010), S. 23; Bellmann/Müller (2012), S. 30; Müller (1997), S. 51.

18 Lenzen scheint die angesprochene Gefahr als mit seinem Modell verbundene durchaus zu sehen und betont, dass er Sorge nicht als „Ersatzhandeln für das Individuum" verstanden wissen möchte, „sondern als Movens, die eigene Handlungsfähigkeit zu befördern" (D. Lenzen, 1997, S. 20). Was „eigene Handlungsfähigkeit" aber vor dem Hintergrund der gleichzeitigen Preisgabe emanzipatorischer Ideale (vgl. D. Lenzen, 1997, S. 21) noch bedeuten soll, bliebe wohl der Konkretisierung bedürftig.

Literatur

Adorno, Theodor W. (1981), Erziehung zur Mündigkeit. Vorträge und Gespräche mit Hellmut Becker 1959-1969, Frankfurt a.M., 7. Aufl.

Baacke, Dieter u.a. (Hg.) (1985), Am Ende – postmodern? Next Wave in der Pädagogik, Weinheim/München.

Baumert, Jürgen/Roeder, Peter M. (1994), „Stille Revolution". Zur empirischen Lage der Erziehungswissenschaft, in: Krüger/Rauschenbach (1994), 29-47.

Bellmann, Johannes/Müller, Thomas (2012), Allgemeine Pädagogik, in: Horn u.a. (2012), 30-33.

Benner, Dietrich (1989), Pädagogik, systematische, in: D. Lenzen (1989), Bd. 2, 1231-1246.

– (2001), Allgemeine Pädagogik. Eine systematisch-problemgeschichtliche Einführung in die Grundstruktur pädagogischen Denkens und Handelns, Weinheim/München, 4. Aufl.

Bernfeld, Siegfried (1967), Sisyphos oder die Grenzen der Erziehung, Frankfurt a.M.

Bernhard, Armin (2011), Allgemeine Pädagogik auf praxisphilosophischer Grundlage, Baltmannsweiler.

Bittner, Günther (1982), Überflüssige Pädagogik, in: Neue Sammlung, 22. Jg., 432-435.

Brinkmann, Wilhelm (1987), Kindheit im Widerspruch: zwischen Selbsttätigkeit und Fremdbestimmung. Vorüberlegungen zu einer pädagogischen Theorie vergesellschafteter Kindheit, Würzburg.

–/Petersen, Jörg (Hg.) (1998a), Theorien und Modelle der Allgemeinen Pädagogik. Eine Orientierungshilfe für Studierende der Pädagogik und in der pädagogischen Praxis Tätige, Donauwörth.

–/Petersen, Jörg (1998b), Und es gibt sie doch – die Allgemeine Pädagogik, in: dies. (1998a), 7-31.

Brockhaus (1998), Der Brockhaus in fünfzehn Bänden, Bd. 8, Leipzig/Mannheim.

Combe, Arno/Helsper, Werner (Hg.) (1996), Pädagogische Professionalität. Untersuchungen zum Typus pädagogischen Handelns, Frankfurt a.M.

Decker, Oliver/Kiess, Johannes/Brähler, Elmar (2012), Die Mitte im Umbruch. Rechtsextreme Einstellungen in Deutschland 2012, Bonn.

Der Paritätische Gesamtverband (Hg.) (2012), Politische Trends gestoppt, negative Trends beschleunigt. Bericht zur regionalen Armutsentwicklung in Deutschland 2012, Berlin.

Dietrich, Theo (1988), Grund- und Zeitfragen der Pädagogik, Bad Heilbrunn.

Dollinger, Bernd (2006), Die Pädagogik vor der Sozialen Frage. (Sozial-)Pädagogische Theorien vom Beginn des 19. Jahrhunderts bis zum Ende der Weimarer Republik, Wiesbaden.

Dudenredaktion (Hg.) (1963), Duden, Bd. 7: Etymologie. Herkunftswörterbuch der deutschen Sprache, Mannheim/Wien/Zürich.

Erziehungswissenschaft (1997), 8. Jg., H. 15.

Flitner, Wilhelm (1980), Allgemeine Pädagogik, Frankfurt a.M./Berlin/Wien.

Foucault, Michel (1999), Botschaften der Macht, Stuttgart.

Gamm, Hans-Jochen (1979), Allgemeine Pädagogik. Die Grundlagen von Erziehung und Bildung in der bürgerlichen Gesellschaft, Reinbek.

Garz, Detlef (1989), Paradigmenschwund und Krisenbewußtsein. Zum gegenwärtigen Stand erziehungswissenschaftlicher Theoriebildung, in: Pädagogische Rundschau, 43. Jg., 17-35.

Giesecke, Hermann (1985), Das Ende der Erziehung. Neue Chancen für Familie und Schule, Stuttgart.

– (1996), Das „Ende der Erziehung". Ende oder Anfang pädagogischer Professionalisierung, in: Combe/Helsper (1996), 391-403.

Gudjons, Herbert (1992), Gliederung und „Systematik" der Erziehungswissenschaft. Oder: „Ein buntgeschecktes Gemisch von Moden?", in: Pädagogik, 44. Jg., H. 9, 48-53.

Hamburger, Franz (1995), Überlegungen zur Lage der universitären Sozialpädagogik, in: Erziehungswissenschaft, 6. Jg., H. 12, 92-128.

Heid, Helmut (1991), Rezension: D. Benner, Allgemeine Pädagogik. Eine systematisch-problemgeschichtliche Einführung in die Grundstruktur pädagogischen Denkens und Handelns, in: Zeitschrift für Pädagogik, 37. Jg., 683-689.

Hentig, Hartmut von (1976), Was ist eine humane Schule?, München/Wien.

Herbart, Johann Friedrich (1806), Allgemeine Pädagogik aus dem Zweck der Erziehung abgeleitet, in: ders., Pädagogische Schriften, Bd. II, Stuttgart 1982, 2. Aufl. (hg. von W. Asmus), 9-155.

Herrmann, Ulrich (1986), Die Pädagogisierung des Kinder- und Jugendlebens in Deutschland seit dem ausgehenden 18. Jahrhundert, in: J. Martin/A. Nitschke (Hg.), Zur Sozialgeschichte der Kindheit, Freiburg/München, 661-683.

Heydorn, Heinz-Joachim (1972), Zu einer Neufassung des Bildungsbegriffs, Frankfurt a.M.

Horn, Klaus-Peter u.a. (Hg.) (2012), Klinkhardt Lexikon Erziehungswissenschaft, Bad Heilbrunn, 3 Bde.

Huschke-Rhein, Rolf (1998), Allgemeine Pädagogik als Systemische Erziehungswissenschaft. Zur Rekonstruktion tradierter und neuer Aufgaben einer Allgemeinen Pädagogik, in: Brinkmann/Petersen (1998a), 168-195.

Kant, Immanuel (1803), Über Pädagogik, in: ders., Werkausgabe, Frankfurt a.M. 1968 (hg. von W. Weischedel), Bd. XII, 693-761.

Kluge, Sven/Steffens, Gerd/Weiß, Edgar (Red.) (2009), Entdemokratisierung und Gegenaufklärung. Jahrbuch für Pädagogik 2009, Frankfurt a.M.

Kob, Janpeter (1976), Soziologische Theorie der Erziehung, Stuttgart.

Koselleck, Reinhart (1973), Kritik und Krise. Eine Studie zur Pathogenese der bürgerlichen Welt, Frankfurt a.M.

Krüger, Heinz-Hermann (1994), Allgemeine Pädagogik auf dem Rückzug? Notizen zur disziplinären Neuvermessung der Erziehungswissenschaft, in: ders./Rauschenbach (1994), 115-130.

– (1995), Erziehungswissenschaft und ihre Teildisziplinen, in: ders./W. Helsper (Hg.), Einführung in Grundbegriffe und Grundfragen der Erziehungswissenschaft, Opladen, 303-318.

– (1999), Entwicklungslinien und aktuelle Perspektiven einer Kritischen Erziehungswissenschaft, in: Sünker/Krüger (1999), 162-183.

–/Rauschenbach, Thomas (Hg.) (1994), Erziehungswissenschaft. Die Disziplin am Beginn einer neuen Epoche, Weinheim/München.

Kupffer, Heinrich (1990), Pädagogik der Postmoderne, Weinheim/Basel.

Lassahn, Rudolf (1996), Kontext und Wirkung. Der Weg der Pädagogik zur universitären Disziplin, in: Pädagogische Rundschau, 50. Jg., 339-351.

Lenzen, Dieter (Hg.) (1989), Pädagogische Grundbegriffe, Reinbek, 2 Bde.

– (1997), Professionelle Lebensbegleitung – Erziehungswissenschaft auf dem Weg zur Wissenschaft des Lebenslaufs und der Humanontogenese, in: Erziehungswissenschaft, 7. Jg., H. 15, 5-22.

– (1998), Allgemeine Pädagogik – Teil- oder Leitdisziplin der Erziehungswissenschaft?, in: Brinkmann/Petersen (1998a), 32-54.

Lenzen, Klaus-Dieter (1978), Kinderkultur – die sanfte Anpassung, Frankfurt a.M.

Liesner, Andrea (2009), Von Pisa nach Bologna. Schöne Landschaften, düstere Aussichten?, in: Kluge/Steffens/Weiß (2009), 93-103.

Loch, Werner (1984), Die Wenden des pädagogischen Bewußtseins als Herausforderung einer phänomenologischen Pädagogik, in: Bildung und Erziehung, 37. Jg., 119-130.

– (1998), Die Allgemeine Pädagogik in phänomenologischer Hinsicht, in: Brinkmann/Petersen (1998a), 308-333.

Luhmann, Niklas/Schorr, Karl Eberhard (Hg.) (1982), Zwischen Technologie und Selbstreferenz. Fragen an die Pädagogik, Frankfurt a.M.

–/Schorr, Karl Eberhard (1988), Reflexionsprobleme im Erziehungssystem, Frankfurt a.M.

Macke, Gerd (1994), Disziplinärer Wandel. Erziehungswissenschaft auf dem Wege zur Verselbständigung ihrer Teildisziplinen?, in: Krüger/Rauschenbach (1994), 49-68.

Mollenhauer, Klaus (1996), Über Mutmaßungen zum „Niedergang" der Allgemeinen Pädagogik – eine Glosse, in: Zeitschrift für Pädagogik, 42. Jg., 277-285.

Müller, Siegfried (1997), Aschenputtel, Dornröschen und der Froschkönig. Anmerkungen zu den Bemerkungen eines externen Beobachters der universitären Sozialpädagogik, in: Erziehungswissenschaft, 8. Jg., H. 15, 50-54.

Neumann, Dieter/Oelkers, Jürgen (1981), Folgenlose Moden? Beobachtungen zur Trivialisierung der Pädagogik, in: Pädagogische Rundschau, 35. Jg., 623-648.

Nietzsche, Friedrich (1883 ff.), Also sprach Zarathustra. Ein Buch für Alle und Keinen, in: ders., Werke in sechs Bänden, München/Wien 1980 (hg. von K. Schlechta), Bd. III, 275-561.

Oelkers, Jürgen (2006), Allgemeine Pädagogik und Erziehung: Eine Annäherung an zwei Welten in pragmatischer Absicht, in: Vierteljahrsschrift für wissenschaftliche Pädagogik, 82. Jg., 192-214.

Pollak, Guido (2012), Pädagogisierung, in: Horn u.a. (2012), Bd. II, 489-490.

Prange, Klaus (1991), Pädagogik im Leviathan: Ein Versuch über die Lehrbarkeit der Erziehung, Bad Heilbrunn.

– (1996), Alte Schwierigkeiten – neue Konfusionen. Bemerkungen zu dem Hamburger-Memorandum der universitären Sozialpädagogik, in: Erziehungswissenschaft, 7. Jg., H. 14, 63-75.

– (2000), Plädoyer für Erziehung, Baltmannsweiler.

– (2005), Die Zeigestruktur der Erziehung. Grumdriss der operativen Pädagogik, Paderborn u.a.

Pschyrembel, Willibald (1977), Klinisches Wörterbuch, Berlin/New York, 253. Aufl.

Ptak, Rolf (2009), Zur politischen Ökonomie der aktuellen Bildungsdebatte: Die Zurichtung der Bildung auf den ökonomischen Zweck, in: Kluge/Steffens/Weiß (2009), 81-93.

Raithel, Jürgen/Dollinger, Bernd/Hörmann, Georg (2007), Einführung Pädagogik. Begriffe – Strömungen – Klassiker – Fachrichtungen, Wiesbaden, 2. Aufl.

Rieger-Ladich, Markus (2010), Allgemeine Pädagogik, in: St. Jordan/M. Schlüter (Hg.), Lexikon Pädagogik. Hundert Grundbegriffe, Stuttgart, 23-25.

Schleiermacher, Friedrich (1826), Die Vorlesungen aus dem Jahre 1826. Pädagogische Schriften I, Frankfurt a.M./Berlin/Wien 1983 (hg. von E. Weniger).

Schulze, Theodor (1993), Die Wirklichkeit der Erziehungswirklichkeit und die Möglichkeiten der Erziehungswissenschaft, in: D. Hoffmann/K. Neumann (Hg.), Tradition und Transformation der Geisteswissenschaftlichen Pädagogik. Zur Re-Vision der Weniger-Gedenkschrift, Weinheim, 13-34.

Spranger, Eduard (1920), Gedanken über Lehrerbildung, in: H. Kittel (Hg.), Die Pädagogischen Hochschulen. Dokumente ihrer Entwicklung (I) 1920-1932, Weinheim 1965, 17-65.

Sünker, Heinz/Krüger, Heinz-Hermann (Hg.) (1999), Kritische Erziehungswissenschaft am Neubeginn?!, Frankfurt a.M.

Thomas, William I. (1965), Person und Sozialverhalten, Neuwied/Berlin (hg. von E.H. Volkart).

Trapp, Ernst Christian (1780), Versuch einer Pädagogik, Paderborn 1977 (hg. von U. Herrmann).

Treml, Alfred K. (1998), Allgemeine Pädagogik. Ein systemtheoretischer Entwurf, in: Brinkmann/Petersen (1998a), 196-221.

–   (2000), Allgemeine Pädagogik. Grundlagen, Handlungsfelder und Perspektiven der Erziehung, Stuttgart/Berlin/Köln.

Vogel, Peter (1998), Stichwort: Allgemeine Pädagogik, in: Zeitschrift für Erziehungswissenschaft, 1. Jg., 157-180.

Weiß, Edgar (2001), Die Renaissance Pädagogischer Anthropologie: Neues Wissen über den Menschen?, in: U. Bracht/D. Keiner (Red.), Zukunft. Jahrbuch für Pädagogik 2001, Frankfurt a.M., 233-250.

–   (2011), Adorno als Pädagoge – Erziehungs- und bildungstheoretische Positionen eines „Negativisten" und die Frage ihrer Aktualität, in: ders. (Hg.), Pädagogische Perspektiven in kritischer Tradition, Frankfurt a.M., 129-178.

–   (2012), Politisch-pädagogische Perspektiven. Tendenzanalysen im Zeichen Kritischer Theorie, Kirchvers.

Whitehead, Alfred North (1959), Wissenschaft und moderne Welt, Zürich.

–   (1984), Prozeß und Realität. Entwurf einer Kosmologie, Frankfurt a.M., 2. Aufl.

Wigger, Lothar (1996), Die aktuelle Kontroverse um die Allgemeine Pädagogik. Eine Auseinandersetzung mit ihren Kritikern, in: Zeitschrift für Pädagogik, 42. Jg., 915-931.

Wimmer, Michael (1996), Zerfall des Allgmeinen – Wiederkehr des Singulären. Pädagogische Professionalität und der Wert des Wissens, in: Combe/Helsper (1996), 404-447.

Winkler, Michael (1994), Wo bleibt das Allgemeine? Vom Aufstieg der allgemeinen Pädagogik zum Fall der Allgemeinen Pädagogik, in: Krüger/Rauschenbach (1994), 93-114.

–   (1998), Maria und die positive Haltung – auch ein Zugang zur Allgemeinen Pädagogik, in: Brinkmann/Petersen (1998a), 55-86.

–   (1999), Reflexive Pädagogik, in: Sünker/Krüger (1999), 270-300.

–   (2006), Kritik der Pädagogik. Der Sinn der Erziehung, Stuttgart.

Torsten Feltes

Krise oder Verfall des Subjekts?
Zum Menschenbild der empirischen Bildungsforschung

Empirische Bildungsforschung bedeutet, Menschen als Elemente eines Funktionszusammenhangs zu betrachten und zu bewerten. Weil die Bewertungen im Hinblick auf einen bereits gesetzten Funktionszusammenhang erfolgen, ist ein solcher Zusammenhang das Substanzielle und die einzelnen Menschen sind das Akzidenzielle. Oder anders formuliert: Der empirischen Bildungsforschung erscheinen die einzelnen Menschen als bloße Mittel für den Zweck gesellschaftlicher Funktionalität (vgl. Dt. PISA-Konsortium 2001, S. 15-16). An dieser Stelle könnte nun jeder Artikel enden, dem es allein um eine begriffliche Bestimmung des Menschenbildes der empirischen Bildungsforschung ginge. Ein gebildeter Mensch ist ein fungibler Mensch. Punkt. Die Funktionen, für die sich die Menschen fungibel machen sollen, können nach den Prämissen der empirischen Bildungsforschung nicht bewertet werden, weil sie der Maßstab jeder Bewertung sind.

Blieben wir bei dieser Feststellung stehen, dann würden wir die Perspektive der empirischen Bildungsforschung übernehmen. Diese lässt sich aber nicht halten, wenn durch Forschung etwas Wesentliches über Bildungsprozesse gesagt werden soll. Im Folgenden wird daher untersucht, unter welchen gesellschaftlichen Bedingungen ein funktionalistisches Menschenbild wirksam werden kann. Versuchsweise wird dafür der Begriff der Krise verwendet.

1. Krise als soziologische Kategorie

Über die soziale Welt, in der wir hier und heute leben, wird von den Kommentatoren der gesellschaftlichen Zustände wenig Definitives gesagt. Nur in einem Punkt scheinen sie sich einig zu sein: Die gesellschaftlichen Zustände sind Zustände der Krise. Die Feststellung, „Es ist Krise" (im Hypothekengeschäft, Krise auf den globalen Finanzmärkten, Währungskrise, Schuldenkrise, politische Krise etc.) ist nicht einfach sachlich-nüchtern als Tatsachenfeststellung gemeint. Die Feststellung, „Es ist Krise", ist immer auch ein moralischer Vorwurf, der an Menschen adressiert wird, die als verantwortlich gelten (‚gierige' Manager, ‚unfähige' Politiker etc.). Daher bedeutet die Kennzeichnung der Gegenwart als Krise auch: Das hätte nicht sein müssen, das wäre durch vorausschauendes Handeln der Verantwortlichen – früher wäre gesagt worden: der Herrschenden – vermeidbar gewesen. Doch wenn die Krise bereits eingetreten ist, dann birgt sie wenigstens noch die Möglichkeit, die gesellschaftlichen Angelegenheiten künftig besser zu regeln. Denn durch die Krise (und die Kommentatoren der Krise) sind die Verantwortlichen aufgeweckt worden und werden nun bei Strafe des Verlustes ihrer privilegierten Stellung die gesellschaftlichen Dinge in verbesserter Weise einrichten müssen. Eine Krise offenbart also, dass die Annahme, die gesellschaftlichen Prozesse seien zu einer harmonisch-effektiven Funktionseinheit gefügt, nicht zutrifft. Κρισις bedeutet im Altgriechischen soviel wie Trennung oder Scheidung. Das, was eine harmonische Einheit war, offenbart einen Bruch, der zu kitten oder zu heilen ist.

Was aber bedeutet der Krisenbegriff, wenn die Brüchigkeit der gesellschaftlichen Harmonie, die sich in der Krise offenbart, nicht aus subjektiv-individuellen Verstößen gegen die Prinzipien der gesellschaftlichen Realität entsteht, sondern wenn diese Brüchigkeit umgekehrt nur als Folge der konsequenten Unterwerfung der Menschen unter die herrschende gesellschaftliche Realität zu erklären ist? Trifft diese Annahme zu, dann bezeichnet der Krisenbegriff die Tiefpunkte im ständigen Auf und Ab eines gesellschaftlichen Prozesses, der dem bewussten, gestaltenden Willen der einzelnen Menschen entzogen ist. Auf jeden Abschwung folgt, quasi naturwüchsig, auch ein Aufschwung. Und wer den Aufschwung will, muss mit dem Abschwung leben können.

Ein Krisenbegriff, der zusätzlich zu dieser analytischen Funktion auch als moralische Anklage gegen gesellschaftliche Zustände fungieren soll, muss die Krise – statt als konsequente Unterwerfung unter die Prinzipien der gesellschaftlichen Realität – als vermeidbare Abweichung von diesen Prinzipien bestimmen. Dadurch werden die Prinzipien implizit heilig gesprochen. Aus beiden Varianten der Verwendung des Krisenbegriffs – bloß analytisch oder analytisch-moralisch – folgt die Affirmation des Bestehenden. Die Krise als Abweichung von der Norm erscheint entweder vermeidbar oder unvermeidbar. Die Normalität selbst bleibt unbefragt.

Eine Gesellschaftskritik, die dennoch auf der Verwendung des Krisenbegriffs besteht, muss die Auswirkungen der Krisen ins Apokalyptische überhöhen, um der Affirmation zu entgehen. Kein Krisenzustand kann ihr daher drastisch genug sein; jede Krise ist nur die Vorbereitung noch größerer, umfassenderer Krisen – bis schließlich alles in Trümmer fällt. Gesellschaftskritik als Kritik der Krise führt zwangsläufig zu der Prophetie, dass „ein *dunkles Zeitalter* von Chaos und Zerfall gesellschaftlicher Strukturen eintritt, wie es noch niemals in der Weltgeschichte dagewesen ist" (Kurz 1994, S. 282, Hervor. i. O.).

2. Krise als subjekttheoretische Kategorie

Soziologisch lässt sich meines Erachtens nicht vermeiden, dass der Begriff der Krise nur als unkritischer, deskriptiver Begriff sinnvoll verwendbar ist. Ein kritischer Begriff hingegen bezeichnet nicht allein Abweichungen von einer Norm, sondern er zeigt auch, inwiefern noch die Abweichungen von der Norm aus den Prinzipien der Normalität erwachsen (sonst wäre sie keine), und er gibt außerdem Hinweise darauf, dass die gesetzte Normalität nicht das letzte Wort der Geschichte sein muss. Ein kritischer Begriff ist also nicht hermetisch sondern transzendent. So wie die Gesellschaft über sich hinauswachsen kann, so kann es auch das einzelne Subjekt. Vielleicht ist der Fortschritt der Gesellschaft an den Fortschritt der einzelnen Subjekte gebunden, vielleicht erwächst erst aus dem Fortschritt der Einzelnen der Fortschritt des kollektiven Subjekts, das wir Gesellschaft nennen. Wenn dem so wäre, dann wäre die Frage nach gesellschaftlicher Veränderung zuerst eine Frage nach der Konstitution der Subjekte oder genauer: eine Frage danach, ob und inwiefern die einzelnen Menschen innerhalb des bestehenden gesellschaftlichen Zusammenhangs als Subjekte handeln bzw. handeln können.

Im Zuge der europäischen Revolutionen zwischen 1789 und 1848 wurde erstmals ein Subjektverständnis gesamtgesellschaftlich wirksam, das bis heute fast überall auf der Welt als Inbegriff von Subjektivität schlechthin gilt: Der einzelne Mensch ist Person und Persönlichkeit (vgl. Hobsbawm 2004, S.491-578). Als Person hat er Rechte und legitime Interessen, die er gegenüber anderen Einzelnen und gegenüber den gesellschaftlichen Institutionen durchzusetzen trachtet. Damit ihm dies gelingt, muss er initiativ und innovativ handeln, muss er Persönlichkeit sein. Als Persönlichkeit strebt er nach Entfaltung seiner Wesenskräfte, nach kultureller Verfeinerung und geistiger Reife. Aus der Fähigkeit, sich autonom seines eigenen Verstandes zu bedienen, entspringt die Erkenntnis individueller Freiheit. Der einzelne Mensch ist frei, wenn er die Welt als „Domäne seines Willens" (Marx) begreifen kann, wenn er wirksam ist. Subjektivität in diesem Sinne ist das constituens der bürgerlichen Gesellschaft.

Dieses – hier nur grob skizzierte – allgemeine Verständnis moderner Subjektivität steht der heute überall anzutreffenden Erfahrung unvermittelt gegenüber, dass die Welt zwar die Domäne des Willens von Menschen ist – aber nicht der einzelnen Menschen sondern von übermächtigen Institutionen. Die Individuen müssen ihre Persönlichkeit als Ressource betrachten, durch die sie sich an die herrschenden gesellschaftlichen Bedingungen anpassen können. Die Bedingungen selbst sind ihrer Beurteilung und ihrem Willen oft gänzlich entzogen, weshalb sie – entgegen dem Gebot bürgerlicher Subjektivität – weder wahrhaft initiativ noch wahrhaft innovativ handeln können. Ein Subjekt jedoch, das sein

Selbstbild nicht mehr durch eigenes Handeln bestätigen kann, befindet sich im Zustand der Krise. Die Überwindung der Krise ist logisch in zwei Varianten angelegt. Entweder begreifen sich die einzelnen Menschen als das, wozu sie von den gesellschaftlichen Bedingungen genötigt werden, – sie revidieren also ihr Selbstbild, aufgeklärte, autonome Subjekte zu sein (bzw. sein zu wollen). Oder sie verändern die äußeren gesellschaftlichen Bedingungen so, dass sie ihr bisheriges Selbstbild *ungebrochen* aufrechterhalten können. Als dominierende gesellschaftliche Praxis ist gegenwärtig eine dritte Variante zu beobachten.

Der innere Bruch zwischen Selbstbild und Selbstwirksamkeit ist zur nie versiegenden Quelle von Identitätsarbeit geworden. „In der flüchtig-modernen Konsumgesellschaft sind Identitäten keine in die Wiege gelegten Geschenke, es wird einem keine ‚gegeben', geschweige denn ein für alle Mal und zuverlässig gegeben. Identitäten sind Projekte: Aufgaben, die erst noch angepackt, sorgfältig erledigt und in einer unendlich fernen Zukunft zu einem Abschluss gebracht werden müssen" (Bauman 2009, S.144 f.). Die Konstruktion von Identität ist an den Konsum von Waren gebunden.[1] „Was wir für die *Materialisierung* der inneren Wahrheit des Selbst halten, ist in Wahrheit eine *Idealisierung* der materiellen – verdinglichten – Spuren von Konsumentscheidungen" (ebd., S. 24, Hervor. i. O.). Indem der Bruch zwischen dem Selbstbild eines aufgeklärten, autonomen Subjekts und der Erfahrung realer Ohnmacht in die Freiheit des Auswählens von identitätsstiftenden Waren verwandelt wird, gerät die anscheinend wiedererlangte Souveränität der Subjekte zur bloßen Simulation. Gerade diese falsche Versöhnung könnte der Grund dafür sein, „dass die Versuche, sich eine Identität aufzubauen, letztlich ineffektiv, aber (vielleicht gerade deshalb) unaufhaltsam sind und kaum je an Entschlossenheit einbüßen werden" (ebd., S. 144).

Die These von der Simulation der Selbstwirksamkeit wird im Folgenden an drei Modellen demonstriert.

Der mündige Bürger oder die mündige Bürgerin, so die herrschende Überzeugung, greift im Interesse der Allgemeinheit in die Belange der Allgemeinheit ein und kann diese verändern. Ein solches eingreifendes Handeln wird als demokratische Politik verstanden. Schauen wir uns vor diesem Hintergrund die außer- und sogar innerparlamentarischen Aktivitäten von politischen Initiativen an, so fällt auf, dass sie sehr oft von einer Rhetorik des ‚Zeichensetzens' begleitet sind. Symbolische Gesten fordern zwar den praktischen Eingriff, nehmen ihn symbolisch vorweg, aber sie selbst sind nicht dieser Eingriff. Eine Politik der symbolischen Gesten markiert deshalb auch ein Außerhalb der Politik, die offensichtlich von denen besetzt ist, die nicht nur Zeichen setzen, sondern Entscheidungen treffen, die für das Gemeinwesen auch praktische Konsequenzen haben. Besonders dramatisch zeigt sich der Umstand symbolischer Politik am Wirken von Initiativen, die sich die Überwindung des Hungers und der Armut in der Welt zum Ziel gesetzt haben. Vereine der „Entwicklungszusammenarbeit" feiern mittlerweile ihr zwanzig-, dreißig- oder gar vierzigjähriges *erfolgreiches* Wirken, das sicher die individuelle Lebenssituation vieler Menschen verbessern konnte. Doch auch nach diesen zwanzig, dreißig oder vierzig Jahren ist nirgendwo abzusehen, dass der objektive Grund für ihre Aktivität, der Mangel am Notwendigsten, an dem die übergroße Mehrheit der Weltbevölkerung leidet, endlich entfallen wäre. Was auch immer diese Vereine an Gutem leisten, der Gesamtzustand, den sie verändern wollten, ist unverändert geblieben.

Ein anderes Feld der Simulation von Selbstwirksamkeit ist das, was Zygmunt Bauman „Verbraucheraktivismus" nennt. „Unter dem Beifall einiger begeisterter Beobachter der neuen Trends wird das Vakuum, das Bürger hinterlassen, die sich in Scharen von den derzeitigen politischen Schlachtfeldern zurückziehen, um als Konsumenten wiedergeboren zu werden, von betont überparteilichem und streng unpolitischem ‚Verbraucheraktivismus' ausgefüllt (Bauman 2009, S. 190). Bei dieser Art von Aktivismus wird das, was sowieso alle tun (müssen), nämlich Waren für den eigenen Konsum zu kaufen, in einen ethisch-politischen Akt umgedeutet. Dadurch, dass bestimmte Waren *nicht* gekauft und das *Nicht-Kaufen* dieser Waren in der Belanglosigkeit erzeugenden Weitläufigkeit digitaler Öffentlichkeit bekannt gemacht wird, dadurch sollen die Produktions- und Distributionsbedingungen solcher Waren oder sogar die sozial-ökonomischen Bedingungen insgesamt in irgendeiner Hinsicht verbessert werden. Es ist zweifelhaft, „ob dieser Aktivismus ein gesellschaftliches Engagement in einer neuen Form hervorbringen kann – und zwar in einer Form, die ebenso effektiv die Grundlagen der gesellschaftlichen Solidarität aufbauen kann wie es die ‚traditionellen Formen' vermochten (...). ‚Verbraucheraktivismus' ist ein Symptom der zunehmenden Politikverdrossenheit" (ebd., S. 191) – und deshalb Ausdruck gesellschaftlicher Ohnmacht.

Die dritte Betrachtung betrifft ein Phänomen, das in den Medien üblicherweise als Jugendgewalt abgehandelt wird. Vornehmlich junge, aber nicht nur junge Menschen ziehen am Wochenende los, „um Spaß zu haben". Dabei kommt es öfter vor, dass der Spaß, den die einen haben, anderen offenbar gar nicht gefällt. Weshalb sie ihnen mit zum Teil erschreckend rücksichtsloser Gewalt den Spaß – manchmal für immer – verderben. Genau betrachtet sind solche Gewalthandlungen von Individuen oft von sehr ‚symbolischer' Art. Gewalt zielt in diesen Fällen nicht auf die Erlangung oder Verteidigung von Besitz, Macht oder Ähnlichem, sondern sie zielt auf Feindbilder, die das Gegenüber bloß ersatzweise verkörpert. Daher werden die Opfer auch ganz zufällig zu Opfern. Noch in den Gewalthandlungen der handgreiflichsten ‚Tatmenschen' zeigt sich die Ohnmacht der Individuen gegenüber ihren Lebensbedingungen, obwohl durch die (Gewalt-)Tat doch gerade das Gegenteil demonstriert werden sollte.

Die Krise des ohnmächtigen Subjekts wäre individualpsychologisch als Katharsis, als Durchgangsstadium vom Schlechten zum Besseren, als Chance zum Neubeginn zu verstehen. Von daher gedeutet, ist der Begriff der Krise des Subjekts jedoch nicht triftig, weil der Bruch zwischen Subjektivität und praktischem Handeln für die Einzelnen als Einzelne nicht überbrückbar ist. Sie können weder weiter machen wie bisher, noch wissen sie, wie stattdessen weiterzumachen wäre. Das tradierte Selbstverständnis des bürgerlichen Subjekts ist weder obsolet – nach welchem Maßstab sollte sich das Handeln sonst richten? –, noch ist es in einer adäquaten gesellschaftlichen Form verwirklicht. Es ist und es ist nicht. Sein Zustand ist Verfall. Verfall ist kein Durchgangsstadium, kein Hindernis auf der Straße des Fortschritts, sondern Verfall ist regressiv und er kann schleichend fast ewig währen. Verfall ist weder Tod noch Leben, „zwischen Leben und Sterben tritt ein dritter, ungeheuerlicher Zustand, das Untote. Sozial, kulturell, politisch und organisch entwertete Menschen ‚leben' immer länger und wissen nicht, wozu" (Metz/ Seeßlen 2011, S. 771). Die traditionelle bürgerliche Subjektivität bewegte sich zwischen den Polen Macht und Ohnmacht, weil sie am Ideal autonomer Zwecksetzung ausgerichtet war. Die moderne Subjektivität geht stillschweigend über die eigenen Ohnmachtserfahrungen hinweg und zieht sich – im unbewussten Reflex darauf – in sich selbst zurück. Sie bewegt sich zwischen den Polen Zulänglichkeit und Unzulänglichkeit. Deshalb ist „die aus der panischen Angst vor der Unzulänglichkeit geborene Depression (...) das charakteristische und am weitesten verbreitete psychische Gebrechen der Bewohner der Konsumgesellschaft" (Bauman 2009, S. 124).

3. Subjektivität heute: Anpassung und Irrationalität

Die Ökonomie ist die gesellschaftliche Sphäre, in der Subjektivität mit Funktionalität gleichgesetzt ist. Die empirische Bildungsforschung übernimmt diese Perspektive. Nun produziert die Ökonomie jedoch Waren, die konsumiert werden sollen. Oder genauer: Sie produziert immer mehr immer diversifiziertere Waren, die in Konkurrenz um potentielle Konsumenten stehen. Die Konkurrenz entscheidet sich daran, welche Waren welche subjektiven Bedürfnisse am besten zu erfüllen scheinen. Die Subjektivität, die in den Bedürfnissen der Konsumenten zum Ausdruck kommt, ist eine andere Subjektivität als die, die in der Ökonomie betätigt wird. Sie ist komplementär. Die Konsumtion soll den Menschen das zurückgeben, was sie im Arbeitsprozess physisch verausgaben, und das, was sie psychisch abspalten und unterdrücken müssen, damit sie funktionieren können. Wenn aber die Konsumtion als bestimmendes Moment von Kultur und Freizeit immer schon unter der Ägide der Produktion steht, die Refunktionalisierung der

Individuen ihr wesentlicher Antrieb ist, dann kann sich Subjektivität nicht autonom entfalten. Produktions- und Reproduktionsnotwendigkeiten werden in Freizeitspaß umgebogen. An der Geschichte der gesellschaftlichen Funktion der Uhr, des Autos und des Computers ließe sich das exemplarisch zeigen: Arbeitsgeräte werden in Spielzeuge und Prestigeobjekte verwandelt.

Die Produktion unter kapitalistischen Bedingungen ist doppelte Entfremdung: erstens die von den eigenen Arbeitsprodukten (und damit auch von den Zwecken der Arbeit) und zweitens die von den anderen Produzenten. Kompetenz und Kommunikation sind im Arbeitsprozess strikt reglementiert. Funktionalität ist Unterordnung. Die Funktionalität im Arbeitsprozess hängt vor allem vom subjektiven Nachvollzug objektiver Strukturen ab, sie gründet auf Logik und Verfahrenswissen. Zu dieser technischen Rationalität der Produktionssphäre verhalten sich kritische Rationalität und produktive Einbildungskraft komplementär und kompensatorisch. Doch auch in der Konsumtionssphäre von Kultur und Freizeit, auf die die kritische Rationalität und die produktive Einbildungskraft der Mehrheit der Menschen beschränkt ist, herrscht Unterordnung. „In der Konsumgesellschaft kann niemand ein Subjekt werden, ohne sich zuerst in eine Ware zu verwandeln, und niemand kann sich seines Subjektseins sicher sein, ohne ständig jene Fähigkeiten zu regenerieren, wiederzubeleben und aufzufrischen, die von einer käuflichen Ware erwartet und eingefordert werden. Die ‚Subjektivität' des Subjekts und der Großteil dessen, was diese Subjektivität dem Subjekt zu erreichen ermöglicht, ist fokussiert auf das nicht enden wollende Bemühen, [durch die Konsumtion von Waren, T. F.] selbst eine verkäufliche Ware zu werden und zu bleiben" (Bauman 2009, S. 21). Deshalb ist die Konsumtion von Waren die Produktion des fungiblen Individuums. Im Produktionsprozess der Waren wird das Individuum dann selbst zum Gegenstand der Konsumtion dieses Prozesses – und das Ganze kann von vorn beginnen.

Das Programm der empirischen Bildungsforschung ist, wie ich an anderer Stelle detailliert dargestellt habe,[2] ein Programm zur Flexibilisierung von Qualifikationen. Das gesellschaftliche Bedürfnis nach solcher Flexibilisierung entspringt dem die gesamte Gesellschaft bestimmenden Prinzip des ökonomischen Wachstums um jeden Preis. Die Dynamisierung der Ökonomie verschärft vermittelt über steigenden Konkurrenzdruck – auf Seiten der Unternehmen ebenso wie auf Seiten der Lohnabhängigen – die rückhaltlosen Anpassungsversuche an diese Prozesse. Anpassung in ihrer verschärften Form bedeutet aber, dass die Räume schwinden, in denen die Menschen souverän über ihre Zwecke bestimmen können; emphatisch ausgedrückt: Die Reduktion auf einen Teilmenschen, die alle Menschen im und durch den Arbeitsprozess erleben, in der Freizeit kompensieren zu können, wird durch die Preisgabe der Freizeit an die Erfordernisse der Anpassung an sich wandelnde Arbeitsbedingungen zunehmend schwieriger. Die

Menschen können daher immer weniger die Erfahrung machen, was es heißt, ein Mensch und kein Werkzeug für fremde Zwecke zu sein. So rudimentär die Erfahrung, ein ganzer Mensch zu sein, unter kapitalistischen Existenzbedingungen für die Mehrheit der Menschen auch immer gewesen sein mag, dass sie auch in ihrer falschen, kulturindustriell vermittelten Form dennoch möglich war, darauf verweist die bisherige Stabilität der gesellschaftlichen Struktur und der daraus entspringenden gesellschaftlichen Verkehrsformen.

Wenn sich das individuelle Leben in Zeiten der Pflichterfüllung und Zeiten der Freizeit teilt, dann kommt der Freizeit nur so lange die bevorzugte Stellung zu, wie sie als Sinn der Pflichterfüllung erscheinen kann. Zwar ist aus der Perspektive kapitalistischer Vergesellschaftung das Leben der Individuen schon immer bloß das Material des ökonomischen Prozesses gewesen, aber die Individuen konnten für sich offenbar dennoch an der Vorstellung festhalten, sie arbeiteten um zu leben. Heute scheint es für die Einzelnen immer unabweisbarer zu sein, dass sie leben, um zu arbeiten. Diese allgemeine Umkehrung im Selbstbild hängt mit dem ökonomisch erzeugten Anpassungsdruck zusammen. Aber dieser Anpassungsdruck steht der Sphäre der Kultur und Freizeit nicht als ein Äußeres, Fremdes gegenüber, sondern hat sie in weitem Maße durchdrungen. Deshalb hat sich die Kompensationsfunktion der Kultur tiefgreifend verändert. Bevor ich auf diese Veränderung genauer eingehe, möchte ich zunächst die bisherige Funktionsweise der Kultur als Kulturindustrie erläutern.

Die kulturindustriellen Freizeitangebote ermöglichen den Menschen, dem Bewusstsein ihrer gesellschaftlichen Existenzform – allein als Mittel für fremde Zwecke existieren zu können – durch tagträumerische Projektionen vorübergehend zu entkommen und daraus die Kraft für die fortgesetzte Unterordnung unter die gesellschaftlichen Imperative zu gewinnen. Ein solches, durch die Kulturindustrie vermitteltes Verhalten ist in der Psychologie als Identifikation mit dem Aggressor bekannt. Durch identifizierende Projektion begreift die Mehrheit der Menschen den Zwang, nur als Mittel für die Verwertung von Kapital existieren zu können, als ihre Freiheit. Die in diesem Selbstverständnis ausgedrückte Unterwerfung unter die gesellschaftliche Totalität vollzieht sich jedoch nicht als eine bruchlose. Erst dadurch, dass die Sehnsucht der Menschen nach vollständiger Entfaltung ihrer Wesenskräfte (trotz der Anerkennung der überwältigenden Macht des Bestehenden) in ihnen erhalten bleibt, funktioniert die Kulturindustrie als Kompensationsinstanz. Sie nimmt die Impulse, Herabwürdigung und Verstümmelung der menschlichen Existenz überwinden zu wollen, auf und verarbeitet sie so, dass sie das *psychische* Erlebnis ihrer Überwindung ermöglicht und gleichzeitig das Hier und Jetzt als *prinzipielle* Inkarnation dieser Sehnsucht erscheinen lässt. Dadurch wird der Bruch in der psychischen Konstitution der bür-

150

gerlichen Subjekte funktional für die Perpetuierung dessen, was diesen Bruch hervorbringt.

Die Funktionalisierung der psychischen Gebrochenheit der Subjekte wird im Sinne des Bestehenden fragwürdig, wo ihre Fähigkeit zum Genuss der kulturindustriellen Produkte abnimmt. Die eingeschränkte Fähigkeit zum Genuss zeigt sich in den Krisen der traditionellen Medien. Das Buch verspricht die gedankliche Durchdringung der Welt, die Zeitung verlässliche, für das eigene Handeln relevante Informationen und das Kino den Traum von Abenteuer und Glück. Das Veralten dieser Medien bekundet die Abkehr von ihren Versprechen. An ihre Stelle sind mit Fernsehen, Internet und Computerspiel Medien getreten, die etwas prinzipiell anderes versprechen: das Hervorheben des Einzelnen aus der Masse. Dieses die heutige Medienproduktion bestimmende Versprechen speist sich nicht mehr aus dem Verlangen der Menschen, Persönlichkeit zu sein, also nach der Entfaltung der eigenen Wesenskräfte, nach kultureller Verfeinerung und geistiger Reife zu streben, sondern es speist sich aus ihrem Verlangen, eine von anderen begehrte Ware zu sein. Den Traum von Wahrheit, Autonomie und Glück haben die Menschen jedoch nicht von sich aus aufgegeben. Sie haben ihn sich durch die veränderte kulturindustrielle Produktion ausreden lassen, eine Produktion, die „mit der Geschwindigkeit eines Buschfeuers" dabei ist, „die privaten und intimen Welten von Konsumenten zu kolonisieren" (Bauman 2009, S. 143). Die illusionäre Versöhnung des Individuums mit der Gesellschaft, der zentrale Topos bisheriger kulturindustrieller Produktion, wurde ersetzt durch Angebote zur totalen Identifikation mit ihr. Diese Veränderung zeigt sich zunächst nur deshalb viel ausgeprägter am Medienkonsum der jüngeren Generationen, weil oft erst die Kinder die Wahrheit über die Welt ihrer Eltern verkörpern.[3]

Der verschärfte ökonomische Konkurrenzdruck, der aus der elektronischen Beschleunigung des Kapitalverkehrs und aus der bis in die letzten Winkel dieser Erde reichenden geschäftlichen Vernetzung entsteht, dieser Konkurrenzdruck setzt das bisherige Beiwerk der Warenproduktion, die Vermarktung, ins Zentrum der Geschäftstätigkeit. Das ist möglich und notwendig geworden, weil die riesige Ausweitung der Warenmärkte auf der Grundlage von Waren geschieht, deren Nutzen für die Konsumenten nicht in ihrer *offensichtlichen* Nützlichkeit besteht. Ihr Nutzen muss ihnen daher nachträglich oder sogar vorausgehend induziert werden. Die Induktion von Nutzen ist die Verbindung der Ware mit einem (möglichst verlockenden) Lebensstil. Die Produktion und Reproduktion von Lebensstilen aber fällt in die Sphäre der Kultur, weshalb die von der Warenproduktion in rücksichtslos-brutaler Weise vereinnahmte kulturelle Produktion eine neue Form der (Un-)Kultur hervorbringt, „in welcher der Tauschwert ungeniert zum Zweck erhoben, Kunst mithin zum Epiphänomen des Profits degradiert wird und dabei noch die Absegnung ihrer Szenenheiligen erfährt" (Zuckermann 2002, S. 116).

Diese Veränderung in der objektiven Funktionsweise der Kultursphäre zwingt jedem Lebensstil eine Affinität mit bestimmten Waren auf und verwandelt die Lebensstile schließlich selbst in Waren. Die Konsumtion (von kulturindustriellen Erzeugnissen) verwandelt sich so von der (illusionären) Kompensation gesellschaftlicher Zwänge in einen neuen, zusätzlichen Zwang für die Konsumenten, „sich aus der grauen und langweiligen Nichtigkeit emporzustemmen, damit sie sich von der Masse der ‚mit gleichem spezifischen Gewicht schwimmenden' Objekte unterscheiden und so die Aufmerksamkeit von (blasierten!) Konsumenten auf sich ziehen" (Bauman 2009, S. 21). „Hinter dem Traum vom Berühmtsein verbirgt sich ein anderer Traum, der Traum, sich nicht mehr in der grauen, farb- und gesichtslosen Masse der Waren aufzulösen und darin aufgelöst zu bleiben, der Traum, sich in eine beachtenswerte, beachtete und begehrte Ware zu verwandeln, eine Ware, über die man spricht und die sich von der Masse der Waren abhebt, eine Ware, die man unmöglich übersehen, verlachen, entlassen kann. In einer Gesellschaft von Konsumenten ist die Verwandlung in eine begehrenswerte und begehrte Ware der Stoff, aus dem die Träume und Märchen sind" (ebd., S. 22 f.). Wer diesem ‚Traum' anhängt, der kann es sich nicht leisten, jemals ‚offline' zu sein, der muss immer wissen, was die anderen gerade tun.

In dem Drang, sich aus der Masse hervorzuheben, lebt die Vorstellung vom bürgerlichen Subjekt als Person und Persönlichkeit fort. Wenn aber Subjektivität zum bloßen „Kaufen und Verkaufen von symbolischen Zeichen zur Konstruktion von Identität" wird (Bauman 2009, S. 24), dann ist die Vorstellung von „der prinzipiellen Möglichkeit der historischen Errichtung eines wahrhaftig freien menschlichen Daseins" (Zuckermann 2002, S. 107) aus der Kultur weitgehend getilgt. Damit ist zugleich die illusionäre Versöhnung zwischen dem Anspruch des Subjekts auf Autonomie und den realen gesellschaftlichen Zwängen, denen es sich unterwerfen muss, um leben zu können, geschwächt. Diese Schwächung verlangt nach neuen innerpsychischen Regulativen, mit dem Bruch in der Konstitution bürgerlicher Subjektivität umzugehen. Das Bedürfnis, die eigene Innenwelt als harmonische Einheit zu erleben, zwingt zum Wahn, wenn dem Subjekt in der Außenwelt keine hinreichenden Identifikationsangebote zur Verfügung stehen. Dieser „Wahn ist der Ersatz für den Traum, daß die Menschheit die Welt menschlich einrichte" (Adorno 1996, S. 139). Das Fehlen hinreichender Identifikation mit der Gesellschaft verstärkt bei den Einzelnen das Gefühl, dass sich die äußere Realität jeder rationalen Einwirkung durch sie entzieht. Aus dem Gefühl mangelnder Selbstwirksamkeit entstehen Mystifikationen, die für die Aufrechterhaltung des psychischen Gleichgewichts funktional, jedoch nicht mehr zwingend gesellschaftlich als Ideologie vermittelt sind. Wahnhafte Mystifikationen werden in breiter Variation von den Subjekten produziert und behindern ihre Kommunikationsfähigkeit. Zusammen mit dem verdrängten Gefühl der Ohnmacht entsteht eine Feindseligkeit, die sich in den Mystifikationen der Subjekte niederschlägt, weil die Wirkung des Realitätsprinzips geschwächt ist.

Wahnhafte, in gesellschaftlicher Hinsicht aber immer noch funktionale Mystifikationen geben den Subjekten das Gefühl der Souveränität zurück. Sie übertragen das identitätsbedrohende Gefühl, das aus der Gebrochenheit ihrer eigenen Subjektivität resultiert, auf von ihnen erfundene äußere Mächte. Dadurch entsteht der psychische Zustand einer beständigen inneren Einheit bei gleichzeitiger, ebenso beständiger äußerer Anfechtung. Aber das, was in den Mystifikationen als „unangefochtene Einheit" erscheint, „ist das Deckbild unaufhaltsamer Selbstentzweiung" (Adorno 1998, S.177). Sie wird dem schuldhaften Handeln anderer Einzelner oder der Verschwörung einer Gruppe angelastet. In diesem psychischen Mechanismus zeigt sich die „Unfähigkeit, objektive, vom Subjekt nicht in Harmonie aufzulösende Widersprüche reflektierend ins Bewußtsein hineinzunehmen" (ebd., S. 176). Die aus Ressentiment und Verschwörungsdenken konstruierten Feindbilder verschaffen das Hochgefühl, die angeblich überall ins Werk gesetzte Bösartigkeit und Dummheit Kraft überlegener Intelligenz jederzeit durchschauen zu können. Der Aufklärungsimpuls des bedrängten Subjekts realisiert sich so als Selbstbetrug.

Die privaten Mystifikationen, die aus dem Mangel an hinreichenden (kulturindustriellen) Identifikationsangeboten entstehen, können jedoch von der Medienmaschine wieder eingefangen werden, indem sie durchgestaltet und als Kulturprodukte auf dem Markt feilgeboten werden. In dieser Weise wird der Selbstbetrug zum neuen Rohstoff des Massenbetrugs. Der ursprüngliche wahnhafte Reflex wird domestiziert – häufig sogar unter aktiver Mitwirkung seiner Urheber, die sich davon ein wenig Berühmtheit versprechen. Dieser Effekt lässt sich beispielsweise an den Krawall-Talkshows im Fernsehen, an den Internet-Plattformen YouTube und Facebook und noch besser an den diversen Internet-Chat-Foren beobachten. Der private Spleen liefert aber nicht nur neuen Unterhaltungswert. Er ist auch das Material, an dem der Unterschied zwischen normalem und abweichendem Sozialverhalten demonstriert wird. Indem das Private öffentlich wird, ohne ganz aufzuhören, privat zu sein, wird das innengeleitete Ich des bürgerlichen Subjekts zum außengeleiteten des fungiblen Gesellschaftsatoms. „Heute, mit dem Mobiltelefon in der Hand, hat das Außengeleitet-Sein eine neue Dimension angenommen. Bereits im Augenblick des Entstehens eines Gefühls oder Gedankens können wir eine Bestätigung abfragen, ja fast eine Vorbestätigung" (Turkle 2012, S.302). Ergänzt wird die *direkte* – und daher auch riskante – Selbstbestätigungskommunikation des Mobiltelefons durch die *eher indirekte* des Internets und die *vollendet indirekte* des Fernsehens. „Wenn das Fernsehen in der ersten Phase das (einzige) Fenster zur Welt ist, so wird es in der zweiten Phase das (einzige) Fenster zu sich selbst. Am Ende weiß ich ohne Fernsehen nicht mehr, wer ich bin noch wie ich mich verhalten soll" (Metz/ Seeßlen 2011, S. 444).

4. Das Menschenbild der empirischen Bildungsforschung

Wer hier und heute aufwächst, muss durch seine Sozialisation zu der Überzeugung gelangen, „daß man seinen Selbstwert nur dadurch gewinnen könne, daß man sich in *Überlegenheitspositionen über andere* stellt und sein persönliches Umfeld danach aussucht, arrangiert und konstruiert" (Nüberlin 2002, S. 229, Hervor. i. O.). Denn das „existenzielle Umfeld, das man ‚Konsumgesellschaft' nennt, zeichnet sich dadurch aus, dass es alle zwischenmenschlichen Beziehungen nach dem Muster und Vorbild der Beziehungen zwischen Konsumenten und ihren Konsumobjekten umgestaltet. Diese erstaunliche Leistung beruht auf der Besetzung und Kolonisierung des Raums, der sich zwischen den menschlichen Individuen erstreckt, durch Konsumgütermärkte" (Bauman 2009, S. 19). Gegenüber dieser Umgestaltung gerät der traditionelle Bildungsanspruch der Schule in die Defensive. Ihm zufolge soll es beim Lernen nicht um die Aneignung effektiver Strategien der Selbstvermarktung und den bloßen Erwerb von Wissen gehen, sondern darum, dass die Heranwachsenden ein Bewusstsein davon erlangen, „was die eigenen Charaktereigenschaften, Fähigkeiten und Interessen sind und wie man seine Lebenserfahrungen darin reflektiert und integriert" (Nüberlin 2002, S. 229). Aber diesen deklamierten Anspruch hat die Schule durch das Lernen für Noten unter dem Diktat der Zeit schon immer auch selbst untergraben. Heute kommt hinzu, dass der Erfolg im schulischen Leistungsvergleich nur eine Möglichkeit unter vielen ist, ein überlegenes Selbst zu konstruieren. Der Erfolg in der Schule ist auch oder gerade aus der Perspektive heutiger Schüler eine eher unattraktive Variante der Selbstinszenierung. Denn – so schreibt eine 17jährige Schülerin – „[w]ährend die Jugendlichen zu Hause quer durch komplizierte Informationssysteme surfen und voller Neugier anspruchsvolle Wissenslandschaften ergründen, die ihre Kreativität fördern, langweilt sie der gleichförmige Lernfluss, dem sie in der Schule ausgesetzt sind. Schule ist einfach zu altmodisch für unseren modernen Geist" (Kulik 2008). Dieses ‚selbstbewusste' Auftrumpfen gründet auf der Überzeugung, dass „[d]ie Arbeitswelt (...) ein riesiges Computerspiel" sei (ebd.), dem das (private) Medienverhalten von Jugendlichen in geradezu idealer Weise entspräche.[4] Reformansprüche gegenüber der Schule werden durch qualifikatorische Anforderungen an die moderne Arbeitskraft legitimiert:

Darin trifft sich diese Schülerperspektive mit der empirischen Bildungsforschung.

Empirische Bildungsforschung verfährt nach dem Vorbild naturwissenschaftlicher Forschung. Daher ist ihr die Frage, was der Mensch als Gattungswesen ist und was er sein könnte, suspekt. Der Mensch ist das, was an Tatsachen über ihn zusammengetragen werden kann. Von den Tatsachen zu verlangen, dass sie sich „vor dem Richtstuhl der Vernunft" für ihre Existenz zu rechtfertigen hätten, ist im Selbstverständnis der empirischen Bildungsforschung ein Rückfall in vormodernes, metaphysisches Denken. Denn dafür müsste ein Bewertungsmaßstab existieren, der selbst nicht aus der Erfahrung gewonnen wurde. Zwar gibt es Maßstäbe, die nicht der Erfahrung entstammen, aber das sind willkürliche oder affektive subjektive Antriebe, wie persönliche Interessen, Bedürfnisse, Vorlieben, Neigungen, die aus der wissenschaftlichen Tätigkeit herauszuhalten sind. Aufgrund dieses Selbstverständnisses existiert für die empirische Bildungsforschung keine Frage nach den geschichtlichen Möglichkeiten des Menschen und somit auch nicht die Grundfrage der Erziehung, wie der Mensch zum Menschen herangebildet werden kann. Doch auch eine empirische Sozialwissenschaft zielt auf die Verbesserung der untersuchten Zustände. Sie muss die Nützlichkeit ihrer Existenz rechtfertigen und kann deshalb nicht ohne einen Begriff von Fortschritt auskommen, dem sie dient. Aber ohne die utopische Perspektive eines geschichtlichen Telos kann sozialer Fortschritt in nichts anderem bestehen als darin, dass die Wirklichkeit – durch die optimierte Fungibilität der Subjekte – immer stärker zu ihrem eigenen Prinzip kommt. Dieses Prinzip ist die Verwertung von Wert als Akkumulation von Kapital. Daher lässt sich auch für eine Wissenschaft, die jede anthropologische Fragestellung als unwissenschaftliche metaphysische Spekulation ablehnt, ein verbindliches Menschenbild angeben, an dem sich ihr Erkenntnisinteresse orientiert.

Das funktionalistische Menschenbild der empirischen Bildungsforschung erscheint im Selbstbild ihrer eigenen Fungibilität. Diese Fungibilität kann unter drei Aspekten konkretisiert werden. *1. Die Zwecke, auf die das eigene Handeln gerichtet ist, sind heteronom bestimmt*: „Wenn Bildung (als Humanressource) international und national hohe und zunehmende Bedeutung zugesprochen wird, steigt der Bedarf an Wissen über Bildungsprozesse. (...) Deshalb sollte die Empirische Bildungsforschung in Deutschland an Universitäten und Forschungseinrichtungen weiter ausgebaut werden" (Prenzel, S. 19). *2. Die heteronom gesetzten Zwecke werden mit größtmöglichem Können und Engagement realisiert*: „Tatsächlich lässt sich von TIMSS nach PISA noch einmal ein deutlicher konzeptueller und methodischer Fortschritt feststellen. Die internationalen Schulleistungsvergleiche der letzten Jahre repräsentieren einen hohen methodischen Standard" (ebd., S. 9). *3. Die eigenen Überzeugungen und Handlungsmuster werden, falls in irgendeiner Hinsicht erforderlich, flexibel neu ausgerichtet*: „Aktuelle pädagogische Probleme für Forschungszwecke bearbeitbar zu machen, (...) kann auch heißen, das eigene Forschungsprogramm umzustrukturieren und neu zu planen" (ebd., S. 16).

Die von der empirischen Bildungsforschung verworfene Frage, was den Menschen zum Menschen mache, zielt auf das Gegenteil des kapitalistischen Verwertungsprinzips: „die vernünftige und menschliche Einrichtung, die Verbesserung und Durchbildung des gesellschaftlichen Ganzen" (Horkheimer 1972, S. 169). Gerät Erziehung jedoch zum bloßen Anpassungsvorgang – was sie sicherlich zum Teil auch sein muss -, dann erscheint das Ganze, die Gesellschaft als undurchschaubare Instanz der Allmacht, die gnädig zu stimmen, der Sinn individuellen Strebens wird. Das Erlangen von Gratifikationen und das Vermeiden von Sanktionen werden die entscheidenden Kriterien einer Selbstoptimierung, die bedenkenlos weiterhin Bildung genannt wird. Das Zusammenschrumpfen von Lebenssinn auf Anpassung lässt jedoch das, woran die Anpassung erfolgen soll – die Gesellschaft –, nicht unverändert. Noch das bornierteste Moralisieren hält grundsätzlich an der Vorstellung, alles könnte ganz anders sein, fest. Dadurch bleibt die Realität potentiell veränderbar. Wenn Anspruch und Wirklichkeit aber in der Weise identisch werden, dass der Anspruch darin besteht, als fungibles Gesellschaftsatom in einer antagonistischen Wirklichkeit bruchlos aufzugehen, dann wird die Veränderung der gesellschaftlichen Lebensbedingungen zwar nicht unmöglich, aber sie vollzieht sich nun auf der Grundlage des zufälligen Zusammenpralls von Anpassungsinteressen und damit in der Form gesellschaftlicher Naturkatastrophen – niemand hat es gewollt, niemand hat es kommen sehen. Der Rest von Vernunft in der Gesellschaft dient dann lediglich der Absicherung der Voraussetzungen und Bedingungen, die für die Fortsetzung der allgemeinen Konkurrenz um persönliche Vorteile unverzichtbar sind.

Wer die pragmatische Perspektive der empirischen Bildungsforschung als gelungene gesellschaftliche Konsensbildung betrachtet, macht sich zum potentiellen Fürsprecher einer gesellschaftlichen Entwicklung, die Zygmunt Bauman so zusammenfasst: „Um in der Konsumgesellschaft Einlass und eine dauerhafte Aufenthaltsgenehmigung zu erhalten, müssen Männer und Frauen die Aufnahmekriterien erfüllen, die von den Marktstandards vorgegeben werden. Man erwartet von ihnen, dass sie sich auf dem Markt anbieten und in Konkurrenz zu den übrigen Mitgliedern einen möglichst hohen ‚Marktwert' anstreben. Was sie in die Geschäfte lockt, während sie auf der Suche nach Konsumgütern (dem augenscheinlichen Grund ihrer Anwesenheit) den Markt sondieren, ist die Aussicht, jene Werkzeuge und Rohstoffe zu finden, die sie benutzen können (und müssen), um dafür zu sorgen, dass sie selbst ‚für den Konsum geeignet' und damit markttauglich sind. Der Konsum ist der wichtigste Mechanismus der ‚Kommodifizierung' von Konsumenten (...) Die treibende Kraft der Konsumaktivitäten ist das individuelle Streben nach dem optimalen Verkaufspreis, nach dem Aufsteigen in eine höhere Liga, nach besseren Bewertungen und einer besseren Position in dieser oder jener Rangliste (Ranglisten, die man beobachten und von denen man sich hoffentlich eine aussuchen kann, sind glücklicherweise in großer Zahl vorhanden)" (ebd., S. 83 f.). Auch PISA & Co. haben dazu ihren Beitrag geleistet und leisten ihn noch immer.

Anmerkungen

1 Deshalb sind, wenn die Identitätskonstruktionen unsicher sind, den Konsumbedürfnissen keine Grenzen gesetzt und die Konsumenten scheinen sich tatsächlich nach den Wünschen von Politikern und Journalisten zu richten: „Chinesen, geht einkaufen! Die Führung in Peking will das Volk animieren, mehr zu konsumieren. Gelingt das nicht, wird auch die deutsche Wirtschaft leiden" (Die Zeit Nr. 30, 18.07.2013, S. 21).
2 Feltes, Torsten: Bildung als Kulturtechnik? Zur Widersprüchlichkeit des Bildungsbegriffs am Beispiel der empirischen Bildungsforschung. In: Mende, Janne/ Müller, Stefan: Emanzipation in der politischen Bildung. Theorien – Konzepte – Möglichkeiten. Schwalbach/ Ts. 2009, S. 87-111.
3 Hier wäre nämlich die Frage zu stellen, ob es so etwas wie inadäquate Sozialisation überhaupt geben kann.
4 Eine ausführliche Interpretation des Zitats findet sich in: Feltes, Torsten: Positivismus, Positivismusstreit und der Aufstieg empiristischer Erziehungswissenschaft. In: Jahrbuch für Pädagogik 2008: 1968 und die neue Restauration, S. 323-338.

Literatur

Adorno, Theodor W.: Marginalien zu Theorie und Praxis. In: Ders.: Stichworte. Kritische Modelle 2. Frankfurt/ M. 1998, S. 169-191.
Adorno, Theodor W.: Was bedeutet: Aufarbeitung der Vergangenheit. In: Ders.: Eingriffe. Neun kritische Modelle. Frankfurt/ M. 996, S. 125-146.
Bauman, Zygmunt: Leben als Konsum. Hamburg 2009.
Dt. PISA-Konsortium (Hrsg.): PISA 2000. Basiskompetenzen von Schülerinnen und Schülern im internationalen Vergleich. Opladen 2001.
Hobsbawm, Eric: Europäische Revolutionen. Köln 2004.
Horkheimer, Max: Begriff der Bildung. In: Ders.: Sozialphilosophische Studien. Aufsätze, Reden und Vorträge 1930-1972. Frankfurt/ M. 1972, S.163-172.
Kulik, Jennifer: Die Schule ist zu altmodisch für unseren Geist. In: Berliner Zeitung (2.6.2008), S. 25.
Kurz, Robert: Der Kollaps der Modernisierung. Vom Zusammenbruch des Kasernensozialismus zur Krise der Weltökonomie. Leipzig 1994.

Metz, Markus/ Seeßlen, Georg: Blödmaschinen. Die Fabrikation der Stupidität. Frankfurt/ M. 2011.

Nüberlin, Gerda: Selbstkonzepte Jugendlicher und schulische Notenkonkurrenz. Zur Entstehung von Selbstbildern Jugendlicher als kreative Anpassungsreaktionen auf schulische Anomien. Herbolzheim 2002.

Prenzel, Manfred: Zur Situation der Empirischen Bildungsforschung. In: Deutsche Forschungsgemeinschaft: Impulse für die Bildungsforschung. Stand und Perspektiven. Dokumentation eines Expertengesprächs. Berlin 2005.

Turkle, Sherry: Verloren unter 100 Freunden. Wie wir in der digitalen Welt seelisch verkümmern. München 2012.

Zuckermann, Moshe: Kunst und Publikum. Das Kunstwerk im Zeitalter seiner gesellschaftlichen Hintergehbarkeit. Göttingen 2002.

Dietrich Heither

Das Verschwinden von Gesellschaft in der Schule
Plädoyer für eine gesellschaftskritische Bildung

Ein analytischer und kritischer Blick auf gesellschaftliche Zustände und Verhältnisse droht in der politischen Bildung angesichts vielfach inhaltsloser Kompetenzkataloge unzeitgemäß zu wirken, Mündigkeit und Emanzipation – ehedem Leitideen der gesellschaftswissenschaftlichen Didaktik – scheinen gar überflüssig zu werden. So wird etwa in dem von Georg Weißeno u. a. 2010 herausgegebenen Band „Konzepte der Politik – ein Kompetenzmodell" das einstige Ziel der Kritikfähigkeit verabschiedet. Der Sammelband stellt „eine Art Leitfaden für die Einhegung des politischen Denkens und für systemstabilisierendes politisches Wohlverhalten dar" (Prauschke/Steffens 2011a, S. 31), indem er auf Gleichheit zielende gesellschaftskritische Konzepte als „Fehlkonzepte" denunziert und das Ziel einer Überwindung gesellschaftlicher Ungleichheit aus den Augen verliert. Letztlich wird das individuelle Funktionieren unter gegebenen Verhältnissen hier zum Ideal politischer Bildung; sich einer solchen Funktionsbestimmung widersetzende Subjekte werden als Gefahrenpotentiale der gegebenen Ordnung bzw. institutioneller Stabilität denunziert. Damit werden die Subjekte aus ihren gesellschaftlichen Interessenszusammenhängen herausgelöst und dem Primat einer Stärkung der Institutionen unterworfen (vgl. Prauschke/Steffens 2011b). Der Band, Ausdruck bzw. Resultat einer nunmehr gut drei Jahrzehnte andauernden Phase antigesellschaftlichen Denkens in verschiedensten Ausprägungen, lässt fürchten, dass in den Schulen das „Verschwinden von Gesellschaft" bzw. der Gesellschaftlichkeit des Subjekts droht und damit das Ende einer emanzipatorischen, an Aufklärung und Humanismus orientierten Bildung und Erziehung.

Nachfolgend soll dem eine Argumentation entgegengesetzt werden, die im ersten Schritt an die Erschließungskraft einer Herangehensweise erinnert, die die analytische Durchdringung realer Verhältnisse mit der kritischen Reflexion über sie verschränkte (I). Vor diesem Hintergrund wird anschließend danach gefragt, wie es den in den letzten Jahrzehnten dominanten Gesellschaftstheorien gelingt, ihren Gegenstand – Gesellschaft – als Gegenstand realer Analyse und kritischer Reflexion zum Verschwinden zu bringen (II). Abschließend wird auf einige entmächtigende Wirkungen hingewiesen, die die Verabschiedung der Gesellschaft insbesondere auch in den Schulen hervorbringt (III).

I Gesellschaft und Gesellschaftskritik

Vor gut vierzig Jahren erschien eine Aufsatzsammlung zur politischen Soziologie des Marburger Politikwissenschaftlers Wolfgang Abendroth unter dem Titel „Antagonistische Gesellschaft und Politische Demokratie". Dieser lag ein erweitertes Verständnis des Politischen zugrunde, galten aus Sicht Abendroths doch als „politisch" nicht nur Staat und öffentliche Gewalt, sondern „jede gesellschaftliche Aktivität (…), die die Struktur der Gesellschaft (und also die Machtverteilung der sozialen Gruppen in der Gesellschaft) sei es verändern, sei es durch Machtgebrauch stabilisieren will." (Abendroth 1968, S. 9 f.) Die bürgerliche Gesellschaft begriff Abendroth als eine antagonistische, d.h. als eine Gesellschaft, die im Kern durch einen Interessensgegensatz zwischen Besitz und Nichtbesitz ökonomischer Macht bzw. Verfügungsgewalt bestimmt sei, der sich allerdings auf der Ebene des Bewusstseins und des Handelns niemals unmittelbar oder spontan durchsetze. Dieser Antagonismus könne, so Abendroth, durch eine demokratisch-sozialistische Umgestaltung der Eigentumsverhältnisse aufgehoben werden, das Grundgesetz der Bundesrepublik sei hierfür „offen". Ein solcher „Reformismus" ließ sich als Versuch verstehen, die „Aufklärung" bzw. deren soziales Gleichheitspostulat weiterzuführen: „Die Befreiung von Traditionen, Institutionen, Konventionen und Normen, die nicht vernunftgemäß begründet werden können – und die angesichts der objektiven Möglichkeiten dem Glück der Menschen insofern entgegenstehen, als sie ihre Selbstverwirklichung durch Befreiung von materieller Not verhindern – sind Attribute, mit denen sich die Ziele des Reformismus zutreffend charakterisieren lassen. Er ist ein Unternehmen, das den Willen zur Selbstbestimmung, zur Beendigung von Entfremdung, zur gesellschaftlichen Partizipation voraussetzt und anzielt und das damit mit den gegebenen Machtverhältnissen in Konflikt geraten muss." (Schui/Blankenburg 2002, S. 146 f.)

In der zweiten Hälfte der 60er Jahre wurde der Konflikt mit diesen Machtverhältnissen deutlicher, brachen im Kontext von '68 die durch den Systemkonflikt des „Kalten Krieges" verstärkten „Denkkorsette" auf. Hier interessieren vor allem die unterschiedlichen Bezüge, in denen, zunächst an den Hochschulen, über „Gesellschaft" diskutiert wurde: die (Neu)entdeckung der Schriften von Marx und Engels, die Kapitalismus zuvorderst als „gesellschaftliches Verhältnis" verstanden, die Thematisierung der Schnittstellen von Gesellschaft und Individuum – sei es bei Erich Fromm, sei es bei Wilhelm Reich –, der Vergleich von unterschiedlichen Gesellschaftsformationen der Gegenwart samt ihrer gegen- bzw. einseitigen Abhängigkeiten (Kolonialismus und Imperialismus); die Funktionen spezifischer (Intellektuellen-)Gruppen in der Gesellschaft im Zusammenhang von Kritik oder Affirmation; nicht zuletzt die empirische wie theoretische Analyse der Sozialstruktur und eine allgemeine Hinwendung zur Gesellschaftstheorie (bzw. „Gesellschaftsgeschichte").

Die Auseinandersetzungen an den Universitäten erreichten die Schulen – zeitverzögert – in den 70er Jahren. Die 1972 veröffentlichten Hessischen Rahmenrichtlinien für Gesellschaftslehre verdeutlichen paradigmatisch die gesellschaftskritische Grundhaltung im Bildungsbereich: Einem sozialwissenschaftlich basierten Aufklärungskonzept verpflichtet, rückten sie den Begriff der Gesellschaft und der – womöglich antagonistischen – gesellschaftlichen Interessen ins Zentrum sowohl als Kategorien der Didaktik als auch in Fragestellungen für den Unterricht (vgl. Wicklaus 2008, S. 58ff.). An Bedeutung gewannen Fragestellungen und Themen wie bspw. die Analyse von klassen- bzw. schichtspezifischen Lebensverhältnissen und Interessenkonflikten, die grundsätzliche Interessengebundenheit von Positionen und Theorien („Ideologie"), die kritische Kontrolle demokratisch legitimierter Herrschaft, das Verhältnis von Verfassungsnorm und -wirklichkeit, die Rolle der Medien im Hinblick auf Bewusstwerdungsprozesse (und als Institutionen von Manipulation) sowie Möglichkeiten der Ausweitung der Demokratie in die Gesellschaft hinein – sei es in Form staatlicher Regulierungen, sei es in Form von Vergesellschaftungen. Ziel der Gesellschaftslehre war die Erziehung zur Demokratie, die nicht nur formal-normativ, sondern inhaltlich begründet wurde, das Engagement zu deren Sicherung und Optimierung sowie ein umfassender Emanzipationsgedanke, der sich gerade auch auf den Bereich ökonomischer (Ent-)Fesselungen bezog. Insgesamt lag diesen Rahmenrichtlinien damit ein Verständnis von Grundstrukturen bürgerlicher Gesellschaft, also des Zusammenhangs von kapitalistischer Produktionsweise und politischer Ordnung, zugrunde, deren Herausbildung auch durch historische Herleitungen begründet werden sollte. Daher waren die Implikationen dieses Gesellschaftsverständnisses keineswegs auf die Gesellschaftslehre (Sozialkunde) beschränkt; sie schlugen sich, bedingt durch eine starke Gewichtung sozial- und wirtschaftsgeschichtlicher Fragestellungen, auch im Fach Geschichte nieder und wirkten zeitgleich in die Kulturfächer – zuvorderst ist hier der Deutschunterricht zu nennen, aber auch in den Kunst- und Musikunterricht hinein. Insgesamt wurde hier ein Komplexitätsanspruch formuliert, der – ausgehend von den gesellschaftswissenschaftlichen Fächern – schließlich die gesamten „Geisteswissenschaften" durchzog, dabei jeweils die unterschiedlichen Interessenlagen betonte und Erkenntnis, Interesse und Emanzipationsperspektive miteinander verband (was von konservativer Seite als unzulässige „Politisierung" verstanden wurde).

II Anti-Gesellschaftliche Gesellschaftstheorien: Postmoderne, Neoliberalismus, Systemtheorie und Konstruktivismus

1. Die Postmoderne: Ende der Emanzipationsperspektive

Das Verschwinden gesellschaftsbezogener und -kritischer Theorien ging mit der Geburtsstunde des „Postmodernen Denkens" einher.[1] Dieses lässt sich in Anlehnung an Werner Seppmann wie folgt knapp skizzieren: „Die Postmoderne ist eine intellektuelle Strömung, die misstrauisch ist gegenüber den klassischen Begriffen von Wahrheit, Vernunft, Identität und Objektivität, von universalem Fortschritt oder Emanzipation, von singulären Rahmenkonzepten, ‚großen Erzählungen' oder letzten Erklärungsprinzipien. Im Gegensatz zu diesen Leitvorstellungen der Aufklärung betrachtet die Postmoderne die Welt als kontingent, als unbegründet, als vielgestaltig, unstabil, unbestimmt, als ein Nebeneinander getrennter Kulturen oder Interpretationen, die skeptisch machen gegenüber der Objektivität von Wahrheit, von Geschichten und Normen (...)." (Seppmann 2000, S. 28 f.) Infrage gestellt wird dabei – vielfach auch unter Berufung auf Nietzsche – das Projekt der (unvollendeten) Moderne, die den Anspruch der Aufklärung und einer Vernunftphilosophie noch lange nicht eingelöst habe. Die postmodernen Weltanschauungen erhalten dabei ihr Profil vor allem durch die Ablehnung kritischer und selbstreflexiver Theorietraditionen (die ja gerade selbst immer auch auf die „Dialektik der Aufklärung" verwiesen haben) (Horkheimer/Adorno 1971/1944); vielmehr wird als Ursache für das Scheitern von Emanzipationsbewegungen gerade der Erklärungsanspruch des Aufklärungsdenkens, dessen Insistieren auf Zusammenhänge und die Thematisierung von Strukturbeziehungen angesehen und als „totalitär" gedeutet. Damit aber wird die „Dialektik der Aufklärung" einseitig aufgelöst – in Anlehnung an Peter Glotz lässt sich dem entgegensetzen, dass nur eine „aufgeklärte Aufklärung" überleben kann. (vgl. Glotz 1988, S. 31)

Grundsätzlich zweifelt postmodernes Denken an, dass unter der chaotischen Oberfläche von Erscheinungen und Ereignissen eine Struktur erkennbar wäre. Es relativiert nicht Interpretationen, sondern stellt die Interpretationsfähigkeit nach intersubjektiv vermittelbaren Maßstäben grundsätzlich in Frage und predigt die Lehre einer prinzipiellen Unlesbarkeit der Welt. Referenzpunkte allen postmodernen Denkens sind weder Wahrheit noch die verständige Übereinkunft von Diskurspartnern in einem Rahmen diskursiver Regeln, sondern das Bewusstsein von Partikularität und Relativität aller Wissensformen. Fiktion und Realität gleichen sich an, weil Wirklichkeit aus Sicht der Postmoderne „imaginär" geworden ist. Zugleich verschwindet im postmodernen Denken Gesellschaft aus dem Fokus. Klaus von Beyme hat zu Recht darauf verwiesen, dass aus postmoderner Sicht die Gesellschaft als Begriff letztlich abgedankt habe (v. Beyme 2007,

S. 160).[2] Mit der Verwerfung komplexer gesellschaftstheoretischer Interpretationsansätze wird der Blick von den in der Gesellschaft wirksamen Interessen und den konkreten Machtverhältnissen abgelenkt. „Herrschaft" und „Herrschaftserfahrungen" werden bestenfalls aus dem Blickwinkel subjektiver „Betroffenheit" reflektiert; postmodernistische „Meisterdenker" verleihen so der Anpassung Plausibilität (vgl. Seppmann 2000, S. 53). Damit aber geraten postmoderne Konstrukte zu einer affirmativen Philosophie der Versöhnung.

2. Das neoliberale Gesellschaftsmodell: Freiheit vor Gleichheit

Neoliberalismus ist gleichsam eine negative Gesellschaftstheorie, nämlich eine Theorie, die den Einfluss von Gesellschaft und Politik auf ökonomische Prozesse bzw. mögliche Formen kollektiver Gegenmacht eingrenzen bzw. minimieren will. In diesem Sinne geht es dem Neoliberalismus um die „Befreiung" der Staatsbürger von den „Fesseln der Bürokratie", der abhängig Beschäftigten aus den Fesselungen der „Gewerkschaften" und der Unternehmer von den Fesseln der Politik, kurz: die Trennung von Markt und Gesellschaft. Der Neoliberalismus setzt damit die individuelle Freiheit absolut; die (sozialen) Folgen dieser Freiheit sind aus seiner Sicht vernachlässigenswert. Neoliberalismus fordert dazu auf, politisches Mitspracherecht und Kontrolle „über Art und Umfang der Nutzung unserer wirtschaftlichen Ressourcen, kurz: unsere (in der Realität wie auch immer beschränkte) unmittelbare Verfügung über die Mittel zur Gestaltung unseres Lebens nicht in Parlamenten, Parteien und Gewerkschaften oder sozialen Bewegungen zu bündeln, sondern an die spontanen Kräfte des Marktes abzutreten" (Schui u.a. 1997, S. 54). Insofern diskreditiert der Neoliberalismus jegliche gestaltende Staatstätigkeit und gibt dabei mit diesem Selbstverständnis all das preis, was noch die klassisch liberale Theorie im Kontext der Aufklärung an Zielen und Versprechen formuliert hatte. Wirtschaft und Staat stehen nicht mehr im Dienst inhaltlicher Ziele wie der Mehrung des Wohlstandes und der Verbesserung der Lebensbedingungen für alle, sondern haben Markt und Wettbewerb zu garantieren – ungeachtet ihrer sozialen Folgen. (vgl. Kühnl 1999, S. 119). Der Anspruch auf Selbstbestimmung aller tritt zugunsten weniger zurück, Freiheit, Gleichheit und Brüderlichkeit – die Forderungen der Französischen Revolution – werden gegeneinander ausgespielt: „Freiheit setzt auf das Individuum, Gleichheit auf das Kollektiv. Beide sind wie Licht und Schatten: Je mehr Gleichheit, desto weniger Freiheit und umgekehrt", so das Credo neoliberalen Denkens (Rodenstock 2001, S. 73).

Das Programm des Neoliberalismus bestand, wie es Frank Deppe formuliert hat, „in einem Umschalten in der Wirtschaftspolitik (von der nachfrageorientierten zur angebotsorientierten Politik und der gleichzeitigen Preisgabe des Vollbe schäftigungszieles), einer Zurückführung von Staatseingriffen in die Wirtschaft (durch Privatisierung von Post und Bahn, Telekommunikation, Wasser- und Energieversorgung, durch die Aufhebung von gesetzlichen Kontrollen im Bereich der Umweltpolitik, des Arbeitsschutzes, des Abbaus des Sozialstaates und der Privatisierung von sozialen Sicherungen), einer Förderung des Wettbewerbs durch Privatisierung und Liberalisierung im Bereich des Bildungswesens und der Wissenschaft, schließlich durch die Flexibilisierung des Arbeitsmarktes (durch die Aufhebung von Kündigungsschutzregelungen und Mindestlohnregelungen, tariflichen Bindungen von Arbeitszeit und Arbeitslohn) und schließlich durch die Beschneidung der Macht der Gewerkschaften." (Deppe 2006, S. 255) Dieses Umschalten hatte als Reflex auf die strukturellen Verwerfungen kapitalistischer Akkumulation lange vor Ende des „Systemgegensatzes" begonnen, seit 89/90 erhielt es eine zusätzliche Dynamik dadurch, dass die Regulationsfunktionen und -möglichkeiten der Nationalstaaten in dem Maße entwertet wurden, in dem diese dem „Sachzwang Weltmarkt" nachgaben, dessen bescheidene Regulationsmöglichkeiten etwa durch das neoliberale europäische Binnenmarktprogramm zuvor selbst dereguliert worden waren. Die Entwertung der wirtschaftspolitischen Souveränität der Nationalstaaten, die sich in einem enormen Legitimationsdruck auf die demokratischen Systeme widerspiegelte sowie die Loslösung bzw. Verselbständigung der Finanzmärkte von der Realökonomie (Kasino- bzw. Finanzmarktkapitalismus) beschleunigten (und radikalisierten) einerseits die neoliberalen Denkmuster, kreierten aber andererseits wiederum neue Widerspruchskonstellationen, die sich derzeit eruptiv in permanenten Finanz- und Wirtschaftskrisen entladen.

3. Systemtheorie: Die Auflösung der Gesellschaft

Auch der Aufschwung der sog. Systemtheorie seit den 70er Jahren lässt sich als Symptom des Bedeutungsverlusts bzw. des Rückzugs gesellschaftskritischer Theorie interpretieren. „In den 1980er Jahren (…) schien der Triumph des postmodernen Denkens sowie der Luhmann'schen Systemtheorie – verbunden mit dem Abschied von den ‚großen Theorien' und geschichtsphilosophischen ‚Erzählungen' der Moderne – tatsächlich den endgültigen Abschied von den Grundprinzipien der Theoriebildung der Moderne bei Marx, Weber und Durkheim anzukündigen." (Deppe 2006, S. 295, FN 10) Niklas Luhmann selbst hat diesen Konnex hervorgehoben: „Wenn man unter Postmoderne das Fehlen einer einheitlichen Weltbeschreibung, einer für alle verbindlichen Vernunft oder auch nur einer gemeinsamen Einstellung zur Welt und zur Gemeinschaft versteht, dann ist genau dies das Resultat der strukturellen Bedingungen, denen die moderne Gesellschaft sich selbst ausliefert. Sie erträgt keinen Abschlussgedanken, sie erträgt deshalb auch keine Autorität. Sie kennt keine Positionen, von denen aus die Gesellschaft für andere verbindlich beschrieben werden könnte. Es geht daher nicht um Emanzipation zur Vernunft, sondern um Emanzipation von der Vernunft, und diese Emanzipation ist nicht anzustreben, sondern bereits passiert." (Luhmann 1992, S. 42)

Der Aufschwung der Systemtheorie hatte für die Gesellschaftstheorie gravierende Folgen: einerseits verschwand die Prozessanalyse krisenhafter Reproduktion der Gesellschaft; stattdessen „wurde andererseits mit philosophischer Absicht nach dem letzten und unbezweifelbaren normativen Bezugspunkt der Analyse und Kritik gesucht." (Demirović 2001, S. 9) Das Ersetzen der Analyse durch normative Bezugspunkte führt Demirović auf die veränderte gesellschaftspolitische Konstellation der 80er Jahre zurück: „Vielleicht bedeutet Luhmanns Theorie die nüchterne Analyse von systematischen Abläufen und Fehlentwicklungen, die eine heimliche Empörung gegen die Verletzung der Würde einzelner zum Ausdruck bringt (…). Vielleicht plausibilisiert die Luhmannsche Theorie den Quietismus der Kohl-Ära und die Entmutigung des Wunsches, durch gesellschaftliches Handeln etwas zum besseren zu verändern, wenn gleichzeitig zu befürchten ist, dass in der Folge alles nur noch schlimmer würde als der Status quo. Es könnte auch sein, dass seine zynische Gegnerschaft zum Wohlfahrtsstaat, die sich fast immer mit anzüglichen Bemerkungen gegen Schwache äußerte, und seine beharrliche Kritik am Moralismus derjenigen, die in entsprechenden Medienkampagnen als Gutmenschen und politisch Korrekte diskreditiert werden, resonanzfähig ist. (…) Vielleicht erfüllt die Luhmannsche Theorie selbst ein gewisses religiöses Bedürfnis, indem sie durch eine rigide Systematik und einen logisch geschlossenen Zugriff auf die Komplexität angesichts offener, wenn nicht krisenhafter Zukunftsperspektiven – so vielfältig von der Theorie selbst beschworen – Sicherheit und Halt verspricht." (Demirović 2001, S. 9 f.) Bezug nehmend auf Diedrich Diedrichsen, verweist Demirović auch auf biografisch-kulturelle Erklärungsansätze zur Wirkung von Luhmanns Theorie: Mit derselben Haltung, mit der viele der 68er zu 68ern geworden sind, hätten diese im Weiteren die Luhmannsche Theorie adaptiert – sie entspräche demselben Habitus. Viele 68er hätten sich von der geschwätzigen Spießigkeit und dem Provinzialismus ihrer Eltern unterscheiden wollen; dieses Begehren sei bei einem systemtheoretischen Weltbild heute gut aufgehoben. Luhmann stelle somit „ein theoretisches Angebot dar, mit 68 zu brechen, ohne sich zu fühlen, als sei man hinter 68 zurückgegangen oder gar vollständig reaktionär geworden." Die Generation der 68er nutze Luhmann so zum „perfekten und einigermaßen biografieneutralen Ausstieg aus dem linken Kontinuum ihrer Generation – als eine Art intellektuelle Kronzeugenregelung." (Diedrichsen 2001)

Wolf-Dieter Narr hat auf das hier interessierende Defizit im Luhmannschen Werk hingewiesen: Es besteht „in der weder entwickelten, noch sonst erwiesenen Behauptung, just die Moderne und ihre funktional ausdifferenzierten Systeme zeichneten sich dadurch aus, dass jedem System, das dann wiederum à la Politik, Ökonomie, Recht, Wissenschaft, Erziehung sehr konventionell gezäumt wird, seine eigene unverwechselbare Logik eigne". Indem Luhmann alle möglichen Institutionen, Prozeduren und Funktionen zu operativ geschlossenen Systemen erhebe, könne er „nicht nur diese ‚Systeme' (…) nicht begreifen" und sei gehalten, auftauchende Probleme, auch wenn sie den Kern der Politik, der Ökonomie, des Rechts betreffen mögen, in die jeweiligen Außenbezirke der Systeme oder ihre Koppelungen abzuschieben. Vielmehr werde „aller Kritik des politischen Rechts und der Recht missbrauchenden Politik, der kapitalistischen Politik und des politischen Kapitals (...) alle Beißkraft genommen". Hinzukomme, „dass die ausdifferenzierten Systeme so präsentiert werden, als bestünde unter ihnen keine Rangordnung, als sei nicht schon lange deutlich, ja eindeutig (…), dass die (kapitalistische) Ökonomie, um mit Walter Rathenau zu reden, ‚unser Schicksal' ist, sprich, dass ihre Logik alle anderen Systeme durchdringt und gleichschaltet. Hier verdummt das systemtheoretische Ausdifferenzierungsgerede, statt differenziert Zusammenhänge, Abhängigkeiten und Dynamiken erkennen zu lassen." (Narr 2001, S. 68 f.) Die in der Systemtheorie beschriebenen Subsysteme operieren nach Maßgabe eigener Rationalitätskriterien also gleichsam autonom, die Frage nach der Spezifik gesellschaftlicher Widersprüche und deren Bedeutung für die Entwicklung des Kapitalismus der Gegenwart – einschließlich der Rolle des Staates – besitzt daher keine Relevanz. Gesellschaft als eine sich gleichsam selbst regelnde Maschine begreifend, kennt die Systemtheorie keine Geschichte, keine Subjekte, keine sozialen Interessen und keine Interessensgegensätze. (vgl. Deppe 2010, S. 223 f.) Schon früh hat Michael T. Greven auf diesen antigesellschaftlichen Zug der Systemtheorie verwiesen: „Der Realität gesellschaftlicher Verhältnisse, die ein Produkt menschlichen Handelns ist, wird ein System übergestülpt, das Ergebnis menschlichen Ordnungsdenkens ist, und indem sich dieses System der Gedanken als unabhängig von menschlicher Praxis begreift oder besser ausgibt, versucht es, auch die Wirklichkeit einer bestimmten Stufe menschlicher Entwicklung nicht mehr als veränderlich, sondern eben als System überzeitlicher Strukturen auszugeben." (Greven 1974, S. 219)

Die Systemtheorie spiegelt mithin die zunehmende Komplexität und die funktionale Differenzierung moderner bürgerlicher Gesellschaften wider (hierin liegt ihr realer Kern), diese Differenzierung wird aber nur als Modus der wechselseitigen Absonderung und Autonomisierung unterschiedlicher gesellschaftlicher Teilbereiche verstanden, Gesellschaft zerfällt bei Luhmann in Subsysteme, Gesellschaftstheorie löst sich gleichsam auf (vgl. auch Lenk/Franke 1987, S. 33 ff.).

Was Gesellschaft bewegt, wie die Subsysteme zusammenhängen bzw. sich bedingen – all dies wird nicht thematisiert. Jürgen Habermas hat hierzu treffend formuliert: „Luhmann sagt es: alles ist möglich und nichts geht mehr. Der Paradigmenwechsel, der sich in der Theorie vollzogen hat, spricht für sich selbst: die anonyme Gesellschaft ohne Subjekt tritt an die Stelle der Assoziation freier und gleicher Individuen, die ihr Zusammenleben auf dem Wege demokratischer Willensbildung selber regeln. Mit dem Vertrauen in die Gestaltungsmöglichkeiten schwindet auch der eigene Gestaltungswille." (Habermas 1988, S. 65) Richard Saage pointiert das systemtheoretische Demokratieverständnis prägnant, wenn er konstatiert, dass es „vollständig mit den Postulaten der alten Demokratie als Selbstbestimmung des Volkes (…) brechen muss." (Saage 2005, S. 281)

4. Der Konstruktivismus: Absage an Wissen und Erkenntnis

Mit dem „Radikalen Konstruktivismus" gewinnt seit einigen Jahren eine lerntheoretische Fundierung des (neuen) Individualismus an Gewicht, die in letzter Zeit gerade in den Erziehungswissenschaften bzw. in therapeutischen Ansätzen stark rezipiert und weiterentwickelt wurde – manche sehen im Konstruktivismus bereits eine Art „Metatheorie" für Pädagogik und Schule. Mittlerweile haben die konstruktivistischen Diskurse – zumeist in ihrer (dominanten) Spielart der systemisch-konstruktivistischen Pädagogik – die Schulen erreicht. Der neue Individualismus, der auch im Konstruktivismus zum Tragen kommt, quält sich nicht länger mit dem schlechten Gewissen des Intellektuellen, der sich für die Sache der „Menschheit" verantwortlich fühlt und diese als „Herren" einsetzen will. Auch auf den Konstruktivismus als Teil der Vielfalt postmoderner Denkformen (Kersten Reich sprich hier vom „postmodernen Stachel", der „uns", d.h. den Konstruktivisten im Fleisch säße) (Reich 2002, S. 74) trifft zu, dass er mehr oder weniger ausgesprochen die radikale Dekonstruktion eines geschichtsphilosophischen bzw. geschichtlichen Denkens betreibt, das von gesellschaftlichen Widersprüchen ausgeht, die sich in Krisen und Umbrüchen manifestieren. Die Verbindung des Konstruktivismus mit der Systemtheorie (vgl. Voß 2005, S. 43 ff. sowie Weiß 1995, S. 274 ff.) verstärkt dabei noch die agesellschaftliche und damit unpolitische Tendenz des Konstruktivismus. Beide erklären nicht, was das Substantielle, das „Gesellschaftliche" sozialer Systeme ausmacht.

Nicht zufällig entspricht dem ein neoliberales Denken, welches ganz auf den Einzelnen setzt, der alle Möglichkeiten in der Gesellschaft habe. Nicht der kompensatorische Gedanke einer durch politische Interventionen herzustellenden Chancengleichheit, der die Schullandschaft der 70er Jahre noch prägte, liegt dem Neoliberalismus zugrunde, sondern die Rechtfertigung der – wie und mit welchen sozialen Folgen auch immer – individuell ergriffenen Chance. Damit wird zugleich die soziale Determiniertheit von Entwicklungsprozessen negiert und die Ungleichheit der Subjekte legitimiert. Wenn aber soziale und politische Aspekte aufgrund einseitig individuell-psychologischer Ausrichtungen verlustig gehen, wenn schulischer Erfolg oder Misserfolg nicht durch die gesellschaftlich bedingte Privilegierung verstanden werden, wenn schließlich Kategorien wie Macht und Herrschaft keine Rolle spielen, wird die Subjektbezogenheit konstruktivistischer Pädagogik zu einem Teil des „liberal bourgeois discourse": „Constructivism (…) ignores the social implications of the construction of meaning. (…) Constructivism is a liberal discourse which valorises the individual construction of meaning." (Zevenbergen 1996, S. 95)

Die Durchsetzung des neoliberalen Gesellschaftsbildes, die Loslösung des einzelnen aus gesellschaftlichen bzw. gesellschaftsprägenden Bezügen, die Aufgabe einer Perspektive individueller wie gesellschaftlicher Emanzipation und das Aufkommen des Konstruktivismus bzw. der systemisch-konstruktivistischen Didaktik stehen in einem unmittelbaren Zusammenhang. Subjektive Beliebigkeiten sind zugleich auch Ausdruck von Verunsicherungen, die sicherlich auch auf Krisen (aber auch auf Dogmatisierungen großer Gesellschaftstheorien) zurückzuführen sind. Der radikale Konstruktivismus ermöglicht durch seine Hinwendung zu metatheoretischen Erkenntnispostulaten, deren theoretische Unzulänglichkeiten und Widersprüche bzw. Auswirkungen auf die Lehrtätigkeit oft nicht reflektiert werden, die Flucht vor Sachkontroversen, die, denunziert als subjektiv-beliebige Konstruktionen, zweitrangig werden und oft hinter einem nebulösen Formulieren von „Lernarrangements" und „Lernkulturen" verschwinden. Wo Welt und Umwelt als Felder aneignendes Lernen aus dem Blick rücken, wird die interessierte Zuwendung zur Sache nebensächlich. Während Anfang der 70er Jahre etwa in Hessen wegen einer Lehrplanreform noch eine gesellschaftliche Debatte auf einem hohem argumentativen Niveau entbrannte, reichen heute, so Gerd Steffens, „Anschlüsse an anerkannte Fetische, um weitreichende Veränderungen zu legitimieren." (Steffens 2004, S. 99) Auch über die Fetische der systemisch-konstruktivistischen Didaktik werden dann „zeitdehnende Beschäftigungen ohne bildenden Wert als höchst legitime Formen von Unterricht etabliert." (Ebenda) Nicht zuletzt enthält der Konstruktivismus eine hohe legitimatorische Entlastungsfunktion für (frustrierte) Lehrende: Wer Schüler als geschlossene Systeme versteht, deren Wirklichkeitsaufbau selbstreferentiell erfolgt, muss sich nicht deren Defizite selbst zurechnen.

Seit den achtziger Jahren wurden also alle Theorieansätze für überholt erklärt, die Gesellschaft, Politik und individuelle Emanzipation miteinander verbinden bzw. den Menschen zuvorderst als gesellschaftliches Wesen betrachten. Der Abschied von Diskursen über Klassen, soziale Ungleichheit und Sozialstaatlichkeit wurde dabei – mit wenigen Ausnahmen (eine solche stellen die Arbeiten des französischen Soziologen Pierre Bourdieu dar) – rasch vollzogen. Beflügelt von der Konjunktur der „Postmoderne" wurde der „Generalangriff auf die Vernunftphilosophie des Rationalismus, der Aufklärung, der Geschichtsphilosophie und des Fortschrittsdenkens sowie auf alle Spielarten einer kritischen Theorie kapitalistischer Vergesellschaftung inszeniert" (Deppe 2006, S. 253), der nicht nur gegen marxistisches, sondern gegen gesellschaftliches Denken bzw. ein Denken in Widersprüchen schlechthin gerichtet war. Treffend hat Robert Kurz in seinem „Schwarzbuch des Kapitalismus" formuliert, dass der neoliberale Siegeszug der achtziger und neunziger Jahre zunächst das Soziale neutralisiert habe, bevor in diesem Dunst ein noch viel weiter reichender Rückschlag des Denken stattgefunden habe: Zusammen mit der marxistisch inspirierten Gesellschaftstheorie und dem sozialkritisch reflexiven Denken seien im Wissenschaftsbetrieb wie in der Publizistik „alle Strömungen, Schulen und Theorieansätze auf dem Rückzug oder schon verschwunden, die den Menschen in erster Linie als soziales und psychisches Wesen und die Gesellschaft aus ihrer eigenen historischen Konstitution heraus verstehen wollen." (Kurz 1999, S. 763) „So etwas wie Gesellschaft gibt es nicht, es gibt nur Individuen", hatte Margret Thatcher 1987 in einem Interview unübertroffen direkt und knapp gesagt und damit den Grundton des Neoliberalismus angeschlagen.

III Ausblicke

1. Gesellschaftstheorie als soziale und kritische Emanzipationstheorie war in den letzten Jahrzehnten kaum en vogue. Das politische Eingreifen in ökonomische Prozesse wurde denunziert; dem Markt Vorrang gegenüber dem Sozialen einberaumt. Ludwig A. Pongratz hat die Welle des auch in der Pädagogik vorherrschenden Zeitgeistes wie folgt charakterisiert: „Wer unter Erziehungswissenschaftlern up do date sein möchte, gibt sich heute postmodern, konstruktivistisch, pluralistisch oder kurz: antiemanzipatorisch. Nach 25 Jahren, so tönt es allenthalben, sei es für Pädagogen an der Zeit, Inventur zu machen. Unter Strich lauten die kurzschlüssigen Ergebnisse alle gleich: das gesellschaftliche Emanzipationsunternehmen schreibe rote Zahlen." (Pongratz 2003, S. 59) Ganz in diesem Sinne hat auch Klaus v. Beyme in seiner „Theorie der Politik im 20. Jahrhundert" festgestellt, dass die Geschichte des politischen Denkens im 20. Jahrhundert geschrieben werden könnte als „Geschichte der wachsenden Bescheidenheit im Hinblick auf die Ansprüche an Steuerungsfähigkeit (...), die an den Staat herangetragen werden". Andererseits konstatiert der emeritierte Politikwissenschaftler aber, dass kommende Herausforderungen der realen Politik – er nennt in diesem Zusammenhang Katastrophen, Migrationswellen und wirtschaftliche Einbrüche –

„rasch den Bedarf an Steuerungstheorien wieder wecken. (…) In solchen Bedarfslagen wird man vermutlich selbst auf das Steuerungsarsenal des totgeglaubten Sozialismus zurückgreifen – hoffentlich ohne den Ruf nach seinen autoritären Zügen." (v. Beyme 2007, S. 356). Tatsächlich haben die Wirtschafts- und Finanzkrisen, die Turbulenzen im Finanz- bzw. Kasinokapitalismus, aber auch das Atomunglück von Fukushima einen neuen Bedarf nach staatlicher Regulierung hervorgerufen. Angesichts der globalen Verwerfungen geht es um nicht weniger als ein „neues wirtschaftspolitische Regime, in dem die Politik weit stärker in wirtschaftliche Prozesse und Strukturen eingreift, als dies in traditionellen sozialreformerischen Strategien gedacht und praktiziert wurde." (Hans-Jürgen Urban 2009, S. 76) Analysen, die in diesen Kontexten angesiedelt sind, die die systemtheoretische Trennung der Subsysteme aufheben und den Zusammenhang von Staat und Gesellschaft, Interesse und Herrschaft wieder thematisieren – national wie international, könnten damit zukünftig einen Aufschwung erleben. Postmoderne Steuerungsskeptiker bzw. die Postmoderne insgesamt würden dadurch wieder an Einfluss verlieren.

2. Schule ist in mehrfacher Hinsicht ein Ort der Ungleichzeitigkeit. Der Aufschwung antigesellschaftlicher Theorien traf im Hinblick auf die Schulen in den letzten zwei bis drei Jahrzehnten auf eine Institution, die vom Vernunftdenken der Moderne und ihrem wissenschaftlichen Erkenntnisanspruch her geprägt und strukturiert war. Dieses manifestierte sich – bei aller Kritik – in Lehrplänen, gründete in der Sozialisation der im Gefolge von '68 unterrichtenden Lehrerinnen und Lehrer und schlug sich nicht zuletzt auch in der wissenschaftlichen Ausbildung von Referendarinnen und Referendaren nieder. Am Beispiel der Politischen Bildung lässt sich das gut zeigen. Im Kontext des Faches „Gesellschaftslehre" verfolgte sie grundsätzlich den Anspruch, den Zusammenhang von Politik, Wirtschaft und Gesellschaft zu thematisieren und zu vermitteln. Problemorientierung, verstanden als Thematisierung der Diskrepanz von Verfassungsanspruch und -wirklichkeit sowie eine Erziehung zur kritischen Kontrolle demokratisch legitimierter Herrschaft waren dabei zentrale Unterrichtsziele. Jochem Wicklaus, ehemaliger Leiter des Studienseminars für Gymnasien in Offenbach, forderte angesichts einer immer stärkeren Inhaltslosigkeit des Faches: „Die Kompetenz in sozio-ökonomischen Zusammenhängen denken zu können", müsse nicht nur Ausbildungsziel für Schülerinnen und Schüler sein, sondern „auch wieder verstärkt als Anforderung für Lehrerinnen und Lehrer gelten (…).." (Wicklaus 2008, S. 70). Die kritischen Beiträge einer Vortragsreihe, die im Sammelband „Politische und ökonomische Bildung in Zeiten der Globalisierung" (Steffens 2007) publiziert sind, stecken inhalts- und erkenntnisorientiert das Feld relevanter Themen und Fragestellungen eines (zukünftigen) sozialwissenschaftlichen Unterrichtes ab und fordern die o.g. Kompetenz des Zusammendenkens von Politik

und Wirtschaft. Ob ein derartiger erkenntnis- und wissensorientierter Zugang weiterhin die gesellschaftswissenschaftlichen Fächer bestimmen wird, oder ob die kritisierte Inhaltslosigkeit und ein dieser korrespondierender postmoderner Methodenpluralismus bzw. eine systemisch-konstruktivistische Didaktik die Oberhand gewinnen werden, bleibt offen. Entsprechende Befürchtungen sind nicht von der Hand zu weisen, steht doch der Schule auch eine gravierende personale Umstrukturierung bevor. Der von der Studentenbewegung im Gefolge von 68 verkündete Marsch durch die Institutionen, gestützt nicht zuletzt auf die Bildungsexpansion der 70er Jahre und die damit verbundenen Neueinstellungen von Lehrkräften, nähert sich – aus biografischen Gründen – dem Ende. Geht man von einem durchschnittlichen Studienbeginn von etwa 20 Jahren aus, so handelt es sich bei den sog. 68ern (hier verstanden als die Studierendengeneration der Jahre zwischen 1968 und 1975) um die heute (2013) 58- bis 65-Jährigen. Genau diese Altersgruppe ist überproportional im Schuldienst vertreten. Im Laufe der nächsten Jahre werden daher die „68er" die Schulen verlassen.

3. Der Fachdidaktiker Gerd Steffens hat ein Lehrer- und Lehrverständnis verteidigt, das durchaus als anti-postmoderne, anti-neoliberale und anti-konstruktivistische Vorstellung von Lehr-Professionalität verstanden werden kann: Wer nicht wissenschaftlich begründen könne, was er berufspraktisch tue, werde „ganz unvermeidlich zum Spielball von Moden, Traditionen und autoritären Verhältnissen. An Diskursen gesellschaftlicher Selbstverständigung teilnehmen zu können, begründete Auswahlen aus der Fülle der Bildungsmöglichkeiten zu treffen und den Heranwachsenden Wege der Welterschließung anzubieten, die durch ein im fachwissenschaftlichen Studium exemplarisch erworbenes Aneignungswissen gesichert sind, sind (...) zentrale Aspekte einer Professionalität von Lehrern, die sich weder über eine nachvollziehende Aneignung von Praxis noch durch deren Theoretisierung gewinnen und aufrechterhalten lassen. Die exemplarische Erfahrung, mit Gegenständen, Frage- oder Problemstellungen wissenschaftlich, d.h. nach strengen, bestmöglich gesicherten Regeln argumentativer oder empirischer Geltung umgehen und zu überzeugenden Resultaten gelangen zu können, sich also auf einen gegenüber der Alltagskommunikation gesicherten Modus des Verstehens und Erkennens beziehen zu können, sollte nach dieser Vorstellung eine berufslebenslang tragfähige Fähigkeit triftiger Begründung, methodischer Aneignung und kritischer Selbstprüfung hervorbringen." (Steffens 2004, S. 92)

Die Schule kann fachwissenschaftliches Studium nicht ersetzen. Sie kann aber für die Unterrichtenden organisatorische Zusammenhänge stiften, in denen die Verständigung über relevante Inhalte und theoretisch abgesicherte Gegenwartsanalysen möglich wird. Gerade die im Bildungsbereich tätigen Gewerkschaften müssten hieran eigentlich ein großes Interesse haben. Vielleicht existiert ja gerade angesichts der vielerorts beklagten Inhaltslosigkeit ein Bedürfnis, sich über gesellschaftstheoretische Fragestellungen und Analysen (neu) zu verständigen. „Gesellschaft" könnte so in der Schule wieder eine stärkere Berücksichtigung finden.

Anmerkungen

1 Zur materiellen politisch-ökonomischen Fundierung dieses Wechsels in Weltanschauungen bzw. Theoriebildungen wäre bei ausreichendem Platz auf die Mitte der siebziger Jahre einsetzende Krise des Fordismus und die Restrukturierung des Kapitalismus zum Finanzmarktkapitalismus näher einzugehen. Vgl. in diesem Zusammenhang die von Klaus Dörre, Stephan Lessenich und Hartmut Rosa geführte Debatte über „Soziologie – Kapitalismus – Kritik" (2009), vor allem S.51-74. Vgl. ferner Thomas Sablowski: Die Ursachen der neuen Weltwirtschaftskrise (2009), S.353-374.

2 Beyme selbst reproduziert diese Form des Denkens wenn er in seiner gut 400 Seiten umfassenden Darstellung auf reale geschichtliche bzw. ökonomische und politische Konstellationen praktisch kaum eingeht.

Literatur

Wolfgang Abendroth (1968), Antagonistische Gesellschaft und Politische Demokratie, Neuwied/Berlin

Klaus von Beyme (2007), Theorie der Politik im 20. Jahrhundert, Frankfurt/Main

Alex Demirović (Hrsg.) (2001), Komplexität und Emanzipation. Kritische Gesellschaftstheorie und die Herausforderung der Systemtheorie Niklas Luhmanns, Münster

Frank Deppe (2006), Politisches Denken im Kalten Krieg. Teil 1: Die Konfrontation der Systeme, Hamburg

Frank Deppe (2010), Politisches Denken im Übergang ins 21. Jahrhundert. Rückfall in die Barbarei oder Geburt einer neuen Weltordnung, Hamburg

Peter Glotz (1988), Politik und Aufklärung, in Jörn Rusen u.a. (Hrsg.), Die Zukunft der Aufklärung, Frankfurt a.M., S. 29-32

Klaus Dörre, Stephan Lessenich, Hartmut Rosa (2009), Soziologie – Kapitalismus – Kritik. Eine Debatte, Frankfurt a.M.

Michael T. Greven (1974), Systemtheorie und Gesellschaftsanalyse, Darmstadt/Neuwied

Jürgen Habermas (1988), Die neue Intimität zwischen Politik und Kultur, in: Jörn Rüsen u.a. (Hrsg.), Die Zukunft der Aufklärung, Frankfurt a.M., S.59-68

Max Horkheimer/Theodor W. Adorno (1971), Dialektik der Aufklärung. Philosophische Fragmente, Frankfurt a.M. (im Original New York 1944)

Reinhard Kühnl (1999), Liberalismus als Form bürgerlicher Herrschaft. Von der Befreiung des Menschen zur Freiheit des Marktes, Heilbronn

Robert Kurz (1999), Schwarzbuch Kapitalismus. Ein Abgesang auf die Marktwirtschaft, Frankfurt a.M.

Kurt Lenk/Berthold Franke (1987), Theorie der Politik. Eine Einführung, Frankfurt a.M./New York

Niklas Luhmann (1992), Beobachtungen der Moderne, Opladen

Wolf-Dieter Narr (2001), (Nicht: Die) Theorie der Theorie – Beobachtungen zur Summa Luhmanniana: Die Gesellschaft der Gesellschaft in Theoretisieren stimulierender Absicht, in: Demirović 2001, S. 53-72

Ludwig A. Pongratz (2003), Zeitgeistsurfer. Beiträge zur Kritik der Erwachsenenbildung, Weinheim

Mirjam Prauschke/Guido Steffens (2011a), Didaktische „Meisterdenker". Anmerkungen zum „Kerncurriculum Politik und Wirtschaft", in: HLZ. Zeitschrift der GEW Hessen, Heft 7/8, S. 30/31

Mirjam Prauschke/Guido Steffens (2011b), Abschied von einer gesellschaftskritischen politischen Bildung. Anmerkungen zum Hessischen „Kerncurriculum Politik und Wirtschaft" und zu neuen „Meisterdenkern"; in: Benedikt Widmaier/Frank Nonnenmacher (Hrsg.): Partizipation als Bildungsziel – Politische Aktion in der politischen Bildung, Schwalbach/Ts., S. 195-204

Kersten Reich (2002), Systemisch-konstruktivistische Didaktik. Eine allgemeine Zielbestimmung, in: Reinhard Voß (Hrsg.) (2002), Die Schule neu erfinden. Systemkonstruktivistische Annäherungen an Schule und Pädagogik, Neuwied, S. 70-91

Randolf Rodenstock (2001), Chancen für alle. Die Neue Soziale Marktwirtschaft, Köln

Richard Saage (2005), Demokratietheorien. Eine Einführung (Lehrbuch), Wiesbaden

Thomas Sablowski (2009), Die Ursachen der neuen Weltwirtschaftskrise, in: Jahrbuch für Pädagogik 2009, S.353-374

Herbert Schui u.a. (1997), Wollt ihr den totalen Markt? Der Neoliberalismus und die extreme Rechte, München

Herbert Schui/Stephanie Blankenburg (2002), Neoliberalismus: Theorie, Gegner, Praxis, Hamburg

Werner Seppmann (2000), Das Ende der Gesellschaftskritik? Die ‚Postmoderne' als Ideologie und Realität, Köln

Gerd Steffens (2004), Sagen, was alle sagen. Bildung und die träge Last der Gemeinplätze, in: Sitzungsberichte der Leibniz-Societät 72 (2004)

Gerd Steffens (Hrsg.) (2007), Politische und ökonomische Bildung in Zeiten der Globalisierung, Münster

Hans-Jürgen Urban (2009), Die Mosaik-Linke, in: Blätter für deutsche und internationale Politik, H. 5, S. 71-78

Reinhard Voß (Hrsg.) (2005), Unterricht aus konstruktivistischer Sicht. Die Welt in den Köpfen der Kinder, Weinheim/Basel (2. Auflage)

Ulrich Weiß (1995), Konstruktivismus Dekonstruktivismus, in: Dieter Nohlen (Hrsg.), Lexikon der Politik, Bd. 1: Politische Theorien, München, S. 274-279

Georg Weißeno u.a. (2010), Konzepte der Politik – ein Kompetenzmodell, Bonn

Jochem Wicklaus (2008), Ökonomische Themen in der politischen Bildung nach 1968, in: Gerd Steffens/Benedikt Widmaier (Hrsg.), Politische und ökonomische Bildung. Konzepte – Leitbilder – Kontroversen, Wiesbaden, S. 56-71

Robyn Zevenbergen (1996), Constructivism as liberal bourgeois discourse, in: Educational Studien in Mathematics, Bd. 31, S. 95-114

Krisen in Bildungssytemen

Anna-Lena Dießelmann

Zur allgemeinen Grammatik und zur sprachlichen Implementierung von Krisen im Bildungsdiskurs

Zur Zeit der Krise(n)

Das Fortschreiten der allseits beschworenen vielfältigen Krise(n) und – vielmehr noch – das Eingreifen des europäischen Krisenregimes führt in den letzten Jahren zu einer weiteren Ökonomisierung aller Lebensbereiche. Denn zu den Widersprüchen des Kapitalismus gehört, dass er auf der Ausbeutung der menschlichen Arbeitskraft beruht und diese gleichzeitig in wachsendem Maße überflüssig macht (vgl. Marx 1974). Daraus ergibt sich notwendig eine Steigerung der Konkurrenz. Durch die Verdichtung der Arbeit, die Beschleunigung des Arbeitstempos und die Erhöhung des Leistungsdrucks müssen immer mehr Menschen weltweit zu den schlimmsten Bedingungen ihre Arbeitskraft verkaufen, die gemessen am gültigen Produktivitätsniveau immer weiter entwertet wird. Zugleich werden Lebensrisiken privatisiert und das Private kommerzialisiert. Und hier kommt die Bildung ins Spiel, denn Bildung – heute als „Wissen" – ist im ökonomisierten und kapitalisierten Umfeld eine privatisierte Produktivkraft. Lebenslanges Lernen hat darin die Funktion der Selbstoptimierung, immer mit Blick auf die Konkurrenz am Arbeitsmarkt. In öffentlichen Diskursen wird Bildung vermehrt als „erwerbbare Ressource" dargestellt, die der Steigerung der persönlichen Chancen auf dem Markt dient; allerdings mit Ausnahmen: sinnvolle Bildung (sprich: anwendbares, kapitalträchtiges Wissen) wird von sinnloser Bildung (sprich: Geisteswissenschaften) unterschieden. Selbst Schuld, wer in die „falsche" Bildung investiert. Die steigende gesellschaftliche Bedeutung von Bildung hat ebenso ökonomische Ursachen, denn sie wird unter den immer stärker globalisierten Bedingungen zur zentralen Kategorie von angeblicher Entwicklung und Fortschritt. Bildung kompensiert den immer stärkeren Abbau des Sozialstaats, die Finanzkrise hat diesen Trend bereits verstärkt. Für die FDP ist sogar „Bildung die soziale Frage des 21. Jahrhunderts." (FDP 2013) Konkret wird Bildung zur kapitalisierten Ware. Auf gesellschaftlicher Ebene ist dies gleichbedeutend mit einer Ökonomisierung der Kultur und der Wissenschaften – besonders der des Geistes. Diner fordert in diesem Sinne, die Geistes- und Kulturwissenschaften könnten als Standortvorteile direkt in die Wertschöpfung eingehen (vgl. Diner 2004). Er spricht damit den Geisteswissenschaften ihren Eigenwert ab. Andere hingegen verweisen auf die mangelnde Relevanz und Beachtung von Kreativität und Bil-

177

dung als Ausgangspunkte der Reform des Bildungswesen (vgl. Blanke 2007). Statt dessen, so wird weiter kritisiert, würden Hochschulen den Funktionsbedingungen eines Wirtschaftsunternehmens unterworfen und in den Dienst der Ökonomisierung von Wissen gestellt (vgl. Blanke 2007). Diese Befunde scheinen sich insbesondere in Krisenzeiten zu bewahrheiten. Und gleichzeitig spitzt sich der Diskurs dahingehend zu, dass die Sprechmuster und Rhetorik der neoliberalen Umstrukturierungen immer weniger Alternativen zulassen. Soweit nichts Neues. Die Vermarktung des Bildungswesens ist ein schleichender Prozess, der in kleineren und größeren Veränderungen und Reformen abläuft. In diesem Prozess werden diskursiv neue Sachzwänge erzeugt, die eine öffentliche politische Debatte erschweren, wenn nicht sogar verhindern.

Zur allgemeinen Grammatik von Krisendiskursen

Die Bedeutung der „Krise" für den Bildungsdiskurs und für dessen normalisierende Funktionen im Hinblick auf Normalismus und Normativität muss in den Blick genommen werden. Dazu gehören auch die veränderten gesellschaftlichen Bedürfnisse nach Normalität und Sicherheit und das sich ständig neu ordnende Verhältnis von Wissenschaft, Politik und gesellschaftlichem Alltag. Denn unter den gegebenen Bedingungen werden einerseits konkrete Phänomene erklärbar, beispielsweise warum Studierende sich mehr für die formalen Bedingungen des Scheinerwerbs interessieren, als für die Inhalte von Veranstaltungen. Andererseits kann die allgemeine „Grammatik" der Ausnahme (in Anlehnung an Kenneth Burke) sichtbar gemacht werden. Die allgemeine Struktur oder „Grammatik" wird in der je konkreten Taktik implementiert, das multivalente Verhältnis von „Ausnahme" und „Norm" in der konkreten, empirischen Analyse kann abstrahiert und auf andere Themenfelder übertragen werden. Wie auch Carl Schmitt schon wusste, verstecken politische Systeme ihre paradoxen und widersprüchlichen Grundlagen in den Regelungen, die sie für den Ausnahmefall treffen. Wie diese im einzelnen aussehen, hat für unsere Erwartungen auch mit dem Normalitätsstatus eines Landes zu tun. So erwarten wir in Gegenden mit niedrigem Normalitätsstatus permanenten Ausnahmezustand (bis hin zum failed state). Bildung kann sowohl Indiz für den Normalitätsstandard sein, als auch den Abstieg in untere Normalitätsklassen (vgl. Link 2001) anzeigen. Die Demonstrationen in Tunesien im Jahr 2011 haben den Staat gezwungen, den langjährigen (staatlich erklärten) Ausnahmezustand aufzuheben – indem sie ihn (faktisch) hergestellt haben. In Ägypten ist just das nicht gelungen. Hierzulande wird stets der prekäre Charakter der politischen Normalität unterstrichen, damit sie nicht in den Bereich der selbstverständlichen „Hintergrunderfüllung" (in Anlehnung an Arnold Geh-

178

len) entrückt, indem die politischen Freiheiten in der Hauptsache schon dadurch als gefährdet dargestellt werden, dass sie in Anspruch genommen werden. Die Opposition zerfällt dann in einen (von den staatstragenden Parteien bewirtschafteten) „zivilgesellschaftlichen" Teil, von dem Störer, Gefährder und Militante auf der anderen Seite mit flexiblen diskursiven Mitteln abgegrenzt werden. Die exekutiven Taktiken für solche diskursiven Grenzverschiebungen befinden sich im Spannungsfeld zwischen Dramatisierung und Entdramatisierung. Die einschlägigen Widersprüche sind dort besonders scharf und pointiert, wo die erklärten Ziele auf beiden Seiten scheinbar die gleichen sind, also etwa in den Forderungen nach „Bildung". Bildung ist auf dem Weg, ein fiktives diskursives „Zentralgebiet" im Sinne Schmitts zu werden, ein diskursives Feld, in das politische Konflikte projiziert werden und auf dem sie auch ausgetragen werden können.

Die unterschiedlichen Krisendiskurse zeigen als eine Gemeinsamkeit die Verwobenheit über den Wissensrahmen des Sicherheitsdiskurses. Die analytischen Arbeiten zur Geschichte des Sicherheitsdiskurses setzen in den 70er Jahren an (vgl. Galli/Preußer 2006; Kunz 2005) und erkennen eine Verschiebung der Bedrohungsszenarien. Die über Krisen präsupponierte Gefährdung oder Bedrohung der Einzelnen fordert eine Sachzwanglogik, die die Sicherstellung der Sicherheit zum Staatsziel erklärt. Die Abwesenheit von Gefahr jedoch ist eine Folge der Definition der Gefahr und ihrer Quelle. Aus der Definitionsmacht über der Gefahr folgt eine faktische Macht, denn wer die Feinde der Inneren Sicherheit (oder auch der Wirtschaft, der Bildung) bestimmt, hat auch das Recht sie auszuschließen. Diese grob vereinfachte Formel zieht sich bis heute als Muster durch die Logiken des Sicherheits- und damit auch des Krisendiskurses. Zunächst bezog sich die Konstruktion der Bedrohung auf ein bestimmtes Phänomen oder eine spezifische Gruppe (Dealer, Gewalttäter, Migranten als Gefahrenquelle; vgl. Link 2006; Köster 2009), gegenwärtig eher auf die generelle Angst vor potenziellen Gefahren (vgl. Bönisch 1998). Nach der Verstaatlichung der letzten Stadtpolizei 1975 in München verschwand das Thema „Sicherheit" zunächst aus der kommunalpolitischen Diskussion (vgl. Eick/Töpfer 2007). Als „gefährlicher Ort" und „Angstraum" ist die „Ausnahmesituation" seit den 90er Jahren wieder entdeckt und besonders in den Diskurs über „Städte" indiziert worden. Die subjektiven Gefühle werden entsubjektiviert und dienen zur Legitimation von neuen Repressionstechniken wie im Zusammenhang mit der Terrorismusbekämpfung seit 9/11 (vgl. Link 2001). Der Terrorismus wird zur permanenten Bedrohung stilisiert und damit ein permanenter „Ausnahmezustand" beschrieben (vgl. Agamben 2004).

Aus diesem Diskurs werden konkrete politische Handlungen abgeleitet: 2002 hat die diskursive Propagierung der Gefahr zum Erlass des Gesetzes zur Bekämpfung des internationalen Terrorismus geführt. Heute gilt die Bedrohung Europas – also der Euro-Zone – durch die Krise als so umfassend, dass auch der

Bildungsbereich davon tangiert ist. Schließlich verschärft sich eine Konkurrenz um wenige Arbeitsplätze für gut ausgebildete, vor allem junge Menschen auch in Deutschland, wenn der europäische „Markt" von zahllosen Mitbewerber/innen überschwemmt wird. Die Angst vor Arbeitslosigkeit und damit der ungesicherten Existenz potenziert sich. Hinter den bereits zahlreichen arbeitslosen Jugendlichen und der Aussicht auf steigende Zahlen verschanzt sich eine weitere Denormalisierungsdrohung: 6 Milliarden Euro des EU-Haushaltes werden zur Bekämpfung der Jugendarbeitslosigkeit in den nächsten beiden Jahren verwendet, weil der EU-Gipfel die destabilisierende Wirkung von marodierenden Jugendbanden in den Vorstädten fürchtet. Mit der Verhinderung von Arbeitslosigkeit soll soziale Ordnung und Ruhe hergestellt werden. In diesem Kontext warnte EU-Kommissionschef José Manuel Barroso: „Wir haben eine soziale Notlage in einigen Mitgliedstaaten" (Barroso 2013, zitiert nach N-TV, 02.07.2013).

Krisenrhetorik ist grundlegend geprägt von Dramatisierungs- und parallelen Entdramatisierungsstrategien, die als ratios[1] analysiert werden. Rolle und Funktion von Handlungen und Geschehen können in Hinblick darauf untersucht werden, ob sie einen Inhalt transportieren, auslösen, beinhalten oder in einem anderen Term beinhaltet sind (Burke 1969a, S. 503ff; siehe Abbildung).

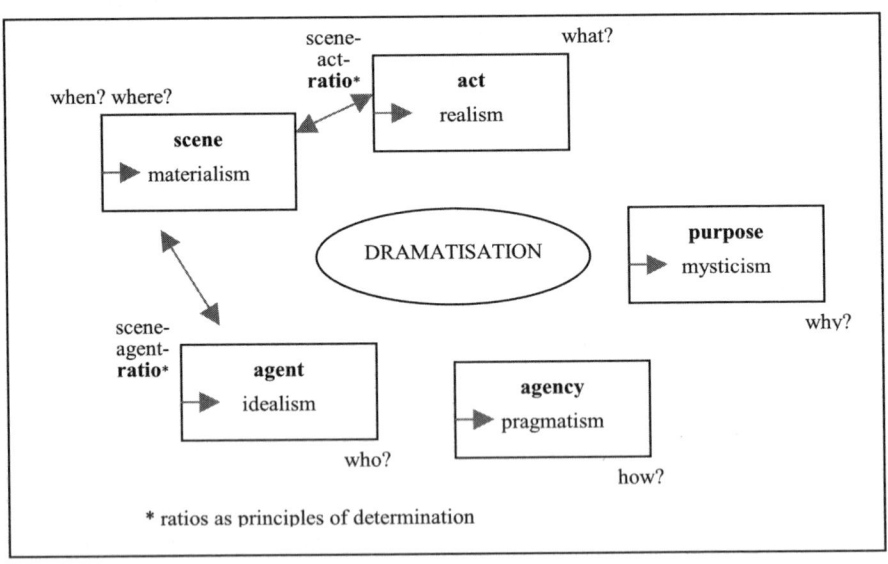

Abb.: Schematische Darstellung der ratios in Anlehnung an Burke.
Quelle: Eigene Darstellung.

Die Beschreibung liefert eine grundlegende Möglichkeit, die Zusammenhänge von Erzählungen im Hinblick auf „Container" und „containerte" Inhalte detaillierter zu verstehen und zu beschreiben, also die kausalen – und auch die nicht kausal-logischen – Implikationen und Folgerungen abzuleiten und nachvollziehen zu können (vgl. Burke 1996a). Die möglichen ratios verstehen wir wie Burke als Prinzipien der Determination von Inhalten[2]. Kennzeichnend für die Krisenrhetorik ist die von Burke für die ratio beschriebene Zuständigkeit sowohl der Akteur/innen als auch der Szene für die Dramatisierung und Schilderung von Ausweglosigkeit. Die Sachzwanglogik, laut welcher die Krise zur Prävention legitim und – nicht nur legitim, sondern schier unausweichlich angebracht ist – folgt der Formel: „Vorbeugung avanciert zur moralischen Pflicht, deren Unabweisbarkeit gerade darauf beruht, dass sie nicht an hehre Ideale, sondern an das Eigeninteresse appelliert." (Bröckling 2008, S. 47)

Wengeler und Römer kristallisieren aus einem Vergleich der Argumentationsmuster zur Ölkrise 1973/74 und zur Finanzkrise 2008/09 einige zentrale Topoi heraus, die auch im gegenwärtigen Bildungsdiskurs eine Rolle spielen (vgl. Wengeler/Römer 2012). Grundlegend ist die Behauptung von Realitäten, nach Wengeler und Römer der „Realitätstopos", der implizit Bedingungen als gegeben präsupponiert oder explizit Realitäten behauptet. Der Topos der „dunklen Zukunft" schließt daran an. Das Argument ist schlicht: Weil etwas Schlimmes bevor steht, muss etwas präventiv getan werden. Der Topos aus „Maximen" benennt die Ableitung von Handlungen aus höheren Maximen oder Überzeugungen. Dieser Topos steht im engen Zusammenhang mit den in Argumentationen etablierten „Hochwerten". Wengeler und Römer führen zudem den Singularitätstopos für Argumentationen auf, die die gegebene Situation als singulär in ihrer Dringlichkeit oder Bedrohung beschreiben („so schlimm war es noch nie") (vgl. Wengeler/Römer 2012). Ähnlich wie Wengeler und Römer für den Krisendiskurs beschrieb Lieb bereits 2008 die Rhetorik im Bildungsdiskurs sehr pointiert in 3 Akten:

„Die Reformagenda lässt sich in drei Kapitel unterteilen, nämlich

- Verarmung des Staates
- Schlechtreden und Miesmache der öffentlichen Einrichtungen
- Durchsetzung der Parole: Der Markt kann alles besser als der Staat" (Lieb 2008).

Liebs „Kapitel" erinnern an die grundlegenden Topoi der Krisenrhetorik, mit Burke gesprochen an die simple Struktur der Dramatisierung. Diese Rhetorik ist nicht neu, allerdings verschärft sie sich seit den ersten Ergebnisse der PISA-Studie und der Finanzkrise 2008 und hat durch beide Ereignisse an Plausibilität

Full of contradictions!

gewonnen. Bereits Ende der 1990er Jahre konstatierte Bundespräsident Roman Herzog in einer Rede: „Unser Bildungssystem braucht mehr Wettbewerb und Effizienz, mehr Eigenständigkeit und Selbstverantwortung, mehr Transparenz und eine bessere Vergleichbarkeit der Bildungsinstitutionen" (zitiert nach Lieb 2008). Besonders interessant ist der Bildungsdiskurs deshalb, weil er seit der neoliberalen Umstrukturierung der Bildungseinrichtungen zu einem Türöffner für Legitimationsmuster geworden ist und weil er als Stellvertreter für andere Wohlfahrts- und Sozialstaatsthemen gehandelt wird. Angela Merkel bringt das auf den Punkt: „Wohlstand für alle heißt heute und morgen: Bildung für alle" (Merkel 2008, zitiert nach FAZ,12.06.2008) Im Folgenden werden die Grundmuster nach Lieb, Wengeler und Römer im Bildungsdiskurs aufgespürt und mit der Methode Burkes die entsprechenden ratios untersucht.

Zur Implementierung der Grammatik im Bildungsdiskurs

Bildung kann also als *agency* gelesen und verstanden werden, deren Skopus im traditionellen Bildungsdiskurs überwiegend auf den *agent*, namentlich die Persönlichkeit, bezogen war. In der Tendenz mutiert Bildung als *agency* jetzt zu einer Größe, der öffentlich zugetraut wird die ganze s*cene* zu prägen. Denn ihr Skopus hat sich total erweitert, ähnlich wie zuvor der Skopus des „Zentralgebiets" Wirtschaft. Bei Burke findet sich für dieses Phänomen der Ausdruck „szenischer Begriff". Diese zyklisch wiederkehrenden, szenischen Problematisierungen der Bildung rufen stets die Ergebnisse der PISA-Studien hervor. In Anlehnung an Link gilt auch im Bildungsdiskurs: Die Statistik regiert. PISA fordert und fördert eine massive Nachfrage nach Normalität. Denormalität, dem Durchschnitt nicht genügen, das ist die medial verbreitete Angst der deutschen Bildungspolitik nach jeder PISA-Studie. Über die Ergebnisse dieser Studie können zugleich Angst und Schrecken verbreitet, Dramatisierungen und containerte Inhalte vermittelt, aber auch die eigene Kompetenz zur Lösung der „Bildungskrise" in den Vordergrund gerückt werden. PISA ist ein Türöffner für Strategien und Tendenzen in der Bildungspolitik. Über PISA konnten Angst vor Denormalisierung und vor dem Abrutsch der Gesellschaft in eine untere Normalitätsklasse erfolgreich im Normalzustand implementiert werden, denn die Ergebnisse zeigen laut Peter Hahne: „Fast die Hälfte der jungen Bewerber sind zu dumm für eine Lehre, weil sie in der Schule und zu Hause nicht genug gelernt haben." (Hahne 2010, zitiert nach Bild, 07.03.2010) Die diskursiven Folgen lassen sich in Anschluss an Burke genauer illustrieren, denn erst durch die Skopusausweitung sind umfassende Äußerungen glaubwürdig: Alle Krisen sind durch *mehr* und *bessere* Bildung zu lösen bzw. zu normalisieren. Im Gegenzug zeigen Bildungskrisen die Potenz diskursiv zu den schlimmsten und wichtigsten Katastrophen zu werden. Da letztlich bei Bildung in einem so meritokratischen Prinzip immer der Einzelne angesprochen wird, fällt ihm mehr oder weniger automatisch die Aufgabe zu, permanent die eigene Bildung zu optimieren. Und damit ist die Bildung Teil des lebenslangen neoliberalen Hamsterrades.

Zur Selbstinszenierung von privaten Unternehmen sowie von Institutionen und Behörden als kompetente Manager der Krise gehört als Grundstruktur die *Dramatisierung und Entdramatisierung*: Zunächst wird der Konflikt oder das Problem als so drastisch konstituiert, dass Lösungen notwendig erscheinen, die über das als normal Geltende hinausgehen. Diese Lösungen werden entweder sofort mitgeliefert oder die Leerstelle im öffentlichen Diskurs durch – zumeist – die selben Akteure ausgefüllt. Die scene-agency-ratio mit Bildung als *agency* macht das Prinzip der Determination von Handlungsoptionen in Szenen deutlich. Das Verhältnis der *scene* zur *agency* lässt keine Ausswegsmöglichkeit zu und erklärt auch die Zuständigkeit der Akteur/innen für die Dramatisierung und Schilderung von Ausweglosigkeit. Auf die dramatische Darstellung der Situation Griechenlands beispielsweise, die vor allem durch die EZB, die EU und den IWF als katastrophal dargestellt wurde, hatten ebendiese im Namen der Troika bereits Lösungen in der Schublade. Für die mangelnde Effizienz der deutschen Bildungsinstitute – durch PISA und die Bertelsmann Stiftung[3] „bewiesen" – haben ebenfalls die Verantwortlichen beschwichtigende Programme in der Hinterhand. Privatisierung und Kapitalisierung der Bildung wurden mit diesen Begründungen bereits auf den Weg gebracht. Eine Krise muss hergestellt werden, damit drastische Lösungen gesellschaftliche Akzeptanz finden.

Eine weitere Strategie der Krisenrhetorik, die ebenfalls im Bildungsdiskurs eine große Rolle spielt, ist *Risiko(prävention).* Bildung soll fit gemacht werden für die Zukunft, die Universitäten sollen stabilisiert und auf die drohende Krise der ungebremsten Ströme neuer Studierender vorbereitet werden. Die Zahl der Studierenden wird als Gefahr gedeutet, gegen die sich die Universität schützen muss. Nichts anderes passiert auf globaler Ebene gegen die möglichen Zuwanderer aus den von der Krisenpolitik gebeutelten südeuropäischen Ländern. Almosenpolitik – auf den Punkt gebracht in dem Abkommen der Arbeitsministerinnen Deutschlands und Spaniens zur Begründung eines Hilfsangebotes für spanische Jugendliche, die in der BRD eine „Chance" bekommen sollen (zitiert nach Tagessschau 21.05.2013).

Im eigentlichen Sinne politische Entscheidungen werden als *Sachzwänge* dargestellt. Die Entscheidungen werden dabei als „alternativlos" skizziert: Sachzwänge und Alternativlosigkeit dienen zur Legitimation von Privatisierung, denn es sei keine andere Finanzierungsmöglichkeit für Bildung vorhanden, private Investoren seien die einzige „Hoffnung". Diese Sachzwänge nehmen den Entscheidungen den politischen Charakter, denn sie erscheinen im Diskurs als logische, naturgesetzliche Reaktionen. Über die rhetorische Erzeugung solcher Sachzwänge werden politische Entscheidungen und Einflussmöglichkeiten – das Politische – entpolitisiert. Wer alternativlose Ereignisse verwaltet, braucht weder politische Kompetenzen noch demokratische Legitimation. Der bildungspolitische Diskurs „entpolitisiert" die Themen, denn die Forderungen werden nicht als politische Forderungen, sondern als Sachzwänge dargestellt (vgl. Knobloch 1998, S. 33).

Eine allgegenwärtige Forderung lautet: mehr Autonomie. „Das Modell *Autonomie* ist vielfach erprobt bei der Privatisierung öffentlichen Eigentums [...] . Wo es implementiert wird, da tritt an die Stelle einer einheitlichen öffentlichen Verwaltung ein Quasi-Markt mit intensiver Konkurrenz, Verdrängungswettbewerb und möglichst zahlreichen operativ autonomen Einheiten" (Knobloch 2010, S. 25). Patrick Meinhardt, bildungspolitischer Sprecher der FDP-Fraktion verwies 2011 im Rahmen eines Bildungskongresses darauf, dass „im PISA-Vergleich insbesondere die Länder gut abschneiden, in denen die Schulen über viel Autonomie [...] verfügten." (FDP 2013a). Auf diesem Kongress sollten Schulen in freier Trägerschaft beworben und gefördert werden, hiermit wird faktisch die politische Verantwortung an private Unternehmen (Schulen) abgegeben. Paradoxerweise gelingt es unter dem Topos der Autonomie, unter dem Hochwert „Hochschulfreiheit", jegliche Fremdsteuerung zu verkaufen: „Knapp die Hälfte der Hochschulratsvorsitzenden sind Vertreter der Wirtschaft. Von diesen Vorsitzenden sind wiederum 80 Prozent Aufsichtsrats- oder Vorstandsmitglieder von Unternehmen. Vertreter aus Gewerkschaften sind in den neu geschaffenen Steuerungsgremien der bundesdeutschen Hochschulen mit 3% nur marginal vertreten. An die Stelle der früheren – gewiss nicht optimalen – akademischen Selbstverwaltung und einer kooperativen Hochschulleitung sind Top-down-Management-Strukturen getreten." (Lieb 2008)

Zu dieser Diskursstrategie wirken *Moralisierungen* unterstützend: Verlierer/innen und Gegner/innen der Umstrukturierung und der undemokratischen Reformen werden mit moralisch aufgeladenen Bildern diskreditiert. Erfolglose Studierende oder Absolvent/innen werden als „faul" stigmatisiert, ebenso wie Griechen und andere „Südländer" im Diskurs zur Finanzkrise der jeweiligen Länder. „Bildungsverlierer" werden als Last für die Steuerzahler diffamiert. Häufig schließen sich diesen Argumentationen auch immer wieder Mitarbeiter/innen der Universitäten an, die schimpfen, ihre Studierenden würden keine Bücher mehr lesen, keine Bildungswilligkeit an den Tag legen. So wird der Druck von oben nach unten weitergegeben, während sich alle gemeinsam überarbeiten statt sich zusammen für bessere Lern- und Lehrbedingungen zu engagieren. Die Lösung des Problems wird entweder als viel allgemeineres „Integrationsproblem" aus dem Verantwortungsbereich der Bildungspolitik verdrängt oder unter wirtschaftlichen Gesichtspunkten diskutiert: „Um diese Bildungsverlierer kümmern wir uns zu wenig – obwohl sie uns alle angehen: nicht nur, weil sie eine Chance verdienen, sondern vor allem auch, weil Unbildung unsere Gesellschaft insgesamt bedroht. Wir bezahlen dafür mit explodierenden Sozialkassen und einem Mangel an qualifizierten Fachkräften" (Dräger 2011). Sogenannte Bildungsverlierer/innen sind ein finanzielles Problem für die Gesellschaft. Die Denormalisierungsdrohung des Bildungsdiskurses geht also auch über die Bildungsverlierer/innen direkt hinaus, droht doch die soziale Spaltung, die Segregation und der Verlust der multikulturellen Gesellschaft. Die Zuweisung der Schuld an einzelne Verlierer/innen ist ein typisches Muster der Krisenrhetorik. Diese, besonders zu Krisenzeiten florierenden rassistischen und nationalistischen Ideologien, die „selbst-Schuld-Logiken" (vgl. Konisz 2010), brechen in der Logik der Krise im Bildungsdiskurs auf, wenn bestens ausgebildete Jugendliche in Südeuropa trotz allem keinen Job mehr finden. Diese Moralisierung führt zur Entpolitisierung und Entsolidarisierung der Studierenden und Lehrenden: „Die „Kunden" verhalten sich dann auch wie Vertragspartner und werden in diesem Denken weiter sozialisiert" (Hempel 2010). Die Lehrenden versuchen möglichst arbeitsökonomisch ihre Dienstleistung zu erbringen.

Als Lösung für die Probleme im Bildungsbereich werden neue Hochwerte programmatisch eingeführt, darunter auch die *Effizienz*. Beispielsweise fand die diesjährige Jahrestagung der Fraunhofer-Gesellschaft unter dem Motto „wissen – können – effizienter machen" (www.fraunhofer.de) statt. Effizienz bedeutet als wirtschaftliche Kategorie in erster Linie ein bestimmtes Verhältnis von Investitionen und Ergebnissen, im Bildungsbereich eine umfangreiche messbare Palette von Ansprüchen an eine Ausbildung. Die CDU verabschiedete schon 2000 in ihren Bildungspolitischen Leitsätzen den Begriff Effizienz als leitenden Hochwert: „Forschung und Lehre brauchen mehr Freiheit und Effizienz". Die Effizienz innerhalb des bildungspolitischen Diskurses wird gemessen an Testergebnissen wie PISA oder dem CHE-Ranking der Bertelsmann-Stiftung. Diese Rolle wird sogar im Selbstverständnis des Bundesministeriums für Bildung und Forschung aufgegriffen und festgesetzt. Auf die Frage, warum der Staat so viel Geld in Bildung investiert, heißt es: „Das Bildungsniveau hat einen erheblichen Einfluss auf den Wohlstand in unserem Land. Staaten mit guten PISA-Testleistungen zeigen nicht nur im internationalen Vergleich die größten Wachstumsraten des Bruttoinlandsprodukts." (BMBF 05.06.2013) Was bedeutet Effizienz aber gemessen am Alltag der Lehrenden und Lernenden? „Gegenüber Studierenden und Mitarbeitern flankiert die Forderung nach Effizienz gewöhnlich höheren Druck und schärfere Überwachung." (Knobloch 2010, S. 26) Die angebliche Alternativlosigkeit von Effizienz und damit konkreter Reformen wie Bologna, die Notwendigkeit der Ökonomisierung zur Steigerung von Qualität dominieren den Diskurs. Gegen

Einwände werden stets die gescheiterten Bildungseinrichtungen in nicht-kapitalistischen Ländern angeführt. Effizienz ist ein Schlüsselbegriff, auch in anderen gesellschaftlichen Bereichen: Überall dort, wo Krisen eine Bedrohung schüren, müssen effektive und daher schnelle Lösungen herbei. Für eine demokratische Überprüfung und die Suche nach Alternativen bleibt keine Zeit.

Um die Effizienz zu garantieren, wird der *Wettbewerb* relevant. Im neoliberalen Sprech erhält der Wettbewerb die Effizienz – oder zumindest das Streben nach Effizienz – und dadurch wiederum kann Effizienz erhalten oder erreicht werden. Dieser Zirkel macht Überprüfbarkeit notwendig, die wiederum im Bildungsdiskurs seit den verifizierbaren Ergebnissen von Rankings „Transparenz" heißt. Über die konstatierte Notwendigkeit der Sicherung von Qualität und Wissen erhält auch der Wettbewerb Einzug ins Feld der Krisenbegriffe und in den Bildungsalltag. Nur über wettbewerbsfähige Bildung, heißt es z.B. in Publikationen des BMBF[4], kann auf dem globalen Markt die Qualität der deutschen Bildungsinstitutionen erhalten oder verbessert werden. Auf diesem Markt hat angeblich jede*r eine Chance, daher sei er gerecht und fair. Um den Wettbewerb international bestreiten zu können, muss auch in die Bildung investiert werden. Die Begründung liegt auf der Hand: Unter dem Titel „Deutschland braucht Unternehmen" trägt Angela Merkel anlässlich des Tages der deutschen Wirtschaft vor, Investitionen in Bildung und Integration seien Investitionen in die Zukunft (Merkel, 11.06.2013[5]). Auch der Bologna-Prozess wird für eine weitere Kapitalisierung und Kommerzialisierung genutzt (vgl. Dickhaus 2010; Dust und Mierendorff 2010).

In der Bildungskrise heißt Bildung seltener „Bildung" und häufiger „*Wissen*", d.h. schnelllebiges und ebenso schnell verderbliches Wissen, das ständig erneuert werden muss. Auch in der Aneignung dieses Wissens sind einzelne Individuen wesentlich verantwortlich zu machen für den eigenen Wissensstand: „Bildungswissen ist eine unverwertbare Privatsache. In der Wissensgesellschaft zählt die Suggestion, Wissen sei – anders als Erdöl und Maschinen – eine zukunftsträchtige Produktivkraft, die jedem zur Verfügung steht. Eine demokratische Ressource gewissermaßen, die an Hochschulen produziert und gerecht verteilt wird. Wer das Zeug dazu hat, kann sie erwerben und am Arbeitsmarkt kapitalisieren. Bildungspolitik ersetzt Sozialpolitik, das ist die neoliberale Nachricht." (Knobloch 2010, S. 31) Die zahllosen Folgen und Implikationen der von Knobloch dargestellten Diskursformation liegen auf der Hand. Wissen als Bildung wird in der Krise als gute „Anlage" gehandelt, obwohl dieses Profitversprechen bereits gebrochen ist. Lebenslanges Lernen, die Optimierung der persönlichen Chancen auf dem Arbeitsmarkt, permanente Anpassung an die neue Wissenswelten – keine Bildung garantiert gegenwärtig eine erfolgreiche Position auf dem Markt. Spätestens durch die Auswirkungen der Krisenpolitik, mit Blick auf Spanien, Griechenland und Portugal, hat sich das Versprechen als Fiktion herausgestellt. Die Drohung der Denormalisierung erhält so Einzug ins Private.

Stürzt der Diskurs die Bildung in die Krise?

Eine Diskussion über Bildung ist eine Diskussion über den Zustand der Demokratie. Denn auch Bildung wird nicht als demokratische Einrichtung verstanden, sondern als Dienstleistung. Diese Befunde verstärken sich durch und in Krisen: Krisenlösungen bieten an sich undemokratische Mittel. Zur Lösung der Bildungskrise verzichtet auch die Bildungspolitik auf demokratische Strukturen. Es drängt sich gar der Verdacht auf, der Anlass sei Bildungspolitiker/innen und privaten Instituten wie Bertelsmann ein willkommener Anlass, um demokratische Kontrollen und Selbstbestimmung über den Haufen zu werfen. Die permanente Krise, spätestens mit jeder PISA-Studie von Neuem, ermöglicht dauerhafte Einschränkungen demokratischer Instanzen. Sobald demokratische Rechte im Verhältnis zur Bedrohung durch Denormalisierung marginal erscheinen, werden mit Hilfe des Krisendiskurses per se undemokratische Lösungen implementierbar. Der Krisendiskurs eröffnet so einen Möglichkeitsraum. In Krisen- und Ausnahmediskursen wird stets darauf rekurriert, den „Normalzustand" wiederherzustellen. Als „Normalzustand" wird häufig nicht der vorhergehende, teils als „krank" diagnostizierte Zustand angenommen, sondern Privatisierungen und Kapitalisierungen legitimiert, die Bildung dem öffentlichen Zugriff entziehen. Diese Rhetorik öffnet die Tür für sozial-chauvinistische und rassistische Argumentationen, wie zuletzt anlässlich der marodierenden Bildungsverlierer/innen in den Vororten englischer Städte: „Geht man davon aus, dass der Bevölkerungskörper in Teilen ‚krank‘ oder ‚kaputt‘ ist, so ist eine Amputation dieser Teile möglich, ja sogar notwendig, um eine Ansteckung des restlichen Körpers zu verhindern." (Altenried 2012, S. 58) Solche Ängste werden im deutschen Bildungsdiskurs instrumentalisiert, um für Privatschulen oder Elitenbildung zu argumentieren.

Einigen Autor/innen gilt die Krise als Dispositiv modernen Regierens: „Der Ausnahmezustand als ein ‚Netz zwischen den Elementen‘ (Agamben) des Regierens, der ‚die Funktion hat, einer dringenden Anforderung nachzukommen‘ (Foucault), nämlich der Exekutive die Spielräume zu geben, eine Krise zu bewältigen und damit den demokratischen Staat als Ganzen von der Schwelle zur Nicht-Demokratie fern zu halten, ist eines von vielen möglichen Dispositiven der strategischen Rationalität moderner Staatlichkeit." (Lemke 2012, S. 309) Übertragen auf den Bildungsbereich kann die Analyse des Dispositivs zu weiterführenden Ergebnissen kommen, werden doch ständig Krisen beschworen, um politische Strategien zu legitimieren und durchzusetzen. Auch Ptak konstatiert, dass

„ökonomische Zwecke zum herrschenden Leitbild der Bildungspolitik" (Ptak 2009) geworden seien. Ptaks These zufolge kann demnach weder der paternalistische Staat noch ein Marktsystem die Zukunft der Bildung garantieren. Um ein partizipatives Bildungssystem zu ermöglichen, müssen in der Folge ein umfassendes Mitspracherecht der Bildungsbeteiligten und eine ausreichende Finanzierung durch öffentliche Gelder gewährleistet sein (vgl. Ptak 2009).

Ausnahmen und Krisen lassen diskursive Leerstellen entstehen, beispielsweise darüber, was als normal gilt. Diese Leerstellen sind Türöffner für Standardisierung und Normalisierung, aber auch für eine kritische Diskussion. Was gilt in der Krise als normal? „Solange jedenfalls das neue Denken noch nicht vollständig legitim ist (das zeigen die öffentlichen Auseinandersetzungen darüber), bleibt Spielraum für politische Kämpfe um alternative Deutungen" (Hempel 2010). Hempel fordert eine politische Diskussion über ein einst hochpolitisches Feld ein. Die Dechiffrierung von Sachzwängen und Dramatisierungen kann ein erster Schritt hin zu einer Auseinandersetzung um Verantwortung und Ziele der Bildungspolitik sein. In Anlehnung an Agamben kann die Notwendigkeit einer Auseinandersetzung über Möglichkeiten einer demokratischen Bildung abgeleitet werden. Oder, mit Agambens Worten: „Nun stellt sich die Frage, [...] welche Strategie wir in unserem alltäglichen Nahkampf mit den Dispositiven verfolgen müssen." (Agamben 2008, S. 29).

Anmerkungen

1   Zunächst macht Burke fünf elementare Einheiten in Szenen allgemein aus. *Act* als die Handlung selbst; *scene* als die Situation der Handlung, konkrete Verankerung in Raum und Zeit; *agent* als die beteiligten Personen, also auch counter-agent, co-agent; *agency* für die Art und Weise der Handlungsausführung; *purpose* für Motivation, Intention, Gründe für die Handlung. Grundlegend für Burkes Analysewerkzeug ist die Unterscheidung von scene-act-ratio und scene-agent-ratio, also die Unterscheidung von Situationen, in denen die Szene das Handeln bestimmt (scene-act-ratio) und in denen die Szene und die Akteur/innen in einer synekdotischen Beziehung stehen (scene-agent-ratio).

2   In der scene-act-ratio beinhaltet die Szene den Akt. Typische Argumentationen und Motive wären die Aussagen, die Handelnde zu „prisioners of the situation" (Burke 1996a:13) machen. Scene-act-ratios, in denen also Szene und Akteurin in einer synekdotischen Beziehung stehen, sind nicht einfach durch „containerte" und „containernde" Elemente zu beschreiben, sondern durch ein Zusammenspiel der Personen und des Ortes gekennzeichnet.

3   Eine tragende Rolle im Diskurs über Bildung und in der Bildungspolitik spielt die *Bertelsmann* Stiftung. Die normative Ausrichtung der Handlungsempfehlungen, die durch die Stiftung publiziert werden, werden auch von ihr selbst überprüft. Ihre Ziele definiert sie als im allgemeinen Interesse und als demokratisch (vgl. Lieb 2008).

4 Diese Position zeigt sich unter anderem deutlich in den Publikationen zum im Jahr 2008 gestarteten Wettbewerb „Aufstieg durch Bildung: offene Hochschulen" (www. bmbf.de).

5 Die Rede von Angela Merkel zum Tag der deutschen Wirtschaft ist vollständig verfügbar unter: http://m.bundesregierung.de/Content/DE/Rede/2013/06/2013-06-11-rede-bdi.html

Literaturverzeichnis

Agamben, Giorgio (2004): Ausnahmezustand. Homo sacer II.1. 1. Aufl. Frankfurt am Main: Suhrkamp.

Agamben, Giorgio (2008): Was ist ein Dispositiv? 1. Aufl. Zürich/Berlin: Diaphanes.

Altenried, Moritz (2012): Aufstände, Rassismus und die Krise des Kapitalismus. England im Ausnahmezustand. 1. Aufl. Münster: assemblage.

Blanke, Hermann-Josef (Hg.) (2007): Bildung und Wissenschaft als Standortfaktoren. Tübingen: Mohr Siebeck (Neue Staatswissenschaften, 6).

Bundesministerium für Bildung und Forschung (2013): Investitionen in die Zukunft: Das Zwölf-Milliarden-Euro-Paket der Bundesregierung. www.bmbf.de/de/6075.php, letzter Zugriff: 20.06.2013.

Bröckling, Ulrich (2008): Vorbeugen ist besser... Zur Soziologie der Prävention. In: Behemoth. A Journal on Civilisation (1/2008), S. 38–48.

Burke, Kenneth (1969a): A Grammar Of Motives. Berkeley: University of California Press.

Dickhaus, Barbara (2010): Standardisierung von Hochschulbildung durch die Bologna-Reformen. In: Martin Dust und Johanna Mierendorff (Hg.): ,Der vermessene Mensch'. Ein kritischer Blick auf Messbarkeit, Normierung und Standardisierung. Frankfurt am Main [u.a.]: Peter Lang (Jahrbuch für Pädagogik, 2010), S. 97–109.

Diner, Dan (2004): Cultural Engineering – Oder die Zukunft der Geisteswissenschaften. In: Dorothee Kimmich und Alexander Thumfart (Hg.): Universität ohne Zukunft? 1. Aufl. Frankfurt am Main: Suhrkamp, S. 70–79.

Dräger, Jörg (2011): Wege aus der Bildungskrise. Interview mit Dr. Jörg Dräger. http://www.bertels-mann-stiftung.de/cps/rde/xchg/bst/hs.xsl/nachrichten_109430.htm; letzter Zugriff: 15.06.2013.

Dust, Martin; Mierendorff, Johanna (Hg.) (2010): ,Der vermessene Mensch'. Ein kritischer Blick auf Messbarkeit, Normierung und Standardisierung. Frankfurt am Main [u.a.]: Peter Lang (Jahrbuch für Pädagogik, 2010).

Eick, Volker; Sambale, Jens; Töpfer, Eric (Hg.) (2007): Kontrollierte Urbanität. Zur Neoliberalisierung städtischer Sicherheitspolitik. Bielefeld: Transcript.

FDP (2013): Bildungspolitische Grundsätze. http://www.fdp-fraktion.de/Bildungspolitik/133b43/index.html; letzter Zugriff: 23.05.2013.

FDP (2013a): Anforderungen an die Schule von morgen. http://www.fdp-fraktion.de/Anforderungen-an-die-Schule-von-morgen/2150c2581i1p-63/index.html; letzter Zugriff: 29.06.2013.

Galli, Matteo; Preusser, Heinz-Peter; Franke-Penski, Udo (Hg.) (2006): Mythos Terrorismus. Vom Deutschen Herbst zum 11. September. Heidelberg: Winter.

Hempel, Christopher (2010): Studentisches „Engagement" und die neuen Rationalitäten normal(isiert)er Studierender. Projektgruppe am Institut für Politikwissenschaft.

Kailer, Thomas (2007): Typisierung, Fragmentierung und Normalisierung des Verbrecherkörpers. Ausnahmestandards in kriminalbiologischen Untersuchungen. In: Christina Bartz und Marcus Krause (Hg.): Spektakel der Normalisierung. München: W. Fink, S. 249–269.

Knobloch, Clemens (1998): Moralisierung und Sachzwang. Politische Kommunikation in der Massendemokratie. Duisburg: DISS, Duisburger Inst. für Sprach- und Sozialforschung.

Knobloch, Clemens (2010): Wir sind doch nicht blöd! Die unternehmerische Hochschule. Münster: Westfälisches Dampfboot.

Konicz, Tomasz (2010): Krisenmythos Griechenland. http://www.heise.de/tp/artikel/32/32551/1.html; letzter Zugriff 10.06.2013.

Köster, Werner (Hg.) (2009): Parallelgesellschaften. Diskursanalysen und Dramatisierung von Migration. Beiträge studentischen Forschens. Essen: Klartext Verlag.

Kunz, Thomas (2005): Der Sicherheitsdiskurs. Die innere Sicherheitspolitik und ihre Kritik. Bielefeld: Transcript.

Lemke, Matthias (2012): Ausnahmezustände als Dispositiv demokratischen Regierens. Eine historische Querschnittsanalyse am Beispiel der USA. In: *Zeitschrift für Politikwissenschaft* 22 (3), S. 307–331.

Lieb, Wolfgang (2008): Drahtzieher hinter den Kulissen – der Einfluss des Bertelsmann-Konzerns auf die Hochschulen. VHS Arbeit und Leben. Vortrag an der Fernuniversität Hagen, 14.10.2008.

Link, Jürgen (2001): Radikal umdenken: wie? 33 Denkanstöße angesichts der Denormalisierung nach dem 11. September 2001. In: kultuRRevolution (43).

Link, Jürgen (2006): Zum Anteil der medialen Kollektivsymbolik an der Normalisierung von Einwanderung. In: Sabine Maasen, Torsten Mayerhauser und Cornelia Renggli (Hg.): Bilder und Diskurse – Bilddiskurse. Weilerswist.

Maeße, Jens (2010): Die vielen Stimmen des Bologna-Prozesses. Zur diskursiven Logik eines bildungspolitischen Programms. Bielefeld: Transcript.

Marx, Karl (1974): Grundrisse der Krise und der politischen Ökonomie. Rohentwurf 1851-1858, Anhang 1850-1859. 2. Aufl. Berlin: Dietz.

Ptak, Ralf (2009): Zur politischen Ökonomie der aktuellen Bildungsdebatte: Die Zurichtung der Bildung auf den ökonomischen Zweck. In: Sven Kluge, Gerd Steffens und Edgar Weiß (Hg.): Entdemokratisierung und Gegenaufklärung. Unter Mitarbeit von Sven Kluge. Frankfurt am Main [u.a.]: Peter Lang (Jahrbuch für Pädagogik, 2009), S. 81–92.

Steffens, Gerd; Weiß, Edgar (Hg.) (2004): Globalisierung und Bildung. Frankfurt am Main [u.a.]: Peter Lang (Jahrbuch für Pädagogik, 2004).

Tagessschau online (2013): Spanische Azubis für deutsche Betriebe. http://www.tagesschau.de/ wirtschaft/jugendarbeitslosigkeit-spanien104.html; letzter Zugriff: 23.06.2013.

Wengeler, Martin; Römer, David (2012): „Wirtschaftskrisen" begründen/mit „Wirtschaftskrisen" legitimieren. Ein diskurshistorischer Vergleich. Vortrag an der Universität Trier.

Andreu Mayayo i Artal

Die Konterrevolution im spanischen Bildungswesen

Wann wird die Krise beendet sein? Diese Frage wird mir häufig, mit Nachdruck und einer gewissen Angst von meinen Schülern gestellt. Ich antworte ihnen, dass es das Ziel dieser Krise ist, der Demokratie, dem Wohlfahrtsstaat und den Arbeitsverhältnissen, die sich in der zweiten Hälfte des 20.Jahrhunderts nach der Niederlage des Nazi-Faschismus in Europa und 30 Jahre danach nach Francos Tod auch in Spanien etabliert haben, ein Ende zu setzen. Es ist nicht die Wirtschaft, Ihr Arglosen!, sondern die Ideologie, Ihr Blöden! Wir nehmen am Wandel des Sozialmodells und insbesondere am Paradigmenwechsel im Bildungsbereich teil. Die spanische Bildungskonterrevolution, die von der spanischen und der katalanischen Rechten eingeleitet wurde, bedeutet eine umfassendere Privatisierung und Externalisierung der Dienste des öffentlichen Schulwesens und einen eingeschränkten Zugang zum Hochschulstudium. Die Bildung ist nun wieder eine Ware und kein Recht und zuallererst ein Mittel zur sozialen Spaltung.

Die Erbschaft des Frankismus

In Spanien war die Bildung das ideologische und politische Hauptschlachtross der jüngsten Geschichte. Die Franco-Unterdrückung ließ sich an der Lehrerschaft einer Republik aus, die auch die „Republik der Lehrer" hieß. Die Säuberung erfasste ein Viertel der Lehrer und die Hälfte des universitären Lehrkörpers. Viele Lehrer bezahlten mit ihrem Leben oder mit vielen Jahren in Gefangenschaft oder im Exil für ihre Verteidigung einer öffentlichen, laizistischen und wissenschaftlichen Schule.

Die Unterstützung der Katholischen Kirche für den „Kreuzzug" von General Franco brachte ihr die Bildung als Kriegsbeute ein. Der Frankismus löste sich von der öffentlichen Schule und überließ die Bildungsministerien den katholischen Propagandisten, die die verschiedenen religiösen Orden bevorzugten. In diesem Sinn müssen die Jesuiten besonders hervorgehoben werden mit ihrer machtvollen Universität Deusto (Bilbao) oder der nicht weniger berühmten Wirtschaftshochschule ESADE (Escuela Superior de Administración y Dirección de Empresas) oder auch das Opus Dei mit der Universität Navarra, der Managementschule IESE (Instituto de Estudios Superiores de la Empresa) und die kirchliche Vorherrschaft bei der Mehrheit des universitären Lehrkörpers.

Anfangs stellten lediglich die Schulen, die an andere Länder gebunden sind wie das Liceo Francés, das Colegio Alemán oder das Instituto Italiano eine Bildungsalternative zum Monopol der Katholischen Kirche dar. Mit der Zeit entstanden auch andere Arten von Privatschulen, die Mehrheit von ihnen in Kooperation von Lehrern und Eltern, die eng verbunden waren mit pädagogischen Erneuerungsbewegungen, mit fortschrittlichen Katholiken oder den Verteidigern von Sprache und Kultur der historischen Nationalitäten, in der Hauptsache also in Katalonien und Euskadi (Baskenland). In Katalonien entschied sich nach der Wiedererlangung der Autonomie die Mehrheit dieser Art von Schulen für die Einbindung in das öffentliche Schulwesen.

Im Auflösungsprozess des Frankismus spielten die Studentenbewegung, dann auch die Professoren der spanischen Universität eine fundamentale Rolle. Im Jahr 1956 lösten die Madrider Studenten die erste große Universitätsrevolte aus unter der Flagge der Nationalen Versöhnung mit einem von den Söhnen der Sieger und den Söhnen der im Bürgerkrieg 1936 – 1939 Besiegten unterschriebenen Manifest. Jetzt, so wurde öffentlich hervorgehoben, war die Trennungslinie nicht diejenige der Schützengräben von 1936 – 1939, sondern sie lag zwischen Diktatur und Demokratie. 10 Jahre später überschwemmten die oppositionellen Studenten die offizielle Gewerkschaft SEU (Sindicato Espanol Universitario) und forderten das Regime heraus, indem sie die Demokratische Studentengewerkschaft der Universität Barcelona SDEUB (Sindicato Democrático de Estudiante de la Universidad de Barcelona) in der berühmten, auch von ausländischen Medien registrierten „Capuchinada" gründeten, genannt nach dem Rückzugsort Hunderter von Studenten, einigen Professoren und Intellektuellen von hohem Ansehen im Kapuzinerkloster des barcelonesischen Stadtteils Sarriá.

Im Jahr 1975, dem Jahr von Francos Tod, kam nur einer von 10 Jugendlichen an die Universität, ein paar mehr erlangten das Abitur (viele von ihnen kombinierten Studium und Arbeit miteinander nach dem Abendgymnasium) und einige wenige von ihnen erreichten mit mehr Mühe als Erfolg den wenig versprechenden beruflichen Ausbildungsabschluss. Die Jugendlichen waren per Definition Arbeiter und Angestellte, einige von ihnen sogar unter 14 Jahre alt, und nur eine Minderheit, die präzis als „Studenten" bezeichnet wurde, absolvierte ein Hochschulstudium. Während der langen frankistischen Nacht war die Universität zweifelsohne kein Bestimmungsort für die Kinder der Arbeiterklasse und des Volkes.

Reformen und Gegenreformen – Schulpolitik in der Demokratie

Erst mit der Demokratie konnten ein Wohlfahrtsstaat, ein Bildungsmodell mit der Schulpflicht bis zum 16. Lebensjahr und ein breites und auch bezahlbares Universitätsangebot im ganzen Land entwickelt werden, das es ermöglicht, dass heute jeder vierte spanische Jugendliche die Universität besucht, darüber hinaus – insbesondere in den humanistischen und sozialwissenschaftlichen Studiengängen – eine große Anzahl von Frührentnern und Pensionären, für die dies früher nicht möglich war. Gegenwärtig verfügt Spanien über 50 öffentliche Universitäten mit 238 Standorten und 31 Privatuniversitäten, die insgesamt eineinhalb Millionen Studierende haben, die unterschiedliche Abschlüsse erreichen wie die 2500 ersten akademischen Abschlüsse oder die 3300 Master- und 1500 Promotionsabschlüsse.

Die Bildung – so sagten wir – war historisch gesehen ein Schlachtfeld, und die letzten 30 Jahre der Demokratie stellten keine Ausnahme dar, sondern sie haben diese brudermörderische Regel in großem Umfang bestätigt. So wie Eduardo Guerrero und María Pilar Carrera Santafé in ihrer jüngsten Kritik an der Bildungsreform der jetzigen konservativen Regierung hervorheben: „Die Reformen und Konterreformen in der Bildungspolitik stellen einen absoluten Rekord in der europäischen Gesetzgebung dar und zeigen in aller Deutlichkeit die Unfähigkeit, zwischen den verschiedenen politischen Kräften mehr oder weniger dauerhafte Übereinkommen zu erreichen." (Luque Guerrero/Carrera Santafé 2013, S. 1)

Das spanische Bildungssystem beruht auf sechs umfassenden Rahmengesetzen. Im Jahr 1982 verabschiedete die rechte Zentrumsregierung der Demokratischen Zentrumsunion das Rahmengesetz zur Universitätsreform (LORU – Ley Orgánica de Reforma Universitaria). Die Sozialisten verabschiedeten unter den verschiedenen Regierungen während der Präsidentschaften von Felipe González drei Rahmengesetze, eines alle 5 Jahre: das Rahmengesetz zur Regulierung des Rechts auf Bildung (LODE – Ley Orgánica Reguladora del Derecho a la Educación) im Jahr 1985, das Rahmengesetz zur Allgemeinen Regelung des Bildungssystems (LOGSE – Ley Orgánica de Ordenación General des Sistema Educativa) im Jahr 1990 und das Rahmengesetz über die Teilnahme, die Bewertung und die Leitung der Unterrichtszentren (LOPEG – Ley Orgánica de la Participacón, la Evaluación y el Gobierno de los Centros Docentes) im Jahr 1995. Die Konservativen wollten nicht weniger darstellen und der Ministerpräsident José María Aznar wartete auf die absolute Mehrheit in seiner zweiten Amtszeit, um das Rahmengesetz zur Bildungsqualität im Jahre 2002 zu verabschieden (LOCE – Ley Orgánica de Calidad de la Educación). Trotzdem blieb dieses Gesetz praktisch bedeutungslos, da es vier Jahre später durch das Bildungsrahmengesetz (LOE – Ley Orgánica de Educación) von der sozialistischen Regierung unter José Luis Rodríguez Zapatero ersetzt wurde. Gegenwärtig hat die konservative Regierung unter Mariano Rajoy mit der Durchsetzung eines neuen Vorschlags begonnen, dem Rahmengesetz zur Verbesserung der Bildungsqualität (LOMCE – Ley Orgánica de Mejora de la Calidad Educativa), bekannt als „Ley Wert" nach dem Namen des vorschlagenden Ministers. Den Rahmengesetzen gesamtstaatlichen Charakters müssen die von den autonomen Gemeinschaften erlassenen Gesetze und Verordnungen beigefügt werden, die zahlreich insbesondere dort sind, wo sie eigene Sprachen betreffen.

Trotz dieser Polarisierung haben die beiden großen spanischen Parteien PP (Partido Popular-Volkspartei) und PSOE (Partido Socialista Obrero Español – sozialistische Arbeiterpartei) ebenso wenig wie die katalanischen Nationalisten von der CiU (Convergencia i Unió – Zusammenschluss und Union) und die baskischen von der PNV (Partido Nationalista Vasca) nicht einen Moment die großen Patronate der Bildung, insbesondere der mächtigen katholischen Kirche, in Frage gestellt. Das Netz der mit öffentlichen Mitteln unterstützten Unterrichtszentren wurde in den 70er Jahren mit der Verabschiedung des Allgemeinen Bildungsgesetzes vom frankistischen Minister Villar Palasí geschaffen. Die spanische Verfassung von 1978 sicherte die „Bildungsfreiheit" und die „Freiheit der Schaffung von Unterrichtszentren" gleichsam wie ein Heiligtum ab. Die Sozialisten unterstützten mit dem Rahmengesetz LODE ohne Vorbehalt die ökonomische Übereinkunft mit den religiösen Schulen. Viele Jahre später erkannte der Minister José M. Maravall an, dass es ein Fehler war, den privaten religiösen Bildungsbereich mit öffentlichen Mitteln abzusichern. Und Jordi Pujol, von 1980 bis 2003 Präsident der autonomen Regierung der Generalitat Kataloniens, bestätigte völlig unverhüllt, dass er Tricks und Täuschungen angewendet habe, um die mit privaten Trägern vereinbarten Schulen zu begünstigen. Diese Förderung hatte übrigens einschlägige Wirkungen: Eine Studie derselben Partei ergab, dass nicht so sehr die Ideologie oder das Gefühl nationaler Identität die Mehrheit der Minister von Jordi Pujol einte, sondern der Wohnort (die reichen Stadtteile Barcelonas) und ihre Bildung in religiösen Schulen, hauptsächlich in denjenigen der Jesuiten und der Piaristen. So darf es nicht verwundern, dass gegenwärtig fast ein Drittel der spanischen Schüler in Privatschulen eingeschult sind. Dies ist praktisch die doppelte Anzahl des Durchschnitts in den OECD-Ländern. In Katalonien, wo die Übereinkünfte mit den Eliteschulen auch die des Opus Dei umfassen, die auch nach wie vor die Geschlechtertrennung in den Klassenzimmern beibehalten, ist der Anteil noch höher.

Die öffentliche Schule hatte für die politischen Institutionen keine Priorität, außer für die Rathäuser mit ihrer Verantwortung für die Elementarbildung bis zum 12. Lebensjahr. Dennoch haben die Professionalität der Unterrichtenden und die Übereinkünfte mit den Eltern eine öffentliche Schule, die nicht nur Bildungsqualität, sondern auch inklusive Bildung und sozialen Zusammenschluss einbezieht, möglich gemacht. Spanien hat im letzten Jahrzehnt, daran muss erinnert werden, 4 Millionen Einwanderer, also 10% der Gesamtbevölkerung, aufgenommen, deren Kinder in öffentlichen Grundschulen eingeschult wurden, und in einigen von ihnen stammt die Mehrheit der Schüler aus Migrantenfamilien.

Die Rolle, die die öffentliche Schule Spaniens spielt, wurde von den internationalen Evaluationsinstitutionen sehr positiv als ein Modell mit egalitären Wirkungen bewertet, vor allem wenn es darum geht, Unterschiede zwischen Schulen zu reduzieren: „Wie schon betont wurde, hat diese Verteilung die schon vorher getroffene Bestätigung über das gute Funktionieren des spanischen Bildungssystems in jenen von sozialer, wirtschaftlicher und kultureller Bedürftigkeit umgebenen Schulzentren bekräftigt" (PISA, 2009, S. 101). Noch klarer verdeutlicht dies der internationale TIMSS-Bericht in seiner Veröffentlichung von 2011: „Spanien ist darüber hinaus eines der Länder, wo die Unterschiede, die zwischen den Zentren entstehen, geringer sind im Vergleich zu den Unterschieden, die zwischen den Schülern desselben Zentrum registriert werden. Dieses Ergebnis bestätigt die früheren von PISA getroffenen Schlussfolgerungen in dem Sinn, dass in Spanien die hervorragenden Schüler nicht in bestimmten Zentren konzentriert sind und auch nicht die zurückbleibenden Schüler in anderen. In allen Schulzentren gibt es ausgezeichnete, mittelmäßige Schüler und Nachzügler, etwas, was im selben Ausmaß nicht in vielen Ländern der OECD vorkommt. Die Privat- und die mit den Eltern abgestimmten Schulen haben bessere Resultate als die öffentlichen Schulen, aber diese Differenz verschwindet, wenn das sozioökonomische Niveau der Schüler Berücksichtigung findet. Dies bedeutet, dass die Privat- und abgestimmten Schulen höhere akademische Leistungen erreichen, weil ihre Schüler aus bevorzugten Gegenden stammen und nicht weil diese Schulen besser sind."(PIRLS-TIMSS 2011. S. 136)

Das Hauptproblem der von Minister Wert vorgeschlagenen Bildungsreform ist weder die simple, parteiische und tendenziöse Diagnose, die dazu neigt zu versuchen, die negativsten Daten des Bildungssystems zur Rechtfertigung der eigenen Reform zu nutzen, noch die tief verwurzelte Verachtung der öffentlichen Schule, sondern die Betrachtung von Bildung als Ware und nicht als Recht der Bürgerinnen und Bürger. In diesem Sinn werden die Wettbewerbs- und Beschäftigungsfähigkeit betont und das Gleichheitskonzept aus dem Weg geräumt. Aus demselben Grund werden die Funktionen der Bildung für Zusammenhalt und soziale Integration verachtet und oberstes Ziel ist es nicht mehr, den Bildungserfolg aller Lernenden und Chancengleichheit zu garantieren.

Das aktuelle Projekt: Merkantilisierung der Schule

Der neue Schulvorschlag der PP gründet auf einem merkantilen Konzept der Bildung. Die Schule soll eine Institution der „Dienstleistung" sein, wo die „Kunden" entsprechend ihrer Kaufkraft einkaufen. Dies wird im Vorwort des neuen Gesetzes LOMCE unterstrichen: „Die Bildung ist der Motor, der die Wettbewerbsfähigkeit der Wirtschaft und den Wohlstand des Landes antreibt. Das Bildungsniveau des Landes determiniert die Fähigkeit, mit Erfolg in der internationalen Arena zu konkurrieren und den Herausforderungen, die sich in Zukunft stellen werden, zu begegnen."

Genau in dem Augenblick, da ich diesen Artikel schreibe, lese ich einige Erklärungen des deutschen Finanzministers Wolfgang Schäuble, in denen er das Wettbewerbskonzept hervorhebt. Im Zusammenhang mit der zypriotischen Krise und angesichts der Kritik, die Deutschland hauptsächlich von den Mitgliedsstaaten am Rande der Eurozone erhielt, antwortet Schäuble, dass diese Kritik ein Neidprodukt sei: „ Immer war es so, es ist wie in Schulklassen, wenn Du bessere Ergebnisse hast und sich die anderen, die größere Schwierigkeiten haben, ein wenig neidisch fühlen (…) Die ganze Welt muss konkurrenzfähig sein." (ABC 26.3.2013)

Der Neoliberalismus ist nicht einfach eine Sammlung ökonomischer Rezepte, sondern im Wesentlichen ein politisches Projekt, das auf einer Ideologie basiert, die dem sozialen Egalitarismus entgegengesetzt ist. Friedrich Hayek warnte vor dem Interventionismus der öffentlichen Kräfte in den Bildungsbereich. Milton Friedman heiligte die Bildung als eine Ware, die einen höheren sozialen Status zu erreichen allen denjenigen erlaube, die bereit sind, gegenwärtig (wie die Kinder der Wohlhabenden) oder zukünftig (wie die klugen Kinder der Armen) zu zahlen: „Es ist sehr wünschenswert, dass alle Jugendlichen unabhängig vom Reichtum, der Religion oder der Hautfarbe oder auch von der sozialen Lage der eigenen Familien die Chance haben, so viel Unterricht zu erhalten wie sie aufnehmen können, immer dann, wenn sie bereit sind, dafür zu zahlen, sei es gleichzeitig oder auf Kosten höherer Erträge, die sie in Zukunft dank des erhaltenen Unterrichts erhalten werden." (Friedman/Friedman 1984, S. 188)

Margaret Thatcher, eine begeisterte Bewunderin von Hayek und Friedman, erinnerte daran, dass die Wirtschaft nur eine Methode wäre. Das Ziel war, die Seele zu wandeln. Christian Laval (Laval 2011) hebt hervor, dass die Wettbewerbsorientierung zwischen den sozialen Schichten die Wohlfahrtsgesellschaft vernichtet. Der angesehene französische Soziologe sieht den Schwerpunkt in der Krise der sozialen Verbindungen, indem er sie als Werte kennzeichnet, auf denen der öffentliche Dienst ruht und die durch eine Leistungslogik, die zum Gegenteil von dem führt, was eigentlich gewünscht war, gesprengt werden. Und er gibt ein modellhaftes Beispiel: die Wirksamkeit des französischen Bildungssystems nimmt in dem Maße ab, wie die Ungleichheiten zwischen den Schulen zunehmen; während die einen die besten Schüler anziehen, sinkt bei allen anderen Schulen das Niveau.

Das „Ley Wert" hat seinen Vorgänger und sein Experimentierfeld in der autonomen Region Madrid, die bis vor Kurzem von Esperanza Aguirre, die als spanische Eiserne Lady bekannt war, regiert wurde. Das Ziel war die Entlegitimierung der öffentlichen Schule, um die öffentlichen Zuwendungen dem Privatsektor um der Qualität und der Wirksamkeit willen zukommen zu lassen. Esperanza Aguirre zögerte nicht, sich selbst als Weltmeisterin der Demokratie dazustellen, die den Eltern die Fähigkeit garantiere, das Bildungszentrum für ihre Kinder zu wählen, indem sie großzügig Privatschulen und unter den öffentlichen Schulen die als exzellent eingestuften subventionierte. Mit den Kürzungen in den öffentlichen Schulen in bestimmten notgeprägten Stadtteilen wurden die Unterrichtsstunden der Lehrer brutal erhöht und gleichzeitig die Programme für die individuelle Förderung von Schülern aus Einwandererfamilien und zur Stärkung besonders bedürftiger Schüler eingeschränkt. Damit war wieder einmal klar gestellt, dass sich hinter dem rhetorischen „Wahlrecht" der Eltern die Spaltung der Schülerschaft in soziale Gruppen und Klassen verbirgt.

Da Esperanza Aguirre mit der Ausplünderung der öffentlichen Schule und mit der Mästung des mächtigen katholischen Lehrerverbandes noch nicht zufrieden war, legte sie den roten Teppich aus für die Stiftung „Beginn der Bildung" („Empieza por Educar") , der spanischen Filiale der ultraliberalen Sekte „Teach for America", die sich in der ganzen Welt unter der Bezeichnung „Teach for All" ausbreitet. Das Vorhaben dieser Stiftung, die eng mit der republikanischen Tea Party verbunden ist und von den mächtigsten spanischen Finanzverbänden finanziert wird, ist es, die öffentlichen Bildungszentren mit „Missionaren der Ursache" zu infiltrieren, indem nach und nach die Lehrerbeamten ersetzt werden und die Ideologie des freien Bildungsmarktes vorangetrieben wird. In der Präsentation ihres Programms wird das Ziel ihrer Mission nicht versteckt: „Die graduierten Lehrer des Programms „Teach for America" bringen auf allen Ebenen des Schulsystems und für jeden beruflichen Bereich eine starke Führungskraft mit. Sie arbeiten daran, die zusätzlichen Anforderungen, die von Kindern aus Gemeinschaften mit niedrigem Einkommen gefordert sind, herabzuschrauben, indem sie die Kapazität der Schulen und Bildungsdistrikte herstellen und die Ideologie durch ihr Beispiel und ihren Anlass verändern." (http://www.teachforamerica. org/espanol)

Zum anderen Teil unterstützt die neue Bildungsreform die neue, erneut zentralisierende Offensive der PP gegenüber dem Staat der autonomen Regionen und in besonderer Art und Weise gegenüber jenen mit einem Modell der „linguistischen Immersion" in die eigene Sprache der autonomen Region. Einerseits behält sich die Regierung einen höheren Anteil an den Inhalten der Schulbücher vor und andererseits zwingt sie die spanische Sprache als breit genutzte Landessprache in den Unterricht im gesamten Staat. Somit betreibt die PP weiterhin die außerordentliche (und obsessive) Offensive gegen das Modell der „linguistischen Immersion" ins Katalanische entsprechend dem geltenden Autonomiestatut Kataloniens, das durch verschiedene Urteile des Verfassungsgerichts bestätigt wurde und das vor allem für die soziale katalanische Realität bürgt. In diesem Sinn sind die einzelnen Anträge der Eltern auf die individuelle Berücksichtigung des Spanischen bedeutungslos.

So stimmen PP und CiU zwar in dem neoliberalen Modell überein, weichen jedoch wegen des Modells der „linguistischen Immersion" voneinander ab und bekämpfen einander mit böser Miene. Man sollte sich daran erinnern, dass die Bedeutung dieses Modells mehr im sozialen Zusammenhalt liegt als in der kulturellen und nationalen Identität. Das Ziel besteht darin, die Kinder nicht aus sprachlichen Gründen im Schulunterricht voneinander zu trennen (wie es in Euskadi geschieht) und das Katalanische als Verkehrssprache (obwohl die Schüler auch spanisch sprechen können) zu erhalten, um ihre Beherrschung sicher zu stellen angesichts der sozialen Übermacht des Spanischen, seiner Vorherrschaft in den Massenmedien und angesichts dessen, dass Spanisch die Muttersprache der Hälfte der Bevölkerung ist (gegenüber 30% Katalanisch) und Spanisch eine der wichtigsten Weltsprachen ist.

Zusammenfassend sei festgehalten, dass das „Ley Wert" die spanische Bildungskonterrevolution heiligt. Für Eduardo Luque und María Pilar Carrera bedeutet es einen Riesenschritt in Richtung zur Einführung des neoliberalen Bildungsmodells, das unerbittlich zu einer sozial trennenden, kompetitiven und unkritischen Bildung führt, die mit jeder Erwägung eines sozialen Ausgleichs durch Bildung Schluss macht. Und sie folgern: Dieses neue Gesetz ist nicht bestrebt, das Bildungssystem zu verbessern, sondern es zu zerstören. (Luque/Carrera 2013)

Die Prekarisierung der Universität

Die Universitätsreform verdient ein eigenes Kapitel. Im Februar 2013 veröffentlichte eine von Minister Wert ernannte Expertenkommission ihr Gutachten, bei dem einige Vorschläge und insbesondere der Regimewechsel bei den öffentlichen Universitäten zwei Gegenstimmen erhielten. Gehen wir schrittweise vor. Die neoliberale spanische universitäre Konterrevolution basiert auf der irreführenden Behauptung einer exzessiven Vermehrung von Universitäten, womit zu verstehen gegeben wird, dass es zu viele Universitäten gebe. Für die Statistik- und Rankingliebhaber sei hier hervorgehoben, dass wir in Spanien für jeweils 582 000 Einwohner über eine Universität verfügen, während es in den USA pro Universität 94 000 und im Vereinigten Königreich 253 000 Einwohner sind. Allein in der Region Boston gibt es mehr Universitäten als in ganz Spanien und zwei ihrer anerkanntesten nehmen die erste und dritte Position in dem berühmten (und höchst fragwürdigen) Shanghai-Ranking ein. Trotz der Zuweisung von rachitischen 1,2% des BIP für die universitäre Bildung – im Vergleich dazu beträgt der Durchschnitt in den OECD-Ländern 1,5% – befinden sich nach Aussagen eines anderen anerkannten Ranking, dem THE, 5 spanische Universitäten unter den 100 ersten derjenigen Universitäten, die seit weniger als 50 Jahren bestehen. Bedenken wir doch, dass es in der ganzen Welt 20 365 Universitäten gibt und dass alle spanischen öffentlichen Universitäten den 10% von denjenigen zuzuordnen sind, die die höchste wissenschaftliche Produktion haben (SCImago, Institution Ranking, 2011). So ist jetzt, bevor universitäre Standorte geschlossen und öffentliche Gelder den „effizienten" Privatuniversitäten zugeteilt werden, vor allem klarzustellen, dass sich in Spanien in den letzten Jahren gerade die Privatuniversitäten vermehrt haben, die – von einigen Ausnahmen abgesehen – sich nicht durch ihre Qualität der Lehre und noch viel weniger durch ihre Forschungsarbeit rechtfertigen.

Die Professoren Xavier Besalú, Salomó Marqués und Pere Soler von der Pädagogik-Fakultät der Universität Girona betonen in ihrem jüngsten Artikel: „Wir sind seit mehr als einem Jahrzehnt mit unterschiedlichen Gesetzesreformen, die von ‚Expertenkommissionen' angestoßen wurden, beschäftigt, ohne die Universitätsgemeinschaft noch die Gesellschaft in ihrer Gesamtheit anzuhören. Dies sind elitäre und technokratische Prozesse, die von einer sorgfältigen, erwägenden und argumentierenden Analyse, wie sie zu erhoffen war, weit entfernt sind." (Besalú u. a. 2013) Die erwähnten Autoren, die zugleich Mitglieder des Paulo-Freire-Zentrums derselben Universität sind, legen den Finger auf die Wunde angesichts der Klage über den Mangel an spanischen Universitäten mit der Exzellenzetikette. „Was muss man vorweisen, um in diesen Rankings aufzutauchen, die diese Differenzierungen auferlegen?", fragen sie sich. „Dies wäre: wissenschaftliche Nobelpreise oder mathematische Fieldsmedaillen erbringen; Artikel in den Zeitschriften „Nature" und „Science" oder in anderen Zeitschriften veröffentlichen, die meistens auf Englisch geschrieben und als qualitätsvoll eingestuft sind (von Unternehmen, die sich dieser Sache widmen, wie zum Beispiel Standard and Poors, Moodys oder Fitch im Finanzbereich, so neutral und exakt, wie wir alle das ja kennen); neben anderen Einzelheiten könnten es auch die Anzahl der Bücher in ihren Bibliotheken und die Zahl der extern finanzierten Projekte sein, (wie wir ja wissen, sind die Geldgeber, wie z.B. das Verteidigungsministerium, von exquisiter Neutralität), ebenso der Erwerb von Patenten oder die Anzahl der gelesenen und unnützen Dissertationen (wobei die plagiierten und gekauften Dissertationen, wie z.B. die des Ghaddafi-Sohns an der Londoner Economic School, mitgezählt sind). Es ist deshalb klar, dass die Ausbildung solider, kompetenter und verantwortlicher Professioneller auf diesem Markt nicht hoch geschätzt ist, ebenso wenig wie dieser den nahe stehenden Gesellschaften (Betriebe, Handelsunternehmen, Institutionen, Dienstleistungen und Personen) gute Dienste leistet." (ebd.)

Der Bericht der Experten, der am 12. Februar 2013 unter dem prunkvollen Titel „Vorschläge für die Reform und Verbesserung der Qualität und Effizienz des spanischen Universitätssystems" (Propuestas 2013) vorgelegt wurde, leidet neben der ständigen Wiederholung von Klischees an Rigorosität und baut sich anhand der Glaubensdogmen des Neoliberalismus auf. In diesem Fall wiederholt sich das Mantra von der Unfähigkeit von Akademikern in Leitungsangelegenheiten, die sich besonders in exzessiv repräsentativen und partizipativen Gremien zeige und eine stärkere Professionalisierung und Externalisierung der Leitungs- und Verwaltungsaufgaben nötig mache. In zwei Worten bedeutet dies: weniger Demokratie und weniger Beteiligung. Dies ist unter der Sonne nichts Neues. Es ist dasselbe, was im Gesundheitssektor geschah: Geschäftsführer mit astronomisch hohen Gehältern und abgesicherten Verträgen, die Krankenhäuser mit dem allen bekannten Ergebnis verwalten: der Verschlechterung des öffentlichen Gesundheitssystems.

Bis jetzt wurden die Rektoren der Universitäten demokratisch von der gesamten Universitätsgemeinschaft, den Professoren, Studenten und dem Verwaltungs- und Dienstleistungspersonal gewählt, allerdings mit unterschiedlicher Stimmengewichtung; die Stimmen der dauerhaft eingestellten Professoren zählten viel mehr als diejenigen aus den anderen Bereichen. Jetzt wird eine Umwandlung des juristischen Charakters der spanischen Universitäten in öffentliche Stiftungen vorgeschlagen. Wie alle Stiftungen werden sie von einem Vorstand oder von einem „Universitätsbeirat" geleitet, der sich aus 21 bis 25 Mitgliedern zusammensetzt. Die Hälfte davon wird vom Lehrkörper gewählt, 25% werden von der Regierung der Autonomen Gemeinschaften vorgeschlagen und die restlichen 25% von den eben genannten beiden Gruppen unter hoch anerkannten und im Interesse der Universität stehenden Persönlichkeiten ausgewählt. Ebenso soll die Anwesenheit mindestens eines Studenten und eines Vertreters des Verwaltungs- und Dienstleistungspersonals garantiert werden. Der Sozialrat, das gesellschaftliche Beteiligungsorgan in der Leitung der Universitäten, würde mit seinen umfassenden ökonomischen, akademischen und strategischen Kompetenzen verschwinden. Und die Vertretung des Lehrkörpers, die schon jetzt mit einigen sehr geringen und begrenzten Kompetenzen versehen ist, würde zu einem Organ werden, das sehr begrenzt beratende und repräsentative Kompetenzen haben und sich aus höchstens 70 Personen zusammensetzen würde, von denen 80% Professorinnen und Professoren sein müssten.

200

Trotz allem muss darauf hingewiesen werden, dass dieser Vorschlag für die universitäre Selbstverwaltung, die in der Verfassung festgeschrieben ist, weniger interventionistisch und schädigend ist als der Vorschlag der Generalitat Kataloniens, der vom Ratsmitglied Andreu Mas-Colell, einem ehemaligen Havard-Professor, inspiriert worden ist und der eine Leitung von 15 Mitgliedern vorsah, 5 auf Vorschlag der Autonomen Regierung, 5 auf Vorschlag des Lehrkörpers und die restlichen 5 durch eine Ernennung durch die 10 als erstes vorgeschlagenen Mitglieder. Im universitären Bereich ist das Modell der CiU sehr viel neoliberaler als das der PP. Erinnert sei daran, dass im Studienjahr 2012/2013 die katalanischen Universitätsgebühren um 66% stiegen, im Schnitt 2000€ für den Graduiertenstudiengang und das Doppelte für den Masterstudiengang. Auch die Schüler von Berufsausbildungskursen werden mit Matrikelzahlungen zwischen 250 und 400€ gequält. Während andere Länder, wie z.B. Deutschland, die Studiengebühren senken, bereiten wir die nächste Finanzierungsblase, dem Beispiel der USA und Chiles folgend, mit Studiendarlehen vor.

Nach Meinung der Experten wird universitäre Effizienz erreicht, indem Fakultäten und Departments zusammengelegt werden und vor allem die Dekane und die Department-Direktoren vom eigenen Rektor ernannt werden. Vielleicht kann über den parlamentarischen Weg erreicht werden, dass die Dekane und die Department-Direktoren auf Vorschlag der Fakultäten und der Departments oder sogar direkt gewählt werden, um ihnen mehr demokratische Legitimität zuzuschreiben. Doch bleibt, wenn der juristische Charakter der Universitäten und die Ernennung des Rektors geändert werden, der Rest eine Frage der Zeit und der Gelegenheit.

Von Leitungsangelegenheiten ausgeschlossen, haben doch alle Mitglieder der universitären Gemeinschaft von den Professoren bis hin zu den Studierenden und dem administrativen Personal als Mission, mit anderen Universitäten zu wetteifern. Auf diese Art und Weise wird die Wettbewerbsfähigkeit aller gegen alle (Forschungsgruppen, Universitäten, Laboratorien usw.) als Hauptansporn der neuen Universitätsreform eingeführt. Eine wahrhaftige Konterreform ersetzt den Wert der Zusammenarbeit und das Verständnis des universitären Bereichs durch den Eifer, andere zu übertreffen.

Neben den Leistungsfragen zielt die Expertenkommission auf das Problem der Finanzierung und auf die Mängel des Stipendiensystems und der Unterstützung der Studenten. Obwohl die Experten die Erhöhung der öffentlichen Finanzierung der Universitäten bis zu 3% des BIP vorschlagen, wissen wir alle – ausgehend von den gegenwärtig miserablen 1,2% –, dass die Kürzungen an der Tagesordnung sind (20% allein in den letzten 2 Jahren, denen man noch 31% bei der staatlichen Investition in die Forschung hinzufügen muss) und dass die Finanzierung der öffentlichen Dienste in den nächsten Jahren abnehmen wird. Und wenn die öffentlichen Mittel fehlen, ist diese Lösung selbstverständlich: es müssen die privaten Mittel erhöht und die Ausgaben vermindert werden, das heißt, dass die Studenten mehr zahlen müssen und ihnen dafür weniger Dienstleistung angeboten werden. Die öffentlichen Dienste sind unter Gleichheit der Bedingungen nur zugänglich, sofern sie universell und (praktisch) kostenlos sind und die Einkommensunterschiede sich in der progressiven Steuerzahlung niederschlagen. Die gegenwärtige Realität zeigt, dass die derzeitig Studierenden diejenigen sind, die – historisch gesehen – am meisten für ihr Studium bezahlen und trotz allem auch diejenigen sind, die weniger Unterricht erhalten, in größeren Gruppen sich drängen und mit einer geringeren und weniger individuell ausgerichteten Betreuung sowohl im Studium als auch in den Praktika rechnen müssen. Auch die Förderung der Studiermobilität mit Hilfe des Programms Erasmus auf europäischer Ebene und des Programms Sokrates innerhalb des spanischen Staates wurde gekürzt. Eine Bildungsreform, die ohne Hilfsmittel durchgeführt werden soll, ist ein Betrug. In diesem Sinne war die Anpassung an den Europäischen Hochschulstudienbereich (EEES – Espacio Europeo de Estudios Superiores), der unter der Bezeichnung Bologna bekannter ist, ein Betrug für Schüler und Studierende. In diesem Sinne erkennt auch der Bericht der Expertenkommission an, was die Studierenden schon vor Jahren auf den Straßen unserer Städte und bei der Besetzung von Universitätszentren verkündet hatten.

In dem erwähnten Kommissionsbericht wird auch bestätigt, dass die Qualität der Universität, die Güte der Lehre und der Forschung an den Universitäten, vor allen Dingen von der Güte der Professoren abhängt. Folglich muss darauf geachtet werden, dass die kompetentesten Professoren berufen und ihnen angemessene Arbeitsbedingungen angeboten werden. Tatsächlich aber ist es so, dass die Universitäten gegenwärtig einige, für eine öffentliche Institution unwürdige Indizien von Prekarität der Arbeit aufweisen, was mancher sogar als Referenz-Modell für die Gesellschaft sehen möchte. Ein Beispiel ist die Behandlung, die die Professorenschaft mit ihren jährlich erneuerten Verträgen erhielt und erhält, deren Erneuerung oft erst um Wochen verzögert geschieht, um möglichst viel zu sparen und dies alles bei lächerlich geringen Gehältern, die mit unverhältnismäßig hohen Lehrverpflichtungen verbunden sind. An meiner Universität, der Universität Barcelona (UB), der in allen internationalen Rankings am besten platzierten spanischen Universität, erhält ein Professor mit einer zwei-Drittel-Stelle ein Netto-Monatsgehalt von weniger als 450€. Hier handelt es sich nicht um eine Ausnahme, sondern um die allgemeine Regel. Hier könnte auch von der Situation gesprochen werden, in der sich die Stipendiaten befinden, die trotz ihrer akademischen Abschlussprüfung und ihres Doktorats als Personal in Ausbildung angesehen werden und die als solches ohne angemessenen Arbeitsvertrag und ohne die Möglichkeit, an vielen der Universitätsstrukturen teilzuhaben, dastehen. Das grausame Paradoxon besteht darin, dass ein Großteil der universitären Lehre in den Händen der am schlechtesten bezahlten Lehrenden im gesamten Bildungssystem liegt. Die harten Haushaltskürzungen und die gesetzliche Unmöglichkeit, den Lehrkörper über 10% der Pensionierungen hinaus zu ergänzen, verurteilen gegenwärtig eine ganze – am besten ausgebildete – Generation zu gegenwärtiger Prekarität und zu einer Zukunft außerhalb unserer Universitäten.

In einer kürzlich erschienenen Studie über die Arbeitseinbindung von Promovierten der Universität Pompeu Fabra (UPF) in Barcelona (1990 – 2011) spiegeln sich die gegenwärtigen Schwierigkeiten, in Spanien Arbeit zu finden. Ein Drittel der Promovierten geht zur Arbeit ins Ausland, nach Europa und in die übrige Welt, während 60% in Katalonien bleiben und der Rest in anderen Teilen Spaniens. Die Studie weist auf einen Tendenzwandel seit 2005 hin. Diejenigen – ungefähr 66% von ihnen – , die vor diesem Zeitpunkt promovierten, setzten zuallererst darauf, Arbeit an der Universität zu suchen, während etwa 55% der in letzter Zeit Promovierten Arbeit vor allem in privaten Institutionen, Stiftungen und Konsortien, seien es nun Unternehmungen oder Forschungszentren, suchten. Der Anteil der Promovierten, die zwischen 2005 und 2013 eine Anstellung an der Universität fanden, liegt bei 44%, 20% weniger als im Zeitraum davor und etwa vergleichbar mit dem Anteil der Promovierten, die an europäischen Universitäten arbeiten. Andererseits zeigt die UPF-Studie, dass 96% der Promovierten mit einer höheren Vertragssicherheit (74%) und einem Gehalt, das über dem Lohn der Arbeiter liegt, beschäftigt sind. (Anàlisi 2012)

Die Bildungskonterrevolution der PP und CiU bringt die öffentliche spanische Universität in Gefahr. Die Lage der höheren Bildung ist viel kritischer als dies in der Gesellschaft wahrgenommen wird, und die daraus entstehenden Schäden können während vieler Jahre unaufhebbar sein. Man gibt vor zu reformieren, aber merkantilisiert nur und – nebenbei – wird ein Modell liquidiert, das zweifelsohne zu verbessern wäre, aber vielen Familien zum ersten Mal den Zugang zur Universität gestattete und einige höchst bemerkenswerte Ergebnisse der Lehre, Forschung und Wissensübermittlung an die Gesellschaft darstellte. Trotz des groben Mangels an Hilfsmitteln hat die wissenschaftliche, spanische Produktion in den letzten Jahrzehnten stark zugenommen, wovon zwei Drittel ihren Ursprung in der Universität (davon 96% in der öffentlichen Universität) haben und 3,6% der wissenschaftlichen Weltproduktion darstellen, während unser BIP kaum 3,2% erreicht. Die öffentliche spanische Universität ist nicht ineffizient und viel weniger noch verschwenderisch, vor allem, wenn berücksichtigt wird, dass das Lehr- und Forschungspersonal bei voller Beschäftigung nur die Hälfte der Finanzmittel im Vergleich zu den USA und 60% im Vergleich zu Großbritannien erhält. Vielleicht täuschen wir uns mit der 4-jährigen Studiendauer und der Ein-

Jahres-Dauer im Masterstudiengang, während ja im europäischen Raum die 3+2-Jahre dauernde Studienzeit häufig ist.

Trotz alledem ist es angemessen, diesen Artikel mit einer Selbstkritik zu beenden im Hinblick auf die tiefsitzende Unbeweglichkeit und konservative Haltung der Professorenschaft, die mit einer langen akademischen Karriere im Rücken ihre Fortdauer als Lehrende und Forscher bis auf ihr 70. Lebensjahr betreibt (die Universitätsprofessoren und die Richter sind die einzigen Beamten, die in diesem Alter in Pension gehen können). Sie ist bestrebt, dies noch einige weitere Jahre über die Gestalt des Emeritus zu verlängern und sehnt sich nach der Schaffung einer neuen Gestalt (des mitwirkenden Professors, so lautet der Vorschlag der Universität Barcelona), die ihm in der Universität ein Verbleiben auf unbestimmte Zeit erlaubt. Am Ende kann dann die spanische Universität zu einer Ansammlung prekarisierter und pensionierter Professoren werden.

Übersetzung: Karin Steffens

Anm. der Redaktion: Das „Ley West" ist Ende November 2013 verabschiedet worden.

Literatur

ABC – 26.03. 2013 – http://www.abc.es/economia/20130326/abci-alemania-schauble-envidia-201303261323.html

Anàlisi de la inserció laboral dels doctors per la UPF (1990-2011) Octubre del 2012. http://www.upf.edu/enoticies/1213/_pdf/inserciolaboraldoctors.pdf

Besalú, Xavier/ Marqués, Salomó/ Soler, Pere (2013): Excelencias universitarias. 24/03/13. http://www.sinpermiso.info/textos/index.php?id=5801

Friedman, Milton/Friedman, Rose (1984): La tiranía del statu quo. Barcelona

Luque Guerrero, Eduardo / Carrera Santafé, María Pilar (2013): Asalto a la educación [Überfall auf die Bildung]. Mataró

Laval, Christian (2011) (avec P. Clément, G. Dreux et F. Vergne): La nouvelle école capitaliste. Paris

PIRLS – TIMSS 2011. Estudio Internacional de progreso en comprensión lectora, matemáticas y ciencias. IEA VOLUMEN I:INFORME ESPAÑOL. Madrid 2012

PISA 2009. Programa para la Evaluación Internacional de los Alumnos. OCDE. INFORME ESPAÑOL. Madrid 2010

Propuestas 2013: Propuestas para la reforma y mejora de la calidad y eficiencia del sistema universitario español. http://www.mecd.gob.es/prensa-mecd/dms/mecd/servicios-al-ciudadano-mecd/participacion-publica/sistemauniversitario/propuestas-reforma.pdf

SCImago Institution Ranking (2011): http://www.scimagoir.com/pdf/sir 2011 world report pdf

Leonor Abujatum Berndt / Steve Kenner

Das Aufbegehren der jungen Generation gegen ein sozial-exklusives Bildungssystem Das Fallbeispiel Chile

Einleitung

Im vergangenen Jahr jährte sich zum 40. Mal einer der traurigsten Tage in der Geschichte Chiles. Am 11. September 1973 bombardierte die Luftwaffe auf Befehl des Generals Augusto Pinochet den *Palacio de la Moneda*, Regierungssitz des sozialistischen Präsidenten Salvador Allende Gossens. Nur wenige Momente nach der Stürmung des Gebäudes nahm sich Allende das Leben, nicht ohne dem chilenischen Volk eine Botschaft zu hinterlassen. Während seiner letzten Rede, die ab 09:10 Uhr auf der Frequenz des Radiosenders „Magallanes" übertragen wurde, wandte er sich an das chilenische Volk. Allende war bekanntlich ein guter Redner, doch diese letzte Ansprache, unvorbereitet und unter großer Anspannung gehalten, kann wohl als eines der bedeutendsten und wirkungsmächtigsten Zeugnisse seiner rhetorischen Fähigkeiten verstanden werden. Allende bewies Weitsicht, als er erklärte, dass auf die Menschen schwere Zeiten zukommen würden. Er sprach dem chilenischen Volk aber auch Mut zu und betonte, dass sich die „großen Alleen" eines Tages wieder öffnen würden und der freie Mensch jene Straßen passieren werde, um für eine bessere Gesellschaft einzustehen. Die Vorausschau Allendes erweist sich eindrucksvoll als treffend. Seit Monaten versammeln sich regelmäßig tausende Chileninnen und Chilenen auf den *grandes alamedas*. Es sind Schülerinnen, Schüler, Studierende, unterstützt durch Lehrkräfte, Eltern, Dozierende sowie Gewerkschaften und Sozialverbände.

Seit 2011 formiert sich eine in dieser Form vollkommen neue soziale Bewegung in Chile. Es war vor allem die Krise im Bildungssystem, die Unzufriedenheit der jungen Generation, die als ausschlaggebender Faktor das Protestpotential in dem lateinamerikanischen Land erhöhte.

Obgleich die Bewegung heute weitaus breiter aufgestellt ist und die Kritik über bildungspolitische Fragen weit hinausreicht, soll im Folgenden eine differenzierte Analyse des chilenischen Bildungssystems einen Beitrag zum bildungspolitischen Krisendiskurs leisten.

Hierfür wird das Fallbeispiel Chile mithilfe einer kurzen historischen Kontextualisierung vorgestellt. Dabei werden die Ursachen für die bis heute wirksamen sozialen Exklusionseffekte des chilenischen Bildungssystems am Beispiel des strukturellen Aufbaus, der Finanzierung und der Qualität aufgezeigt. Bezüglich des Aufbegehrens der chilenischen Jugend wird abschließend untersucht, wie die Bildungsdebatte das lateinamerikanische Land verändert hat und ob 20 Jahre nach dem Ende der Militärherrschaft von einer Inkorporierung freiheitlich demokratischer Werte ausgegangen werden kann.

Die Unzufriedenheit der Jugend wird am Beispiel der *Revolución de los Pingüinos* sowie der aktuellen Bewegung hervorgehoben. Wenngleich diese Arbeit, der Aktualität der Thematik geschuldet, kein abschließendes Urteil leisten kann, werden die Autorin und der Autor dennoch einen Ausblick wagen.

Bildung im Wandel – Historische Einordnung

> Lernen bedeutet nicht Ideen zu konsumieren, sondern sie wieder und wieder entstehen zu lassen.*[1]
>
> (Freire/Mastrangelo 1996: 53)

Bildung nicht als Konsumgut zu begreifen, sondern als Mittel und Grundlage für selbstständiges und selbstbestimmtes Denken, diesen Grundsatz verfolgte Paulo Freire, einer der bekanntesten Pädagogen Lateinamerikas. Er betonte früh die Bedeutung einer freien Bildung für Gesellschaft und Demokratie und beeinflusste damit auch die Bildungspolitik Chiles. Der Brasilianer exilierte in den 1960er Jahren nach Chile und wurde unter dem Präsidenten Eduardo Frei zum UNESCO–Beauftragten für Bildung ernannt. In dieser Zeit wurde das chilenische Bildungssystem maßgeblich reformiert. Präsident Frei führte 1965 eine weitreichende Bildungsreform durch und legte dabei großen Wert auf eine Modernisierung und Demokratisierung des Bildungssystems. Das wesentliche Ziel seiner Bildungsreform bestand darin, angelehnt an das Ideal Paulo Freires, Bildung als Allgemeingut zu sichern sowie Kinder und Jugendliche auf dem Weg zu verantwortungsvollen Staatsbürgerinnen und Staatsbürgern zu begleiten. Darüber hinaus sollte ein vielseitiger Austausch zwischen den mannigfaltigen sozialen Gruppen der heterogenen chilenischen Gesellschaft durch Bildung gesichert werden. (Vgl.: Dittborn/Sagredo/Aylwin 2008: 22) Um dieses durchaus hochgesteckte Ziel zu erreichen, sollte die Einschulungsquote deutlich ausgeweitet werden. Dadurch wurde immer mehr Menschen der Zugang zu Bildung ermöglicht. Auch die durchschnittliche Schulzeit der Bevölkerung stieg in den 1960er Jahren merklich an. (Vgl.: Casassus 2004: 776) Die wachsende Einschulungsquote sowie die Verlängerung der Lernzeit in Bildungseinrichtungen erreichte der Christdemokrat

Frei durch eine Neustrukturierung des Schulsystems, bestehend aus der Dreigliederung in a) freiwillige vorschulische Bildung, b) kostenlose und obligatorische Basisbildung, die von sechs auf acht Jahre ausgebaut wurde und c) mittlere Bildung über vier Jahre, geteilt in humanistische und technische Bildungsgänge. (Vgl.: Dittborn/Sagredo/Aylwin 2008: 23)

Bis Ende der 1960er Jahre stieg die Quote der Kinder, die die Basisbildung absolvierten, auf 90%. Aber auch bezüglich der nicht-obligatorischen Mittelschule erreichte Frei einen Anstieg von 31%. Somit beendete 1970 jedes zweite Kind die Mittelschule. (Vgl.: Waissbluth 2010: 100)

Trotz der Erfolge, die Eduardo Frei durch seine Bildungspolitik erreichen konnte, sah er sich zunehmender Kritik ausgesetzt. Die linke Koalition *Unidad Popular* seines prominenten Nachfolgers Salvador Allende wies beispielsweise auf den autoritären Charakter der Bildungseinrichtungen sowie die zentrale Verwaltung und bürokratische Organisation hin. Einer der bedeutendsten Kritikpunkte jedoch betraf die von der Schulbildung ausgehende Ideologie des Individualismus und des Konsums. (Vgl.: Dittborn/Sagredo/Aylwin 2008: 26)

Allende betonte, wie sein Vorgänger, die Bedeutung einer freien Bildung und des Zugangs zu kulturellen Gütern. Er erhöhte die Bildungsausgaben und setzte sich zum Ziel, gleiche Bildungschancen für alle chilenischen Kinder zu ermöglichen. Die Staatsausgaben für Bildung stiegen während der dreijährigen Amtszeit Allendes auf ein neues Rekordniveau. (Vgl.: Muñoz 2011: 19)

Mit dem Militärputsch aus dem Jahr 1973 unter Führung des Generals Augusto Pinochet kam es in Chile zu einem radikalen Einschnitt in der Bildungspolitik. Vernor Muñoz, von 2004 bis 2010 UN-Sonderberichterstatter für das Recht auf Bildung, bezeichnet in einer Studie aus dem Jahr 2011 jene Anfangsjahre der Militärdiktatur als Prozess der Entpolitisierung der Bildungseinrichtungen, die mit besonderer Härte durchgesetzt wurde. (Vgl.: Ebd.: 20)

Die Schulen wurden allerdings nicht entpolitisiert, sondern vielmehr als Umerziehungsanstalten genutzt. Dies gelang nicht zuletzt durch die Entsendung regimetreuer Rektoren an alle chilenischen Schulen und die Besetzung der Schlüsselpositionen an Universitäten und anderen Bildungseinrichtungen mit ebenfalls systemkonformen Autoritäten. (Vgl.: Ebd.)

Es sei auch erwähnt, dass während der Militärdiktatur die Einschulungsquote weiter anstieg. Seit Ende der 1980er Jahre liegt sie bei etwa 98% mit einer Abbruchrate von 1,5%. Die Lerndauer in schulischen Bildungseinrichtungen liegt im Schnitt bei etwa 9,5 Jahren. (Vgl.: Casassus 2004: 776)

Bedeutender als der Anstieg der Einschulungsquote und die Verlängerung der Lernzeit in Bildungseinrichtungen ist bezüglich der Militärdiktatur allerdings der Prozess der Privatisierung des Bildungssektors. Der chilenische Bildungswissenschaftler Juan Casassus beschreibt den Privatisierungsprozess als neoliberale

Vermarktungslogik, die auf den Bildungssektor übertragen werden sollte. „Dieser Prozess hatte das Ziel, das Bildungswesen unter marktwirtschaftlichen Gesichtspunkten zu dynamisieren, um den Wettbewerb zwischen den Schulen zu beleben." (Casassus 2004: 777) Um dieses Ziel zu erreichen, strukturierte Pinochet zunächst die höhere Bildung um. Neben den traditionellen Universitäten wurden Technische Institute und Fachhochschulen eingeführt. Der Bildungsmarkt wurde als vollwertiger Teil der Marktwirtschaft für private Investoren geöffnet. Die auf Grundlage der neuen Bildungspolitik Chiles gegründeten Unternehmen mussten nicht gemeinnützig agieren. Obgleich eine Reinvestierung des Gewinns in die Bildungseinrichtung gesetzlich verankert wurde, ermöglichen Schlupflöcher den Unternehmern bis heute die Gewinnabschöpfung. Eine Kontrolle ist aufgrund der Freiheit der Lehre, die in der Verfassung gesichert ist und als Vorwand von privaten Bildungseinrichtungen für intransparentes Handeln angeführt wird, nahezu unmöglich. Darüber hinaus wurden an den staatlichen Universitäten hohe Studiengebühren eingeführt. (Vgl.: Fernández 2010: 78)

Es gelang den Technokraten der *Chicago Boys*, auch das Bildungssystem als vollwertiges Element der neoliberalen Wirtschaftsordnung zu integrieren.[2] Die chilenischen Wirtschaftswissenschaftler, die ihr Handwerk an der *University of Chicago* gelernt hatten, fanden ideale Voraussetzungen, um in dem lateinamerikanischen Land eine neoliberale Wirtschaftsordnung umzusetzen, die ohne Einschränkungen durch sozialpolitische Maßnahmen auskam. Dabei beschränkten sie sich nicht nur auf das Bildungssystem, sondern unterwarfen weite Teile des Sozialstaates, wie beispielsweise die Altersversorgung und das Gesundheitssystem, den Regeln des ungebändigten Marktes. Damit wurde der Grundstein gelegt für einen Transformationsprozess des chilenischen Bildungssystems. In wenigen Jahren kam es zu einem grundsätzlichen Wechsel im Wertesystem. Bildung wurde nicht länger als öffentliches Gut verstanden, sondern nahm die Rolle eines Konsumartikels ein. Folgerichtig ließ Pinochet bei der Verfassung aus dem Jahr 1980 wesentliche Passagen neu formulieren. Mario Waissbluth, Präsident der *Fundación Educación 2020* – eine Stiftung, die Zukunftsperspektiven für das chilenische Bildungssystem entwickelt – betont, dass mit den weitreichenden Verfassungsänderungen aus dem Jahr 1980 der Staat seine Verantwortung für das Bildungssystem (*'atención preferente del Estado en educación'*) ablegte und sich seither nunmehr als helfender Akteur (*'Estado Subsidiario'*) begreift. (Vgl.: Waissbluth 2010: 102)

Diese entscheidende Neuausrichtung der Bildungspolitik führte in den Folgejahren dazu, dass verschiedene Akteure der Privatwirtschaft in den lukrativen Markt der Bildungspolitik eintraten. Bis 1986 stieg der Anteil an privaten Bildungseinrichtungen von 20% auf 45%. Gleichzeitig ging das Angebot kostenloser und öffentlicher Bildungseinrichtungen deutlich zurück. (Vgl.: Ebd.)

Bei einer ebenfalls 1980 eingeführten Verwaltungsreform ergab sich eine nicht weniger bedeutsame Änderung, welche die Kommunalisierung des Bildungssektors zur Folge hatte.

„1980 wurde eine Reform der staatlichen Verwaltung durchgeführt, wobei sich das Konzept eines subsidiären Staates durchsetzte. In der Praxis war der normative Rahmen keine Dezentralisierung, sondern eine *Dekonzentration* des Ausbildungssystems zugunsten der Gemeinden." (Casassus 2004: 777)

Die Reformmaßnahmen Pinochets führten zu einer drastischen Senkung der öffentlichen Ausgaben für Bildung. Diese fielen Casassus zur Folge „zwischen 1982 und 1989 um real 27%". (Ebd.: 787)

Am 10. März 1990, dem letzten Tag der Herrschaft Pinochets, verabschiedete das Militärregime ein weiteres bedeutendes Gesetz, die *Ley Orgánica Constitucional de la Educación (LOCE),* wodurch ein Bestehenbleiben der von Pinochet vorangetriebenen Privatisierung des Bildungssektors manifestiert wurde. (Vgl.: Waissbluth 2010: 103)

Wie Waissbluth in seiner Arbeit „Se acabó el recreo. La desigualdad en la educación" treffend beschreibt, dient dieses Gesetz zur Sicherung der Bildungsreform. Tatsächlich kam es bis heute, 22 Jahre nach Beendigung der Militärherrschaft, nur zu marginalen Änderungen sowie einer Namensanpassung zu *Ley General de Educación.* Einer aktuellen Studie des *CEP* zufolge sehen die Chileninnen und Chilenen im Bildungssystem nach der Bekämpfung der Kriminalität den größten Handlungsbedarf für die Regierung. Gesundheit und Armut folgen auf den Plätzen drei und vier. (Vgl.: CEP Juli/August 2012:17) Die Krise im Bildungssektor ist demnach offenkundig. Doch wo liegen die Ursachen für die Unzufriedenheit mit Schule und Universität? Um dieser Frage nachgehen zu können, bedarf es, eines Blicks auf die Struktur des chilenischen Bildungssystems.

Struktur des chilenischen Bildungssystems im 21. Jahrhundert

Im dezentral strukturierten chilenischen Bildungssystem übernehmen kommunale und private Träger gegenüber dem Staat die Verantwortung für das Funktionieren der von ihnen getragenen Bildungseinrichtungen. Es etablierte sich ein System aus subventionierten Einrichtungen (der Gemeinden und von privater Seite) sowie nicht-subventionierten privaten Einrichtungen (Vgl.: Casassus 2004: 775)

Dabei sind die subventionierten Privatschulen nicht zwangsläufig kostenlos. Aus einem Dokument der Interessenvertretung chilenischer Privatschulen, *Colegios Particulares de Chile (CONACEP),* geht hervor, dass nur etwa 40% der vom Staat subventionierten Privatschulen kostenfrei sind. (Vgl.: Bosch 2010: 5)

Die chilenische Bildung wird in Vorschule, Basisschule, Mittelschule und höhere Bildung unterteilt. Dabei sind Vorschule, Mittelschule und Universität nicht obligatorisch. Basisschulbildung ist auf acht Jahre festgelegt und besteht aus zwei vierjährigen Zyklen. Der Zugang zur obligatorischen Basisbildung muss durch die Kommune sichergestellt werden. Mittlerweile drängen aber auch in diese Bildungsphase immer mehr private Schulträger.

Die Mittelschule wird in einen berufsorientierten und einen naturwissenschaftlich-humanistischen Zweig unterteilt. (Vgl.: Dittborn/Sagredo/Aylwin 2008: 23) Die Schülerinnen und Schüler schließen je nach Leistung mit oder ohne Hochschul-Zugangsberechtigung ab.

Entgegen dem deutschen Bildungssystem, das zumeist systematische Selektion bereits nach der vierten Klasse, entsprechend vermeintlicher kognitiver Fähigkeiten, auf verschiedenen Schultypen vorantreibt, wird in Chile ein inklusiveres Konzept des längeren gemeinsamen Lernens verfolgt. Doch auch hier spiegelt sich die soziale Herkunft in den möglichen Bildungschancen wider. Dies soll im Folgenden anhand der Bildungsfinanzierung deutlich gemacht werden.

Bildungsfinanzierung

> *Eine Schule zu eröffnen ist so einfach und rentabel wie die Gründung eines Unternehmens.**
>
> (Coscione 2009: 72)

Mit dem hier einleitend angeführten Zitat des italienischen Politikwissenschaftlers Marco Coscione ist der Bildungsmarkt in Chile trefflich beschrieben. Tatsächlich ist Bildung in Chile ein lukratives Geschäft. Der soziale Aufstieg für Kinder aus einkommensschwachen Familien ist besonders schwer. Wie Pamela Díaz-Romero nachweist, ist soziale Exklusion im chilenischen Bildungssystem aufgrund der sozialen Herkunft evident. In einer Studie kommt Díaz-Romero zu dem Ergebnis, dass in den 10% der einkommensschwächsten Haushalte die junge Generation zwischen 18 und 24 Jahren etwa 10,6 Jahre in Bildungseinrichtungen verbringt, wohingegen Kinder und Jugendliche der 10% einkommensstärksten Haushalte 14 Jahre lang Bildungseinrichtungen besuchen. (Vgl. Díaz-Romero 2009: 180)

Díaz-Romero zeigt auf, dass der sozioökonomische Hintergrund eines Menschen die Lernzeit maßgeblich beeinflusst. Für knapp 30% der chilenischen Kinder und Jugendlichen endet die schulische Lernphase bereits nach der Basisbildung. Als Gründe dafür geben sie, laut einer aktuellen Untersuchung des Sozialministeriums, vor allem finanzielle Nöte und Jobsuche an. (Vgl.: CASEN 2009: 17). Nur knapp drei Viertel der Schülerinnen und Schüler geht direkt von der Basisschule zur Mittelschule über. Die anschließende höhere Bildung, einschließlich aller Fachhochschulen und Technischen Institute, an denen Ausbildungsberufe gelehrt werden, erreichen lediglich 29,1% der Chileninnen und Chilenen zwischen 18 und 24 Jahren. Einen dualen Ausbildungsweg wie in Deutschland gibt es nicht. Der zumeist genannte Grund dafür, ohne qualifizierten Berufsabschluss direkt den Weg in den Arbeitsmarkt zu suchen, ist auch in diesem Fall die Bildungsfinanzierung. (Vgl.: Ebd.: 21)

Unter Berücksichtigung dieser Daten werden die Reproduktionsmechanismen der chilenischen Elite deutlich, denn die enormen Einkommensunterschiede, entsprechend der jeweiligen Bildungsabschlüsse, sind Ursache für die Undurchlässigkeit der chilenischen Gesellschaftsstruktur. Dies zeichnet sich letztlich auch an den enormen Einkommensunterschieden entsprechend des jeweiligen Bildungsniveaus ab. (Vgl.: Díaz-Romero 2009: 181)

Die Ungleichheit finanzieller Möglichkeiten der Privathaushalte könnte durch eine staatliche Gegenfinanzierung ausgeglichen werden. Doch wie die Zahlen der neuesten OECD-Studie zeigen, liegt Chile auch hier weit unter dem Schnitt.

„At the primary, secondary and post-secondary non-tertiary levels of education, 91% of the funds for educational institutions come from public sources, on average in OECD countries; only in Chile, Korea and the United Kingdom is this share less than 80%." (OECD 2012: 248)

Bezugnehmend auf die tertiäre Bildung kann die sozial exklusive Wirkung der Bildungsprivatisierung noch deutlicher aufgezeigt werden. Hier übernimmt der chilenische Staat nur etwa 23,4% der Kosten, 8,5% übernehmen andere private Akteure. Der Großteil, etwa 68,1% der Ausgaben für die tertiäre Bildung, wird über Studiengebühren direkt aus den privaten Haushalten aufgebracht. In Deutschland werden hingegen knapp 84.4% der Ausgaben für die tertiäre Bildung vom Staat übernommen. Nur 15,6% der Finanzierung übernehmen private Akteure, wie Unternehmen und Stiftungen sowie die Privathaushalte. (Vgl.: OECD 2012: 223). Chiles staatliche Bildungsausgaben liegen mit weniger als 4.000 US-Dollar pro Studentin bzw. Student unterhalb der Hälfte des OECD-Schnitts. In den USA liegen die öffentlichen Ausgaben pro Kopf mit etwa 16.000 US-Dollar viermal höher als in Chile. (Vgl.: Ebd.: 220)

Da staatliche Finanzierung ausbleibt, sind viele Familien bereit, sich für den Bildungsweg ihrer Kinder zu verschulden. Studienkredite allerdings werden in der Regel nur gegen ausreichende Sicherheiten vergeben. Ruben Andino weist in diesem Zusammenhang darauf hin, dass etwa 10% der chilenischen Haushalte 75% ihres Einkommens für das Abzahlen von Schulden aufbringen. (Vgl.: Andino 2011: 18) Eine sozialverträgliche Studienfinanzierung wie das deutsche BAföG gibt es in Chile nicht. Die einzig verbleibende Alternative ist, sich um eines der wenigen Schul- oder Studienstipendien zu bewerben. Diese allerdings gibt es zumeist nur für die besten Schülerinnen und Schüler, wobei diese mehrheitlich einen finanzstarken sozioökonomischen Hintergrund haben.

Teure Privatschulen ermöglichen nicht nur den barrierefreien Weg an die renommierten Universitäten, sie dienen auch als soziales Netzwerk. Dieses wird in besonderer Weise jenen jungen Chileninnen und Chilenen zuteil, die in einkommensstarken Familien aufwachsen. Die höheren Bildungsabschlüsse sowie das Netzwerk der Privatschulen erhöhen demnach im Sinne der Kapital-Theorie von Pierre Bourdieu nicht nur die privilegierte Stellung aufgrund des hohen finanziellen Kapitals, sondern sind darüber hinaus auf das hohe soziale wie kulturelle Kapital zurückzuführen. Bourdieu betont dabei unter anderem die Bedeutung des schulischen Titels als „ein Zeugnis für kulturelle Kompetenz, das seinem Inhaber einen dauerhaften und rechtlich garantierten konventionellen Wert überträgt" (Bourdieu 1997: 222). Das durch die Privatschulen aufgebaute soziale Netz kann im Sinne Bourdieus als soziales Kapital bezeichnet werden, welches die gesellschaftlichen Aufstiegsmöglichkeiten in Chile maßgeblich prägt. (Vgl.: Ebd.: 224ff.) Über scheinbar offensichtliche Merkmale sozialer Exklusion ist die Krise des chilenischen Bildungssystems auch auf die komplexen Strukturen der Dezentralisierung zurückzuführen, die im Weiteren skizziert werden.

Kommunalisierung

> Es ist nicht das Gleiche für einen Schüler, der eine Schule besucht, die in einem ärmeren Viertel liegt. Hier nutzt die Kommune das Geld, welches ursprünglich für Bildungseinrichtungen geplant war, für den Straßenbau.*
>
> (Giménez[3] 12.10.2012)

Mit diesen Worten beschreibt Daniel Giménez eines der grundlegenden Probleme des chilenischen Bildungssystems. Der 16-jährige Schüler besucht eine der kostenlosen öffentlichen Schulen in Providencia, einem der wohlhabenden Viertel Santiagos. Mit seiner Schule sei er zufrieden, doch er habe Glück, in einem Viertel zu wohnen, das die finanziellen Mittel aufbringen könne, die öffentlichen Schulen zu fördern.

Die Kommunalisierung der Bildung geht auf eine Reform des Militärs noch während der Herrschaft Pinochets zurück. Die Folge ist eine enorme Ungleichheit zwischen den Angeboten der kostenfreien Gemeindeschulen innerhalb des Landes. Die Ursache hierfür ist ein fehlender Länder- bzw. Gemeindefinanzausgleich.

„Während die reichen Gemeinden ihre Bildungseinrichtungen mit den notwendigen Mitteln problemlos ausstatten können, bleibt den ärmsten Gemeinden kaum Geld, um den LehrerInnen einen Mindestlohn zahlen und Schulgebäude in Stand halten zu können." (Aschenberg 2006: 5)

Die von Rebecca Aschenberg angeführte Ungleichheit, bezugnehmend auf die finanziellen Möglichkeiten der Gemeinden, überträgt sich auch auf die Schülerinnen und Schüler. María Jesús Martínez spricht von einer „starken Ungleichheit im System" (Martínez 2006: 126). Diese Ungleichheit zeichnet sich durch gut finanzierte Schulen im Stadtzentrum und unzureichend ausgestatteten Schulen in der städtischen Peripherie aus.

Die selektiven Wirkungsmechanismen im chilenischen Bildungssystem zeigen sich allerdings nicht nur anhand beachtlicher Ungleichheiten in urbanisierten Lebensräumen, sondern werden auch zwischen ländlichen und städtischen Regionen deutlich. Die Schülerinnen und Schüler in weniger dicht besiedelten Gebieten Chiles, fern der Metropole Santiago, liegen in Vergleichstests laut einer Studie der OECD aus dem Jahr 2010 (Vgl.: OECD 2010: 11) im Schnitt ein Jahr hinter den Gleichaltrigen in Ballungsgebieten zurück.

Die Kommunalisierung der Bildung wurde vorbehaltlos von dem Mitte-Links-Bündnis *Concertación* seit 1990 weitergeführt und zum Teil verschärft. Vor allem der fehlende Finanzausgleich als Grundlage einer Solidargemeinschaft und die zunehmende Ghettoisierung finanzschwacher Familien am Rande der Großstädte zementieren die Ungleichheit bezüglich der Bildungsvoraussetzung in Abhängigkeit von der regionalen Herkunft. Diese spielt eine bedeutende Rolle für den Bildungserfolg. Der mangelnde Finanzausgleich zwischen wohlhabenden und armen Kommunen verhindert ein flächendeckendes Angebot qualitativ hochwertiger und kostenfreier Bildung.

Qualität der Bildung

Einer der weitreichendsten Aspekte des chilenischen Bildungssystems, den es bezugnehmend auf sozial exklusive Effekte zu untersuchen gilt, ist die Qualität der Bildung. Der chilenische Historiker Gabriel Salazar führt dabei an, dass das chilenische Bildungssystem vor allem auf Wissenskompetenz und die Reproduktion von Fakten ausgelegt ist. Damit würden weder die Lehrkräfte, noch die Schülerinnen und Schüler ausreichend gefordert und gefördert. Die Fähigkeiten der jungen Generation würden durch das derzeitige Bildungssystem nicht ausgereizt. (Vgl.: Salazar 2011: 95)

Bezugnehmend auf die Phase der (Re-)Demokratisierung eines Landes spielt politische Bildung und die Erziehung zur Mündigkeit eine besondere Rolle. Die historische und politische Bildung in Chile fördert allerdings zumeist weder eine kritische Auseinandersetzung mit der Vergangenheit, noch eine reflektierte Analyse der Gegenwart. Pablo Toro, Sprecher der ACES (Interessenvertretung der Schülerinnen und Schüler), fasst dies mit den Begriffen „offizielle Geschichte" und „andere Geschichte" zusammen. Er verweist darauf, dass im Politik- und Geschichtsunterricht den Schülerinnen und Schülern viele Informationen vorenthalten werden. (Vgl.: Toro 05.11.2012) Toro erklärt, dass Schülerinnen und Schüler vermehrt die Arbeiten von Historikern wie Gabriel Salazar in ihrer Freizeit lesen würden, um sich selbst ein Bild der „anderen Geschichte" machen zu können. (Vgl.: Ebd.) Das abschließende Urteil des 18-jährigen Mittelschülers ist eindeutig. Er hält die historische und politische Bildung in Chile für manipulativ. (Vgl.: Ebd.)

Bezüglich der Qualität sind aber nicht nur Mängel in Planung und Gestaltung des Unterrichts zu konstatieren. Auffällig sind vor allem die großen Unterschiede zwischen den öffentlichen Schulen, je nachdem, ob sie einer wohlhabenden oder finanzschwachen Kommune angehören, sowie das daraus resultierende Leistungsgefälle zwischen Absolventinnen und Absolventen der privaten und der öffentlichen Schulen. Zurückzuführen ist dies auf die Kommunalisierung und Privatisierung der Bildung.

Die Unzufriedenheit der Akteure chilenischer Schul- und Universitätseinrichtungen mit der Qualität der Bildung ist offensichtlich. Laut einer Studie des *CIDE* aus dem Jahr 2010 ist nur jeder Fünfte der befragten Eltern, Lehrkräfte sowie Rektorinnen und Rektoren vom Qualitätsniveau der eigenen Schule überzeugt. (Vgl.: CIDE 2010: 15) Dabei unterscheiden vor allem die Lehrkräfte deutlich zwischen den jeweiligen Schultypen. Während 64% der befragten Lehrkräfte an kostenpflichtigen Privatschulen davon ausgehen, ihre Schülerinnen und Schüler würden nach dem Schulabschluss die Universität besuchen können, geht nur jede vierte Lehrkraft der subventionierten Privatschulen von diesem Bildungserfolg seiner Schützlinge aus. Das Stimmungsbild der Gemeindelehrkräfte ist noch pessimistischer. Hier erwarten nur 6,2% der Befragten, dass ihre Schülerinnen und Schüler eines Tages an einer Universität studieren können. (Vgl.: CIDE 2010: 26)

Die Kausalität zwischen sozioökonomischer Herkunft und Bildungserfolg ist evident, denn die Schulen, denen die bestmögliche Vorbereitung auf das Studium attestiert wird, bleiben Kindern aus einkommensschwachen Familien versperrt. Die bereits erwähnte Studie des CIDE kommt bei der Untersuchung der sozialen

Zusammensetzung chilenischer Schulen zu dem eindeutigen Ergebnis, dass an öffentlichen Gemeindeschulen vor allem Kinder aus einkommensschwachen Familie lernen, teil-subventionierte Privatschulen zumeist von Kindern der Mittelschicht besucht werden und an den kostenpflichtigen Privatschulen zum größten Teil Kinder aus Familien der chilenischen Oberschicht lernen. (Vgl.: Ebd.: 19)

Die Einschätzung der Lehrkräfte bezüglich des Bildungserfolgs ihrer Schülerinnen und Schüler lassen sich auch in konkreten Zahlen belegen. Jedes Jahr werden Auswahlverfahren für die Zulassung der Studierenden an Universitäten, Fachhochschulen und Technischen Instituten durchgeführt. Die *Prueba de Selección Universitaria (PSU)* ist die Prüfung der traditionellen chilenischen Universitäten, jene Universitäten, die vor 1981 gegründet wurden. Grundlage für den Auswahltest ist ein Multiple-Choice-Fragebogen, der vor allem die Wissenskompetenz der Studienanwärterinnen und Studienanwärter überprüft. Von der höchsten Punktzahl absteigend werden die begehrten Zulassungen vergeben. Bei einer durchschnittlichen Punktzahl aller Bewerberinnen und Bewerber im Jahr 2012 von knapp 500 Punkten erreichten diesen Wert vor allem die Schülerinnen und Schüler der teil-subventionierten Privatschulen. Mit etwa 600 Punkten liegen die Bewerberinnen und Bewerber der kostenpflichtigen Privatschulen weit über dem Schnitt und die Schülerinnen und Schüler der öffentlichen Schulen sind mit durchschnittlich 470 Punkten abgeschlagen. (Vgl.: Bravo/Manzi/Silva 2012: 39ff.)

Auch internationale Vergleichstests zeigen deutlich den Mangel an Qualität im chilenischen Bildungssystem. Im Bildungsvergleichstest der OECD (PISA) erreichte das lateinamerikanische Land im Jahr 2010 durchschnittlich 60 Punkte unter dem Schnitt. Nach Angaben der PISA-Studie liegt Chile bezogen auf den Leistungsstand der Schülerinnen und Schüler etwa ein Schuljahr hinter dem Schnitt der OECD-Länder zurück. (Vgl.: OECD 2010: 11)

Wie bereits angeführt, lassen sich die sozial exklusiven Wirkungsmechanismen des chilenischen Bildungssystems anhand der Kapital-Theorie des französischen Soziologen Pierre Bourdieu nachweisen. Dieser verweist in seiner Arbeit „Ökonomisches, kulturelles und soziales Kapital" auf die verschiedenen Formen des Kapitals. Kindern finanzschwacher Familien in Chile fehlt es nicht nur an ökonomischem, sondern auch an kulturellem und sozialem Kapital. So führt die schlechte Qualität der öffentlichen Schulen zu einer Entwertung des institutionalisierten Kulturkapitals. (Vgl.: Bourdieu 1997: 222ff).

Der fehlende Schulabschluss oder die fehlende Hochschulzugangsberechtigung lässt für viele Chileninnen und Chilenen schon in jungen Jahren einen Exklusionskreislauf beginnen. Der Ausschluss aus weiteren Bereichen des gesellschaftlichen Lebens, wie einer angemessenen Gesundheitsversorgung oder der Partizipation an Kulturveranstaltungen, ist die Folge. Es kommt zu einer Kumulation von Exklusionseffekten, wie sie Niklas Luhmann in seinen Ausführungen über Kettenreaktionen sozialer Exklusion beschreibt. (Vgl.: Luhmann 1998: 630)

Revolution der Pinguine – Erstes Aufbegehren der Jugend seit 1990

Die vorangestellte Zustandsbeschreibung des chilenischen Bildungssystems offenbart mannigfaltige Angriffspunkte für eine unzufriedene junge Generation, doch das Aufbegehren der Jugend ist nicht nur auf die gegenwärtige Lage in dem lateinamerikanischen Land zurückzuführen. Vielmehr gilt es den organisierten Protest der Jugend im historischen Kontext einzuordnen. Dabei ist vor allem die *Campaña del No,* jene Kampagne zur Abwahl Pinochets, anzuführen, welche maßgeblich von der jungen Generation der 1980er Jahre vorangetrieben wurde. Doch obgleich ihre Bedeutung im Prozess der (Re-)Demokratisierung deutlich wurde, galten gerade die jungen Chileninnen und Chilenen in den 1990er Jahren als passiv und apathisch, wie der Soziologe Fernando Marcelo de la Cuadra feststellt. (Vgl.: De la Cuadra 2007: 258)

Auch der in Chile geborene und 1976 nach Deutschland übergesiedelte Politikwissenschaftler Jaime Sperberg bewertet den Übergang zur Demokratie letztendlich eher als mäßigenden Faktor für die Protestbewegung der chilenischen Jugend. „Man wollte nicht die gerade wiedergewonnene Demokratie gefährden. Deshalb blieben viele Forderungen dieser Akteursgruppe unartikuliert." (Sperberg 2009: 225) Folglich kam es vor allem in den ersten zehn Jahren nach dem Plebiszit zu keiner weiteren bedeutenden Mobilisierung der Jugend.

Erst im Jahr 2001 rief die traditionsreiche *Federación de Estudiantes Secundarios de Santiago (FESES)* zum sogenannten *mochilazo auf.* Erstmals artikulierten die Mittelschülerinnen und Mittelschüler wieder ihre Unzufriedenheit, blieben damit aber weitgehend unbeachtet. Die Folge war eine Restrukturierung der Bewegung und die Gründung der *Asamblea Coordniadora de Estudiantes Secundarios (ACES).* Einer der derzeitigen Sprecher der ACES erklärt die Arbeit der Versammlung wie folgt:

> „Die wesentliche Arbeit der Asamblea besteht, wie schon der Name sagt darin, die Aktionen der verschiedenen Vertreter, der verschiedenen Schulen für die Bildungsbewegung zu koordinieren, welche im vergangenen Jahr besonders stark war und sich maßgeblich weiterentwickelt hat."* (Toro 05.11.2012)

Es waren vor allem die Schülerinnen und Schüler, organisiert in verschiedenen *Asambleas* (Versammlungen), die es – knapp 16 Jahre nach dem Ende der Gewaltherrschaft durch das chilenische Militär – wagten, sich wieder zu mobilisieren und sich Gehör zu verschaffen. Im Jahr 2006 schafften sie es zumindest zwischenzeitlich, die Aufmerksamkeit der Öffentlichkeit und der politischen Elite des Landes auf sich zu ziehen. *Revolution der Pinguine* wurde diese Bewegung genannt, da das Bild tausender in Schuluniform gekleideter Kinder und Jugendlicher an den Marsch der Pinguine in der Antarktis zu erinnern vermochte.

Die *Revolution der Pinguine* entwickelte sich im Laufe des Jahres 2006 zur größten Bewegung seit dem Ende der Diktatur. Damit hatte im Mai noch kaum jemand gerechnet. Die Schülerinnen und Schüler standen allein mit ihren bescheidenen Forderungen: eine Erhöhung der Lebensmittelrationen an den Schulen, die Aufhebung der Gebühren (etwa 40 Dollar) für die Studieneingangsprüfung PSU und eine Erweiterung des Nahverkehrstickets, welches nicht länger nur an Werktagen eine ermäßigte Fahrt ermöglichen, sondern zeitlich unbegrenzt nutzbar sein sollte. (Vgl.: Aschenberg Juli/2006: 5–6 und De la Cuadra 2007: 252 f.) Darüber hinaus wehrten sich die Schülerinnen und Schüler gegen die teils desolaten Zustände in ihren Schulen und forderten die Renovierung der Schulgebäude. (Vgl.: Schöppner 2008: 158)

De la Cuadra verweist bezüglich der Sozialstruktur innerhalb der Bewegung vor allem auf Hierarchiefreiheit und den guten Umgang der Schülerinnen und Schüler untereinander. (Vgl.: De la Cuadra 2007: 264) Im Zuge der Protestbewegung gelang es auch, die Studierenden davon zu überzeugen, sich an den Demonstrationen zu beteiligen. Bis zu den Basisschulen (1.-8. Klasse) weitete sich der Protest aus. (Vgl.: Schöppner 2008: 158) Letztendlich mobilisierte die Bewegung Mitte des Jahres 2006 bereits über 10.000 Menschen. (Vgl.: Ebd.: 252 f.) Im Juni 2006 zeigten sich dann auch die Interessensvertretung der Lehrkräfte, das *Colegio de Profesores*, die Gewerkschaften *Central Unitaria de Trabajadores (CUT)*, *Asociación Nacional de Empleados Fiscales (ANEF)*, *Confederación Nacional de Trabajadores de la Salud (CONFENATS)*, *Asociación Nacional de Funcionarios de Impuestos Internos* und Sozialverbände mit der Jugendprotestbewegung solidarisch.

Es bleibt demnach zu konstatieren, dass es sich im Jahr 2006 um eine heterogene Gruppe von Schülerinnen und Schülern handelte, geprägt von ganz unterschiedlichen politischen Motiven, denen es gelungen ist, innerhalb weniger Wochen, ihre Forderungen zu formulieren und die Unterstützung breiter Bevölkerungsteile zu erringen, wenngleich diese vor allem symbolischer Art war.

Um ihren Forderungen Nachdruck zu verleihen besetzten die *Pingüinos* wochenlang ihre Schulen. Doch kam es darüber hinaus auch zu landesweiten Demonstrationen. Anfang Mai 2006 rief die *ACES* zu Protestmärschen auf, an denen sich tausende Schülerinnen und Schüler beteiligten. Die *carabineros*, Chiles militarisierte Polizei, reagierte mit aller Härte. Etwa 600 der in der Regel zwischen 12 und 16 Jahre alten Kinder und Jugendlichen wurden bei der Demonstration am 4. Mai 2006 festgenommen. (Vgl.: Coscione 2009: 73) Sechs Tage später wurden „1287 Schülerinnen und Schüler landesweit verhaftet, 907 davon in Santiago" (Schöppner 2008: 157).

Auf die massive Polizeigewalt und die Ignoranz durch die politische Klasse reagierten die *Secundarios*, wie die Schülerinnen und Schüler der Mittelschule in Chile genannt werden, mit den Besetzungen ihrer Schulen. Sie vernetzten sich via Telefon und Internet. Die basisdemokratisch organisierte Versammlung der Mittelschülerinnen und Mittelschüler *ACES* koordinierte das Vorgehen. Am 10. Mai 2006 riefen sie erneut zu einer landesweiten Demonstration auf.

Dennoch gelang es den jungen Chileninnen und Chilenen noch immer nicht, sich Gehör zu verschaffen. Die Proteste fielen in die Zeit kurz nach der Präsidentschaftswahl, doch Michelle Bachelet, im Zuge der Wahlen als neue Führerin des Mitte-Links-Bündnisses *Concertación* bestimmt und zur Präsidentin gewählt, ging auf die Anliegen der jungen Chileninnen und Chilenen zunächst nicht ein. Statt Resignation führte dieses Verhalten bei der Jugend zu Wut und Unverständnis. Die Bewegung bekam immer größeren Zulauf. Nur knapp drei Wochen nach der letzten landesweiten Demonstration riefen die Interessensvertretungen der *Secundarios* zum nationalen Schulstreik auf. Etwa 800.000 Schülerinnen und Schüler beteiligten sich daran. (Vgl.: Aschenberg Juli/2006: 4)

Auf dem Höhepunkt der Bewegung besetzten sie über 100 Schulen im ganzen Land. (Vgl.: De la Cuadra 2007: 254) Der chilenische Bildungswissenschaftler Mario Waissbluth bezeichnet vor allem die Schulbesetzung als das herausragende Merkmal dieser Bewegung. Er betont, dass die *Revolución de los Pingüinos* nicht durch Gewaltexzesse auf sich aufmerksam gemacht habe, sondern durch den friedlichen Protest in den Bildungsinstitutionen (Vgl.: Waissbluth 2010: 105f)

Vor allen mit der Besetzung ihrer Schulen und den Streiks zeichnet sich der Protest durch die typischen Aktionsformen sozialer Bewegungen aus, die Herkenrath unter anderem mit „Strassenblockaden, Häuserbesetzungen, Streiks und (unbewilligten) Massendemonstrationen" (Herkenrath 2011a: 26) zusammenfasst. Der Soziologe Manfred Liebel, der vor allem zu Kindheits- und Jugendentwicklung forscht, geht in seiner Arbeit „Soziale Ungleichheit und Jugendprotest in Lateinamerika" konkret auf regionale Besonderheiten bezüglich der Protestformen sozialer Bewegungen in Lateinamerika ein. Er betont dabei unter anderem die Rückeroberung des eigenen Viertels, Bandenbildung, Institutionalisierung sowie kollektive Identifikation über Musik und Kunst. (Vgl.: Liebel 2011: 141f.) Die Schülerinnen und Schüler bedienten sich 2006 verschiedener Mittel. Sie entwickelten ihre eigene Form der Institutionalisierung und der Demokratisierung durch offene und basisdemokratische Versammlungen, die Schuluniform wurde zum Symbol mit Identifikationskraft und die Schule zum Ort, den es zurückzuerobern galt.

Nachdem das Mitte-Links-Bündnis *Concertación* anfangs versucht hatte, die Bewegung zu ignorieren, gelang es den *Secundarios* dank ihrer Hartnäckigkeit, das Thema auf die politische Agenda zu setzen. Dies führte dazu, dass eine Kommission eingerichtet wurde, deren vorrangiges Ziel die Erarbeitung eines neuen Bildungsgesetzes sein sollte. An dem Runden Tisch nahmen Vertreterinnen und Vertreter aller Bereiche des Erziehungs- und Bildungssystems teil, „darunter auch jene, die Profit aus der Bildung schlagen" (Schöppner 2008: 159). Diskutiert werden sollten in verschiedenen Untergruppen „die Themen Finanzierung, Qualität, Städtische Verwaltung und Reform der umstrittenen LOCE" (Ebd.).

Das Urteil des chilenischen Bildungswissenschaftlers Mario Waissbluth vier Jahre nach der Einrichtung der Kommission ist allerdings vernichtend. Waissbluth zufolge hätte das neue Bildungsgesetz (*Ley General de Educación – LGE*) kaum Verbesserungen hervorgebracht. Wesentliche Aspekte einer längst überfälligen Bildungsreform wurden ausgespart. (Vgl.: Waissbluth 2010: 103)

Kaum eine der Forderungen der *Pingüinos* wurde berücksichtigt. De la Cuadra kritisiert, dass sich Bachelet nicht auf die konstruktiven Vorschläge der Schülerinnen und Schüler einließ, sondern vielmehr unbeirrt auf die Selbstregulierungsmechanismen des freien Marktes setzte. (Vgl.: De la Cuadra 2007: 257)

Die Einsetzung des Runden Tisches hatte eher eine lähmende Wirkung auf die Protestbewegung. Die breite Unterstützung in der chilenischen Bevölkerung ging zurück und auch viele Schülerinnen und Schüler waren mittlerweile streikmüde.

Jugendproteste 2011 bis heute

Die *Pingüinos* waren es, die das Thema der Bildungsgerechtigkeit auf die Tagesordnung setzten und die Akteure des Bildungssystems – Schülerinnen und Schüler, Studierende, Eltern, Lehrkräfte und Dozierende – gleichermaßen davon überzeugten, sich aktiv für eine Reform einzusetzen. Der unbestritten größte Erfolg konnte trotz geschickter Schachzüge der politischen Elite nicht verhindert werden: Die Mobilisierung der Jugend, das Wecken des politischen Interesses und die Erhöhung der persönlichen Selbstwirksamkeitsüberzeugung. Darüber hinaus sind neue Organisationsstrukturen entstanden, die nicht nur den Charakter dieser Bewegung als basisdemokratisch und partizipativ kennzeichnen, sondern darüber hinaus eine schnelle Wiederbelebung des Protests ermöglichen. Der chilenische Historiker Gabriel Salazar sieht in der *Revolución de los Pingüinos* gar den Grundstein für eine neue soziale Bewegung der chilenischen Bürgerinnen und Bürger, die in der Lage ist, die demokratischen Grundwerte der chilenischen Verfassung zunächst zu hinterfragen und im Verlauf des Prozesses zu verändern. (Vgl.: Salazar/Alvarez 15.03.2012: 7)

Tatsächlich gründete sich schnell nach der *Revolution der Pinguine* der *Bloque Social por la Educación* (Soziales Aktionsbündnis für die Bildung). Hier engagierten sich neben den Schülerinnen und Schülern auch die größte Studierendenvertretung des Landes, CONFECH, der größte Lehrkräfteverband, *Colegio de Profesores,* Elternverbände und weitere Akteure der Zivilgesellschaft.

Die Bewegung, die letztlich im Jahr 2011 eine Reaktivierung des Protestpotentials wagte, baut allerdings nicht nur auf die bereits geschaffenen Strukturen der *Pingüinos* auf. Vielmehr ist das hohe Maß der Partizipation der Studierenden darauf zurückzuführen, dass fünf Jahre nach dem Protest der *Secundarios* viele der ehemaligen Schülerinnen und Schüler heute studieren und sich erneut aktiv einbringen wollen. Doch auch die neue Generation der Mittelschülerinnen und Mittelschüler ist politisiert und sieht sich als Erben der *Revolución de los Pingüinos.* Das geht aus dem aktuellen Forderungspapier „Propuesta para la educación que queremos" der *ACES* hervor. (Vgl.: ACES 2011: 3)

Dabei haben heute Studierende sowie Schülerinnen und Schüler eines gemeinsam: Sie sind Teil der postdiktatorischen Generation. Sie haben weder die Bewegung der *Unidad Popular* noch den Militärputsch oder die sich daran anschließende repressive Militärdiktatur miterlebt. Sie haben nicht Widerstand geleistet und sich nicht am Plebiszit zur Abwahl Pinochets beteiligt. Es ist jene Generation, der über Jahre politisches Desinteresse vorgeworfen wurde. Doch dieses vermeintliche Desinteresse zeugt eher von einem Misstrauen in die etablierten politischen Institutionen, wie dem Interview mit Eloísa González, Sprecherin der *ACES,* im Oktober 2012 mit der argentinischen Tageszeitung Página 12" zu entnehmen ist. (Vgl.: González / Guzmán 19.10.2012)

Vor allem als im Jahr 2011 die Regierung um den rechts-konservativen Präsidenten Piñera zunächst die wieder aufkommenden Bildungsproteste ignorierte, um anschließend den Versuch zu unternehmen, sie zu zerschlagen, stieg die Unterstützung innerhalb der chilenischen Zivilgesellschaft merklich. (Vgl.: Sáez-Arance 2012: 44) Bereits Mitte des Jahres 2011 gelang es der Bewegung, mehr als 150.000 Menschen zu mobilisieren. Ende August desselben Jahres zog gar der führende Gewerkschaftsbund *CUT* einen Generalstreik vor und stellten diesen unter das Motto „Bildung und soziale Gerechtigkeit". Als Begründung führte die *CUT* an, dass „nicht nur die Jugend, sondern breite Bevölkerungsschichten sich benachteiligt fühlen und eine grundsätzliche Veränderung des herrschenden neoliberalen Wirtschaftssystems verlangen" (Berger 2011: 16) würden.

Obgleich sich die Protestbewegung in den Jahren 2011 und 2012 breiter aufstellt, bauen sozialkritische Diskurse immer auf die Frage der Bildungsgerechtigkeit als Grundlage für gesellschaftliches Zusammenleben auf. Die großen Interessensvertretungen der Schülerinnen und Schüler sowie der Studierenden, *ACES*, *CONES* und *CONFECH*, einigten sich diesbezüglich auf fünf elementare Forderungen, deren Erfüllung sie als Voraussetzung für die Beendigung des Protests begreifen. In dem Papier stellen sie klar, dass das chilenische Bildungssystem folgende Merkmale aufweisen sollte: a) öffentlich; b) kostenfrei; c) autonom, pluralistisch und demokratisch; d) von hoher Qualität und e) interkulturell. (Vgl.: CONFECH et. al: 2012: 1ff) Sie führen damit nicht nur eine Diskussion über Gerechtigkeit, sondern verbinden mit ihrem Forderungskatalog eine differenzierte Debatte über das chilenische Wertesystem. Sie kritisieren die Klassengesellschaft, die Ghettoisierung und Exklusion bestimmter gesellschaftlicher Schichten. Sie fordern, dass die Entwicklung sozialer Kompetenzen im Bildungssystem einen hohen Stellenwert einnimmt und das Wissen über die indigene Bevölkerung selbstverständlicher Teil des curricularen Kanons wird. (Vgl.: Ebd.)

Darüber hinaus ist die Forderung nach kostenfreier Bildung eindeutig: Ein kostenloses Bildungssystem und das Selbstverständnis Bildung als soziales Recht zu sichern stehen im Fokus, wobei darauf hingewiesen wird, dass dies nur möglich sei, wenn bezüglich des Bildungssystems nicht mehr die Maßstäbe der neoliberalen Vermarktungslogik angelegt würden. (Vgl.: ACES 2011: 8)

Neben der Senkung der Kosten für Bildung macht die Qualität der Bildung einen weiteren entscheidenden Aspekt des Forderungskataloges aus. Dabei steht im Vordergrund, dass allen Schülerinnen und Schülern, unabhängig von der sozialen Herkunft, der Zugang zu qualitativ gleichwertiger Bildung ermöglicht werden soll. Bezugnehmend auf die Forderung nach einer qualitativen Bildung zeigt sich, wie reflektiert die chilenische Jugend das Bildungssystem analysiert. Sie fordern nicht nur bessere Lehrmaterialien sowie gut ausgebildete und fair bezahlte Lehrkräfte, vielmehr ist qualitative Bildung eine Schwerpunktverschiebung schulischer und universitärer Zielsetzungen. Sie betonen dabei die Bedeutung eines weitreichenden Wertesystems, welches Teil des bildungspolitischen Selbstverständnisses werden sollte. Aus dem Positionspapier von *ACES*, *CONES* und *CONFECH* geht hervor, dass sie sich dabei vor allem auf Solidarität, Toleranz, Gleichheit, Umweltschutz und kulturelle Diversität beziehen. (Vgl.: CONFECH et. al. 2012: 1ff)

Die Akteure der bis in das Jahr 2013 anhaltenden Protestbewegung sind sich weitestgehend einig, dass es sich längst nicht mehr um eine monothematische Bewegung handelt. Gabriel Boric, Sprecher der *CONFECH*, erklärte im Autoreninterview, dass viele gesamtgesellschaftliche Missstände im kausalen Zusammenhang mit der Bildung stünden, aber auch das Wirtschaftssystem im Allgemeinen zu hinterfragen sei, um einen weitgehenden Wandel zu ermöglichen. (Vgl.: Boric 30.10.2012)

Nach nunmehr drei Jahren ist der Protest der Jugend tief in der chilenischen Gesellschaft verwurzelt. Es ist gelungen, den mittlerweile breit aufgestellten Forderungskatalog differenziert auszugestalten und thematische Bezüge herzustellen. Dabei konnten bildungspolitische Aspekte auf die Frage der sozialen Gerechtigkeit übertragen und den öffentlichen Diskurs befördern. Die Diskussion über das chilenische Demokratieverständnis kann als größter Erfolg der jungen Bewegung beschrieben werden. Der Boykottaufruf der Kommunalwahlen, den vor allem die Versammlung der Mittelschülerinnen und Mittelschüler (*ACES*) forciert hatte, bestimmte über Wochen die chilenischen Medien. Die geringe Wahlbeteiligung von weniger als 40% gibt der Protestbewegung Recht und ließ auch die politische Elite aufhorchen.

In Chile wird seit 2006 ein offener Diskurs über soziale Ungerechtigkeit geführt und dabei vermehrt auf soziale Exklusionseffekte im Bildungssystem verwiesen. Dieser Diskurs wurde maßgeblich von der ersten postdiktatorischen Generation der *Secundarios* geprägt, anschließend an die folgenden Schul- und Universitätsgenerationen weitergegeben und dabei zeitgleich institutionalisiert. Während die Schülerinnen und Schüler auf landesweiten Vernetzungstreffen und kommunalen Versammlungen neue Formen der Demokratie erfahrbar machen, bündeln verschiedene Studierendenorganisationen ihre Kräfte und Kompetenzen. Sie organisieren Tagungen und Bildungskongresse und diskutieren Zukunftsmodelle. Längst haben sich renommierte Wissenschaftlerinnen und Wissenschaftler dieser Bewegungen angeschlossen. Gemeinsam ziehen sie ihre Lehren aus der Vergangenheit, treiben den Prozess der Transition voran und setzen sich die (Re-)Demokratisierung und die (Re-)Sozialisierung des lateinamerikanischen Landes zum Ziel.

Während die *Revolución de los Pingüinos* vor allem der Selbstfindung der jungen Generation, auf der Suche nach einem Platz in der Gesellschaft, dienlich war, manifestiert die soziale Bewegung der Jahre 2011 bis heute nicht länger nur die Identitätsbildung der jungen Generation, vielmehr beeinflusst sie das kollektive Gedächtnis aller Chileninnen und Chilenen. Ein großer Teil der chilenischen Bevölkerung solidarisiert sich mit der Jugend. Es entwickelte sich eine lateinamerikanische soziale Bewegung, die wie viele weitere auf dem Kontinent von der Wechselwirkung verschiedenster soziologischer, politischer und kultureller Elemente beeinflusst wird. Kultur, Erinnerung, Aufarbeitung der Vergangenheit sowie politische Transformation, Demokratieverständnis und Sozialstruktur lassen sich dabei nicht unabhängig voneinander betrachten, sondern bedingen sich immer gegenseitig. Es zeigt sich in aller Deutlichkeit, dass die aktuelle Protestbewegung nicht nur als Kampf um die Ressource Bildung zu verstehen ist.

Die chilenische Jugend kritisiert die Auswüchse der ungezügelten neoliberalen Wirtschaftsordnung, das binominale Wahlsystem und die Gewinnabschöpfung privater Unternehmen im Bildungssystem. Sie fordern eine Verfassung, die vom chilenischen Volk legitimiert wird und eine konsequente (Re-)Demokratisierung ihres Landes.

(Bildungs-)Gerechtigkeit, politisches Bewusstsein und Demokratiediskurs prägen diese pluralistische Bewegung. Vor allem die Jahre 2006 und 2011 haben das kollektive Bewusstsein der Chileninnen und Chilenen verändert. Die Selbstwirksamkeitsüberzeugung vieler Bürgerinnen und Bürger ist gestiegen.

Die chilenische Jugend hält der politischen Elite heute den Spiegel vor. Sie rufen zum Boykott von Wahlen auf und erinnern daran, dass bedeutende Themen in den vergangenen zwei Jahrzehnten von den großen Parteienbündnissen marginalisiert wurden.

Bei den Parlaments- und Präsidentschaftswahlen im Jahr 2013 zogen vier Vertreterinnen und Vertreter der Protestbewegung in das Parlament ein. Die größte Überraschung gelang dabei Gabriel Boric, der für die neu gegründete Partei Autonome Linke (*Izquierda Autónoma*) einen Sitz errang. Der Bildungsprotestbewegung ist ein entscheidender Schritt gelungen. Sie rüttelte die chilenische Gesellschaft auf und prägt heute selbstbestimmt und mündig das politische Leben.

Wie anfangs erwähnt, sprach Allende am 11. September 1973 von der Hoffnung, der freie Mensch würde die „großen Straßen" Chiles zurückerobern, um eine bessere Gesellschaft zu erschaffen. 40 Jahre nach diesem Ausspruch wird in Chile wieder eine junge Generation dieser Hoffnung gerecht.

Anmerkungen

1   Alle mit einem (*) versehenen Zitate wurden von Autorin und Autor aus dem Spanischen ins Deutsche übersetzt.
2   Zu den Machtstrukturen und dem Geschäft mit der Bildung in Chile, vgl.: Mönckeberg (2005, 2007).
3   Name wurden auf Wunsch des Interviewpartners geändert.

Quellenverzeichnis

Leitfadengestützte Interviews geführt durch Steve Kenner

Giménez, Daniel (16); Schüler an öffentlicher Schule in einem finanzstarken Viertel. Interview geführt am 12.10.2012 in Santiago de Chile.

Pablo Toro (18); Sprecher der ACES (Nationale Versammlung der Mittelschülerinnen und Mittelschüler). Interview geführt am 05.11.2012 in Santiago de Chile.
Gabriel Boric (26); Präsident der FECH (Studierendenvertretung der *Universidad de Chile*). Interview geführt am 30.10.2012 in Santiago de Chile.

Literatur

ACES (2011): *Propuesta para la educación que queremos*. Santiago de Chile: OPECH. Letzter Zugriff am 07.12.2012 – 14:30 Uhr – über: http://www.opech.cl/comunica ciones/2012/05/aces_final.pdf

ACES (2012): *Manifiesto de la ACES respecto del llamado a funar las elecciones municipales*. Santiago de Chile: ACES. Letzter Zugriff am 05.12.2012 – 14:30 Uhr – über: http://www.mapuexpress.net/content/publications/print.php?id=7032

Andino, Rubén (2011): *Die Kultur und der Markt Medien, Bildung und Kunst im heutigen Chile*. In: *Ila Zeitschrift der Informationsstelle Lateinamerika 345*, S. 17-20.

Aschenberg, Rebecca (2006): *Die Revolution der Pinguine. Der größte Schülerstreik seit Jahren trifft den Kern des chilenischen Bildungssystems*. In: *Lateinamerika Nachrichten 34,385/386*, S. 4–7.

Berger, Herbert (2011): *Ein Land im Aufstand*. In: *Lateinamerika anders. Österreichs Zeitschrift für Lateinamerika und die Karibik 36,4*, S. 16–17.

Bosch, Rodrigo (2010): *Sector Privado en Educación*. Santiago de Chile: CONACEP. Letzter Zugriff am 05.12.2012 – 14:30 Uhr – über: http://www.oecd.org/education/ preschoolandschool/44687279.pdf

Bourdieu, Pierre (1997): *Ökonomisches, kulturelles und soziales Kapital*. In: Franzjörg Baumgart (Hrsg.): *Theorien der Sozialisation: Erläuterungen – Texte Arbeitsaufgaben*. Bad Heilbrunn: Klinkhardt, S. 217–231.

Bravo, David / Manzi, Jorge / Silva, Iván (2012): *PSU – Proceso de Admisión 2012: Antecedentes y Resultados*. Santiago de Chile: CRUCH.

Casassus, Juan (2004): *Das Bildungswesen in Chile*. In: Peter Imbusch et al. (Hrsg.): *Chile heute: Politik, Wirtschaft, Kultur*. Frankfurt am Main: Vervuert, S. 773–789.

CASEN (2009): *Eduación Encuesta CASEN (Encuesta de Caracterización Socioeconómica Nacional) 2009*. Santiago de Chile: CASEN.

CIDE (2010): *VIII Encuesta a Actores del Sistema Educativo 2010*. Santiago de Chile: Centro de Investigación y Desarrollo de la Educación.

CONFECH / ACES / CONES (2012): *5 exigencias fundamentales para un nuevo Sistema Educacional*. Santiago de Chile: CONFECH, ACES, CONES. Letzter Zugriff am 05.12.2012 – 14:30 Uhr – über: http://fech.cl/5-exigencias-fundamentales-para-un-nuevo-sistema-educacional/

Coscione, Marco (2009): *Chile: el movimiento „pingüino"*, ... In: Ders. (Hrsg.): *AMÉRICA LATINA DESDE ABAJO: experiencias de luchas cotidianas* ... Quito-Ecuador: Ediciones Abya-Yala, S. 71–82.

De la Cuadra, Fernando Marcelo (2007): *Conflicto social, democracia y participación ciudadana en Chile. Un análisis de la „revolución de los pingüinos"*. In: *RS – Cuadernos de Realidades Sociales 35,69-70* , S. 239–267.

Díaz-Romero, Pamela (2009): *Propuestas para superar la exclusión social*. In: Díaz-Romero et al. (Hrsg.): *Inclusiones inconclusas: Políticas públicas para superar la exclusión*. Santiago de Chile: Fundación Equitas; Catalonia, S. 173–209.

Dittborn Orrego, Paula / Sagredo Baez, Rafael Luis / Aylwin Jolfre, María del Pilar (2008): *¡Presente!, 40 años de la educación chilena*. Santiago, Chile: Santillana.

Estudiantes Secundarios (2011): *Resoluciones I Congreso Nacional de Estudiantes*. In: *docencia n° 31(5/2007)*, S. 22-29. Letzter Zugriff am 01.12.2012 – 14:30 Uhr – über: http://www.revistadocencia.cl/pdf/20100731211101.pdf

Fernández Darraz, Enrique (2010): *Desafíos de futuro de la Educación Superior en Chile*. In: Ette / Nitschack (Hrsg.): *TransChile: Cultura-historia-itinerarios-literatura-educación un acercamiento transreal*. Madrid: Iberoamericana, S. 75–87.

Freire, Paulo / Mastrangelo, Stella (1996)⁽¹⁰⁾: *La importancia de leer y el proceso de liberación*. México: Siglo Veintiuno.

González, Eloísa / Guzmán, Andrea (2012): *Eloísa al rojo vivo*. In: Herkenrath, Mark *Argentinische Tageszeitung „Página12" vom 19. Oktober 2012.

Herkenrath, Mark (2011): *Die Globalisierung der sozialen Bewegungen. Transnationale Zivilgesellschaft und die Suche nach einer gerechten Weltordnung*. Wiesbaden: VS Verlag für Sozialwissenschaften.

Liebel, Manfred (2011): *Soziale Ungleichheit und Jugendprotest in Lateinamerika*. In: Schäfer et al. (Hrsg.): *Kulturen jugendlichen Aufbegehrens: Jugendprotest und soziale Ungleichheit*. Weinheim / München: Juventa-Verl., S. 137–150.

Luhmann, Niklas (1998): *Die Gesellschaft der Gesellschaft*. Frankfurt am Main: Suhrkamp.

Martínez Usurralde, María Jesús (2006): *Erziehung und Ausbildung in Lateinamerika. Zwischen Qualität und Gerechtigkeit*. Leipzig: Leipziger Univ.-Verlag.

Mönckeberg, María Olivia (2007): *El Negocio de las Universidades de Chile*. Santiago de Chile: Debate

Mönckeberg, María Olivia (2005): *La privatización de las universidades. Una historia de dinero, poder e influecias*. Santiago de Chile: Copa Rota.

Muñoz, Vernor (2011): *El derecho a la educación: una mirada comparativa. Argentina, Uruguay, Chile y Finlandia*. Santiago de Chile: UNESCO Publishing.

OECD (2010): *PISA 2009 Ergebnisse. Zusammenfassung*. OECD Publishing.

OECD (2012): *Die OECD in Zahlen und Fakten 2011: Wirtschaft, Umwelt, Gesellschaft*. OECD Publishing.

OECD (2012): *Education at a Glance. 2012*: Oecd Indicators: OECD Publishing.

Sáez-Arance, Antonio (2012): *Schlecht, teuer, ungerecht. Warum in Chile Schüler und Studenten protestieren*. In: *Forschung und Lehre,1* , S. 44–45.

Salazar Vergara, Gabriel (2011): *En el nombre del poder popular constituyente*. Santiago de Chile: LOM Ediciones.

Salazar Vergara, Gabriel (2012): *Movimientos Sociales en Chile. Trayectoria histórica y proyección política*. Santiago de Chile: Uqbar.

Salazar Vergara, Gabriel / Alvarez, Marco (2012): *Según el historiador Gabriel Salazar: Vamos hacia la autorepresentación*. In: OtroChile vom 15. März 2012, S. 6–7.

Schöppner, Boris (2008): *Nachbeben. Chile zwischen Pinochet und Zukunft. Reportagen und Interviews*. Frankfurt a. M.: Trotzdem Verlagsgenossenschaft.

Sperberg, Jaime (2009): *Aufschwung in der Diktatur – Demobilisierung in der Demokratie – Soziale Bewegungen in Chile*. In: Jürgen Mittag (Hrsg.): *El pueblo unido?: So-

ziale Bewegungen und politischer Protest in der Geschichte Lateinamerikas. Münster: Westfälisches Dampfboot, S. 217–228.

Waissbluth, Mario (2010): *Se acabó el recreo. La desigualdad en la educación.* Santiago, Chile: Debate.

„Krise und Kritik" –
Bildungskonzepte

Gerd Steffens

Kritik und Bildung – Eine Vergegenwärtigung*

Kritik setzt eine Differenz von Sein und Sollen (im moralischen und epistemischen Sinn) voraus und ein Bewusstsein dieser Differenz. Wo eine solche Differenz nicht wahrgenommen wird, gibt es keine Kritik, ja sie kommt nicht einmal als Kategorie zu Bewusstsein. Das lässt sich an der Nachkriegsgeschichte Westdeutschlands gut studieren. Auch wenn die Faszination des Nationalsozialismus mit der Niederlage 1945 schlagartig geschwunden war, bildete ein stillschweigender Vorrang der völkischen Solidarität – als Solidarität von Führern und Geführten und der Volksangehörigen untereinander – nach wie vor das sozialmoralische Hintergrundgesetz der Nachkriegsgesellschaft. Und auch wenn diese Sozialmoral einer ethnisch begründeten Solidarität in das neue demokratische Institutionengefüge übersetzt wurde, entstand für die *öffentliche* Wahrnehmung einer Differenz von Sein und Sollen kein Raum, weil ethnisch, also „natürlich", begründete Solidarität auf fragloser Identität und Identifikation besteht, mithin die distanzierte Perspektive der Kritik gar nicht zulässt. Kritik war in den fünfziger Jahren daher „Nestbeschmutzung" und Kritiker waren „Nestbeschmutzer".

Dass „ethnos" und „demos" etwas Verschiedenes sind, „Volk" und „Volk" also einen durchaus konträren Sinn haben, wenn es um die Basisregeln der Vergesellschaftung geht, musste erst in einem in den sechziger Jahren anhebenden gesellschaftlichen Lernprozess verstanden werden. Dieser Lernprozess ist bis heute nicht abgeschlossen und immer wieder von Rückschlägen bedroht, z.B. wenn es gelingt, mit xenophoben Motiven Mehrheiten bei Wahlen zu organisieren, wie in Roland Kochs „Doppelpass"-Kampagne 1999, oder wenn etwa Thilo Sarrazin unter der völkischen Fahne des Schreckensrufs „Deutschland schafft sich ab" ein Millionenpublikum sammeln kann. Wenn der historisch beispiellose „Zivilisationsbruch" (Dan Diner) des Nationalsozialismus darin bestanden hatte, die deutsche Bevölkerung als „Volk" von universalistischen, also menschheitlich geltenden Moralgrundsätzen freizustellen und damit die Teilnahme an genozidalen Verbrechen zu normalisieren (Apel 1988, Böhler 1988, Steffens 1990), dann konnte der Weg einer Heilung des „Bruchs" nur in einer Wiederherstellung der *Unverbrüchlichkeit* eines moralischen, menschheitlich geltenden Universalismus gefunden werden. Dementsprechend ist jener – in den sechziger Jahren durchgesetzte – Nachkriegskonsens der Unverbrüchlichkeit und Unteilbarkeit eines moralischen Universalismus heute der Hauptangriffspunkt aller derjenigen, die – von Sarrazin über den „Nationalsozialistischen Untergrund" bis hin zu Breivik –

eine säuberungsscharfe Einheit von Ethnie und Territorium wieder zur dominanten, alternativlosen Grundform von Politik machen wollen.

Während es in den Nachkriegsjahrzehnten – insbesondere in Deutschland – um die Rekonstruktion der Grundlagen ging, die seit der Aufklärung für eine selbstbestimmte Gesellschaftlichkeit geschaffen worden waren, geht es heute um deren Verteidigung gegen alle Versuche, sie im Namen militanter oder bloß modischer Rhetorik für obsolet zu erklären, zur Ausgeburt einer obsessiven political correctness. Es ist also eine auf eine spezifische Weise *historisch vermittelte* Gegenwart, in der sich die Frage nach der *Relevanz von Kritik* für die Diskurse gesellschaftlicher Selbstverständigung – gerade auch über Bildung – erneut stellt. Ich möchte deshalb zunächst die eigentümliche Stellung von Kritik in den aufklärerischen Prozessen gesellschaftlicher Selbstermächtigung zu Politik beleuchten (1), danach – in einem Zwischenschritt – anhand einer Argumentation von Axel Honneth nach der aktuellen Bedeutung kritischer Gesellschaftstheorie für gesellschaftliche Selbstverständigungsdiskurse fragen (2), um abschließend in einigen Punkten zu begründen, warum gerade der Selbstreflexion von Bildung auch heute ein explizites Verständnis von Kritik nottut (3).

1.

Kritik ist eines der Schlüsselwörter jenes welthistorischen Umbruchs, dem wir die Grundlagen unseres heutigen Weltverständnisses verdanken. „Kritik und Krise" hat deshalb der Historiker Reinhart Koselleck (Koselleck 1959) seine berühmt gewordenen Untersuchung betitelt, in der er Denkformen und Denkbewegungen des französischen 18. Jahrhunderts analysierte. Und dass Immanuel Kant für die Trias seiner Hauptwerke – *Kritik* der reinen Vernunft, *Kritik* der praktischen Vernunft, *Kritik* der Urteilskraft – den Begriff fast wie eine Gattungsbezeichnung, jedenfalls als Signalwort für das Besondere seiner Herangehensweise, verwendet hat, unterstreicht die Prominenz des Begriffs im Denken der Aufklärung. Deren historische Herausforderung bestand ja – auf den epochalen Kern gebracht – darin, Welt- und Selbstverständnis statt auf das Jenseits einer religiös geglaubten Ordnung auf das Diesseits der menschlichen Vernunft und auf ihr gegründeter Lebensordnungen zu stellen. Dies konnte, so wusste und zeigte Kant, nur gelingen, wenn das Denken nicht nur Dogmen, Traditionen und „metaphysische Grillen" der Kritik unterzog, sondern auch gegen sich selbst sich auf seine Bedingungen, Möglichkeiten und Grenzen hin prüfte. Beides – der kritische Umgang mit dem Vorfindlichen wie die Selbstkritik des Denkens – ist nicht voneinander zu trennen und das eine nicht ohne das andere zu haben. Ihren systematischen Grund hat die Untrennbarkeit der Kritik der Verhältnisse von der kritischen Selbstprüfung des Denkens darin, dass eine ganz auf das Diesseits der Vernunft gestellte Welterkenntnis keinen anderen Grund der Geltung haben kann als die durch kritische Prüfung zu sichernde Verlässlichkeit des Denkens und seiner Vorgehensweisen selber.

Mit der Diesseitigkeit der Vernunft kann auch die Zeit sich aus ihrer Abhängigkeit von jenseitigen Ewigkeiten lösen und zur diesseitigen Zeit werden, zu einer Geschichte, deren Autoren die Menschen selbst sind. Das Bewusstsein der Historizität menschlichen Denkens wird zur unerlässlichen Kategorie der Selbstreflexion und zur vielleicht wichtigsten Quelle ihrer Produktivität. Es ist deswegen keineswegs ein Zufall – und nicht nur Ausdruck der Säkularisierung heilsgeschichtlichen Denkens, wie Löwith es aufgedeckt hat (Löwith 1953) –, dass von nun an menschliche Selbstvergewisserung und ihre Diskurse sich immer auf eine historische Achse beziehen. Doch die Art und Weise, wie dies geschieht oder zu geschehen hätte, wird zum springenden Punkt der Auseinandersetzungen von den philosophischen Diskursen bis zu den politischen Lagerbildungen, und es ist der Begriff der Kritik, der diesen springenden Punkt am besten markiert. An der berühmten Verzweigung der Hegelschen Schule in Rechts- und Linkshegelianer lässt sich das gut nachvollziehen. Während für die einen die Rationalität des preußischen Staates – als damals aktuelles Resultat des Gangs der Vernunft durch die Geschichte – als Ausdruck der zu sich selbst gekommenen historischen Vernunft Anerkennung verlangte, galt es für die anderen, gerade auch das jeweils gegenwärtige Resultat der Kritik zu unterziehen und ihm so den Schein der Ewigkeit zu nehmen. Nach einer berühmten Formulierung des jungen Marx muss man „diese versteinerten Verhältnisse dadurch zum Tanzen zwingen, daß man ihnen ihre eigne Melodie vorsingt" (Marx 1977, S. 381). Ebendies ist die Leistung der Kritik als jener spezifischen Denkform, die die Gegenwart für die Zukunft öffnet, indem sie die in ihr angelegten – verlorenen, vergessenen, verschütteten oder erst zu erkennenden – Möglichkeiten hervortreibt. Ihre innere Voraussetzung, ihre conditio sine qua non, besteht in nichts anderem als in der Anerkennung des Umstands, dass die Welt, wie sie jetzt ist, Resultat menschlichen Handelns und Denkens ist, mithin ihre künftige Gestalt in der Verantwortung der jetzt Lebenden liegt.

Dieses Verständnis von Geschichte als kollektivem menschlichem Reflexions- und Handlungsraum war nach der menschheitlichen Katastrophe von Nationalsozialismus und Weltkrieg, deren Ermöglichungsbedingung in der Entkoppelung von kollektiver Handlung und kritischer, öffentlicher Reflexion bestanden hatte, erst wiederzugewinnen. Gegen die fraglose Identifikation mit einer völkischen Gemeinschaft, die sich auf eine vorgebliche Naturgeschichte der Rassen berief, war jener ganz andere Modus sozialer Integration wieder freizulegen, der seit der Aufklärung den Angelpunkt menschlicher Selbstermächtigung zur gesellschaftlichen Gestaltung der Lebensverhältnisse, mithin zur Geschichte, gebildet hatte. Nicht nur gegen fortbestehende Fesselung durch völkische Identifikations- und Solidaritätsangebote, sondern auch gegen die in den ersten Nachkriegsjahren als vermeintliches Gegengift stark propagierten Erneuerungen konservativer Ordnungs- und Identifikationsideologien (Weiß 2012, Kluge 2008) mussten die Konzepte von Mündigkeit und Autonomie, wie sie die Aufklärung als Modi der Selbstbestimmung *und* der sozialen Integration in einer sich selbst steuernden Gesellschaft entwickelt hatte, nach und nach erst wieder Terrain für legitime Artikulation gewinnen.

Die Aufgabe, die sich damit stellte, war den aus der Emigration zurückgekehrten Sozial- und Politikwissenschaftlern in aller Klarheit bewusst. Sie hatten in den Jahren der Emigration ja nicht nur präzise und reichhaltige, bis heute gültige Analysen des deutschen Nationalsozialismus und seiner gesellschaftlichen Ermöglichungsbedingungen erarbeitet (Studien über Autorität und Familie, 1936, Neumann, Behemoth, 1942, Studies in Prejudice, 5 Bde, 1949, darunter Adorno: The Authoritarian Personality), sondern auch die Vernunft als Geltungsgrund selbstbestimmter Gesellschaftlichkeit einer unerbittlichen Selbstkritik unterzogen (Horkheimer [1947] 1967 ; Horkheimer/Adorno [1944] 1969). Dass sie dies im Interesse der Erneuerung eines kritischen Gebrauchs der Vernunft taten, sie keineswegs also einer radikalen, kulturpessimistischen Vergeblichkeitstheorie das Wort reden wollten, belegt die beharrliche wissenschaftliche und praktische Arbeit an der Rekonstruktion einer aufgeklärten und aufklärenden kritischen Gesellschaftswissenschaft in Westdeutschland. Die historischen Leistungen dieser Rekonstruktionsarbeit, die ja dezidiert bildungstheoretisch gerichtet war und insbesondere die theoretische und empirische Grundlegung politischer Bildung einschloss (Habermas u.a. 1961;Friedeburg/Hübner 1964; Nitzschke 1966; Becker u.a. 1967; Teschner 1968), sind mittlerweile ja – auch aus durchaus konservativer Perspektive – als „die intellektuelle Gründung der Bundesrepublik" (Albrecht u.a.1999; Wiggershaus 1986) detailreich beschrieben und analysiert.

Dass insbesondere die „Frankfurter Schule" ihre „Kritische Theorie" als *gegenwartsbezogene* Rekonstruktion der Denkvoraussetzungen individueller und gesellschaftlicher Autonomie angelegt hat, war ein historischer Glücksfall für Pädagogik und politische Bildung in Westdeutschland. Deren Diskurse lösten sich jetzt rasch aus dem zähen und unproduktiven Gewebe traditionaler Erziehungskonzepte mit kommunitaristischen Beimengungen und ordneten sich um das durch die kritische Theorie erneuerte und auf die spezifische historische Situation zugespitzte Paradigma der Mündigkeit (Adorno 1970). Statt Bindung an unbefragbare Regeln und Bestände von Tradition und Systemzwängen also die Befreiung aus ihnen, Mündigkeit als ernst genommene Selbstbestimmung in einem eigenen, gesellschaftlich zu gestaltenden Handlungsfeld. Wie „das Interesse an Emanzipation" nun zum „erkenntnisleitende(n) Interesse der Erziehungswissenschaft" (Mollenhauer 1970, S. 10) wurde, so rückte für die politische Bildung das Interesse am gesellschaftlich agierenden Subjekt in den Mittelpunkt – und ganz unvermeidlich ein Verständnis von Politik als *dessen* Handlungsfeld.

2.

Vor einigen Jahren hat Axel Honneth gefragt, wie sich denn im Kontext heute dominanter Formen der Gesellschaftskritik die leitenden Denkmotive und Denkfiguren der kritischen Theorie ausnähmen und welche Denkanstöße sie noch bieten könnten.(Honneth 2007a; 2007b). Der Argumentation Honneths zu folgen, bietet sich umso mehr an, als sie mit Blick auf Kritik als Denkform in typologisch sicherem Zugriff nicht nur die zentralen Denkfiguren und -traditionen der kritischen Theorie herauspräpariert, sondern sie zugleich mit anderen kritischen Herangehensweisen – seien sie an Foucault, seien sie an hermeneutisches Denken angelehnt – kontrastiert. Es ist – kaum muss es hervorgehoben werden – die Zentralkategorie der Kritik, an der sich klären muss, welche Erschließungskraft für heutige theoretische Weltverständnisse die kritische Theorie noch haben kann.

Gegenwärtig herrsche, so Honneth, wenn es um Gesellschaftskritik gehe,

„ein liberales Konzept der Gerechtigkeit vor, dessen Kriterien zur normativen Identifizierung von sozialen Ungerechtigkeiten herangezogen werden, ohne deren institutionelle Einbettung in einen bestimmten Typ von Gesellschaft selber noch erklären zu wollen; wo ein solches Verfahren als nicht ausreichend empfunden wird, werden Modelle der Gesellschaftskritik herangezogen, die im Geiste Michel Foucaults der genealogischen Methode oder im Stile Michael Walzers der kritischen Hermeneutik nachgebildet sind." (Honneth 2007a, S.29)

Gegenüber diesen Formen der Kritik, die dazu tendieren, „Gesellschaftskritik auf ein Projekt der situationalen oder lokalen Stellungnahme zu reduzieren" (ebd. S.30), identifiziert Honneth das „Denkmodell einer Verschränkung von Theorie und Geschichte" (ebd.) als spezifischen und vereinenden Kern kritischer Theorie. Kritik gewinnt demnach ihre Maßstäbe, mit denen sie die Differenz zwischen Sein und Sollen ausmisst, aus „einer Betrachtung der Geschichte am Leitfaden der Vernunft" (ebd. S.28). Dies setzt voraus, dass Geschichte nicht als unverfügbare Heils- oder Schicksalsgeschichte verstanden wird, sondern als eben jener Handlungs- und Reflexionsraum, in dem „die Selbstverwirklichung des einzelnen nur dann gelingt, wenn sie in ihren Zielen vermittels allgemein akzeptierter Prinzipien oder Zwecke mit der Selbstverwirklichung aller anderen Gesellschaftsmitglieder verschränkt ist" (ebd. S.36). Der „Gedanke eines vernünftigen Allgemeinen der kooperativen Selbstverwirklichung" (ebd. S.37) ist es, welcher *diese* Begründung von Gesellschaftlichkeit von jenen Konzepten unterscheidet, die – vom klassischen Liberalismus eines Adam Smith bis zum hegemonialen Marktradikalismus der Gegenwart – Gesellschaftlichkeit nur als – unbeabsichtigtes – Nebenprodukt eigennütziger individueller Handlungen entstehen lassen, die die „unsichtbare Hand" der Marktrationalität hinter dem Rücken der Einzelnen aufs Beste zusammenführe (vgl. dazu Steffens 2007).

Neben der Überzeugung, dass praktische Vernunft sich historisch situieren und vergewissern muss, und neben der Idee einer nur kooperativ gelingenden Selbstverwirklichung hebt Honneth ein drittes Denkmotiv hervor, welches Gesellschaftstheorie heute von nirgendwo anders her besser beziehen könnte als aus dem Reservoir kritischer Theorie. Dieses Motiv speist sich aus der – u.a. von Marx artikulierten – Erfahrung, dass weder historische Zusammenhänge noch gegenwärtige Verhältnisse sich einfach so darbieten, wie sie sind, sondern – eben als Resultate vielfältiger Interessen und Handlungen – gebrochen durch die Perspektiven interessierter, mythologisierender, selbstentfremdender Wahrnehmungen und Erklärungen. *Fetisch, Verdinglichung, Verblendungszusammenhang* – so lauten die seit Marx entwickelten diagnostischen Begriffe für diese scheinbar endemische „soziale Pathologie der Vernunft" (ebd. S.28 u.ö.). Wem diese Begriffe zu weit hergeholt oder undurchsichtig erscheinen, sei an die brachiale Wucht erinnert, mit der die Behauptung der Alternativlosigkeit seit drei Jahrzehnten die Bereitschaft der Politik, marktradikalen Doktrinen umstandslos zu folgen, gegen Kritik abschirmt.

Freilich braucht dieses hinterfragende, den Stand der Dinge freilegende Konzept eine Entsprechung in den Subjekten selbst. Kritische Theorie, so Honneth, rechnet deshalb immer „mit einem latenten Interesse ihrer Adressaten an vernünftigen Erklärungen, an rationalen Interpretationen, weil der Wunsch nach Emanzipation vom Leiden nur in einer unzerstörten Rationalität Erfüllung finden kann" (ebd. S.54).

3.

Bildungsprozesse teilen diese Annahme. Auf ihre Anlage ließe sich nicht reflektieren und über sie nicht kommunizieren, wenn nicht eben jenes „latente Interesse ihrer Adressaten an vernünftigen Erklärungen" vorausgesetzt werden könnte, ja müsste. Für Bildung, die sich in ihrem gesellschaftlichem Kontext situiert, insbesondere politische Bildung, ist diese Voraussetzung noch aus einem weiteren Grund unumgänglich. Wenn Politik die Form der Selbststeuerung der Gesellschaft ist (und unter Bedingungen der Demokratie lässt sich diese Bestimmung von Politik nicht aufgeben, es sei denn, man wolle Demokratie aufgeben), ist Bildung zur Teilhabe an den vielfältigen Formen und Prozessen kommunikativen Handelns nötig, in denen sich die Selbstverständigung der Gesellschaft vollzieht, wie transparent oder verschleiert, verkürzt oder elaboriert dies auch immer sein mag. Pädagogik und politische Bildung können deshalb heute, so meine ich, nicht über sich selbst nachdenken, ohne sich auf ihre Wurzeln in jenen selbstkritisch zugespitzten Erneuerungen aufgeklärten Denkens zu beziehen, die nach der menschheitlichen Katastrophe des Nationalsozialismus Politik als kooperative Praxis selbstbestimmter Individuen (und eben nicht bloß als Vollzug institutioneller Vorgaben) überhaupt erst wieder denkbar und realisierbar gemacht haben.

Warum gesellschaftlich sich reflektierende Bildung dabei ein *explizites* Verständnis von Kritik braucht, warum Kritik als bewusste Praxis eine orientierende Denkform bleiben oder wieder werden muss, will ich abschließend als Resultat meiner Argumentation in einigen Punkten hervorheben. Es versteht sich, dass dabei von Kritik nicht in jenem bodenlosen Sinn die Rede sein kann, wie er sich im modisch gewordenen rituellen Gebrauch kritischer Gesten und in einem ständigen Mea culpa des Wissens und Argumentierens reproduziert.

- *Kritik ist selbstreflexives historisches Denken.* Das meint nicht nur die genetische Dimension der Gegenwartserschließung, die, um etwas besser zu verstehen, wissen will, wie es geworden ist. Wie in der Geschichte des modernen Denkens Kritik der Weg gewesen ist, sich der Welt und ihrer Geschichte durch die kritische Analyse der gegebenen und geglaubten Vorstellungen von ihnen zu bemächtigen, sich selbst also als Autoren der geschehenden Geschichte zu verstehen, so bleibt Kritik für die in Bildungsprozessen sich stets neu formenden Weltverständnisse jene spezifische Leistung des Denkens, durch die die gesellschaftliche Welt als eigene, mithin gestaltbare angeeignet wird. Der Einwand, hier werde weit an der Realität empirischer Bildungsprozesse vorbei argumentiert, kann nicht treffen. Denn der Maßstab des Arguments ist nicht der empirisch einzelne Bildungsprozess, auch nicht eine hochgerechnete Gesamtheit, sondern der Horizont, in dem Bildungsprozesse angelegt und reflektiert werden.
- *Kritik ist Medium interessierter Weltaneignung.* Eine kritische Perspektive ist so sehr an ihrem Gegenstand interessiert, dass eine gleichgültige, beliebige, vergessliche Gegenstandsbeziehung damit unvereinbar ist. Denn Kritik will *genau* wissen, will die realen Konstitutionsbedingungen des Gegenstands ebenso kennen wie die Möglichkeitsbedingungen seines Andersseins. Kritik eignet die gesellschaftliche Welt als *im Prinzip* gestaltbare Welt an, selbst dann, wenn realistische Gestaltungsbedingungen gering sind.

- *Kritik öffnet die Gegenwart in die Zukunft. Der Sache nach* ist Politik immer die Form, in der eine Gesellschaft ihre Zukunft verhandelt. Doch scheint es meist so, als gehe es um schiere Gegenwart oder allenfalls um ein unmittelbares Morgen, bestenfalls bis zu den nächsten Wahlen. Eine kritische Perspektive hingegen, geleitet vom Interesse an der Gestaltbarkeit und Gestaltung der gesellschaftlichen Welt, braucht Zukunft als Dimension des Denkens. Für Bildung, insbesondere für politische Bildung, liegt darin eine besondere Chance, die erstaunlicherweise oft übersehen wird: Die Heranwachsenden lernen im Hinblick auf *ihre zukünftige Welt*, in die sie Wege der Aneignung und Gestaltung finden wollen.
- *Kritik schärft den Möglichkeitssinn und das Denken in Alternativen.* Gewiss wäre es irreführend, Entwicklungs- und Gestaltungsmöglichkeiten von Gesellschaften ohne ihre „Pfadabhängigkeiten" zu sehen, wodurch auch immer diese historischen Entwicklungswege bedingt und begrenzt gewesen sein mögen. Doch Kritik bestreitet zu Recht, dass damit ein Anspruch auf Unveränderbarkeit verbunden ist, auf eine wie immer gerechtfertigte Geltung aus der Würde des Herkommens oder der alternativlosen Logik des Sachzwangs.
- *Kritik ist aufdeckendes Denken.* Sie gibt sich mit der Oberfläche der Verhältnisse, ihrem Augenschein, ihrer scheinbar unverrückbaren Faktizität nicht zufrieden, sondern will hinter die Dinge kommen, sie „hinterfragen" – eine Wortschöpfung, die in den siebziger Jahren die Konservativen zur Weißglut trieb, weil sie darin – nicht zu Unrecht – das Signal eines kulturrevolutionären Anspruchs sahen, dessen evidente Legitimität kaum zu bestreiten war. Hinter die Dinge kommen heißt nicht nur, ihre Ursprünge und ihr Herkommen zu entziffern (und in diesem Sinn „genealogische" Kritik zu treiben), nicht nur, den Schleier der Vorstellungen und Mythen wegzuziehen, den Menschen seit jeher über ihre Verhältnisse geworfen haben (und damit an die klassische Kritikform des 18./19. Jahrhunderts anzuschließen), sondern meint ein Erkenntnisinteresse, welches auf den Zusammenhang der Dinge geht, ihre bewegenden Kräfte erkennen will und die Regeln, nach denen sie sich bewegen.
- *Kritik fragt nach den materiellen Interessen, die Handlungen und Verhaltensweisen antreiben.* Dieser Aspekt der Kritik scheint in einer Gesellschaft, die sich materiell nach der Basisregel des legitimen individuellen Eigennutzes reproduziert, keiner Begründung zu bedürfen. Zwangsläufig und permanent produziert deren alltägliche Praxis Verhältnisse, die in krassem Widerspruch zu Gerechtigkeitsempfinden und Gemeinwohlvorstellungen stehen und unter der Oberfläche der rechtlichen und politischen Gleichheit extreme Ungleichheiten hervortreiben.

236

Abschließend möchte ich die hier pointierten Leistungen von Kritik in einem bildungstheoretisch besonders wichtigen Punkt zusammenführen: *Kritik konstituiert das (lernende) Subjekt als ein eigenständiges Subjekt.* Dies rührt nicht nur daher, dass Kritik als Denkform, wie sie sich seit dem 18 Jahrhundert herausgebildet hat, auf die Selbstermächtigung der Subjekte zur kooperativen Gestaltung von Gesellschaft und Geschichte gerichtet ist, die Subjekte also als Autoren ihrer eigenen Geschichte ernst nimmt. Kritik als Form kommunikativen Handelns ist auf diskursive Verständigung gerichtet, gerade weil sie nicht von vornherein auf Konsens, sondern auf Auseinandersetzung um Wahrheit zielt. Auch polarisierend setzt sie die kritisierten, angegriffenen Positionen als Positionen autonomer, vernunftfähiger Subjekte voraus, die die vorgebrachten Argumente nach geteilten Regeln diskursiver Rationalität abwägen können. Nie steht der Bezug auf das Gegenstandsfeld, auf die Dinge, wie sie sind oder sein sollen, in Zweifel. Neben der entschiedenen Wendung aufs autonome Subjekt ist es die Aufmerksamkeit auf die gesellschaftliche Welt, welche die kritische Perspektive auszeichnet. Der Impuls des „tua res agitur", um deine Angelegenheit, um deine zukünftige Welt geht es, ist ihr eingeschrieben.

---

* Eine kürzere Fassung des Beitrags ist mittlerweile erschienen in: Benedikt Widmaier/Bernd Overwien (Hrsg.): Was heißt heute Kritische Politische Bildung? Schwalbach/Ts. 2013

Literatur

Adorno, Th. W.: Erziehung zur Mündigkeit. Frankfurt 1970
Adorno, Theodor W.: Studien zum autoritären Charakter. Frankfurt/M. 1973
Albrecht, Clemens/Günter C. Behrmann/Michael Bock/Harald Homann/Friedrich H. Tenbruck: Die intellektuelle Gründung der Bundesrepublik. Eine Wirkungsgeschichte der Frankfurter Schule. Frankfurt/M./New York 1999
Apel, Karl-Otto: Zurück zur Normalität? Oder könnten wir aus der nationalen Katastrophe etwas Besonders gelernt haben? Das Problem des (welt)geschichtlichen Übergangs zur postkonventionellen Moral in spezifisch deutscher Sicht. In: Zerstörung des moralischen Selbstbewusstseins: Chance oder Gefährdung? Praktische Philosophie in Deutschland nach dem Nationalsozialismus. Hrsg. v. Forum für Philosophie Bad Homburg. Frankfurt 1988. S. 91 – 142
Becker, Egon/Sebastian Herkommer/Joachim Bergmann: Erziehung zur Anpassung? Eine soziologische Untersuchung der politischen Bildung in den Schulen. Schwalbach 1967
Böhler, Dietrich: Die deutsche Zerstörung des politisch-ethnischen Universalismus. In: Zerstörung des moralischen Selbstbewusstseins: Chance oder Gefährdung? Hrsg. v. Forum für Philosophie Bad Homburg. Frankfurt 1988. S. 172-185
Friedeburg, Ludwig v./ Peter Hübner: das Geschichtsbild der Jugend. München 1964

Habermas, Jürgen/Ludwig v. Friedeburg/Christoph Oehler/Friedrich Weltz: Student und Politik. Eine soziologische Untersuchung zum politischen Bewusstsein Frankfurter Studenten. Neuwied 1961

Honneth, Axel: Eine soziale Pathologie der Vernunft. Zur intellektuellen Erbschaft der kritischen Theorie. (2007a) In: Honneth: Pathologien der Vernunft. Frankfurt 2007. S. 28 – 56

Honneth, Axel: Rekonstruktive Gesellschaftskritik unter genealogischem Vorbehalt. Zur Idee der „Kritik" in der Frankfurter Schule. (2007b) In: Honneth: Pathologien der Vernunft. Frankfurt 2007. S. 57 – 69

Horkheimer, Max u. Th. W. Adorno: Dialektik der Aufklärung [1944]. Frankfurt 1969

Horkheimer, Max: Zur Kritik der instrumentellen Vernunft [1947]. Frankfurt 1967

Kluge, Sven: Vermisste Heimat? Zum emanzipativ-repressiven Doppelcharakter der Gemeinschaftsthematik innerhalb der modernen Pädagogik. Berlin 2008

Koselleck, Reinhard: Kritik und Krise. Eine Studie zur Pathogenese der bürgerlichen Welt. Freiburg, München 1959

Löwith, Karl: Weltgeschichte und Heilsgeschehen. Stuttgart 1953

Marx, Karl: Zur Kritik der Hegelschen Rechtsphilosophie. Einleitung. Marx Engels Werke (MEW). Bd. 1. Berlin 1977. S.378ff.

Mollenhauer, Klaus: Erziehung und Emanzipation. München 3.Aufl. 1970

Neumann, Franz: Behemoth: The Structure and Practice of National Socialism. New York 1942. Second Edition 1944 (dt.: Struktur und Praxis des Nationalsozialismus 1933 – 1944. Frankfurt/M. 1977)

Nitzschke, Volker: Zur Wirksamkeit politischer Bildung. Schulbuchanalyse. Frankfurt/M. 1966

Steffens, Gerd: Wer nur versteht, versteht zu wenig. Eine Auseinandersetzung mit der Forderung nach „Historisierung des Nationalsozialismus". In: Politische Pädagogik. Beiträge zur Humanisierung der Gesellschaft. Hrsg. v. Friedhelm Zubke. Weinheim 1990. S. 153 – 177

Steffens, Gerd: Ist der homo oeconomicus gesellschaftsfähig? – Denkansätze der Ökonomie und politische Bildung. In: Politische und ökonomische Bildung in Zeiten der Globalisierung. Hrsg. v. Gerd Steffens. Münster 2007

Steffens, Gerd: Braucht kritisch-emanzipatorische Bildung heute eine Neubegründung? In: Kritische politische Bildung. Ein Handbuch. Hrsg. Bettina Lösch u. Andreas Thimmel. Schwalbach/Ts 2010. S. 25 – 36

Teschner, Manfred: Politik und Gesellschaft im Unterricht. Eine soziologische Analyse der politischen Bildung an hessischen Gymnasien. Frankfurt 1968

Weiß, Edgar: Politisch-pädagogische Perspektiven. Tendenzanalysen im Zeichen kritischer Theorie. Kirchvers 2012

Wiggershaus, Rolf: Die Frankfurter Schule. Geschichte Theoretische Entwicklung Politische Bedeutung München/Wien 1986

Bettina Lösch

Kritische politische Bildung unter Bedingungen globaler Transformationsprozesse und Krisen[1]

Peter Sloterdijk stellte Ende der 1990er-Jahre die Behauptung auf, die Kritische Theorie sei tot. Er spricht damit aus, was sich an Universitäten – zumindest hierzulande – und wissenschaftstheoretisch ereignet. Forschungsansätze in der Tradition kritischer Gesellschaftstheorie werden im akademischen Bereich marginalisiert, als nicht mehr notwendig erachtet, quasi mitsamt der Absage an die 1968er-Bewegung verunglimpft und als historische Erscheinung ad acta gelegt (vgl. u.a. Demirovic 2004: 495). Es ist der Versuch, kritische Theorie zu historisieren, als „historisches Muster intellektueller Selbstverständigung jener Periode, die durch Exil, Krieg, durch die Vernichtung der Juden und den Wiederaufbau der Demokratie gekennzeichnet war" (ebd.) zu verstehen. Mit dieser Aussage wird gleichsam der Wille bekundet, so die Einschätzung Alex Demirovics, die kritische Theorie möge tot sein (vgl. ebd.).

Für das Feld der politischen Bildung gilt Ähnliches. Anders, als dies gegenwärtig der Fall ist, prägten Emanzipation, Kritikfähigkeit, Autonomie und Mündigkeit als Lehr- und Lernziele lange Zeit das Selbstverständnis der politischen Bildung (vgl. u.a. Hufer 2001; Heger/Hufer 2002; Ahlheim/Mathes 2005). Es wurden im Laufe der Zeit sehr unterschiedliche Ansätze kritischer politischer Bildung und Politikdidaktik formuliert: mit Bezügen zur Marxschen Theorie, zur Kritischen Theorie der Frankfurter Schule und mit dem emanzipatorischen Anspruch, durch politische Bildungsarbeit über gesellschaftliche Verhältnisse aufklären und diese verändern zu können. Anlässe für eine kritisch-emanzipatorische politische Bildungsarbeit bildeten etwa das Erstarken rechtsextremer Parteien oder die entdemokratisierenden Tendenzen der formierten und nach wie vor autoritär strukturierten Nachkriegsgesellschaft, die in der Kritik der außerparlamentarischen Opposition und der Studentenbewegung der 1960er- und 1970er-Jahre stand. Impulse erhielten die kritisch-emanzipatorischen Konzeptionen in dieser Zeit aus der kritischen Gesellschaftstheorie der Frankfurter Schule (und später von Jürgen Habermas).

Die explizite Haltung und der Anspruch einer kritischen Selbstaufklärung und emanzipatorischen Entfaltung der Gesellschaft sind der politischen Bildung verloren gegangen. Ein Grund dafür ist, dass die politische Bildung wissenschaftlich fast nur noch durch die schulische Politikdidaktik repräsentiert wird. Die politische Jugend- und Erwachsenenbildung mit ihrer stärker gesellschaftskritischen

Ausrichtung ist im wissenschaftlichen Diskurs kaum vertreten, weil ihr eine universitäre Verankerung fehlt (vgl. Bürgin/Lösch 2013). In den 1980er/90er-Jahren wurde die Strömung kritischer politischer Bildung außerdem durch die „Verwissenschaftlichung" und didaktische Spezialisierung der schulischen Politikdidaktik an den Rand gedrängt. Es wurde der Versuch unternommen, diese Strömung mit der Argumentation zu delegitimieren, dass die Verfolgung eines emanzipatorischen Zieles oder Interesses eine unzulässige Instrumentalisierung darstelle. Prinzipien kritisch-emanzipatorischer Bildung seien nicht mehr zeitgemäß, traditionalistisch und hätten missionarischen Charakter (vgl. etwa Sander 2005: 16 f., 2006: 67).

Hier spalten sich die Geister und Auffassungen zur Notwendigkeit und Aktualität kritischer Theorie und Bildung. Ich vertrete die Ansicht, dass angesichts der aktuellen politischen und sozio-ökonomischen Verhältnisse, des Abbaus von Sozialstaatlichkeit und Demokratie sowie von multiplen Krisensituationen – etwa der aktuellen Wirtschafts- und Finanzkrise, aber auch der Umwelt- und Energiekrise oder einer globalen Ernährungskrise – Rückgriffe auf eine kritische Gesellschaftsanalyse in der politischen Bildungsarbeit unabdingbar sind. Welche Inhalte und Instrumentarien liefern die politische Bildung und schulische Politikdidaktik in Anbetracht globaler Transformationsprozesse und multipler Krisen, damit Lehrer/innen und Schüler/innen sich gesellschaftlich und politisch orientieren, ihre eigenen Lebenslagen verstehen und sich kritisch in den Diskurs einbringen können?

Entgegen der Absage der schulischen Politikdidaktik an kritisch-emanzipatorische Ansätze kam es in den letzten Jahren zu einer Reihe von Re-formulierungen und Aktualisierungen kritischer (Gesellschafts-)Theorien, die sich auch auf die inhaltliche Grundlegung politischer Bildung auswirken. Zwar wird mit der konservativen und elitären Schließung der Universitäten kritische Gesellschaftstheorie aus der akademisch institutionalisierten Lehre und Forschung verdrängt, aber es entstehen gleichzeitig andere Räume und Gelegenheiten kritischer Wissensproduktion (vgl. Brüchert/Wagner 2007). Davon bleibt auch die politische Bildungsarbeit nicht unberührt. So hat bspw. die globalisierungskritische Bewegung eine neue Praxis politischer und ökonomischer Bildungsarbeit etabliert (vgl. Schreiber/Leidig 2010), aus einigen studentischen Initiativen gingen Organisationen für eine kritische politische und emanzipatorische Bildung hervor und bundesweit gründete sich die Assoziation für kritische Gesellschaftsforschung (AKG), die unterschiedliche Themen und Ansätze kritischer Theorie zusammenführt und diskutiert. Im Zuge dessen werden auch wieder Vorstellungen einer emanzipatorischen politischen Bildung artikuliert (etwa Mende/Müller 2009).

Das Handbuch zur kritischen politischen Bildung (Lösch/Thimmel 2010) bildete außerdem einen Auftakt, Grundlagen und Erfordernisse einer kritischen politischen Bildung (wieder) zu verdeutlichen sowie aktuell diskutierte Theorien kritischer Gesellschaftsforschung für die politische Bildungsarbeit zu thematisieren und zugänglich zu machen. Mit dem Handbuch wurde bewusst kein einheitlicher Kanon oder ein in sich geschlossenes Paradigma vertreten, sondern sehr vielfältige Ansätze der schulischen und außerschulischen politischen Bildung mit kritischem Anspruch präsentiert. Eine re-aktualisierte kritische politische Bildung bezieht sich nicht mehr allein auf die Kritische Theorie der Frankfurter Schule. Die kritische Politikdidaktik etwa von Bernhard Claußen ist bspw. noch zu Zeiten der Systemkonkurrenz, des Kalten Krieges, aber auch von Wohlfahrtstaatlichkeit und repräsentativer Demokratie konzipiert worden. Gegenwärtige Ansätze kritischer politischer Bildung können nicht mehr nahtlos daran anknüpfen, sondern werden im zeithistorischen Kontext der politischen und ökonomischen Transformationsprozesse der Globalisierung, des finanzmarktgetriebenen Kapitalismus sowie des Post-Fordismus verfasst (vgl. Eis/Salomon 2013).

Kritische Gesellschaftsforschung entwickelt sich mit ihrem Betrachtungsgegenstand weiter. Es gibt allerdings wissenschafts- und gesellschaftstheoretische Grundlagen der Kritischen Theorie der Frankfurter Schule, die heute nach wie vor grundlegend sind (etwa die Abgrenzung der Sozialwissenschaften vom naturwissenschaftlichem Empirismus und Positivismus) (vgl. Weiß 2010). Es gibt aber auch neue Sichtweisen – etwa aus den poststrukturalistischen oder postmodernen Theorien – die dazu beigetragen haben, kritische Gesellschaftstheorie weiter zu entwickeln und neu zu befragen. Ein wichtiger Streitpunkt ist etwa der Bezug auf universalistische Prinzipien sowie das Verhältnis von Wissen, Vernunft und Kritik. Deshalb wende ich mich zunächst dem Begriff der Kritik zu, um ihn für die politische Bildung zu schärfen.

Zum Begriff der Kritik

Seit der Aufklärung ist der Begriff der Kritik grundlegend für eine philosophische und politische Selbstverständigung von Gesellschaft. In der Philosophie der Aufklärung entwickelte sich die Idee des autonomen Individuums, das in der Lage ist, selbst zu denken und seinen Verstand zu gebrauchen. Es wurde ein Verständnis von Wissenschaft als Kritik an dogmatischen und religiösen Weltanschauungen entfaltet und der Kritikbegriff erhielt eine herrschafts- und machtkritische Akzentuierung (vgl. Schweitzer 2006: 101). Kritik wird mit der Aufklärung zum innerweltlichen Maßstab, gesellschaftliche Verhältnisse beurteilen und verändernd eingreifen zu können.

Die Tätigkeit der Kritik hat allerdings ihre Selbstverständlichkeit verloren. Unterschiedlichste Strömungen kritischer Gesellschaftstheorie versuchen gegenwärtig, Kritik philosophisch neu zu begründen und die „soziale Praxis" der Kritik zu verstehen (siehe u.a. Boltanski/Chiapello 2003; Demirovic 2008; Celikates 2009; Jaeggi/Wesche 2009). So schreiben etwa Rahel Jaeggi und Tilo Wesche: „Kritik ist [...] konstitutiver Bestandteil menschlicher Praxis. Immer dann, wenn es Spielräume, Deutungs- und Entscheidungsmöglichkeiten gibt, setzt sich menschliches Handeln der Kritik aus" (Jaeggi/Wesche 2009: 7). Und weiter: „Sofern [...] sich [Kritik] auf soziale Verhältnisse richtet, stellt Kritik gesellschaftliche Werte, Praktiken und Institutionen und die mit diesen verbundenen Welt- und Selbstdeutungen ausgehend von der Annahme infrage, dass diese nicht so sein müssen, wie sie sind." (ebd.) Nun könnte man davon ausgehen, dass in dieser Perspektive, in der Kritik Bestandteil sozialer Praxis und menschlicher Verhältnisse ist, eine explizite Kritik nicht mehr notwendig ist.

Auf wissenschaftlicher Ebene kommt hinzu, dass seit den Überlegungen Karl R. Poppers zum kritischen Rationalismus und zur Logik wissenschaftlicher Forschung angenommen wird, dass wissenschaftliche Theorien ihrem Prinzip nach ohnehin kritisch sind. Nach Popper zeichnet sich (rationale) Kritik dadurch aus, dass wissenschaftliche Theorien ihre eigenen Voraussetzungen, ihre Begriffe, ihre Ergebnisse immer wieder selbst kritisch prüfen. Zur wissenschaftlichen Haltung gehört im Zuge des kritischen Rationalismus um Popper, eine Theorie fallen zu lassen, sie zu falsifizieren, und eine bessere Theorie zu entwickeln (vgl. Adorno u.a. 1993).

Wozu dann eigentlich explizit(e) ‚Kritik'? Kritik ist dann nötig, wenn sich gesellschaftliche Verhältnisse als alternativlos darstellen, wenn scheinbar keine oder kaum Entscheidungsräume mehr bestehen oder sich diese Entscheidungsräume verengen. Kritik ist dann nötig, wenn ein Teil oder ein Großteil der Individuen – aufgrund materieller oder symbolischer sozialer Ungleichheit – keinen oder nur begrenzten Zugang zu politischen Entscheidungen sowie gesellschaftlicher und demokratischer Partizipation hat. Kritik ist dann nötig, wenn Menschen unter gesellschaftlichen Verhältnissen leiden, wenn sie ausgegrenzt und diskriminiert werden, während andere privilegiert sind und über bessere materielle und symbolische Ressourcen verfügen. Kritik ist dann ausdrücklich notwendig, wenn existierende gesellschaftliche Praktiken und Institutionen veränderungswürdig sind, da sie – etwa durch institutionelle Diskriminierung – soziale Ungleichheitsverhältnisse, Herrschafts- und Machtverhältnisse bewirken und verfestigen.

Der Kritikbegriff kritischer Theorie ist von daher kein rein formaler, wie ihn Popper im Sinne eines kritischen Rationalismus entfaltet. Der Kritikbegriff der kritischen Theorie – und damit ist nicht allein die Kritische Theorie der Frankfurter Schule gemeint – ist ein qualitativer Kritikbegriff, der die Veränderbarkeit

sozialer Verhältnisse im Blick hat. Kritische Gesellschaftstheorie analysiert Herr-
schafts- und Machtverhältnisse (wie Rassismus, Geschlechter- oder Klassenverhältnisse). Kritische Theorie versucht dabei, die Eingebundenheit von Wissenschaft und Theorie(-bildung) in diese Verhältnisse zu reflektieren. Sie zielt auf
Demokratisierung und Emanzipation, wobei sie beide Prozesse der Selbstbestimmung (des Gemeinwesens und der Individuen) als widersprüchliche, brüchi-
ge und stets umkämpfte begreift. Kritische Gesellschaftstheorie kann in ihren
Analysen Alternativen und Perspektiven eröffnen, wie eine zukünftige Gesellschaft gestaltet sein kann. Sie macht dies nicht modell- oder rezepthaft, sondern
sie zeigt möglicherweise bereits bestehende Praxen auf, die auf Alternativen verweisen. Kritische Theorie trägt – und das ist ein zentraler Aspekt – zur Autorisie-
rung marginalisierter Positionen bei, stärkt also diejenigen, die im dominanten
Diskurs nicht oder kaum vertreten sind (vgl. Hartmann 2005: 2). Eine kritische
politische Bildungspraxis will in Bezug zur kritischen Theorie ermöglichen, dass
Individuen die sozialen Verhältnisse, in die sie tagtäglich eingebunden sind, verstehen und die soziale Welt, die sie sich bildend erschließen, eingreifend verändern können. Dahingehend macht sie Widersprüche sichtbar, verdeutlicht Ursachen, Grundlagen und Auswirkungen von Entscheidungen sowie gesellschaftliche
Zusammenhänge – etwa die globalen Transformationsprozesse und Krisen.

Während Kritik vom Wortursprung her eher eine ‚Kunst der Beurteilung'
meint, hat sich im Alltagsgebrauch ein Verständnis von Kritik als ‚Beanstandung'
durchgesetzt. Kritik wird häufig gleichgesetzt mit Schlechtreden der Verhältnisse, Nörgelei, negativer Kritik. Aber auch Gegenteiliges kann der Fall sein, etwa
die Forderung nach der Äußerung rein ‚konstruktiver' Kritik. Hören die einen bei
kritischen Äußerungen nur die Krittelei und den Tadel, so beharren andere auf
der reinen Negativität der Kritik, während dritte die konstruktiven Momente der
Kritik einfordern, „die motivierende Kraft eines positiven Gegenbildes" (Jaeggi/
Wesche 2009: 8). Das Besondere der Kritik ist, dass sie das Alte mit dem Neuen
in Verbindung setzt: „Noch die radikale Widerlegung ist in diesem Sinne eine
Bezugnahme, und noch eine Kritik, die auf den Bruch mit einer bestehenden
Ordnung setzt, stellt eine Beziehung zu der Situation her, die überwunden werden
soll" (ebd.).

Es geht folglich bei einem reflexiven Kritikbegriff nicht um beliebige Kritik
oder gar binäre Spaltungen in entweder/oder, positiv/negativ, gut/schlecht, opti-
mistisch/pessimistisch, sondern um eine Kritikfähigkeit, die auch Zwischentöne
und Uneindeutigkeiten sieht, abwägt und aushält. Fragwürdig ist deshalb die Position, der Standpunkt des Kritikers/der Kritikerin. Steht der Kritiker/die Kritikerin innerhalb oder außerhalb der sozialen Praxis der handelnden Akteure? Welche Topographie entspannt sich zwischen Beobachtungsstandpunkt und dem
Kritikgegenstand? „Wer ist das ‚Ich' oder das ‚Wir' der Kritik und wie wirkt das

Kritische an der Konstitution des Kritikers mit, wie wirkt die Kritik beim Adressaten?" (Demirovic 2008: 11). Der Standpunkt selbst gerät in die Kritik, denn in den kritischen Blick tritt meist nur das, was von der jeweiligen Warte aus gesehen werden kann. Es existieren blinde Flecken und privilegierte Standpunkte. Das Verhältnis zwischen Kritik und den bestehenden sozialen Verhältnissen ist also kein leichtes, denn Kritik wird einerseits erst durch eine gewisse Nähe zum Kritisierten ermöglicht, gleichzeitig bedarf sie einer gewissen Distanz zum Bestehenden (vgl. ebd. 9).

Über dieses Verhältnis nachzudenken, ist seit jeher Aufgabe und Forschungsfeld kritischer Theorie (siehe etwa die aktuelle Publikation von Butler 2011). Kritische Theorie hat den Anspruch und das Selbstverständnis, Teil sozialer Praxis zu sein und sich kritisch zu reflektieren. Im Lichte kritischer Theorie ist Wissenschaft selbst eine soziale Praxis, die kritisierbar und veränderbar ist: „Was ist unsere Praxis, wenn wir Kritik äußern" (Demirovic 2008: 9). Wissenschaftskritik ist deshalb eines ihrer zentralen Anliegen. Die Diskussionen innerhalb der kritischen Gesellschaftstheorie kreisen deshalb auch immer wieder um das Verhältnis von Wissen, Wahrheit und Macht sowie Vernunft und Kritik. Seit den 1970er-Jahren gibt es in den Sozial- und Kulturwissenschaften einige anspruchsvolle Ansätze zur Analyse der Kritik. Die Vernunftbasiertheit der Kritik wird in Frage gestellt und der Zusammenhang von Wissen und Macht ausgelotet.

Zeitkerne kritischer (Gesellschafts-)Theorie

Im Verständnis der Frankfurter Schule ist kritische Theorie das Bemühen Gesellschaft zu verstehen und verändern zu können – ein Mittel der Welterschließung. Dieses Anliegen ist nicht zu historisieren, das heißt historisch abzuschließen. Allerdings haben die jeweiligen Ansätze kritischer Theorie einen *historischen Zeitkern* (vgl. Demirovic 2004: 475ff. mit Bezug auf Horkheimer/Adorno). Zu Zeiten der Aufklärung geriet die gesellschaftliche Ordnung des Absolutismus mit ihrer Hierarchie ungleicher Stände in die Kritik, da sie nicht mehr als gottgewollte unabänderliche Ordnung, sondern als Widerspruch zur postulierten Vernunftgleichheit aller Menschen (erwachsenen weißen Männern) stand. Es war vor allem die Philosophie Kants, die zur Entwicklung des Menschenbildes der Aufklärung beitrug. „Seine berühmte Formel: ‚Aufklärung ist der Ausgang des Menschen aus seiner selbst verschuldeten Unmündigkeit' zeigt jene Verschiebung zum Subjektbegriff der Moderne an, in der die Mündigkeit und der Fortschritt an der Vernunft gemessen werden" (Schweitzer 2006: 102).

Die als Grundlage der Kritik beanspruchte Vernunft geriet allerdings selbst in die Kritik. Angesichts materieller sozialer Ungleichheitsverhältnisse in der bürgerlich-kapitalistischen Gesellschaft war die Vernunftgleichheit aller Individuen, die nunmehr quasi naturgemäß unterstellt wurde, keineswegs verwirklicht. Die Französische Revolution hatte nicht zur Gleichheit und Freiheit aller Individuen geführt, weshalb die Bedingungen einer fremdverschuldeten Unmündigkeit ins Visier der Kritik gerieten, vor allem die ökonomisch bedingten gesellschaftlichen Ungleichheiten der bürgerlich-kapitalistischen Klassengesellschaft.

Gegen die bürgerliche Vorstellung setzten im 19. Jahrhundert die Theorien der Arbeiterbewegung die Einsicht durch, dass die Menschen die Gesellschaft und Geschichte selbst machen und die Verhältnisse entsprechend verändern können. Zwar besagten bereits die bürgerlichen Vertragstheoretiker, dass die Menschen die Gesellschaft konstituieren, doch nunmehr galt dies nicht nur für die Besitzindividualisten des Bürgertums, sondern auch für die Angehörigen der unteren Klassen (vgl. Demirovic 2004: 478). Die Marxsche Theorie (als Kritik der politischen Ökonomie) verfolgte in diesem Sinne die Fragestellung, „wie und in welchem Maße das Privateigentum an den Produktionsmitteln die Gesellschaftsstruktur konstituierte und durch welche Mechanismen es derart naturwüchsig aufrechterhalten wurde, dass sich der Eindruck einstellen musste, es handelte sich um ein Naturgesetz anstatt um gesellschaftlich herbeigeführte Regelmäßigkeiten des sozialen Zusammenlebens" (ebd.: 479). Politisch ökonomische Fragen gerieten ins Zentrum der kritischen Theorie: Eigentumsbildung, großindustrielle Produktion und Produktion für Marktverhältnisse, Entstehung und Ausbreitung moderner Lohnarbeit, Arbeitsteilung etc..

Kritische Theorie bezieht sich aber nicht nur oder prioritär auf die Analyse der ökonomischen Formen und ökonomischer Herrschaft. Der Raum der Ökonomie ist ein durch (unterschiedliche) Herrschaftspraktiken hergestellter Raum. Die Kritische Theorie der Frankfurter Schule widmete sich deshalb nicht nur der Kritik der politischen Ökonomie, sondern der Gesamtdynamik der kapitalistischen Gesellschaftsformation. Sie erweiterte ihre kritische Gesellschaftsanalyse auf die politische Herrschaft von Eliten, Unternehmen, Staat und Verbänden. Die Kritische Theorie der Frankfurter Schule fragte auch nach dem Anteil und dem Interesse der Arbeiterbewegung an der Aufrechterhaltung gesellschaftlicher Verhältnisse (Aufrechterhaltung von Arbeit, Arbeitsteilung sowie Wirtschaftswachstum und Fortschrittslogik). Neben der radikalen Kritik am Faschismus („Erziehung nach Auschwitz"), richtete sich die kritische Analyse auch auf die Herrschaftsformen des real existierenden Sozialismus wie auch der bürgerlich-kapitalistischen Gesellschaft. Die Kritik der politischen Ökonomie tritt in den Hintergrund, die Kritik der Politik, aber vor allem die Erweiterung des Kapitalkreislaufes mittels industrieller Kulturproduktion sowie die veränderte Stellung des Subjekts werden zentrale Inhalte kritischer Gesellschaftstheorie. Auch der Vernunftgedanke oder andere philosophische Grundlagen (kritischer) Theorien erhalten ein anderes Gewicht: Mit ihrer Studie zur „Dialektik der Aufklärung" untersuchen Horkheimer und Adorno den Prozess, in dem nicht die emanzipatorischen Potentiale der Vernunft realisiert werden, sondern die Vernunft für Zwecke der Naturbeherrschung und Menschenbeherrschung in den Dienst genommen wird (vgl. Schweitzer 2006: 102).

In Anschluss an die Kritische Theorie der Frankfurter Schule (vgl. Weiß 2010) verschieben sich die Gegenstände erneut; nun richtet sich die Aufmerksamkeit etwa auf den Wohlfahrtsstaat und die repräsentativ-parlamentarische Demokratie als Feld entscheidender Konflikte (vgl. Demirovic 2004: 490). In Weiterführung der Kritischen Theorie hat sich u.a. Jürgen Habermas der Gesellschaftskritik und Vernunftproblematik zugewendet. Im Zentrum seiner Theoriebildung steht die Möglichkeit kommunikativer Vernunft. Er stellt die Frage nach demokratischen und aufgeklärten Verständigungsverhältnissen und formuliert in normativer Intention die Grundlegung einer idealen Sprechsituation, die er als herrschaftsfreie Kommunikation bezeichnet. Die Verfahren kommunikativer Vernunft versucht er in seiner Theorie deliberativer Demokratie auf den Bereich der Zivilgesellschaft zu übertragen (vgl. Lösch 2005).

Während Habermas auf die Fähigkeiten kommunikativer Vernunft setzt und an der Weiterentwicklung vernünftiger gesellschaftlicher Verhältnisse festhält, nähert sich Michel Foucault grundsätzlich der Frage *Was ist Kritik?* (1992) in radikaler Auseinandersetzung mit dem herrschenden Vernunftbegriff. Foucault problematisiert die Selbststeuerung der vernünftigen gesellschaftlichen Verhältnisse und setzt diese Kritik historisch an der Zeitspanne der Aufklärung an. Er weist auf die dialektische Bewegung hin, die ihm für die Gesellschaften des europäischen Abendlandes im 16. Jahrhundert charakteristisch erscheint: Zum einen bilde sich die Regierungskunst, die Bewegung der Regierbarmachung der Gesellschaft immer weiter aus, zum anderen entstehe eine kritische Haltung, die mit der grundsätzlichen Frage verbunden sei, „wie man denn *nicht* regiert wird" (Foucault 1992: 11). Diese moralische und politische Haltung der Aufklärung wird von Foucault als „die Kunst, nicht regiert zu werden" (ebd.: 12) bezeichnet. Einerseits gäbe es Anstrengungen der Regierungsintensivierung, in einer sozialen Praxis Individuen zu unterwerfen und zwar durch Machtmechanismen, die sich auf Wahrheit und auch Vernunft berufen; andererseits sei aber auch eine kritische (Gegen-)Bewegung zu beobachten, die darin bestehe, dass Subjekte sich das Recht nehmen, Wahrheit auf ihre Machteffekte und Macht auf ihre Wahrheitsdiskurse hin zu befragen: Kritik übernehme somit eine Funktion der „Entunterwerfung" (ebd.: 15).

Poststrukturalistische und postmoderne Theorien nehmen die Vernunftbasis der Kritik selbst ins Visier. Foucault untersucht bspw. Vernunft, Wissen und Wahrheit auf ihre Machteffekte. Die Vernunft wird selbst als Machtmittel zur

Legitimation gesellschaftlicher Ausgrenzung verstanden – etwa von psychisch Kranken oder Gefängnisinsassen. Mit der kritischen Betrachtung des Verhältnisses von Wissen, Vernunft und Kritik wird grundsätzlich angezweifelt, dass Kritik von einer Position außerhalb des Machtgefüges geleistet werden kann (vgl. Schweitzer 2006: 103).

Es gibt also keine lineare Geschichtsschreibung (die Theorien existieren zeitgleich nebeneinander) oder einheitliche Traditionslinie kritischer Theorie, aber Zeitkerne kritischer Gesellschaftsforschung, wobei hier nur einige skizziert wurden. Wo steht die kritische Theorie heute und was heißt das für die politische Bildung?

Kritische politische Bildung heute

Der Zeitkern gegenwärtiger kritischer politischer Bildung sind Prozesse der globalen Transformation von Politik, Staatlichkeit und Ökonomie, multiple Krisen – etwa Wirtschafts- und Finanzkrisen – und die damit verbundene Vergesellschaftung der Subjekte (vgl. Lösch/Rodrian-Pfennig 2013). Historisch-materialistische oder darauf rekurrierende poststrukturalistische Gesellschaftsanalysen fassen diesen Wandel als Übergang von fordistischen zu postfordistischen Gesellschaftsformationen. Diese sind durch Deregulierung, Transnationalisierung und Privatisierung vormals staatlich organisierter sowie öffentlicher Bereiche und Güter wie Energie, Telekommunikation, Gesundheit oder Bildung gekennzeichnet. Mit der neoliberalen Liberalisierung von Märkten, insbesondere des Finanzmarktes, gehen Lohnkürzungen, die Deregulierung von Arbeitsverhältnissen und der Abbau sozialer Sicherungssysteme einher, die das Modell des europäischen Wohlfahrtsstaates von Grund auf verändern. Diese Transformationsprozesse und die anhaltenden Krisen bewirken eine Privatisierung und Informalisierung von Politik sowie drastische Einschnitte in demokratische Strukturen und Institutionengefüge. Der Globalisierungsprozess etablierte den Konkurrenzgedanken in nahezu allen Bereichen und verstärkte die Polarisierung von arm und reich. Die zunehmende Verschuldung öffentlicher Haushalte wird durch Steuersenkungen von Vermögenden initiiert und begleitet, während öffentliche Infrastruktur eingeschränkt und untere Einkommensgruppen steuerlich belastet werden.

Mit diesen gesellschaftlichen Verhältnissen hat sich politische Bildung inhaltlich auf der erkenntnistheoretischen Höhe kritischer Theorien auseinanderzusetzen, wenn sie denn an den Strukturen und Mechanismen sozialer Ungleichheit und Herrschaft interessiert ist. Dabei ist klar, dass in der politischen Bildungsarbeit nicht das geleistet werden kann und sollte, was eigentlich Aufgabe demokratischer und sozialstaatlicher Institutionen und Strukturen ist. Aber es bedarf einer re-aktualisierten Form der Gesellschafts- und Herrschaftskritik in der politischen Bildung, auch um wieder zu verdeutlichen, dass gesellschaftliche Verhältnisse historisch geworden und emanzipatorisch veränderbar sind.

Für die politische Bildung und Politikdidaktik heißt das beispielsweise, dass die Umsetzung des Kontroversitätsgebots des Beutelsbacher Konsens diskutiert werden muss. Hier hat die politische Bildung aufgrund der elitären Schließung der Universitäten ein ernstes Problem, denn der Konsens besagt, dass das, was wissenschaftlich diskutiert wird, auch vermittelt werden soll. Was passiert jedoch, wenn diese unterstellte wissenschaftliche Kontroverse nicht stattfindet? Was derzeit wissenschaftlich sinnvoll und diskutierbar erscheint, bestimmen immer mehr ökonomische und förderpolitische Vorgaben wie Drittmittel oder förderfähige und trendartige Forschungsthemen.

Des Weiteren geht es um eine Kritik des eigenen Feldes, d.h. eine Kritik politischer Bildung. Die Kritik richtet sich dabei z.B. auf neue Kooperationspartner und Akteure der politischen Bildung, die von einer kontroversen Haltung und gesellschaftskritischen Sichtweise eher weit entfernt sind. Das betrifft etwa privatwirtschaftliche Akteure und Stiftungen im Feld der ökonomischen Bildung ebenso, wie die Bildungsarbeit des Verfassungsschutzes gegen Rechtsextremismus oder die Kooperationsvereinbarungen mit der Bundeswehr hinsichtlich ihrer Arbeit an und mit Schulen (vgl. zu weiteren Entwicklungen etwa Ahlheim/Schillo 2012). Die Kritik richtet sich aber auch auf eine staatliche Sparpolitik, die politische Bildungsprozesse verunmöglicht, die stets eine Voraussetzung für demokratische Verhältnisse sind.

Legt man kritische Theorien der Gesellschaft und des Subjekts zu Grunde, ergeben sich außerdem neue didaktische Fragen und Herausforderungen: Was bedeutet das Prinzip der Mündigkeit im (post-fordistischen und neoliberalen) Diskurs von Eigenverantwortung und Selbstführungstechniken? Was bedeuten Subjektorientierung und -bildung, aber auch Emanzipation, wenn nicht mehr von einem souveränen und autonomen Subjekt sowie einem geradlinig auf Selbstbestimmung zielenden Bildungsprozess ausgegangen wird? Was bedeutet das Prinzip (und die Kompetenz) der Handlungsfähigkeit im Zuge der Vereinnahmung von Partizipation als Herrschaftstechnik? Wie gehe ich auf methodischer Ebene etwa mit der Inkorporiertheit gesellschaftlicher Strukturen um? – um nur einige Fragen zu skizzieren, die gegenwärtig innerhalb einer kritischen politischen Bildung diskutiert werden (vgl. Bürgin/Kirschner/Rodrian-Pfennig/Wilhelm 2012).

Für eine kritische politische Bildung geht es also um die Aneignung und Durchwälzung gegenwärtiger (und historisch gewordener) gesellschaftlicher und politischer Verhältnisse im Bildungsprozess von Individuen, die diese Welt verstehen und daraus möglicherweise ein Interesse entwickeln oder bereits haben, diese Verhältnisse in emanzipatorischer Hinsicht zu verändern.

Anmerkung

1 Siehe auch den Beitrag „Ist politische Bildung per se kritisch?", in: Benedikt Widmaier/Bernd Overwien, Was heißt heute kritische Politische Bildung, Schwalbach/Ts. 2013, S. 171-179

Literatur

Adorno, Theodor W. (1971): Erziehung zur Mündigkeit, Frankfurt/M.

Adorno, Theodor W. u.a. (1993/1969): Der Positivismusstreit in der deutschen Soziologie, München

Ahlheim, Klaus/Mathes, Horst (2005): Plädoyer für eine kritische politische Bildung. Ein Streitaufruf, in: Praxis Politische Bildung, Jg. 9, Heft 3, S. 229-234

Ahlheim, Klaus/Schillo, Johannes (Hrsg.) (2012): Politische Bildung zwischen Formierung und Aufklärung, Hannover.

Boltanski, Luc/Chiapello, Eve (2003): Der neue Geist des Kapitalismus, Konstanz

Brüchert, Oliver/Wagner, Alexander (Hrsg.) (2007): Kritische Wissenschaft, Emanzipation und Entwicklung der Hochschulen. Reproduktionsbedingungen und Perspektiven Kritischer Theorie, Marburg

Bürgin, Julika/Kirschner, Christian/Rodrian-Pfennig, Margit/Wilhelm, Johannes (2012): Workshop kritische politische Bildung, in: Angermüller, Johannes/Buckel, Sonja/Rodrian-Pfennig, Margit (Hrsg.): Solidarische Bildung. Crossover: Experimente selbstorganisierter Wissensproduktion, Hamburg, S. 250-265

Bürgin, Julika/Lösch, Bettina (2013): Die Hochschule als wissenschaftlicher Reflexionsort für die außerschulische Bildung. Eine strukturpolitische Initiative, in: Journal für politische Bildung, Heft 4/2013, S. 40-46

Butler, Judith (2011): Kritik. Dissens. Disziplinarität, Zürich

Celikates, Robin (2009): Kritik als soziale Praxis. Gesellschaftliche Selbstverständigung und kritische Theorie, Frankfurt/M.

Claußen, Bernhard (1981): Kritische Politikdidaktik. Zu einer pädagogischen Theorie der Politik für die schulische und außerschulische Bildungsarbeit, Opladen

Demirovic, Alex (2003): Kritische Gesellschaftstheorie und Gesellschaft. In: Ders. (Hrsg.): Modelle kritischer Gesellschaftstheorie. Traditionen und Perspektiven der Kritischen Theorie, Stuttgart, S. 10-27

Demirovic, Alex (2004): Der Zeitkern der Wahrheit. Zur Forschungslogik kritischer Gesellschaftstheorie, in: Joachim Beerhorst/Alex Demirovic/Michael Guggemos (Hrsg.): Kritische Theorie im gesellschaftlichen Strukturwandel, Frankfurt/M., S. 475-499

Demirovic, Alex (2008): Leidenschaft und Wahrheit. Für einen neuen Modus der Kritik, in: Ders. (Hrsg.): Kritik und Materialität, Münster, S. 9-40

Eis, Andreas/Salomon, David (Hrsg.) (2013) [im Erscheinen]: Gesellschaftliche Umbrüche gestalten – Transformationen in der politischen Bildung, Schwalbach/Ts.

Foucault, Michel (1992): Was ist Kritik? Berlin

Hartmann, Jutta (2005): Differenz, Kritik, Dekonstruktion – Impulse für eine mehrperspektivische Gender-Didaktik, in: Geschlecht + Didaktik, hrsg. von Anita Mörth und Barbara Hey, Koordinationsstelle für Geschlechterstudien, Frauenforschung, Frauenförderung der Karl-Franzens-Universität Graz

Heger, Bardo/Hufer, Klaus-Peter (Hrsg.) (2002): Autonomie und Kritikfähigkeit. Gesellschaftliche Veränderung durch Aufklärung, Schwalbach/Ts.

Hufer, Klaus-Peter (2001): Für eine emanzipatorische politische Bildung. Konturen einer Theorie für die Praxis, Schwalbach/Ts.

Jaeggi, Rahel/Wesche, Tilo (Hrsg.) (2009): Was ist Kritik? Frankfurt/M.

Lösch, Bettina (2006): Herrschaftskritik und Vernunft, in: Lars Lambrecht/Bettina Lösch/Norman Paech (Hrsg.) Hegemoniale Weltpolitik und Krise des Staates, Frankfurt/M. u.a., S. 125-134

Lösch, Bettina (2013): Ist politische Bildung per se kritisch?, in: Widmaier, Benedikt/Overwien, Bernd (Hrsg.): Was heißt heute kritische politische Bildung?, Schwalbach/Ts., S. 171-179

Lösch, Bettina/Rodrian, Margit (2013) [im Erscheinen]: Kritische Demokratiebildung unter Bedingungen globaler Transformationsprozesse, in: Eis, Andreas/Salomon, David (Hrsg.): Gesellschaftliche Umbrüche gestalten – Transformationen in der politischen Bildung, Schwalbach/Ts.

Lösch, Bettina/Thimmel, Andreas (2010): Kritische politische Bildung. Ein Handbuch. Schwalbach/Ts.

Meißner, Hanna (2010): Jenseits des autonomen Subjekts. Zur gesellschaftlichen Konstitution von Handlungsfähigkeit im Anschluss an Butler, Foucault und Marx, Bielefeld

Mende, Janne/ Müller, Stefan (Hrsg.) (2009): Emanzipation in der politischen Bildung. Theorien – Konzepte – Möglichkeiten, Schwalbach/Ts.

Rodrian-Pfennig, Margit (2010): Dekonstruktion und radikale Demokratie: Elemente einer anderen politischen Bildung, in: Bettina Lösch/Andreas Thimmel (Hrsg.): Kritische politische Bildung. Ein Handbuch, Schwalbach/Ts., S. 157-167

Sander, Wolfgang (2005): Theorie der politischen Bildung: Geschichte – didaktische Konzeptionen – aktuelle Tendenzen und Probleme, in: Wolfgang Sander (Hrsg.): Handbuch politische Bildung, Schwalbach/Ts., S. 13-47

Sander, Wolfgang (2006): Phoenix aus der Asche? Politische Bildung als Gegenstand von Forschung und Theoriebildung, in: kursiv. Journal für Politische Bildung, Heft 2/2006, S. 66-74

Schreiber, Johanna/Leidig, Sabine (2010): Globalisierungskritische und emanzipatorische Bildungsarbeit am Beispiel Attac: Praxis, Probleme, Perspektiven, in: in: Bettina Lösch/Andreas Thimmel (Hrsg.): Kritische politische Bildung. Ein Handbuch, Schwalbach/Ts., S. 529-538

Schweitzer, Doris (2006): Kritik und Beobachtung, in: Albert Scherr (Hrsg.): Soziologische Basics, Wiesbaden, S. 101-106

Weiß, Edgar (2010): Grundlagen Kritischer Theorie, in: Bettina Lösch/Andreas Thimmel (Hrsg.): Kritische politische Bildung. Ein Handbuch, Schwalbach/Ts., S. 77-88

Tim Engartner / Udo Hagedorn

Herausforderungen für die ökonomische Bildung im Schatten der Wirtschafts- und Finanzmarktkrise

> *„Märkte werden weithin als die geeigneten Instrumente angesehen, das Gemeinwohl herzustellen. (...) Die Marktgläubigkeit der letzten drei Jahrzehnte hat (aber) eine moralische Leere der Politik geschaffen, die Fragen nach dem guten Leben aus der Öffentlichkeit verdrängt hat."*
> Michael J. Sandel

Obwohl die verheerenden Wirtschaftskrisen in Mexiko (1994), Asien (1997), Russland (1998/99) und Argentinien (1998-2002) bereits in den 1990er-Jahren hatten deutlich werden lassen, welchen verhängnisvollen Lauf ungezügelte Marktkräfte in Schwellenländern nehmen können, ist in den entwickelten Industriestaaten erst jetzt ins Bewusstsein gerückt, dass der Kapitalismus neuzeitlicher Prägung sich in der schwersten Krise seit der „Großen Depression" in den Jahren 1929/32 befindet. Weltweit wurden in den vergangenen sechs Jahren milliardenschwere Hilfspakete geschnürt, um angeschlagene Banken zu retten, verunsicherten Bürger(inne)n Vertrauen einzuhauchen, Investor(inn)en zu gewinnen und ein Abgleiten ganzer Volkswirtschaften in die Rezession zu verhindern. Dessen ungeachtet ist der viel beschworene „Kulturwandel" in der Finanzwirtschaft bislang ausgeblieben, hat eine neue „Ethik der Verantwortung" nicht Platz gegriffen.

1. Die Wirtschafts- und Finanzmarktkrise als Lerngelegenheit

Als tages- und epochenrelevantes Thema stellt die seit dem Jahr 2007 währende Wirtschafts- und Finanzmarktkrise einen der komplexesten politisch-ökonomisch-gesellschaftlichen Topoi dar. Angesichts der weitreichenden Auswirkungen der derzeitigen Krise kann davon ausgegangen werden, dass Schüler/innen aufgrund der medialen Omnipräsenz des Themas nicht nur über fragmentarisches Wissen verfügen, sondern unter Umständen sogar direkt oder indirekt davon betroffen sind. Zugleich werden sie zu der Einsicht gelangen, dass sie (noch) zu wenig über die Verwerfungen an den internationalen Kapitalmärkten und die (Gegen-)Stra-

251

tegien der politischen Akteure wissen. Die Erkenntnis, dass die postmoderne Welt in allen ihren Facetten nicht mehr verstanden werden kann, wird im Fall der Wirtschafts- und Finanzmarktkrise auf die Spitze getrieben – selbst Expert(inn)en vermögen z.B. kaum mehr, die komplizierten Zusammenhänge zwischen einzelnen Finanzprodukten aufzuzeigen, die bedeutende „Treiber" der Krise waren und nach wie vor sind.

Mit der Wirtschafts- und Finanzmarktkrise werden die Konflikthaftigkeit, der Handlungs- und Entscheidungsdruck sowie die vermeintliche Ohnmacht von Politik deutlich: „Für Politische Bildung bieten Krisen unvergleichliche Lerngelegenheiten: Sie unterbrechen den gewohnten Gang der Dinge und regen über die Unterscheidung von vorher und nachher Zeitbewusstsein und über die Unterscheidung so oder anders den Sinn für Alternativen an. Gegebenheiten verlieren die Aura des Selbstverständlichen und Überzeitlichen und zeigen sich als Produkt menschlichen Handelns und menschlicher Interessen. Ob es gut so ist, wie es ist, oder was daran nicht gut eingerichtet ist, wem es nützt und wem es schadet, wird zur unabweisbaren Frage" (Steffens 2010, 7 f.). Erklärtes Ziel ökonomischer Bildung muss es einerseits sein, die Krise in ihren Grundzügen mitsamt ihren Ursachen, Erscheinungsformen und Folgen zu verdeutlichen. Andererseits muss ein explizit politischer Blick auf die Krise geworfen werden, um Antworten auf eine der zentralen, wenn nicht gar *die* zentrale Frage unserer Zeit zu geben: Wie lassen sich ökonomische Prozesse politisch steuern?

Die Legitimation dieses Ansatzes speist sich aus der Tatsache, dass der vom *Shareholder Value*-Prinzip getriebene Finanzmarktkapitalismus erkennen lässt, dass einzelne Strömungen innerhalb der Wirtschaftswissenschaften mit ihren Empfehlungen das gesellschaftliche Leben maßgeblich geprägt, wenn nicht gar dominiert haben. Vor dem Hintergrund der derzeitigen Wirtschafts- und Finanzmarktkrise wird deutlich, dass Theorie- und Modellfragmente, die aus ihrem gesamtwissenschaftlichen Zusammenhang gerissen werden, zwar praktisch eindeutig erscheinen, als Lösungsansatz für komplex-überfachliche Probleme aber an ihre Grenzen stoßen. Die in der Politikberatung zur Anwendung gebrachten Modelle der neoklassischen Standardökonomie sind dafür exemplarisch, weshalb sich die Frage stellt, was die Wirtschaftswissenschaften aus der Krise lernen können bzw. müssen? Wie sind einzelne politisch „genutzte" Modelle im wissenschaftlichen Gesamtzusammenhang zu sehen? Nur eine kritisches Bewusstsein anbahnende ökonomische Bildung kann Menschen dazu befähigen, mit zweckmotivierten Einseitigkeiten und Gefahren von Missbrauch durch Finanzintermediäre sowie vermeidbaren (finanziellen) Risiken umzugehen. Eine Fachdidaktik kann diese Aufgabe nur dann *wissenschaftlich* umfassend bearbeiten, wenn sie sich des Stands der bezugswissenschaftlichen Debatten versichert und diese systematisch ergründet. Im Fall der Wirtschaftsdidaktik braucht es dazu eine Aus-

einandersetzung über die Rezeption und das Selbstverständnis der Wirtschaftswissenschaften sowie deren methodologische Ausrichtung, um im Zuge des fachdidaktischen Zugriffs das wirtschaftswissenschaftliche Wissen zu identifizieren,
das im schulischen Kontext bildungsrelevant werden kann respektive soll.

Das Feld der Wirtschafts- und Finanzmarktkrise ist dabei so umfänglich, dass
der vorliegende Beitrag keine auf Vollständigkeit zielende Gesamtdarstellung
bieten kann, sehr wohl allerdings eine Typisierung und Reduzierung der diskursiven Zusammenhänge auf didaktisch und bildungswissenschaftlich exemplarische Kernfragen. Dazu wird zunächst die Ökonomie als heteronomes wissenschaftliches Feld und Bezugsdisziplin der ökonomischen Bildung skizziert. Sodann wird anhand der „Finanzkrise 2007 ff." exemplarisch gezeigt, wie anfällig
heteronome wissenschaftliche Felder für die monoparadigmatische Rezeption
sein können. Dabei bestechen monoparadigmatische Perspektiven gerade häufig
wegen ihrer komplexitätsreduzierenden, vermeintlich eindeutig evidenten Darstellung gegenüber multiparadigmatischen Unüberschaubarkeiten. Drittens werden die skizzierten Aspekte auf die didaktische Grundfrage nach der problem-
und konfliktorientierten Verknüpfung von Einzelteilen zu Gesamtdarstellungen
aus der Perspektive der ökonomischen Bildung überführt. Viertens werden über
das durchgehende Interpretationsschema Schlussfolgerungen für die ökonomische Bildung generiert und schließlich mit einem Ausblick abgerundet.

2. Ökonomie und ökonomische Bildung sowie ihre Brechungsstärke als wissenschaftliche Felder

Folgt man Bourdieu (1993; 1998), lässt sich mit Hilfe seiner Konstruktion des
„wissenschaftlichen Feldes" der allgemeine Charakter der „Ökonomie" – im vorliegenden Beitrag mit Blick auf die Praxis politischer Nutzung und auf die Verwendung als Legitimationsinstanz von Seiten der Finanzwirtschaft – als typisch
heteronomes Feld kennzeichnen. Über das wörtliche Verständnis der „Fremdge-
setzlichkeit" hinaus verweist Heteronomie im Bourdieuschen Sinne auf die geringe Brechungsstärke eines wissenschaftlichen Feldes bzw. einer wissenschaftlichen Disziplin. Ein wissenschaftliches Feld ist dabei zunächst als eine Art Mikrokosmos zu sehen, der nach eigenen Regeln und Gesetzen verfährt, der spezifischen erkenntnisleitenden Interessen folgt, für die Forschung spezifische Instrumentarien sowie auf die Wissenspräsentation ausgerichtete Terminologien und
Modelle entwickelt. Der Mikrokosmos unterliegt dabei zugleich den Gesetzen
des gesellschaftlichen Makrokosmos – freilich nicht unmittelbar oder gar linear,
sondern vermittelt bzw. gebrochen.

253

Die vom wissenschaftlichen Feld ausgehenden Brechungen erfolgen nicht schlicht aufgrund seiner ihm zugestandenen politischen Freiheit, sondern durch die Orientierung des Feldes an aufklärender Erkenntnis und an allgemeinen, nicht partikularen und monoparadigmatisch gestützten Verwertungsinteressen. An der Möglichkeit, einen Transformationsprozess zu realisieren, wie Bourdieu ihn mit dem Begriff der Brechung umschreibt, bemisst sich der Grad der Autonomie eines wissenschaftlichen Feldes. Autonome Felder gewinnen durch empirische, theoretische und diskursive Exklusionsmöglichkeiten an Definitionsmacht und Relevanz im Streit der gesellschaftlichen Deutungsmuster; heteronome Felder verlieren.

Als wissenschaftliche Felder sind Ökonomie und ökonomische Bildung in ihrem multiparadigmatisch zusammengesetzten Mikrokosmos auf Einzelparadigmen und deren disziplinäre Verknüpfung verwiesen. Innerhalb wissenschaftlicher Felder wird um neue Erkenntnis, aber auch um Wirkungsmacht und Deutungshoheit „gerungen". Der damit verbundene oder dafür zu leistende Aufwand erscheint feldextern nicht immer grundsätzlich notwendig und plausibel, Felder sind daher immer wieder auf Legitimation angewiesen, um den Stellenwert und den Nutzen des Faches im Sinne des kollektiven Interesses nachzuweisen. Kurz: nur Fächer, die kollektiv als notwendig empfunden und akzeptiert werden, weil sie z.B. Analysen und Lösungsansätze für aktuelle Problemlagen anbieten, geraten nicht unter politisch legitimierten Finanzierungsdruck. Je nach Brechungsstärke eines Feldes ist es damit beeinflussbar durch die feldexterne Nutzung und in Einzelfällen eben auch in der Frage danach, welche Paradigmen über schlichte diskursive Anschlussfähigkeit jeweils für eine Zeitspanne Deutungshoheit gewinnen. Gerade heteronome Felder sehen sich dabei immer wieder in dem Dilemma gefangen, dass feldinterne Logik und feldexterne Anwendung nicht übereinstimmen. Immer wieder äußert sich dieses Dilemma in der Frage nach dem Anteil des selbstreflektierenden Blickes eines Faches auf sich selbst. Worin aber besteht das Problem? An welcher Stelle werden z.B. wirtschaftswissenschaftliche Theorieteile in ihrer Anwendung problematisch? In welcher Form gerät die Ökonomie vor dem Hintergrund der Finanzkrise in neuartige Legitimationszwänge – und was daran ist warum von Interesse für die ökonomische Bildung?

Der Grad der wissenschaftsgestützt überzeugenden Darstellung finanzwirtschaftlicher Interventionen in der Finanzkrise – als faktisch „alternativlos" und wissenschaftsbasiert – lässt genau in diesem Punkt Fragen an die Fachdisziplin offen. Einerseits wird im Angesicht konkret zu bewältigender Probleme wie der seit 2007 schwelenden Wirtschafts- und Finanzmarktkrise nach Wegen der Komplexitätsreduktion sowie nach systematisierenden Erklärungsmustern für multiparadigmatisch verzweigte Gesamtzusammenhänge gesucht. Andererseits werden gerade in dieser Situation allzu leicht pragmatische Vereinfachungen und vermeintliche Sachzwänge genutzt, um bestimmtes politisch oder wirtschaftlich motiviertes Verhalten mit zu diesem Zweck kontextlos zitierten Modellen als wissenschaftlich gestützt und legitim zu rechtfertigen. Bei der Frage, ob – und wenn ja, inwieweit – Komplexität reduziert werden kann, handelt es sich um einen geradezu klassischen Gegenstand der Fachdidaktiken: Wie können komplexe Zusammenhänge verständlich so aufbereitet werden, dass mit Einseitigkeiten reflektierend umgegangen werden kann und Verkürzungen offengelegt werden?

Die Trennung zwischen handlungsleitenden Motivlagen, die Analyse komplexer Zusammenhänge auf Einseitigkeiten hin ist nicht etwa ausschließlich feldinterner wissenschaftlicher oder universitärer Anspruch, sie ist ebenso kollektiver Anspruch des Makrokosmos (Gesellschaft) an seine Mikrokosmen.

Anlass für Fragen an die ökonomische Bildung ist vor dem Hintergrund der Krise also das feldexterne, diskursive Agieren der Finanzwirtschaft in deren Vorfeld und Verlauf. Die weit überwiegende Zahl politischer Richtungsentscheidungen in diesem Zusammenhang lässt sich in ihren diskursiven Begründungen auf vermeintliche Sachzwanglogiken zurückführen. In der feldexternen Nutzung werden die Entscheidungen jeweils als über die feldinterne Ratio gesichert und legitim ausgewiesen. Tatsächlich ist die diskursive Inszenierung monoparadigmatisch begründeter Maßnahmen als rational logische Eindeutigkeit – bei ebenso rational-logischer Gegenrede durch Vertreter/innen einer multiparadigmatischen oder einer abweichenden monoparadigmatischen Perspektive – dabei nur die eine Seite der zu analysierenden Medaille. Die andere ist die der diskursiven *und* realen Nachwirkung: Jene als logisch und rational zwingend, beschriebenen Instrumente und Strategien haben sich in dem externen Praxisfeld, in welchem sie als Legitimation benutzt wurden, als konkret falsch und krisenauslösend herausgestellt. Beschädigt – und dies ist der Clou – sind in der Folge weniger die finanzwirtschaftlichen Institutionen (diese stützen ihre Wirkmacht auf andere Grundpfeiler als wissenschaftliche Erkenntnis), sondern die heteronomen wissenschaftlichen Felder, die sich auf Grund geringer Brechungsstärke nicht in der Lage sahen, die feldexterne, zweckdienliche Nutzung monoparadigmatischer Einzelteile und Modelle zu verhindern – und dies u.U. in Teilen der Disziplin auch gar nicht wollten. Beschädigt ist in massiver Weise das Vertrauen der Gesellschaft als Kollektiv in seine Fachinstanzen, die die Angemessenheit des für ihr Feld betriebenen Aufwands ja stetig legitimierten, indem sie Erklärungsmodelle für die historischen und aktuellen Gesamtzusammenhänge boten. Nahezu reflexartig erfolgt an dieser Stelle der Blick auf und die Formulierung eines Lösungsbegehrens an das Bildungssystem. Was aber kann und soll ökonomische Bildung in diesem Zusammenhang leisten?

3. Die Finanzkrise als Exempel feldexterner, finanzwirtschaftlicher Instrumentalisierung monoparadigmatischer Ansätze

3.1 Vermeintlich eindeutige Begründungs- und Lösungsansätze in Zeiten neuer Unübersichtlichkeiten

Die bis zum heutigen Tag während Wirtschafts- und Finanzmarktkrise hat zu einer weitreichenden Verunsicherung der Bevölkerung geführt – trotz zahlreicher Explikationen in den Medien. Feldextern stehen wirtschaftspolitische Akteure mitsamt ihren Leitlinien vor Legitimationszwängen, die dem realen Erleben geschuldet sind. Durch die Krise ist sehr deutlich geworden, dass politische Entscheidungen selten als wissenschaftlich eindeutig und widerspruchsfrei legitimiert sind – und selbst eine solche Legitimation nicht vor Irrtümern schützt. Feldintern stehen grundlegende Annahmen der Wirtschaftstheorie im Schatten der derzeitigen Wirtschafts- und Finanzmarktkrise mehr denn je zur Diskussion. In besonderer Weise wurde politisch eine wissenschaftlich monoparadigmatisch gestützte Eindeutigkeit für die Finanzmärkte als Lösung für komplexe Probleme angenommen: die in praktischer Gestalt von den Ratingagenturen erzeugte scheinbare Transparenz würde die Risiken sozusagen von selbst vermindern. Mindestens in der Praxis – dies ist auch der Theorie bewusst – sind Märkte realiter von Ungleichgewichten, Informationsasymmetrien und der Inkompetenz einzelner Marktteilnehmer/innen gekennzeichnet. Gerade eine theoretisch freiheitliche Wirtschaftsordnung ist darauf angewiesen, dass politische Rahmensetzungen für Transparenz, Verantwortung und Haftung sorgen und dass die Führungs- und Anreizsysteme in den Unternehmen keine Einladung zum Missbrauch darstellen.

Ausgangspunkt notwendiger Neudiskussion sind damit wirtschaftstheoretische Modelle und Grundannahmen sowie der Bezug zu ihren Referenztheorien. Die Wirtschaftswissenschaften galten als Feld, über dessen Logik finanzwirtschaftliche Interventionen politisch als vermeintlich sicher, d.h. rational logisch und angemessen, inszeniert wurden. Gerade diese Sicherheit und damit das Vertrauen sowohl in die Politik als auch in die politisch zur Legitimierung genutzten Referenzwissenschaften erodiert: Das finanzpolitische Erleben der Krise steht den Teilen der vorherrschenden Wirtschaftstheorie entgegen, denen das Risiko einer umfassenden globalen Krise als so gut wie ausgeschlossen gilt, weil sie auf der Annahme beruht, dass im idealtypischen Markt aufgrund der Markttransparenz alle Marktteilnehmer/innen jederzeit umfassend informiert seien. Im Rahmen der Krise wird deutlich: Bei der Hypostasierung eines monoparadigmatischen Ideals und Modells zu genereller Lösungsfähigkeit prallen nicht nur feldexterne Annahme und reale Ausformung aufeinander, sie driften in erheblichem

Maße auch feldintern auseinander, wenn multiparadigmatisch bedingte Fragen als die Praxis verkomplizierend hinten angestellt werden.

3.2 Argumente für ein „New Economic Thinking"

Augenblicklich wird in nahezu jeder der ökonomischen Bildung nahestehenden fachwissenschaftlichen und fachdidaktischen Disziplin über deren normative Grundausrichtung, die Bedeutung der Theoriebildung und die wissenschaftspolitischen Implikationen diskutiert. So nehmen groß angelegte Kongresse die Krise zum Anlass, die wissenschaftliche Debatte zu initiieren, zu moderieren oder zu analysieren. Ein öffentlichkeitswirksamer Impuls ging zuletzt von dem mit „Für eine Erneuerung der Ökonomie" betitelten Memorandum aus, das Ulrich Thielemann, Tanja von Egan-Krieger und Sebastian Thieme initiiert sowie mehr als 100 Wissenschaftler/innen unterzeichnet haben. In seinen Forderungen erscheint das Memorandum hoch aktuell, zielt es doch auf die Forderung nach einer curricularen Neuausrichtung der Wirtschaftswissenschaften an den Hochschulen. Tatsächlich forderten bereits im Juni 2000 zahlreiche Ökonomie-Studierende französischer Hochschulen als Rezipienten der fachwissenschaftlichen Studiengänge in einem in der Zeitung *Le Monde* abgedruckten „Offenen Brief" unter dem Titel „Kein Platz für Reflexionen" die Abkehr von einer monoparadigmatischen und rein mathematisierenden Ausrichtung der Lehrbuchökonomie, indem sie unter anderem theoretische und methodologische Vielfalt einforderten: „Von all den vorhandenen Zugängen präsentiert man uns im Allgemeinen nur einen einzigen, (…) so als ob es sich um die ökonomische Wahrheit handele. Wir akzeptieren diesen Dogmatismus nicht. Wir wollen einen Pluralismus der Erklärungen, der der Komplexität der Gegenstände und der Unsicherheit, die über den meisten großen Fragen der Ökonomik (Arbeitslosigkeit, Ungleichheit…) schwebt, angemessen ist."

Gerade der reflexive Zusammenhang einzelner paradigmatischer Modelle mit dem Gesamtgefüge gerät hier in den Fokus der Diskussion und verpflichtet partikularistische Strömungen auf ihren gesellschaftlichen Legitimationszwang gegenüber feldexternen Institutionen. Das Fach selber überführt – zumindest teilweise – den Diskussionsbedarf in Initiativen zur Selbstverortung und -reflexion. Etablierte Fachvertreter wie Thomas Straubhaar, Direktor des Hamburgischen WeltWirtschaftsInstituts (HWWI), plädieren für ein „Ende des ökonomischen Imperialismus", geißeln mit Blick auf die Aufstellung der Ökonomie als Wissenschaft das „Denken in Schulen (als) eine Art Kastensystem", drängen in reflektierender Absicht auf die wissenschaftliche Kooperation „mit Historikern, Psychologen und Soziologen" und fordern eine grundlegende „Erneuerung der Lehre" (2012). Gemeint ist damit die Stärkung einer umfassende(re)n Perspektive, was

z. B. eine Abkehr der neoklassischen Standardökonomie von dem Anspruch erforderlich macht, als einzig legitime Perspektive der als wissenschaftlich geltenden Thematisierung des Wirtschaftens zu fungieren.

Die Auseinandersetzung der Wirtschaftswissenschaften mit sich selbst verlangt ein neues ökonomisches Denken – ein *new economic thinking*. Die zweckentfremdende, feldexterne Nutzung von Theoriefragmenten wird vor allem von der Warte einer dem Gedanken der Aufklärung verpflichteten Wirtschaftsdidaktik als höchst problematisch betrachtet. Gerade in einer Gesellschaft, in der ökonomische Rationalitätsmuster immer mehr Lebensbereiche erfassen, bedarf es einer distanzierten und emanzipierten Perspektive, die diese Entwicklungen beurteil- und kritisierbar macht. Genau an dieser Stelle ist der emanzipatorische Anspruch von Bildung notwendig, um mit Einzeldarstellungen und -erklärungen reflektierend umgehen zu können. Gerade an diesem Punkte jedoch überraschen die Wirtschaftswissenschaften mit einer verblüffend geringen Brechungsstärke. Was bedeutet das für die ökonomische Bildung? Krisenhafte Erscheinungen, wie wir sie derzeit erleben, können einen entscheidenden Beitrag zur Selbstreflexion der Wirtschaftswissenschaften und zu einer reflektierte(re)n ökonomischen Bildung leisten.

So könnten etwa die Verwerfungen an den internationalen Finanzmärkten zum Anlass genommen werden, um a) die Anfälligkeit modelltheoretischer Darstellungen zu ergründen, b) den Nutzen von auf Referenzsysteme angewiesenen Modellen für (wirtschafts)wissenschaftliche Analysen aufzuzeigen und c) das Potenzial der Modelle als Legitimierungs- und Entscheidungsinstrumentarium – etwa für die Politik – zu diskutieren. Für die ökonomische Bildung stellt sich die Frage, welche (Bildungs-)Ziele gesetzt werden, wie der (Lern-)Weg zu diesen Zielen gestaltet werden soll – und an welchen Idealen er auszurichten ist. Welche Inhalte und Gegenstände sind der Zielerreichung und didaktischen Weggestaltung angemessen? Welche pädagogischen Impulse werden dabei durch die jeweilige Auswahl ermöglicht und welche verunmöglicht? In den Mittelpunkt des Interesses gerät damit ebenfalls die Frage nach der zu treffenden Inhaltsauswahl und ihrer Aufbereitung. Dies gilt insbesondere für das Beispiel der Finanzkrise.

Grundlegendes Handwerkszeug für ein reflektiertes Agieren ist die Fähigkeit, in der Wahrnehmung analytisch zwischen wirtschaftlich, politisch und wissenschaftlich motiviertem Handeln trennen zu können. Gerade Einseitigkeiten bergen Gefahren, da sie – wenn nicht explizit benannt – diskursive Transparenz und Allgemeingültigkeit vorgaukeln, die ihnen tatsächlich nicht innewohnt. Die ökonomische Bildung hat die Chance, aus den Erfahrungen der Finanzkrise zu lernen – einmal theoretisch an einem praktischen Gegenstand (welche Theorie müssen wir wie anpassen, um die begangenen Fehler abzubilden und evtl. zukünftig verhindern zu können?) und einmal praktisch an dem theoretischen Gegenstand (welche Fehler haben wir in der Praxis mit den bestehenden Theorien gemacht – wo hat es Verkürzungen usw. gegeben, die zu verhindern sind?). Wie kann dies geleistet werden?

4. Qualitätskriterien einer von Selbstreflexion getragenen ökonomischen Bildung

4.1 Leitprinzipien der Problem- und Konfliktorientierung

Vorrangiges Ziel der sozialwissenschaftlichen und damit auch der ökonomischen Bildung ist es, Lernende dazu zu befähigen, nach sachlich begründeten und persönlich definierten Kriterien analysieren, urteilen und handeln zu können. Leitmotiv für die Anbahnung von Bildungsprozessen ist damit nicht in erster Linie eine den Fachwissenschaften entlehnte Systematik, sondern Fragen, mit deren Hilfe sich gesellschaftliche Strukturen und Prozesse erschließen lassen. Um diese Bildungsziele erreichen zu können, sind für die didaktische Perspektivierung zwei Prinzipien grundlegend: das Prinzip der Problemorientierung und eine vom Prinzip her an Konflikten orientierte Didaktik.

Während die Problemorientierung gesellschaftlich diskutierte Probleme wie Arbeitslosigkeit, Chancenungleichheit etc. fokussiert, betont die Konfliktorientierung politische, gesellschaftliche und ökonomische Prozesse, die von verschiedenen Akteuren beeinflusst und damit verändert werden können. Mithilfe dieser Prinzipien werden im Rahmen einer sozio-ökonomischen Bildung – anders als in der neoklassisch geprägten ökonomischen Bildung – persönliche und gesellschaftliche Schlüsselprobleme akzentuiert: „Ökonomische Relevanz erhält die Problemorientierung dadurch, dass jegliches Wirtschaften, ob auf der individuellen oder der politischen Ebene, grundsätzlich vor einem Problem steht: Wie können die verfügbaren Mittel rational zur Erreichung von Zielen eingesetzt werden? Dabei wird die Problemlösung erschwert durch die Wahl der Ziele oder Mittel, durch existierende Zielkonflikte, Opportunitätskosten, Unsicherheiten und Risiken sowie durch nicht intendierte Folgen" (Weber 2008, 266). Karl Homann und Andreas Suchanek folgend ergibt sich der Stellenwert der Problemorientierung zur Behandlung ökonomischer Bildungsinhalte dadurch, „dass der letzte Sinn ökonomischer Forschung (…) in der Erarbeitung von Erkenntnissen liegt (…), die zur Lösung der Probleme der sozialen Ordnung beizutragen vermögen" (2005, 349). Die derzeitige Wirtschafts- und Finanzmarktkrise bietet dazu einen geradezu idealtypischen Lernanlass. In ihr kommt die Konfliktorientierung zum Tragen, da sich ein Problem oder mehrere Probleme in einem konkreten (tagesaktuellen) Konflikt mit unterschiedlichen Interessen und vor allem handelnden (Konflikt-)Parteien niederschlägt (vgl. Giesecke 2000, 109). Dabei kann zwischen manifesten Konflikten, die struktureller Bestandteil der Gesellschaft sind (wie z. B. Tarifkonflikte) und den diesen meist zu Grunde liegenden latenten Konflikten – wie dem Interessengegensatz von Arbeitgeber(inne)n und Arbeitnehmer(inne)n – unterschieden werden (vgl. Giesecke 1997). Die differenzierte Betrachtung und Beurteilung von Problemen und Konflikten soll einer rein affirmativen Grundhaltung gegenüber der bestehenden Wirtschafts- und Sozialordnung entgegenwirken. Nur dann können Ökonomisierungsprozesse und -mechanismen mitsamt ihren Folgewirkungen von den Betroffenen erkannt, kritisiert, bewältigt und verändert werden.

4.2 Theorien-, Paradigmen- und Wertevielfalt als conditio sine qua non

Vielfalt zielt in den sozialwissenschaftlichen Didaktiken auf die Koexistenz verschiedener Paradigmen, Theorien, Modelle, Methoden, Werte, Beurteilungskriterien und (Wissenschafts-)Kulturen. Als pluralistisches Minimum kann für den konkreten Unterricht wie für das Studium die Auseinandersetzung mit wenigstens einer alternativen Position benannt werden. Ferner bedarf es der Relationierung, d. h. der „In-Bezug-Setzung" ökonomischer Themen mit historischen Entwicklungssträngen, politischen Gestaltungsmöglichkeiten, gesellschaftlichen Rahmenbedingungen und rechtlichen Vorgaben. Die Aufgabe besteht darin, den Pluralismus ökonomischer Theorien, Modelle und Methoden aus der Wissenschaft in den Unterricht zu überführen, so dass Kontroversen auch außerhalb der Hochschulen ihren Widerhall finden. So manifestiert sich etwa „ökonomische Multikulturalität" (Bracht 1994, 30) in unterschiedlichen Organisationsformen der Produktion – von privaten Haushalten über Genossenschaften bis hin zu kleinen und mittelständischen Unternehmen –, in unterschiedlichen Anspruchshaltungen an die berufliche Tätigkeit, aber auch in unterschiedlichen Selbstbildern, die von der „Selbstoptimierung" bis hin zur Selbstverwirklichung gemäß dem „Suffizienzpostulat" reichen. Letztlich sollen die Unterrichtsinhalte die Diversität (ökonomischer) Motive, Wertvorstellungen, Lebensformen und -situationen widerspiegeln. Pluralismus – verstanden als eine Haltung, die die Legitimität alternativer Ideen, alternativer Rahmenvorgaben und interdisziplinärer Bezüge anerkennt – kann sich dabei nur unter den Bedingungen von vollständiger Offenheit, Chancengleichheit und Heterogenität sowie aus dem Zusammenspiel der verschiedenen sozialwissenschaftlichen Teildisziplinen entwickeln (vgl. Abb. 1):

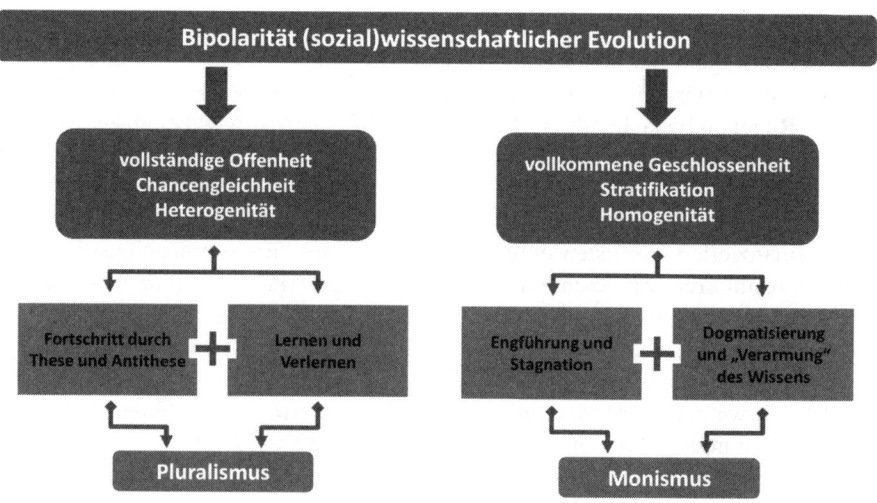

Abb. 1: Bipolarität in der Fortschreibung sozialwissenschaftlicher Erkenntnis

4.3 Notwendigkeit der Reflexion von Alternativen

Ökonomische Bildung zielt im konkreten Unterricht in besonderer Weise auf die Entwicklung von Orientierungs-, Kritik- und Urteilsfähigkeit, geht mithin unter Bezugnahme auf die Reflexion von Alternativen über die bloße Faktenvermittlung hinaus, wobei der Wandlungscharakter gesellschaftlicher und damit auch ökonomischer Rahmenbedingungen herausgestellt wird. Einerseits wird Schüler(inne)n damit verdeutlicht, dass es aufgrund der historischen und regionalen Wandelbarkeit in den Sozial- gegenüber den Naturwissenschaften keine allgemeingültigen „Gesetze" gibt, andererseits lernen sie, dass die von den Medien häufig als „geistiges Klima" bezeichnete politische Kultur temporalen Transformationsprozessen unterliegt. „Insofern ist der Begriff der Mündigkeit nicht nur auf die Förderung des Individuums konzentriert, sondern zugleich auf eine Veränderung der Gesamtgesellschaft ausgerichtet, da alle gesellschaftlichen Verhältnisse, die dem Mündigwerden der Individuen entgegenstehen, zu kritisieren sind" (Henkenborg 2001, 4).

5. Sensibilisierung für die „spontane Unordnung" des Marktes

Die schwerwiegendste Wirtschafts- und Finanzkrise aller Zeiten hat viele Ursachen. Zweifelsfrei ist sie aber in besonderer Weise der „Entgrenzung" der Märkte geschuldet, was den Ruf nach mehr Regulierung und Transparenz in nahezu allen politischen Lagern hat laut werden lassen. Aber während die Forderungen allein auf die Neujustierung der wirtschaftspolitischen Rahmenvorgaben zielen, bleibt in der Regel unbedacht, dass Bildung zu den langfristig wirksamsten Hebeln zählt, um den Irrglauben an die „Selbstheilungskräfte des Marktes" zu entkräften (vgl. weiterführend Engartner 2012). Nur mündige Bankkunden können ihrem Bankberater die Stirn bieten, sich gegen Falschberatung zur Wehr setzen und damit finanziellen Verlusten entgegentreten, die aus für sie ungeeigneten Geldanlagen resultieren. Zugleich muss im Ökonomieunterricht deutlich(er) herausgestellt werden, dass ökonomische Erklärungsansätze auf viele Fragen keine Antworten geben: Welchen Wert haben sozialstaatliche Grundsätze wie die Gleichwertigkeit der Lebensverhältnisse oder die Verteilungs- und Chancengerechtigkeit? Nach welchen Kriterien sollen institutionelle Arrangements wie Demokratie, Mitbestimmung, Minderheitenschutz etc. beurteilt werden?

Antworten auf derartige Fragen, die an den Kern der Staatlichkeit heranreichen und diese letztlich begründen, entziehen sich effizienztheoretischen Bewertungen, verlangen infolgedessen nach einer politischen, soziologischen, ethischen und/oder normativen Einschätzung. Die sich auf dem Arbeitsmarkt reproduzierenden Machtasymmetrien, das immer massiver durch Werbung motivierte Konsumverhalten, die Einflussnahme von Unternehmen auf politische Entscheidungsprozesse sowie die Trennlinie zwischen Gewinn- und Gemeinwohlorientierung bleiben in einer allein an der neoklassischen Standardökonomie ausgerichteten ökonomischen Bildung unberücksichtigt. Gleichwohl können alle diese Aspekte aus Einzelperspektiven heraus diskutiert werden, maßgeblich bleibt allerdings das zu erreichende Bildungsziel. Wenn dem aufklärerischen Ideal unserer Zeit die „Vorstellung eines selbständig urteilenden und handelnden Subjekts entspringt, das gleichermaßen zu Autonomie und Verantwortung in der Lage ist" (Henkenborg 2007, 73), sind Bildungsprozesse darauf verwiesen, individuelle Perspektiven und gesellschaftliche Zusammenhänge unter Einbeziehung alternativer disziplinärer und konkurrierender Argumentations- und Denkmuster zu ergründen.

Das Ringen der Ökonomie sowie der ökonomischen Bildung um Autonomie und um die Fügung der monoparadigmatischen Teile zu multiparadigmatisch gestützten Gesamtentwürfen ist ein aufwändiger und für die Diskursteilnehmenden schmerzlicher Prozess. Klarer als im sonstigen diskursiven Alltag von Forschung und Lehre prallen dabei Einzelperspektiven aufeinander. Die Reflexion des eigenen Feldes, der Umgang mit konträren Ansätzen, Leitlinien und Schulbegriffen verlangt ein hohes Maß an gegenseitiger Akzeptanz und professionellem Selbst. Dies wird für die ökonomische Bildung aktuell sehr deutlich: Die Disziplin stellt sich dieser Herausforderung, einzelne Bereiche des Feldes ringen um die Deutung und Wirkmächtigkeit ihrer Ansätze – gerade in dieser Anstrengung selbst, gerade am exemplarischen Umgang mit aktuellen Phänomenen wie der Finanzkrise lässt sich allerdings aufzeigen, wie sehr ein Fach selbst auf die konstituierende Fügung von Speziellem und Allgemeinen verpflichtet ist. Ergebnisse sind dabei immer nur als Etappen zu sehen und die Auseinandersetzung darüber ist notwendig, um das Fach als für die Gesellschaft notwendig zu legitimieren.

Literatur

Baeker, Dirk (2002): Verschwörungstheorien, in: Merkur, 56. Jg., Heft 639, S. 606-612

Bourdieu, Pierre (1993): Über einige Eigenschaften von Feldern, in: Ders.: Soziologische Fragen. Frankfurt am Main, S. 107-114

Bourdieu, Pierre (1998): Vom Gebrauch der Wissenschaft. Für eine klinische Soziologie des wissenschaftlichen Feldes, Konstanz

Bracht, Elke (1994): Multikulturell leben lernen. Psychologische Bedingungen universalen Denkens und Handelns, Heidelberg

Bröckling, Ulrich (2007): Das unternehmerische Selbst. Soziologie einer Subjektivierungsform. Frankfurt am Main

Buchanan, James M. (1986): Liberty, Market and State. Political Economy in the 1980s, Brighton

Engartner, Tim (2010): Didaktik des Ökonomie- und Politikunterrichts, Paderborn/München/Wien/Zürich

Engartner, Tim (2012): Silent Conversion to Anti-Statism: Historical Origins of the Belief in Market Superiority, ZÖSS-Discussion Paper No. 28

Fama, Eugene F./Miller, Merton H. (1972): The Theory of Finance, Hinsdale/Il

Hayek, Friedrich A. von (1969): Freiburger Studien. Gesammelte Aufsätze, Tübingen

Henkenborg, Peter (2001): Zur Philosophie des Politikunterrichts: Zum Kern politischer Bildung in der Schule, (http://www.jsse.org/2001/2001-1/pdf/henkenborg.pdf, abgerufen am 6.3.2013)

Henkenborg, Peter (2007): Moralisches Lernen, in: Volker Reinhardt (Hg.), Inhaltsfelder der Politischen Bildung, Handbuch für den sozialwissenschaftlichen Unterricht, Bd. 3, Baltmannsweiler, S. 71-82

Hickel, Rudolf (2012): Schöpferische Zerstörung, in: Blätter für deutsche und internationale Politik, 57. Jg., Heft 3, S. 65-75

Hippe, Thorsten (2012): Wirtschaft kann man ohne Politik nicht verstehen. Die Integration ökonomischer und politischer Basis-Kategorien, in: Gesellschaft – Wirtschaft – Politik, 61. Jg., Heft 4, S. 543-555

Lösch, Bettina (2005): Deliberative Politik. Moderne Konzeptionen von Öffentlichkeit, Demokratie und politischer Partizipation, Münster

Me'M. Denkfabrik für Wirtschaftsethik (2012): Für eine Erneuerung der Ökonomie, (http://www.mem-wirtschaftsethik.de/memorandum-2012, abgerufen am 9.3.2013)

Moore, John (1983): Why privatise?, in: John A. Kay/Collin Mayer/David Thompson (eds.), Privatisation and Regulation. The UK Experience, Oxford, S. 78-93

Popper, Karl R. (1976) [1934]: Logik der Forschung, Tübingen (6. Aufl.)

Steffens, Gerd (2010): Die Krise als Lerngelegenheit, in: Polis, 14. Jg., Heft 1, S. 7-8

Straubhaar, Thomas (2012): „Schluss mit dem Imperialismus der Ökonomen", Interview, in: Financial Times Deutschland v. 5.3.

Vogl, Joseph (2010/2011): Das Gespenst des Kapitals, Zürich (4. Aufl.)

Weber, Birgit (2008): Problemorientierung, in: Reinhold Hedtke/dies. (Hg.), Wörterbuch Ökonomische Bildung, Schwalbach/Ts., S. 265-266

Julika Bürgin

Gewerkschaftliche Bildungsarbeit in Krisenzeiten

> *Im Film „Die Atlantikschwimmer" von
> Herbert Achternbusch (1976) stehen Her-
> bert und Heinz am Meeresufer und wollen
> weg, aber es fehlt ein Schiff. Da sagt Her-
> bert: „Du hast keine Chance, aber nutze
> sie!" – steigt angekleidet ins Wasser und
> schwimmt los.*

Die Krisen des Kapitalismus sind zweifach relevant für gewerkschaftliche Bildungsarbeit: Erstens verändern Krisenzeiten die Bedingungen für gewerkschaftliche Bildung. Zweitens sind Krisen Bezugspunkt für gewerkschaftliche Bildungsarbeit, insofern sie sich mit dem Wirtschafts- und Gesellschaftssystem befasst
(vgl. Beerhorst 1991). Gegenwärtig – so die zentrale These dieses Beitrags – haben wir es aber nicht nur mit einer Wirtschafts- und Finanzkrise zu tun, sondern
auch mit einer gewerkschaftlichen Krise. Was bedeutet die Krise der Gewerkschaften für die gewerkschaftliche Bildungsarbeit?

Krisendiagnosen und die Krise der Gewerkschaften

Die gegenwärtig dominierenden Krisendiskurse nehmen mehr als nur konjunktu-
relle Schwankungen in den Blick, sind aber gleichzeitig mit ihrem Fokus auf das
Finanzsystem (‚Finanzkrise') begrenzt. Hier soll es um eine andere und bereits
länger anhaltende Krise gehen, die als Krise des Akkumulations- und Regula-
tionsregimes analysiert (Hirsch/Roth 1986) und als „Große Krise" bezeichnet
wird (Deppe 2012, S. 24). Der Kapitalismus kann seit der Rezession 1974/75
nicht mehr stabil reguliert werden, weshalb es für die gegenwärtige Ära auch nur
einen Begriff gibt, der als *danach* bestimmt wird: Postfordismus. Wir befinden
uns nach dem Fordismus: nach einer Phase großindustrieller Massenproduktion
mit Wirtschaftswachstum, weitgehender Vollbeschäftigung und einer Verbesserung von Arbeits- und Lebensbedingungen. Die „neue Formation des Kapitalismus" (ebd., S. 21) hat noch keinen Namen. Das Akkumulationsregime ist u. a.
durch globale Flexibilisierung, Tertiarisierung, Informatisierung und eine Ausrichtung aller betrieblichen und gesellschaftlichen Vorgänge auf den kapitalistischen Markt gekennzeichnet. Es wird nicht mehr wohlfahrtsstaatlich und korpo-

ratistisch stabilisiert – und es ist unklar, ob es jemals wieder eine derartige Stabilität geben wird. Die Gewerkschaften haben ihren Status als korporatistische Gestaltungsmacht verloren, auch wenn sie als Akteure des Krisenmanagements durchaus gerufen werden (zur Kritik des Krisenkorporatismus vgl. Bierbaum 2013; Deppe 2012).

Die Mächtigkeit der Gewerkschaften zeigt sich in ihrer Fähigkeit, die Verfügung der ArbeitnehmerInnen über den gesellschaftlich produzierten Reichtum qualitativ zu entfalten und quantitativ zu erweitern. Nach dem Zweiten Weltkrieg bis Ende der 1970er Jahre waren die Gewerkschaften in Deutschland diesbezüglich erfolgreich. Seit den 1980er Jahren sinkt die Lohnquote, die Schere zwischen Gewinn- und Lohnentwicklung geht immer weiter auseinander (Schwarz 2008, S. 199). Das System des Flächentarifvertrages, der die Teilhabe der Beschäftigten an Produktivitätszuwächsen sicher stellen soll, erodiert (Bispinck/Schulten 2009). Aber auch dort, wo Tarifverträge gelten, werden sie nicht immer umgesetzt und wo sie umgesetzt werden, garantieren sie nicht mehr überall ein existenzsicherndes Einkommen. Im Niedriglohnbereich, dem bereits über ein Fünftel der Beschäftigten zuzurechnen sind (ebd., S. 202), können die Gewerkschaften keine ausreichende organisationspolitische Macht entfalten und fordern deshalb seit einigen Jahren einen gesetzlichen Mindestlohn.

Die Mitgliederstärke der Gewerkschaften hat seit den 1990er Jahren deutlich abgenommen (vgl. Ebbinghaus 2003). Im Jahr 2007 waren nur noch 20% der ArbeitnehmerInnen in einer DGB-Gewerkschaft organisiert. Auch die Struktur der gewerkschaftlichen Mitgliedschaft entspricht nicht mehr der der Beschäftigten (ebd.). Immer wieder gibt es Organisierungserfolge auch bei Beschäftigten in ‚Zukunftsbranchen‘, die allerdings bislang den Trend nicht umkehren konnten. Lediglich der Mitgliederschwund konnte in den 2010er Jahren im Durchschnitt aller DGB-Gewerkschaften gestoppt werden. Die Jenaer Arbeitsgruppe „Strategic Unionism" spricht von einer tiefen Krise der gewerkschaftlichen Repräsentation (Brinkmann u.a. 2008, S. 19), Dieter Sauer von „Ohnmacht" (2006, S. 255). Der zukünftige Status der Gewerkschaften ist offen. Walther Müller-Jentsch schätzt ihren Funktionswandel im Postfordismus als so fundamental ein, dass er die Frage nach einem „Kapitalismus ohne Gewerkschaften?" aufwirft (2008). Mit Blick auf die europäische Austeritätspolitik und ihre Folgen für Arbeits- und Lebensverhältnisse betont auch Frank Deppe die Machtlosigkeit der Gewerkschaften (2012, S. 24-30), sieht aber eine Veränderung der Konstellation mit fortschreitender Legitimationskrise des Neoliberalismus (ebd., S. 6f.).

Die Krise der Gewerkschaften ist in der Alltagspraxis präsent, aber sie ist nur selten Thema in der gewerkschaftlichen Bildungsarbeit. Seminarangebote zur Krise der Gewerkschaften findet man kaum. Dies ist bemerkenswert, weil die „Erneuerung" der Gewerkschaften mittlerweile ein relevantes Thema ist (vgl. Deppe 2012, S. 79-84; Bürgin 2012, S. 17). Wege aus der Krise sollen in Angriff genommen werden, ohne sich dabei lange mit einer tiefergehenden Analyse aufzuhalten – zumindest nicht außerhalb von Funktionärskreisen. Ich behaupte, dass die Analyse nicht nur übersprungen wird, weil die Gewerkschaften befürchten, ein offener Umgang mit ihrer eigenen Krise würde sie noch weiter schwächen, sondern weil es ein implizit geteiltes Wissen darüber gibt, dass die Krisenanalyse zu unpraktischen Erkenntnissen führt. Zur Erkenntnis etwa, dass gute Strategien wichtig und Strategiedebatten nötig sind (vgl. Deppe 2012, S. 93-107), aber das Problem derzeit nicht lösen können; dass Handeln alternativlos ist, aber keine handlungsorientierenden Alternativen da sind. Die gegenwärtig verfügbaren Erkenntnisse sind Krisenerkenntnisse. Sie sind selbst krisenhaft, weil sie nicht auf einen praktischen Erfolg orientieren können, der den eigenen Zielen angemessen wäre – eine Ungeheuerlichkeit in einer grassierenden Erfolgskultur. Die Denkform dieser Krise fordert einer machttradierten Großorganisation einiges ab. Die notwendige Erneuerung *nicht* als krisenhaft kommunizieren zu wollen, muss indes die Krise verstärken, wenn der Einsatz (inklusive nachhaltigkeitskontraindizierter Überarbeitung) zwar zu punktuellen Erfolgen, aber noch lange nicht aus der Krise führt.

Natürlich spielt die gewerkschaftliche Krise doch eine Rolle in den Seminaren: wenn nicht im konzipierten „ersten Seminar", dann im „zweiten Seminar" der Pausen-, Freizeit- und Kneipengespräche (vgl. dazu Weischer 1998, S. 48ff.). Wenn die Gewerkschaften ihre Seminare für Krisenreflexionen öffnen, können sie ein bedeutender Raum für die gewerkschaftliche Suchbewegung nach der eigenen Zukunft sein, die die Lage erfassen muss. Und (bildungs-) aktive Gewerkschaftsmitglieder reklamieren eine entsprechende organisationspolitische Einbettung der Bildungsarbeit (Bürgin 2012, S. 222-224).

Krisenzeiten sind Bildungszeiten

Von einer Krise der Gewerkschaften auf eine Krise ihrer Bildungsarbeit zu schließen, ist naheliegend, aber zu kurz gegriffen.

Tatsächlich verschlechtert die Wirtschafts- und Gewerkschaftskrise die Rahmenbedingungen für Bildungsprozesse: Sinkende Mitgliedsbeiträge bei gleichzeitig reduzierter öffentlicher Förderung für die politische Bildung brachten die Ökonomie der Bildung auf die Tagesordnung. Der Anteil der nicht über die Arbeitgeber refinanzierten Seminare wurde reduziert, gewerkschaftliche Bildungsstätten geschlossen. Gleichzeitig verschlechterten sich für viele Arbeitnehmerinnen und Arbeitnehmer die zeitlichen Voraussetzungen für Bildung – auch für die Tätigkeit als ehrenamtliche ReferentInnen. Viele Beschäftigte im Niedriglohnbereich arbeiten extrem lang, um ihre Existenz zu sichern und können sich Zeit für Bildung oft im wahrsten Sinne des Wortes nicht leisten. Viele hochqualifizierte Beschäftigte arbeiten ebenfalls überlang und können Bildungswünsche kaum noch mit dem steigenden Arbeitsdruck vereinbaren (Bürgin 2012, S. 203-207). Seit den 1990er Jahren erodiert außerdem der Wissenschaft-Praxis-Diskurs zur gewerkschaftlichen Bildung. Professuren für Gewerkschaftsforschung werden nicht neu besetzt, gewerkschaftsnahe Forschungsinstitute finanziell ausgetrocknet oder geschlossen, das Theorie-Praxis-Organ „Gewerkschaftliche Monatshefte" wurde eingestellt (ebd, S. 69-79). Neue Ansätze für einen Theorie-Praxis-Dialog werden gesucht (Obermayr 2011), gleichzeitig entscheidet die gewerkschaftliche Hans-Böckler-Stiftung im Jahr 2012, Forschungsprojekte zur politischen Bildung nicht mehr zu fördern.

Aber nicht nur äußere Bedingungen, sondern auch zentrale Prinzipien gewerkschaftlicher Bildung sind in der Krise, allen voran die Handlungsorientierung. Es ist unstrittig, dass gewerkschaftliche Bildung auf das Handeln in Gewerkschaft, Betrieb und/oder Gesellschaft orientieren soll. Überwiegend wird Bildung dabei als „Missing Link" zwischen Erfahrung und Handlung gedacht (Weischer 1996, S. 27). Die Lösung von Problemen steht im Mittelpunkt, Suchprozesse werden eher kritisch betrachtet (ebd., S. 41-43). Die Krise der Gewerkschaften bringt es aber gerade mit sich, dass Handlungsbedarf sich oft nicht in eine erfolgversprechende Handlungsstrategie übersetzen lässt. Dies betrifft nicht nur die gewerkschaftlichen Gesamtstrategien, sondern in den neuen Organisationsformen von Arbeit auch die Handlungsstrategien der Einzelnen. Lohnabhängige ArbeitnehmerInnen können ihre eigenen Reproduktionsinteressen immer weniger vertreten, wenn sie gleichzeitig ihre produktiven Kräfte kapitalisieren und unternehmerische Ziele erreichen müssen (Glißmann/Peters 2001). Unter Bedingungen indirekter Arbeitssteuerung handeln Gewerkschaftmitglieder kaum anders als Nichtmitglieder (Bürgin 2012, S. 176-178). Gewerkschaftliche Organisierung hat noch keine Lösung für die historisch neue Situation gefunden, dass immer mehr lohnabhängige Beschäftigte gleichzeitig AkteurInnen kapitalistischer Konkurrenzverhältnisse sind.

Schon für die Situation der 1970er Jahren betonte Heinz-Joachim Heydorn, dass Bildung den gesellschaftlichen Widerspruch nicht überwindet, sondern die eigenen Voraussetzungen bewusst macht. Mit Blick auf Aufrüstung, Überfluss bei gleichzeitigem Hunger und die Unfähigkeit, die Ressourcen und technischen Möglichkeiten für ein humanes Leben zu nutzen, schrieb er vom „Überleben durch Bildung" (Heydorn 2004). Bildung „bezeichnet den ersten Prozess einer befreienden Verarbeitung. Mit ihm stellt sich die Frage nach neuen Formen der Auseinandersetzung, die den Bedingungen angemessen sind." (ebd., S. 265) So verstandene Bildung fordert und erweckt dialektisches Denken, „die lebendige Bewegung in Widersprüchen, die sich weder aufheben noch umgehen lassen" (Negt 2010, S. 215).

In der gegenwärtigen Transformation wird die politische Bildung bedeutender: „‚das Politische' – das heißt die Frage der Gestaltung politischer und sozialer Zusammenhänge – wird angesichts der fortgeschrittenen Liberalisierungs- und Kapitalisierungsprozesse seit dem letzten Drittel des 20. Jahrhunderts ganz grundsätzlich neu relevant" (Kessl 2008, S. 101). Wenn Fabian Kessl fordert, dass politische Bildung „Bildungsräume zur Auseinandersetzung um die zukünftige Gestaltung und Regulierung sozialer Zusammenhänge bereitstellen" soll (ebd.), dann können sich die Gewerkschaften ganz besonders unterstützt fühlen, denn im Feld der außerschulischen Bildung sind sie es, die sich diesen Fragen mit breiter Verankerung und ohne bildungsbürgerliche Schlagseite widmen. Sie sind aber nicht nur als großer Bildungsträger, sondern vor allem als Großorganisation im Feld der Arbeitspolitik angesprochen, die Bildungsräume zur zukünftigen Gestaltung ihrer *eigenen* Politik benötigt (zu den Herausforderungen der Gewerkschaften in Europa vgl. Lehndorff 2013).

Unter erschwerten strukturellen und individuellen Bedingungen wird gewerkschaftliche Bildung also bedeutsamer: als Aufklärung über die neuen Verhältnisse, die eigenen und kooperative bzw. kollektive Handlungsmöglichkeiten. Im Folgenden werden drei konzeptionelle Perspektiven vorgestellt.

Mündig arbeiten

Gewerkschaftliche politische Bildung kann sich auf ein kritisches Konzept von Mündigkeit stützen. Mündigkeit ist „Distanz zur Welt wie sie ist" (Koneffke 2006, S. 33). Sie ist „Einsicht in den Widerspruch, dem man nicht nur unterliegt, sondern der man ist" (ebd., S. 38f.).

Die neue Organisation der Arbeit bringt mehr Selbständigkeit, aber nicht mehr Autonomie für die Beschäftigten hervor. Beschäftigte müssen selbständig tun, was zu tun ist. Unter derartigen Bedingungen sieht Gernot Koneffke die Zuständigkeiten materialistischer Pädagogik in einer „Öffnung des Bewusstseins für den Betrug an der Selbstverfügung, den die unentwegt angepasste Selbstunterwerfung unter heteronome Zwecke bedeutet, für die Möglichkeiten, die in der eigenen Mündigkeit bereitliegen, eine bedachtsame Umkehrung der Paralyse in eine Reizung des Sensoriums gegen sie" (2006, S. 39f.).

Mündig arbeiten bedeutet, sich reflektiert zu den Anforderungen verhalten zu können, die an das eigene Arbeits-, Reproduktions- und auch Lernhandeln gerichtet werden. Es geht um Distanz zur Arbeitswelt, wie sie ist. Die Gewerkschaften als sich selbst bildende Selbstorganisation von ArbeitnehmerInnen sind prädestiniert, ein (Bildungs-) Programm für mündiges Arbeiten zu verwirklichen, das über die gesellschaftlich nahegelegten individualisierten Strategien hinaus geht. Die Möglichkeiten, die in der eigenen Mündigkeit liegen, sind dabei weniger zu *vermitteln* als vor allem gemeinsam zu *ermitteln* (Bürgin 2012, S. 230-232).

Problemorientierte Zweckbildung

Gewerkschaftliche Bildung wird von den Gewerkschaftsmitgliedern als Zweckbildung gedacht. Bereichert um neue Erkenntnisse und Perspektiven wollen sie gewerkschaftliche, betriebliche und/oder gesellschaftliche Ziele besser durchsetzen können. Entsprechend werden die gewünschten Themen gewerkschaftlicher Bildungsarbeit vor allem aus den Problemen und Handlungsanforderungen innerhalb der eigenen Praxisfelder in Betrieb und Gewerkschaft, teilweise auch in der Gesellschaft abgeleitet und sind die Anliegen in erster Linie ergebnisorientiert (Bürgin 2012, S. 194-196). Die Veränderungsperspektiven sind dabei ausdifferenziert und an der Frage, wie politisch die Gewerkschaften und ihre Bildungsarbeit sein sollen, kontrovers (ebd., S. 219-222).

Sowohl aus der Subjektperspektive als auch aus der Organisationsperspektive wird gewerkschaftliche Bildung als Zweckbildung verstanden. Bei der Umsetzung in Bildungskonzepte zeigt sich allerdings, dass mit gewerkschaftlicher Zweckbildung Unterschiedliches gemeint sein kann (ebd., S. 81-87). Meine problemorientierte Aktualisierung gewerkschaftlicher Zweckbildung knüpft an Paul Röhrig an, der forderte, dass der Mensch nicht Mittel, sondern selbst Zweck der Zweckbildung sein müsse (1986, 1987).

Gewerkschaftliche Zweckbildung kann gegenwärtig nicht unmittelbar handlungsleitend auf weitreichende arbeitnehmerorientierte Veränderungen von Betrieb und Gesellschaft orientieren. In meiner empirischen Untersuchung sprachen Gewerkschaftsmitglieder durchgängig darüber, gewerkschaftliche Ziele kaum noch verwirklichen zu können – was sie nicht daran hindert, errungene Rechte und Ansprüche zu verteidigen, gegen Verschlechterungen und für Verbesserungen einzutreten, die sie punktuell auch durchsetzen. Einige derjenigen, die unter Bedingungen indirekter Steuerung arbeiten, sprachen über die Ohnmacht, als

GewerkschafterInnen bzw. InteressenvertreterInnen vergeblich Standards einzufordern, die sie teilweise im eigenen Arbeitshandeln aushebeln. Einzelne thematisierten, dass auch das Wissen um die Verhältnisse ihnen praktisch nicht weiterhilft oder sogar die Resignation vergrößert (Bürgin 2012, S. 232-234).

Ein „Ohnmachtserleben" analysieren Wolfgang Menz u.a. auch für die Wirtschaftskrise der Jahre 2008ff.: „In der akuten Krisensituation sind kaum Widerstands- und Protestperspektiven auf Betriebsebene entwickelt worden. Dies liegt weniger an einer mangelnden Spürbarkeit von Krisenfolgen, sondern vielmehr an grundsätzlich fehlenden Perspektiven hinsichtlich Handlungsmöglichkeiten und Alternativen." (Menz u.a. 2013, S. 21) Die ermittelte Handlungsbereitschaft von gewerkschaftlichen Vertrauensleuten und Betriebsräten (ebd., S. 24f.), läuft so ins Leere. „Die Ohnmachtserfahrung im Betrieb schlägt um in eine Art ,adressatenlose Wut', die vom Betrieb auf Gesellschaft und auf Staat und Politik verschoben wird." (ebd., S. 21) Mit zunehmender Diskrepanz zwischen Handlungs*bedarf* und Handlungs*perspektiven* verliert eine ergebnisorientierte Zweckbildung ihre Grundlage.

Zweckbildung ist allerdings in ihrem Grundgedanken viel weniger auf unmittelbare Durchsetzungserfolge festgelegt, als sich dies in der gewerkschaftlichen Bildungsarbeit etabliert hat. Der Zweck menschlicher Arbeits- und Lebensverhältnisse verschwindet nicht mit der Krise seiner Verwirklichung. Eine problemorientierte Zweckbildung nimmt die Spannung zwischen Problemen und Zielen konzeptionell in sich auf. Sie erachtet die Verständigung über Probleme als zweckdienlich, auch wenn daraus keine unmittelbar handlungsleitenden Lösungen abgeleitet werden können. Eine problemorientierte Zweckbildung orientiert sich also konsequent an den vorliegenden Problemen und gibt ihnen den Raum, den sie benötigen. Sie erfordert Distanz von den erfolgreich zu bewältigenden Aufgaben des Arbeitsalltags. Als befreiende Verarbeitung der Voraussetzungen des eigenen Handelns ist problemorientierte Zweckbildung handlungsorientiert – aber ohne Gewähr, die Zwecke auch verwirklichen zu können (Bürgin 2012).

Zusammenhangwissen über Besonderes und Allgemeines

Die große Transformation hat die Arbeitswelt nachhaltig verändert und dabei ganz neue Konstellationen hervorgebracht. Die Kategorisierung in ArbeiterInnen, Angestellte, Beamte und FreiberuflerInnen hilft nur noch bedingt weiter, um unterschiedliche Handlungsbedingungen und -logiken von Erwerbstätigen zu verstehen. Prototypisch für die Veränderungen sind neben kommandierten Beschäftigten im Niedriglohnbereich und Hochqualifizierten im ,High Performance Management' jüngst prekarisierte Solo-Selbständige in Werkverträgen geworden. Die Beschäftigten befinden sich durch diese *allgemeine* Entwicklung kostensenkender Reorganisation nicht nur in *besonderen* Arbeitswelten, sondern sie verstehen die Arbeitswelt und das Arbeitshandeln der anderen auch nicht automatisch. Die Gewerkschaftsmitglieder suchen das gemeinsame Allgemeine als Grundlage für gemeinsames Handeln, aber sie finden es oft nicht (Bürgin 2012, S. 208-213). Sie können den Gesamtkontext nicht aus ihren eigenen Erfahrungen und Analogieschlüssen herstellen.

Erst eine Analyse der allgemeinen Entwicklung ermöglicht es, die besonderen Rationalitäten unterschiedlicher betrieblicher Führungsstrategien zu erkennen und folglich unterschiedliches Handeln der KollegInnen – z. B. Dienst nach Vorschrift versus Arbeiten ohne Ende – als begründet zu verstehen. Ein *subjektiv vermitteltes Allgemeines* kann entstehen, wenn die Subjekte sich nicht mehr nur zufällig in das Allgemeine eingebunden sehen, sondern Zusammenhänge mit ihrem eigenen Leben herstellen (Negt 2010, S. 214f.). Gewerkschaftsmitglieder sind auf Zusammenhangwissen angewiesen, wenn sie ihre unterschiedlichen (Arbeits-) Erfahrungen aufeinander beziehen und kollektiv handeln wollen. Berufsgewerkschaften organisieren sich an Partikularität, für die Industriegewerkschaften geht es um die Voraussetzungen, allgemeine Interessen besonderer Gruppen durchzusetzen und somit um gewerkschaftliche Solidarität schlechthin.

Krisenerkenntnisse und Utopie

Gewerkschaftliche Bildungsarbeit kann gegenwärtig auf keine konkrete Utopie orientieren, aber sie kann Raum für Utopiebildung sein (vgl. auch Beerhorst 2011). Mitten in der Wirtschafts- und Finanzkrise der Jahre 2008ff. widmet sich eines der wenigen neueren Bücher zur gewerkschaftlichen Bildungsarbeit dem Verhältnis von „Utopie denken – Realität verändern" (Ahlheim/Mathes 2011). Ob die Gewerkschaftsmitglieder das Gegebene überhaupt überschreiten wollen, wird von den AutorInnen aus der IG Metall-Bildungspraxis differenziert, aber nicht pessimistisch eingeschätzt: Horst Mathes stellt auch politische Apathie unter den Gewerkschaftsmitgliedern fest (2011, S. 92f.) und Joachim Beerhorst „Ambivalenzen von Beharrung und Phantasieabwehr einerseits, von Veränderungswünschen und aufblitzenden Transzendenzen andererseits" (2011, S. 62). Dies deckt sich mit Erkenntnissen meiner empirischen Untersuchung. Nicht alle, aber einige der befragten jungen GewerkschafterInnen konzipieren gewerkschaftliche Bildung als Protopraxis: Sie wollen in Seminaren Alternativen praktizieren – Miteinander, Füreinander, Solidarität ohne Erfolgsdruck, Demokratie, Selbstbestimmung – und sie in den Betrieb zurücknehmen. Sie denken Seminare als Praxisfeld mit dem Potential, Veränderungen in anderen Praxisfeldern zu bewirken (Bürgin 2012, S. 222-224).

Auch pragmatische Bildungsinteressen lassen sich nicht automatisch als Absage an Kritik und Utopie deuten. Wenn Betriebsräte Kurzzeitveranstaltungen zum Umgang mit Krisenfolgen buchen, aber viel weniger an Bildungsangeboten zu Krisendeutung und gesellschaftlichen Veränderungen teilnehmen (Obermayr 2011, S. 113), dann erhellt dies vor allem die Praxis der Betriebsräte, die viel mehr mit Krisenfolgen als mit krisenüberschreitenden Alternativen zu tun haben (vgl. auch Menz u. a. 2013). Es ist deshalb auch kein Widerspruch, wenn Obermayr gleichzeitig betont, dass es „vor dem Hintergrund der Finanz-, Wirtschafts- und Klimakrise ein starkes Interesse [gibt, gesellschaftspolitischen Fragestellungen] intensiv zu bearbeiten und ihre Ursachen besser zu verstehen" (2011, S. 113). Gewerkschaftliche Bildungsarbeit setzt sich nicht über pragmatische Anliegen hinweg, wenn sie die betriebliche Praxis in ihre politischen und ökonomischen Zusammenhängen stellt[1], denn es ist praxisrelevant, ob Betriebsräte z. B. die Tragweite von Leiharbeit und Werkverträgen einschätzen können oder nicht.

Indem gewerkschaftliche Bildungsarbeit sich mit dem Widerspruch zwischen bestehenden gesellschaftlichen Verhältnissen und menschlichen Bedürfnissen befasst, kann zum Thema werden, was keinen Ort hat, was (noch) nicht realisierbar ist. Die „Möglichkeit von anderen gesellschaftlichen Verhältnissen und Beziehungen" kann denkbar werden (Beerhorst 2011, S. 63). Als Voraussetzung für eine Kritik der Verhältnisse – und nicht nur ‚adressatenlose Wut' – sind Utopien auch unmittelbar relevant für die gewerkschaftliche Praxis (zur kritischen politischen Bildung vgl. Lösch/Thimmel 2010). Gewerkschaftliche Bildungsarbeit benötigt dazu die Distanzierung vom Arbeitsalltag ebenso wie eine Verankerung in der Alltagsarbeit (dazu Mathes 2011, S. 91).

Die große Krise hat nicht nur gesellschaftsrevolutionierende Perspektiven – wie sie immer nur phasenweise und nie für die Gewerkschaften als Ganze prägend waren – getroffen, sondern auch den pragmatischen Kern gewerkschaftlicher Bildung: die erfolgversprechende Orientierung auf eine konkrete Verbesserung der Arbeits- und Lebensbedingungen. Emanzipatorische Ansätze gewerkschaftlicher Bildung sind in die Krise geraten, weil emanzipatorische Projekte und gesellschaftliche Utopien als Bezugspunkte für kollektives Handeln und für gewerkschaftliche Bildung fehlen. Der emanzipatorische Anspruch gewerkschaftlicher Bildung muss deshalb nicht aufgegeben werden und wird in der Bildungspraxis auch verteidigt (vgl. Beiträge in Ahlheim/Mathes 2011; Bürgin 2012, S. 184-224). Nicht der Anspruch emanzipatorischer Bildung ist überholt, sondern eine spezifische Vorstellung von Bildung als ‚Missing Link' zu veränderten Verhältnissen. Wenn gewerkschaftliche Bildung sich von dieser Anforde-

273

rung emanzipiert, kann sie entwerfen, wie sie unter den gegebenen Bedingungen nicht weniger, sondern etwas anderes sein könnte. Auch die Erkenntnisse über gewerkschaftliche Bildung sind Krisenerkenntnisse: Bildungsarbeit ist nicht nur ein Raum für die Überschreitung des Gegebenen, sondern einige ihrer bisherigen Prinzipien müssen selbst überschritten werden, um diesen Raum zu öffnen.

Anmerkung

1 Indem gewerkschaftliche Bildungsarbeit die Verhältnisse aufzuschließen versucht, steht sie auch quer zu konstruktivistisch-inhaltsverdrängenden Trends in der Erwachsenenbildung (dazu Haberzeth 2011).

Literatur

Ahlheim, Klaus/Mathes, Horst (Hrsg.) (2011): Utopie denken – Realität verändern. Bildungsarbeit in den Gewerkschaften. Hannover: Offizin.

Beerhorst, Joachim (1991): Modernismus oder Emanzipation? Krisendeutung in der gewerkschaftlichen Bildungsarbeit. Frankfurt am Main u.a.: Peter Lang.

Beerhorst, Joachim (2011): Utopie, Wirtschaftsdemokratie und gewerkschaftliche Bildung. In: Ahlheim/Mathes (Hrsg.), S. 41-64.

Bierbaum, Heinz (2013): Eingebunden. Jenseits des Krisenkorporatismus. In: LuXemburg 1/2013, S. 6-13.

Bispinck, Reinhard/Schulten, Torsten (2009): Re-Stabilisierung des deutschen Flächentarifvertragssystems. In: WSI-Mitteilungen 4/2009, S. 201-209.

Brinkmann, Ulrich/Choi, Hae-Lin/Detje, Richard/Dörre, Klaus/Holst, Hajo/Karakayali, Serhat/Schmalstieg, Catharina (2008): Strategic Unionism: aus der Krise zur Erneuerung? Wiesbaden: VS.

Bürgin, Julika (2012): Gewerkschaftliche Bildung unter Bedingungen indirekter Arbeitssteuerung. Zweckbildung ohne Gewähr. Münster: Westfälisches Dampfboot.

Deppe, Frank (2012): Gewerkschaften in der Großen Transformation. Von den 1970er Jahren bis heute. Eine Einführung. Köln: PapyRossa.

Ebbinghaus, Bernhard (2003): Die Mitgliederentwicklung deutscher Gewerkschaften im historischen und internationalen Vergleich. In: Schroeder, Wolfgang/Weßels, Bernhard (Hrsg.): Gewerkschaften in Politik und Gesellschaft der Bundesrepublik. Ein Handbuch. Wiesbaden: Westdeutscher Verlag, S. 174-203.

Glißmann, Wilfried/Peters, Klaus (2001): Mehr Druck durch mehr Freiheit. Die neue Autonomie in der Arbeit und ihre paradoxen Folgen. Hamburg: VSA.

Heydorn, Heinz-Joachim (2004): Überleben durch Bildung. Umriss einer Aussicht. Werke, Band 4. Wetzlar: Büchse der Pandora, S. 254-273.

Haberzeth, Erik (2011): Inhaltsorientierung in der Lehre. Das Gelingen guter Lehre entscheidet sich im gemeinsamen Bemühen um das Verstehen der Inhalte. In: DIE Zeitschrift 4/2011, S. 26-29.

Hirsch, Joachim/Roth, Roland (1986): Das neue Gesicht des Kapitalismus. Vom Fordismus zum Post-Fordismus. Hamburg: VSA.

Kessl, Fabian (2008): Wiederentdeckung „des Politischen", Plädoyer für eine pädagogisch-reflexive Nutzungsorientierung in der politischen Bildung. In: kursiv 3/2008, S. 100-108.

Koneffke, Gernot (2006): Einige Bemerkungen zur Begründung materialistischer Pädagogik. In: Keim, Wolfgang/Steffens, Gerd (Hrsg.): Bildung und gesellschaftlicher Widerspruch. Hans-Jochen Gamm und die deutsche Pädagogik seit dem Zweiten Weltkrieg. Frankfurt am Main: Peter Lang, S. 29-44.

Lösch, Bettina/Thimmel, Andreas (Hrsg.) (2010): Kritische Politische Bildung. Ein Handbuch. Schwalbach/Ts: Wochenschau.

Lehndorff, Steffen (2013): Verschiedene Welten? Gewerkschaften in der europäischen Krise. In: Das Argument, Heft 1/2 2013, S. 181-199.

Mathes, Horst (2011): „Gewerkschaft muss gelernt werden" – Bildungsarbeit als Alltagsaufgabe. In: Ahlheim/Mathes 2011, S. 88-110.

Menz, Wolfgang/Detje, Richard/Nies, Sarah/Sauer, Dieter (2013): Die Ent-Legitimierung der Politik. Zum politisches Bewusstsein von Vertrauensleuten und Betriebsräten in der „permanenten Krise". In: LuXemburg 1/2013, S. 20-27.

Müller-Jentsch, Walther (2008): Kapitalismus ohne Gewerkschaften? In: ders.: Arbeit und Bürgerstatus. Studien zur sozialen und industriellen Demokratie. Wiesbaden: VS, S.143-155.

Negt, Oskar (2010): Der politische Mensch. Göttingen: Steidl.

Obermayr, Ulrike (2011): Weiterentwicklung der gewerkschaftlichen Bildungsarbeit am Beispiel des Theorie-Praxis-Dialogs. In: Ahlheim/Mathes 2011, S. 111-124.

Schwarz, Norbert (2008): Einkommensentwicklung in Deutschland. Konzepte und Ergebnisse der Volkswirtschaftlichen Gesamtrechnungen. In: Statistisches Bundesamt (Hrsg.): Wirtschaft und Statistik 3/2008, S. 197-206. (www.destatis.de/jetspeed/portal/cms/Sites/destatis/Internet/DE/Content/Publikationen/Querschnittsveroeffentlichungen/WirtschaftStatistik/VGR/EinkommensentwicklungVGR,property=file.pdf [17.08.2010])

Weischer, Christoph (1996): Politische Bildungsarbeit und gewerkschaftliche Organisation. Aspekte der Bildungsdebatte in der IG Metall. Lernen um zu Handeln – Probleme und Perspektiven in der zentralen Bildungsarbeit der IG Metall, Band 1. Münster: Westfälisches Dampfboot.

Jahresrückblick

Gerd Steffens

„Mutti passt auf unser Geld auf" – Angela Merkel, die Euro-Krise und die Deutschen

Noch nie seit Konrad Adenauer hat ein Kanzler seine Partei so in den Schatten gestellt wie Angela Merkel derzeit. Ein weit verbreiteter Vasallen-Journalismus sorgt dafür, dass alle politischen Probleme in einer Konstellation erscheinen, in der die Herrin des Kanzleramtes die Fäden des Geschehens gelassen in der Hand zu halten scheint. Nur von ihr scheint alles abzuhängen; folgerichtig suchen die, die sie in dieses Licht rücken, Gründe vor allem in ihrer Person. Selbst solche Medien, die üblicherweise zu unverfrorenem Promoting einen gewissen Abstand halten, legen – wie etwa der „Stern" am 23. 5. 2013 – ein Interview so devot und entpolitisiert an, dass es nichts als eine Gelegenheit für die „mächtigste Frau der Welt" sein will, sich mit ihren Empfindungen und Wahrnehmungen den Lesern als sympathische und selbstbewusste Person nahezubringen. Die mediale Präsentation der Kanzlerin als öffentlich unanfechtbare Person funktioniert mittlerweile so gut, dass kritische Stimmen, so überzeugend ihre Argumente auch sein mögen, kaum Gehör finden, selbst wenn sie – sonst eigentlich ein gefundenes Fressen für Journalisten – aus den eigenen Reihen kommen.

So hat das Buch der CDU-Intellektuellen Gertrud Höhler (Die Patin, 2012) nur für einen kurzen Moment öffentliche Aufmerksamkeit gefunden, ganz so als sei die Person, um die es geht, im allgemeinen Einverständnis über jede Kritik erhaben. Höhler interessiert vor allem, wie es Merkel gelungen ist, sich eine Position zu schaffen, in der sie – auch für mächtige Politiker ungewöhnlich – Macht ohne Verpflichtung gegenüber anderen, auch nicht gegenüber der eigenen Partei, ausüben kann. An Merkels Aufstiegsweg seit der Wende liest sie die Bedingungen für eine Karriere ab, die besonders die eigenen Parteifreunde und Rivalen immer wieder in die Rolle der Hasen versetzt hat, die nicht glauben können, dass der Igel schon da ist. Diesen immer erneuerbaren Vorteil – so zeigt Höhler – zieht Merkel aus einer Haltung, die den üblichen Verhaltensorientierungen aufstiegswilliger Politiker völlig widerspricht. Statt sich – möglichst demonstrativ – an den anerkannten Wertekanon der Partei zu binden, streift sie ihn nonchalant – und immer zur Überraschung der Parteifreunde – ab, statt berechenbar zu sein, ist sie lieber unberechenbar, statt Ziele zu propagieren, mit denen Anhänger sich identifizieren können, schweigt sie sich über Ziele aus und äußert sich über politisch-programmatische Inhalte bestenfalls nebulös, immer aber doppeldeutig. Statt, wie für Konservative sonst unabdingbar, sich auf Absolutes, Unverfügbares, Unverhandelbares zu berufen, ist für Merkel alles relativ, verhandelbar, änderbar. Deshalb nennt Höhler sie gelegentlich, mit dem Zorn eines gekränkten Konservativismus, eine „Revolutionärin". Doch gilt diese Bezeichnung nur ihrer Bereitschaft, alles, was sie hindert, über Bord zu werfen, keineswegs irgendeinem Konzept radikaler Erneuerung. Außer der Erhaltung und Mehrung ihrer Macht hat Merkel kein Konzept. Mit Angela Merkel, so resümiert Höhler, komme „der Typus des Ego-Politikers auf die politische Bühne". Sie sei „die erste Staatschefin in Deutschland, die bindungslos unterwegs ist. Ihr Konzept der situativen Entscheidungen geht von der Flüchtigkeit aller Versprechen und der hohen Verfallsgeschwindigkeit aller Loyalitäten aus. Wer sich auf niemanden verlassen will, landet zwangsläufig bei sich selbst. Vielleicht sieht Angela Merkel es so: Sie hatte keine Wahl. In einer Welt, wo jeder jeden verrät, kann man nur auf Kosten aller anderen das eigene Glück suchen." (Höhler 2012, S. 270f.)

Ein solches Selbstkonzept der machtzentrierten Bindungslosigkeit und einer nur dem eigenen Erfolg verpflichteten Handlungsfreiheit passt, auch wenn es unter ganz anderen Sozialisationsbedingungen und Lebenserfahrungen entstanden sein mag, perfekt in eine politisch-gesellschaftliche Landschaft, die von der neoliberalen Entwertung aller Werte zugunsten einer Marktreligion geprägt ist, der sich alle politischen Entscheidungen und gesellschaftlichen Beziehungen unterzuordnen und anzupassen haben. Auch wenn sich dieses Selbstkonzept einer bindungslosen Machtpolitikerin insbesondere in den innerparteilichen Machtkämpfen – der Entmachtung des Patriarchen Kohl und einer ganzen Serie von tatsächlichen oder potenziellen Rivalen von Merz bis Röttgen – herausgebildet und bewährt hat, so hat es doch sein eigentliches – und historisch einschlagendes – Betätigungsfeld in der Eurokrise gefunden.

Freilich hat es einige Zeit gedauert, bis Merkel erkannte, dass in der Eurokrise Kräfte und Interessen wirksam sind, die sich mit den eigenen hervorragend verbinden lassen. Zunächst hatte Angela Merkel eher hilflos und zaudernd gewirkt, als die Krise ab Anfang 2010, also nicht lange nach Regierungsantritt der schwarzgelben Koalition in Deutschland, in eine Eurokrise verwandelt wurde. In der 2008 einsetzenden Weltfinanzkrise hatte sie sich – deutlich sichtbar – der Führung durch den Finanzminister Steinbrück überlassen, und der großen Koalition war es ja durch sozialdemokratisch-staatsinterventionistische Maßnahmen wie Ausweitung des Kurzarbeitergeldes, Abwrackprämie und Bankenübernahmen verhältnismäßig gut gelungen, Deutschland gegen allzu heftige Krisenwirkungen abzuschirmen. Nun aber, Anfang 2010, war plötzlich alles anders. Statt sich auf ein sozialdemokratisches Krisenmanagement – dem man bei Fehlschlag auch die Verantwortung zuschieben konnte – verlassen zu können, hatte Angela Merkel alle Hände voll zu tun, einen außer Rand und Band geratenen Vizekanzler Westerwelle, der unter Arbeitern und Angestellten die „spätantike Dekadenz" bekämpfen und zugleich die eigene Klientel mit Steuergeschenken päppeln wollte, wieder unter Kontrolle zu bringen. Zugleich veränderte die Krise auf eine verwirrende Weise ihr Gesicht. Waren es bis dahin die Banken und die großen Finanzmarktakteure, die durch unverantwortliche Spekulationen und betrügerische Manipulationen die Krise herbeigeführt hatten, so sollten nun plötzlich die Staaten, insbesondere die der Eurozone, die Verantwortlichen sein.

Dieser verblüffende Perspektivwechsel ließ sich gut an den Wirtschaftsteilen der großen deutschen Zeitungen verfolgen. Hatte noch 2008, nach der Lehman-Pleite, die Schockstarre des „Blicks in den Abgrund" (Steinbrück) vorgeherrscht, ein großes Schweigen oder das fassungslose Eingeständnis, weder etwas vorhergesehen zu haben noch das Geschehen erklären zu können, so öffneten sich 2009 die Diskurshorizonte der ökonomischen Debatte auf eine bis dahin unvorstellbare Weise. Alle ökonomischen Glaubenssätze durften plötzlich auf den Prüfstand, von der unübertrefflichen Effizienz der Märkte bis zur angeblich naturgesetzlich funktionierenden Rationalität der Marktteilnehmer. Sogar die Frage, ob der Sozialismus nicht besser sei, war nicht mehr tabu (FAS 20.12. 2009). Dann aber, seit Anfang 2010 und bis heute anhaltend, schlossen sich die Diskurshorizonte wieder um die altvertraute Zentralperspektive der neoklassischen Weltsicht: Es sind die Märkte, Dummkopf, von denen alles abhängt.

Es war eben die Ausrufung der Eurokrise Anfang 2010, mit der in der öffentlichen Wahrnehmung die Verwandlung der Weltfinanzkrise, an der verantwortungslose Banker schuld waren, in eine Staatsschuldenkrise, an der verantwortungslose Politiker schuld waren, gelang – und damit die Wiederherstellung der Deutungshoheit des neoklassischen Paradigmas für die Ordnung aller Dinge in dieser Welt. Mit Griechenland stand ja ein Staat der Eurozone bereit, an dem diese Sicht aus intimer Kenntnis und mit Aussicht auf Glaubwürdigkeit exemplifiziert werden konnte; es war ja Goldman-Sachs, einer der größten Finanzmarktakteure gewesen, der die griechischen Bilanzen Europa-fähig gebügelt hatte. Bei allen anderen, die dann bald mit ins Gerede kamen, lagen die Dinge völlig anders. Selbst die spanische Krise, heute die vielleicht tiefste in der EU, ist *ihrer Verursachung nach* keineswegs eine Staatsschuldenkrise. Ganz im Gegenteil: in kaum einem anderen Land waren die staatlichen Haushalte bis in die Krise hinein so in Ordnung wie in Spanien. Noch 2010, als die Krise wegen der sprunghaft anschwellenden Arbeitslosigkeit und der entsprechenden Sozialleistungen einerseits und wegen des abnehmenden Steueraufkommens andererseits schon tiefe Spuren im Staatshaushalt hinterlassen hatte, lag der spanische Verschuldungsgrad mit 60% des BIP noch innerhalb der Maastricht-Grenzen – wovon Deutschland mit 90% nur träumen konnte.

Für die Verlagerung der Krise, wie sie die großen Finanzmarktakteure seit 2010 betrieben, war Euroland das perfekte Spielfeld. Denn dieses Gebilde hat zwar eine gemeinsame – und in der Welt als stark anerkannte – Währung, aber weiterhin nationale Wirtschafts- und Finanzpolitiken, die über umständliche Vereinbarungen in der europäischen „Mehrebenenpolitik" koordiniert werden. Da der Entwicklungspfad der überwölbenden EU von Anfang an dem Leitbild der Marktfreiheit folgte (Scharpf 1999), die sog. Brüsseler Regelungswut in Wahrheit eine Entregelungswut im Namen des Wettbewerbs war und ist, sind die Staaten als „nationale Wettbewerbsstaaten" (Hirsch 1995) in die Rolle von Generalunternehmern ihrer nationalen Ökonomien geraten, von denen erwartet wird, dass sie – wie es seit der Zypernkrise unumwunden ausgedrückt wird – ein erfolgreiches „Geschäftsmodell" entwickeln. Doch dürfen sie an der wichtigsten „Stellschraube" der nationalen Wettbewerbsfähigkeit, der Währungs- und Geldpolitik, nicht mehr drehen, weil diese Kompetenz ja an die EZB übergegangen ist.

Zugleich haben die Staaten sich in die Abhängigkeit einer stets aktualisierbaren Schuldknechtschaft begeben (müssen), die keineswegs neu, doch in ihrer Wirksamkeit nun weit umfassender ist. Eine Staatsverschuldung, die einen Staat seinen Gläubigern auslieferte, war historisch ja keineswegs selten, doch in der Regel Folge außergewöhnlicher Umstände, meist von Kriegen, aber auch von Verschwendung und Misswirtschaft von Herrschern. Die mit der neoliberalen Revolution seit Anfang der achtziger Jahre durchgesetzte neue Auffassung vom Staat hat die Abhängigkeit von den Gläubigern aber zu einem Normalzustand gemacht. Denn gemäß der von Hayek und Friedman verschärften liberalen Doktrin hatte der Staat vor allem darauf zu verzichten, von den wirtschaftlich Erfolgreichen, i.e. den Reichen, Steuern zu erheben, weil sonst ja deren angeblich produktive Investitionstätigkeit gehemmt würde. Die Jahrzehnte seitdem sind daher durch einen Steuersenkungswettlauf in Unternehmens- und Vermögenssteuer gekennzeichnet, und in Deutschland etwa hat die rot-grüne Koalition von 1998 – 2005 sich bekanntlich viel darauf zugute gehalten, dabei so kräftig mitzumischen, dass die Unternehmer ihr Glück kaum fassen konnten. Darüber schweigt die neoliberale Propaganda heute, umso kräftiger schlägt sie auf die Folge ein: weil Deutschland 2003 die Defizitgrenze des Maastricht-Vertrages nicht einhielt, habe die rot-grüne Koalition in Deutschland die Ursünde begangen und damit der Schuldenmacherei in Europa Tür und Tor geöffnet. Den Ausgleich für diese Geschenke an Unternehmen und Vermögende suchten die Staaten in Erhöhung der Massensteuern, Kürzung staatlicher Leistungen und – unvermeidlich – in der Finanzierung ihrer Haushaltslücken über die Finanzmärkte. Da zugleich – um die neoliberale Forderung nach Verbilligung der Arbeitskosten und Sozialsysteme zu erfüllen – Teile der Alters- und Sozialvorsorge privatisiert und kapitalisiert wurden, erhöhte sich die Kapitalmarktabhängigkeit der Gesellschaften auch von dieser Seite.

Als die Staaten sich 2008ff. zu Bankenrettungen genötigt sahen, deren exorbitante Umfänge sie in ganz neue Dimensionen der Verschuldung trieben, mussten sie dies also schon aus einer Position heraus tun, die durch die weit voran getriebene Realisierung des neoliberalen Projekts stark geschwächt war. Dies galt aus den oben angeführten Gründen besonders für die Staaten Euro-Europas. Dessen absichtsvoll unvollendete Verfassung hatte die Einzelstaaten einer fatalen Asymmetrie ausgeliefert. Sie hatten die entscheidenden wirtschaftspolitischen Kompetenzen nach Frankfurt und Brüssel abgegeben, aber die Verantwortung für das Funktionieren ihrer nationalen Ökonomien, also für die ökonomische Reproduktion der Gesellschaft und die Refinanzierung des Staates, behalten. Diese Entkoppelung von Kompetenz und Verantwortung war durch die – insbesondere von Deutschland durchgesetzte – Verankerung einer „No-bail-out"-Klausel in den Verträgen gesichert worden. Aus deutscher – vom BVG 1993 bekräftigter – Sicht war damit ein für allemal geklärt, dass die Eurozone keine Haftungsgemeinschaft sei, einer für die Schulden des anderen also nicht aufzukommen habe. Diese als Generallinie der deutschen Politik in der Eurokrise hartnäckig verteidigte und vertiefte Asymmetrie von wirtschaftspolitischer Handlungsmöglichkeit und Verantwortung war die entscheidende Voraussetzung für Tiefe und Dauer der Eurokrise und vor allem dafür, dass zwei Akteure sie zu ihren Gunsten nutzen konnten: die Finanzmärkte (um diesen eingespielten Kollektivbegriff zu verwenden) und die deutsche Kanzlerin, die sich zur unbestrittenen Herrin Europas und zur „mächtigsten Frau der Welt" aufschwang, wie sie die Medien ehrfurchtsvoll nennen. In der Tabelle der mächtigsten Frauen der Welt, die die amerikanische Zeitschrift „Forbes" tatsächlich führt, steht Merkel übrigens weiterhin unangefochten auf Platz 1 (El Pais, 23. 5. 2013).

Den Finanzmärkten bescherte die Eurokrise nicht nur den Wiedergewinn der Deutungshoheit über die Weltläufte. Sie bot ihnen darüber hinaus unvergleichliche Gelegenheiten, ihre Herrschaft über Politik als reale Alltagsherrschaft wiederherzustellen und zugleich üppige Gewinnchancen zu realisieren. Märkte, insbesondere Finanzmärkte, sind ja, entgegen den Ammenmärchen der Ökonomen, keine Orte unparteiischer Wertermittlung und des gerechten Tauschs, sondern strategische Spielfelder, auf denen die Akteure selbst die Verhältnisse so zu modellieren suchen, dass möglichst große Wertdifferenzen zu eigenen Gunsten entstehen, wie – nur ein spektakuläres Beispiel – bei der 2012 bekannt gewordenen Manipulation des Interbanken-Zinssatzes Libor. Spekulation, wie sie die großen Finanzmarktakteure betreiben, ist mithin nicht einfach (und oft gar nicht) riskante Wette, sondern zugleich absichtsvoll, oft manipulativ, hergestellte Wertdifferenz zu eigener, oft privilegierter Nutzung. Dafür wurde Euroland nun zu einem idealen Spielfeld. Nachdem die Weltfinanzkrise die beliebtesten Anlageprodukte diskreditiert, das Vertrauen in Banken, Aktienmärkte und Unternehmensfinanzierung erheblich erschüttert hatte und zudem die Notenbanken zur Krisenbekämpfung die Welt mit Liquidität förmlich überschwemmt hatten, suchten die großen – „institutionellen", wie sie vornehm heißen, – Anleger verzweifelt nach Anlagemöglichkeiten, die einen Gewinn oberhalb der Zinssätze versprachen und zugleich sicher waren. Im so merkwürdig verfassten Euroland war beides zu erreichen. Alle Länder waren in der durch die Finanzkrise und Bankenrettungen verschärften Zwangslage, zur Staatsfinanzierung und Schuldenbedienung auf Anleihen auf den Kapitalmärkten keineswegs verzichten zu können, und es gab darüber hinaus Länder, deren glaubwürdige Fähigkeit, das aufgenommene Geld auch zurückzahlen zu können, so erschüttert werden konnte, dass sie immer höhere Zinsversprechen abgeben mussten, um überhaupt zu Geld zu kommen. Für strategisch handelnde Anleger war diese Ausgangslage ideal: Sie konnten die Krise durch negative Nachrichten und Bewertungen anheizen – die Rating-Agenturen spielten hier eine allseits bekannte Rolle –, dadurch die Zinsen der Anleihen und die eigenen erwartbaren Gewinne in die Höhe treiben und zugleich doch sicher sein, dass es zu einem Zahlungsausfall der angegriffenen Länder nicht kommen würde, weil dadurch das Vertrauen in den Euro selbst erschüttert würde, woran gerade die großen Eurostaaten wie Deutschland kein Interesse haben konnten. Und es ist eben diese strategisch interessierte Sicht, aus der für diese Krisenvorgänge der Name „Eurokrise" als gegeben erscheint.

Weil Staatsanleihen nicht nur ein bestimmtes Zinsversprechen enthalten, sondern ständig handelbar sind, deshalb einen sich immer verändernden Kurs haben, wirkt ihr Kurs wie ein sekündlich präsentes Urteil über die Bonität des ausgebenden Staats und als Prognose, wie viel er für die nächste Anleihe draufzahlen müsse, um sie unterzubringen. Daran ist jederzeit abzulesen, ob der Daumen der Märkte über dieses und jenes Land gerade gehoben oder gesenkt wird. Als z.B. die Eurokrise sich Mitte 2012 als Krise der spanischen Staatsfinanzierung zuspitzte, führten die großen spanischen Zeitungen im Portal ihrer Online-Ausgaben gut sichtbar die aktuelle „Prima de riesgo", die Risikoprämie, die der spanische Staat seinen Gläubigern gerade bieten musste, damit sie seine Schuldscheine kauften. Gemessen wird diese Risikoprämie übrigens an den deutschen Anleihen, deren aktuelles Verzinsungsversprechen die Basis (100) eines Indexes bildet. Im Juli 2012 erreichte die spanische Prima de riesgo 649 Punkte und drohte weiter zu steigen. Während Deutschland für eine 10jährige Anleihe kaum mehr als 1% zahlte, musste Spanien annähernd 7% bieten (zusammenfassend El Pais, 11. 1. 2013). Allein durch die Schuldzinsen würde Spanien, wie vorher schon Griechenland, immer tiefer in die Verschuldung getrieben. Eine „Rettung" Spaniens schien unmittelbar bevorzustehen und doch war klar, dass die „Rettungsschirme" für eine so große Volkswirtschaft nicht ausreichen würden, zumal alle Welt befürchtete, dass dann auch Italien fiele.

Gab es keinen Ausweg? Warum stand die so mächtige EU diesen Angriffen der Finanzmärkte so wehrlos gegenüber? Diese Fragen sind nicht zu beantworten, ohne die Rolle von Angela Merkel und den Gebrauch, den sie von der Krise machte und macht, zu beleuchten. Während des ersten Jahres der Eurokrise, 2010/2011, als es in der Hauptsache um Griechenland ging, fiel Angela Merkel vor allem als diejenige auf, die alles aufhielt. Sie zauderte und zögerte, spielte auf Zeit, ganz offensichtlich aus Unsicherheit. Sarkozy hingegen suchte die Rolle des Aktiven, der schon weiß, wo es lang geht. Fast legendär die Abfuhr, die er Merkel damals unter dem Beifall der internationalen Presse und Ökonomen erteilte: Während Deutschland noch nachdenke, handele Frankreich. Aber Madame No, wie sie damals schon in der europäischen Presse hieß, erkannte bald, dass ihre aus Unsicherheit geborene Haltung durch die Umstände in eine perfekte Strategie verwandelt wurde. Das ohnehin schon große Gewicht Deutschlands in der EU verwandelte sich innerhalb des Jahres 2010 in eine Bastion der Macht, der sich Europa mit vernehmlichem Zähneknirschen unterwarf. Hatten zu Beginn des Jahres 2010 noch die ökonomischen Auguren prognostiziert, dass die Vertiefung der Krise auch Deutschland mit der Folge erhöhter Arbeitslosigkeit erfassen werde (Heuser 2010), so kam in Wahrheit eine Entwicklung zum Tragen, die den neoliberalen Propagandisten Brüderle seitdem immer wieder – wie 25. 4. 2013 im Bundestag – vom „neuen Wirtschaftswunder" schwärmen lässt. Wie das erste war auch dieses „Wunder" einem historischen Glücksumstand zu verdanken: die Nachfrageeinbrüche in den krisengeschüttelten EU und USA wurden bei weitem durch den Hunger der gerade aufstrebenden „Schwellenländer" nach industriellen Produkten aus Deutschland kompensiert. Aus einer Reihe von Gründen, zu denen der hinhaltende Widerstand der Gewerkschaften gehörte, hatte man in den 80er und 90er Jahren in Deutschland dem neoliberalen Druck zur Deindustrialisierung durch Standortverlagerung und Verdrängung der industriell-gewerblichen Güterproduktion als Profitquelle durch Dienstleistungen der Finanzwirtschaft und der elektronischen Kommunikation nie vollständig nachgegeben. Esser, der Mannesmannchef, der seinen Konzern verscherbelte und dafür 60 Mio. Provision machte, wurde hierzulande nicht zum öffentlich bewunderten Helden der Shareholder-Ökonomie. Deshalb war und ist Deutschland – im Unterschied etwa zu Groß-Britannien – nach wie vor in der Lage, die gebrauchswert-interessierte Nachfrage aus den „Schwellenländern", insbesondere aus China, zu befriedigen. Im Vordergrund des Interesses stehen dabei offenkundig die Verfügbarkeit von industriell erzeugten Gebrauchswerten und ihre Qualität; sie sind es, die Deutschland derzeit auf diesen Märkten eine Art „Alleinstellung" verschaffen: ihr gegenüber fallen die vielgerühmten „kompetitiven Vorteile" durch die Arbeitsmarkt-"reformen" bestenfalls zweitrangig ins Gewicht. Weil die neoliberale Sichtweise aber vollständig auf den Tauschwert-Aspekt fixiert ist, schreibt sie die

Widerstandsfähigkeit der deutschen Wirtschaft völlig der Verbilligung und „Flexibilisierung" der Arbeitskraft durch die Agenda 2010 zu und zieht daraus ein zentrales Argument für die „Reform"-Zwänge, die sie den sog. Krisenländern auferlegen will.

Angela Merkel fiel also eine Kombination historischer Glücksumstände in den Schoß, welche ihr unsicheres und hinhaltendes Lavieren in eine geniale Machtstrategie und eine unwiderstehliche Herrschaftstechnik in Europa verwandelte. Sie kann ja weder etwas für die Erhaltung der industriell-gewerblichen Produktionsfähigkeit in Deutschland, die gegen die massive Propaganda der Shareholder-Ökonomie erfolgte, noch kann sie etwas für die Agenda 2010, die sie einst bekämpfte, und erst recht kann sie nichts dafür, dass die – insbesondere chinesische – Nachfrage „just in time" da war und ist. Wer auch immer Kanzler dieses scheinbar krisenresistenten Deutschland wäre – in der Gnadensonne des antizyklischen Glücks wäre seine Macht in der EU seit 2010 in die Höhe geschossen wie eine Aktie mit überwältigendem Kurspotenzial. Erst recht die einer Kanzlerin, die – „bindungslos unterwegs" (Höhler), mithin befreit vom Ballast von Europaträumen und -verpflichtungen aller Kanzler vor ihr – nur dem Autopiloten der eigenen Macht zu folgen brauchte. Der zeigt ihr als Orientierungsmarken nichts anderes als die Umfragewerte ihrer deutschen Wählerschaft und die aktuellen Länderbewertungen der Finanzmärkte. Wo beide zur Deckung kommen, geht es lang, und fast wie von selbst blieben seit 2010 beide in Übereinstimmung. Angela Merkel musste nur hartleibig gegenüber jeglichem Ansinnen bleiben, auch andere Orientierungswerte zuzulassen, wie europäische Solidarität, Treue zum europäischen Projekt ihrer Vorgänger oder Abschätzung der politischen und gesellschaftlichen Folgen der „Reform"-Diktate in den betroffenen Ländern und für die Demokratie in Europa. Und wenn skandalöse Verhältnisse wie die durch die Sparpolitik massiv vermehrte Jugendarbeitslosigkeit in den „Krisenländern" sogar ihre heimische Wählerschaft zu irritieren drohen, werden zur Beruhigung Projekte ventiliert, deren taktische Kaltschnäuzigkeit sogar einem sonst so unerschütterlichen Gefolgsmann wie dem Kommissionspräsidenten Barroso die Zornesröte ins Gesicht trieb. Er wies darauf hin, dass es seit 2011 einen EU-Beschluss über Maßnahmen gegen Jugendarbeitslosigkeit gebe, dessen Ausführung bisher durch Deutschland verhindert werde (El País, 29. 5. 2013). Man darf – wie immer bei Merkel – sicher sein, dass die Dringlichkeit eines Themas nur so lange gilt, wie sie es im Hinblick auf ihre heimische Machtbasis im Parlament oder in Wahlen für dringlich hält. Dass die europäische Öffentlichkeit vor Empörung darüber bebt, dass die wichtigsten Entscheidungen über die Zukunft ihrer Länder von Merkels persönlichem Machtkalkül abhängen, lässt sie kalt, solange diese Empörung die deutsche Öffentlichkeit nicht berührt. Angela Merkel, schreibt El

País, „führt alle Umfragen in Deutschland an und alle Rankings der Unpopularität im Rest Europas" (El País, 29.5.2013).

Zu einer besonders perfiden Variante ihrer Europapolitik im puren Eigeninteresse sah sich Merkel Mitte 2012 durch eine Konstellation veranlasst, die ihr alle taktische Schläue abverlangte. Die spanischen und italienischen Zinsen für Staatsanleihen waren auf untragbare Höhen geschossen, und alle Welt war sich einig, dass nur starke europäische Garantien einen Zusammenbruch dieser Länder und – in dessen Folge – des Euro verhindern könnten. Merkels und Schäubles Wunderwerk des Fiskalpaktes, unter viel Druck im März durch den europäischen Rat beschlossen, eine perfekt ausgetüftelte Maschine, um Spardiktate und Durchregieren vor demokratischen Querschlägen (erinnert sei nur an Merkels Empörung über ein nur erwogenes griechisches Referendum; Papandreou musste daraufhin gehen) abzuschirmen und auf ewig zu stellen, hatte die Finanzmärkte nicht eine Sekunde beeindrucken und den Zinsanstieg nicht bremsen können. Aber das war für Merkel auch gar nicht entscheidend. Aus Merkels nationalpopulistischer Perspektive kam es vielmehr auf den für das deutsche Publikum demonstrativ festgezurrten Beweis an, dass Deutschland und seine Steuerzahler niemals mehr für etwas aufkommen werden, was auf dem Weg über Brüssel nicht aus Berlin kontrolliert würde. „Mutti passt auf Euer Geld auf", mag als Kennzeichnung für Merkels untergründige Botschaft zwar abgeschmackt klingen, trifft aber wohl ziemlich gut die abgeschmackte Beziehung zwischen Merkel und ihrem deutschen Wählerpublikum.

Doch gab es auch in Deutschland Widerstand. Aber der Weg, auf dem er sich äußerte, offenbarte zugleich seine Schwäche. Weder parlamentarische noch außerparlamentarische Kräfte musste Merkel fürchten, sondern allein das Bundesverfassungsgericht. Die beiden größeren Oppositionsparteien, SPD und Grüne, auf Umfragen fixiert statt durch pointierte Positionen Diskurse zu eröffnen, kuschten ohnehin vor dem wirtschaftsnationalistischen Kurs Merkels und sie ließen sich ihre Zustimmung zu ESM und Fiskalpakt durch einen EU-Beschluss zu einem Wachstumspakt – von dem seither nicht mehr ernsthaft die Rede ist – abhandeln. Die Einbindung der Opposition in ein verfassungsänderndes Zwei-Drittel-Quorum schien nötig, um den angekündigten Klagen vor dem Verfassungsgericht vorab etwas Wind aus den Segeln zu nehmen, So hoffte Merkel, nicht nur die im „Rettungsschirm" ESM eingegangenen Zahlungsverpflichtungen über die Hürde der deutschen Ratifizierung zu bringen, sondern auch den Verzicht auf Budgetrechte, einen demokratisch-parlamentarischen Kernbestand, und die Schaffung einer neuen, extrakonstitutionellen Ewigkeitsregelung (Neskovic 2012). Wie jeder Putsch, der mit konstitutionellen Mitteln Teile der Konstitution erledigen will, war auch dieser handstreichartig angelegt: Am 29.6. morgens endete der EU-Gipfel, am selben Tag stimmten Bundestag und gleich anschließend

(!) der Bundesrat zu, unmittelbar danach sollte der Bundespräsident unterzeichnen. Damit wären die Verträge ratifiziert gewesen und hätten – was immer das Bundesverfassungsgericht danach auch entscheiden mochte – in Kraft treten können. Dieser unverfrorenen Nötigung zweier Verfassungsorgane – des Bundespräsidenten und des Bundesverfassungsgerichts – hatte der Bundespräsident Gauck einige Tage zuvor einen Riegel vorgeschoben, indem er erklärte, dass er nicht unterzeichnen werde, bevor das Bundesverfassungsgericht die Verträge geprüft habe. Nun hat das Bundesverfassungsgericht geprüft und am 12. Sept. 2012 eine Vorabentscheidung verkündet, die die „Süddeutsche Zeitung" zu Überschriften veranlasste wie „Karlsruhe lässt Euro-Retter gewähren", „Sätze, die zu Wachs werden" oder – über dem Kommentar von Heribert Prantl – „Ein Gericht gibt auf". (SZ 13. 9. 2012)

Auf der deutschen Bühne endete das Drama des Sommers 2012 also damit, dass die letzten Verteidiger der institutionell demokratischen Rechte sich dem gemütlich der Kanzlerin beim Geldaufpassen zuschauenden Volk und seinen Parteien anschlossen. Auf europäischer Bühne hatte sich derweil etwas ganz anderes abgespielt, völlig entgegen dem Drehbuch von Merkel, aber wunderbarerweise, ohne ihrer Macht Abbruch zu tun. Nachdem Merkel dem Rettungsweg der Eurobonds schon im Vorfeld des EU-Gipfels vom 28./29.6. den Todesstoß versetzt hatte („Nicht, solange ich lebe"), hatten auch die Gipfelbeschlüsse zur Bankenunion und zur Rekapitalisierung von Banken aus den Rettungsfonds die Spekulation der Finanzmärkte gegen die Anleihen der „Krisenländer" und den Euro überhaupt nicht beenden können. Der setzte dann Mario Draghi, Chef der EZB, mit zwei kurzen, seither berühmten Sätzen ein Ende, Sätzen, die nach den Dogmen der Deutschen Bundesbank und denen der Merkelschen Sparpolitik niemals hätten gesprochen werden dürfen: „Die BCE wird das Notwendige tun, um den Euro zu bewahren. Und glauben Sie mir, das wird genug sein." (El País, 27. 7. 2012) Diese Ankündigung, notfalls unbegrenzt Staatsanleihen zu kaufen, um deren Kurse zu stabilisieren und die Verschuldungsspirale der Staaten zu stoppen, mithin die wirksamsten Waffen der Spekulation gegen den Euro zu entschärfen, wurde von Bundesbankchef Weidmann, dem geldpolitischen Alter Ego Angela Merkels, sofort als unzulässige Staatsfinanzierung gebrandmarkt. Und trotz des offensichtlichen und bisher anhaltenden Erfolges der Draghi-Aktion – die Zinsaufschläge für die „Krisenländer" haben sich um mehr als die Hälfte verringert und das Kaufprogramm der EZB ist bis dato (El Pais, 18.4. 2013) rein virtuell geblieben – setzt die deutsche geldpolitische Orthodoxie – wie vor dem Bundesverfassungsgericht Anfang Juni 2013 – ihre Angriffe mit dem Ziel fort, die Regeln, nach denen um die wirtschaftspolitische und politische Macht in Europa gespielt wird, wieder in die eigene Hand und die der Kanzlerin zu bekommen.

Worin bestehen diese Regeln und wie wird nach ihnen gespielt? Ihre Logik, so hat meine Argumentation zeigen wollen, erschließt sich am besten, wenn die Perspektiven der Hauptakteure rekonstruiert werden. Für Angela Merkel gilt, dass die Glücksumstände einer historischen Konstellation, für die sie selber nichts kann, es ihr erlauben, aus einer Perspektive zu handeln, aus der sie, einem schnörkellosen Realismus persönlicher Macht folgend, schon ihren Aufstieg in Deutschland organisiert hat. Weil ihre persönliche Macht, ihre Fortexistenz als mächtige Kanzlerin, an nichts anderem hängt als an der Akklamation ihres deutschen Publikums in Wahlen oder Umfragen, kann sie die Meinungen der anderen europäischen Staatschefs oder gar der Bevölkerungen als quantités negligables behandeln. Und sie tut dies, in der mittlerweile für den medialen Gebrauch perfekt erlernten Körpersprache der Macht, demonstrativ und als eine Botschaft an ihr deutsches Publikum, dass es seine Interessen – nicht die irgendeines Europa – sind, denen der Schutz ihrer Macht gilt. Für wirtschaftsnationalistische Leitmotive schon immer empfänglich („D-Mark-Nationalismus" hat das Habermas (1990) einmal genannt), behagt dem deutschen Publikum der Berliner Republik (die, anders als die Bonner, nicht mehr europäisch sein will), ein politisches Design, welches die europäische Szene als ein Spielfeld modelliert, auf welchem die Politik nicht europäische Zukunft gestalten, sondern als nutzenmaximierender nationaler Akteur agieren soll. Dass Angela Merkel dabei immer mehr Margret Thatcher („I want my money back") gleicht, gefällt weit eher als es stört. Wie Thatcher die respektierte britische Sonderlage, zugleich drin und draußen, europäisch und atlantisch oder nur britisch zu sein, schamlos nutzte, so Merkel die Sonderkonjunktur gebrauchswert-interessierter Nachfrage, die Deutschland in eine Führungsposition in der EU bringt, die unanfechtbarer ist als je. Und wie Thatcher hat Merkel begriffen, dass sich die neoklassischen Ideologeme als scharfe Instrumente politischer Macht handhaben lassen. Nachdem erfolgreich aus dem öffentlichen Bewusstsein getilgt worden ist, dass die Krise Folge eines gigantischen und systemischen Marktversagens war, werden nun „Reformen" verordnet, die ganze Bevölkerungen der verschärften Exekution durch sogenannte Marktgesetze unterwerfen. Keine Arbeit? Dann geh mit deinem Preis so weit runter, bis dich jemand kauft. Nach dieser Schlicht-Version des Sayschen Theorems etwa sollen die Arbeitsmärkte der „Krisenländer" „reformiert" werden, wohl wissend, dass auf diesem Weg bestenfalls Niedriglöhne entstehen, von denen niemand leben kann. Wer das für seine Bevölkerung ablehnt (oder sich weigern sollte, das Bildungs – oder Gesundheitswesen durch Einsparungen zu ruinieren oder die Pensionen oder Beamtengehälter zu kürzen oder wertvollen Staatsbesitz wie Wasserrechte etc. zu verkaufen), darf nicht unter den „Rettungsschirm", wird also schutzlos der Fledderung durch die Finanzmärkte überlassen.

Die enormen Folgekosten der Merkelschen Ego-Politik, die an die Ego-Instinkte ihres Wahl-Publikums appelliert und darüber ihre Machtbasis absichert, sind überdeutlich sichtbar. Aber sie scheren die Kanzlerin nicht, weder die Zerstörung jeglicher Solidarität unter den politischen Eliten und erst recht den europäischen Bevölkerungen, weder Wut und Verachtung, die sie in Europa entfacht, noch die gesellschaftlichen Folgen, die eine als „Reform" verordnete Klassenpolitik von oben nach sich zieht: Vertiefung der gesellschaftlichen Spaltung, Verarmung und Reduzierung der Lebenschancen für große Teile der Bevölkerungen, Prekarisierung der Arbeitsverhältnisse, Zerrüttung des Gesundheits- und des Bildungswesens etc. Und politisch: Nicht nur am rechten Rand, sondern in den Bevölkerungen aller Länder überhaupt haben sich nationalistische, euroskeptische und auch fremdenfeindliche Haltungen ausgebreitet und rechtsradikale Parteien haben so stark an Zulauf und Einfluss gewonnen, dass die Wahrscheinlichkeit der Zerstörung des Europaprojekts durch einen Rutsch nach weit rechts ebenso groß erscheint wie die durch einen Zusammenbruch des Euro. Aber das ist nicht Merkels Problem, weil sie nach der Logik ihrer politischen Grammatik beides in Kauf nehmen kann: Auf Europa kommt es ihr ohnehin nur als Herrschaftssphäre, nicht als Projekt an und von rechts braucht sie sich in Deutschland ebenso wenig gefährdet zu fühlen wie von links. Und ein Zusammenbruch des Euro und eine Rückkehr der DM würden ihr womöglich ewige Kanzlerschaft und – ganz sicher – einen Platz im Walhall des deutschen Nationalismus bescheren.

Literatur

Habermas, Jürgen (1990): Der DM-Nationalismus. Die Zeit, 30.3.1990
Heuser, Uwe Jean (2010): Gebt zu, ihr wisst es nicht. Ökonomen können die Bewegungen der Wirtschaft kaum vorhersagen. Die Zeit, 22. 12. 2010. S. 23f.
Hirsch, Joachim (1995): Der nationale Wettbewerbsstaat. Staat, Demokratie und Politik im globalen Kapitalismus. 2. Auflage. Amsterdam/Berlin
Höhler, Gertrud (2012): Die Patin. Wie Angela Merkel Deutschland umbaut. Zürich
Nescovic, Wolfgang (2012): Die rote Linie. Frankfurter Allgemeine Zeitung, 21.4. 2012
Scharpf, Fritz W. (1999): Regieren in Europa. Effektiv und demokratisch? Frankfurt/New York
Schirrmacher, Frank (2011): Demokratie ist Ramsch. Wer das Volk fragt, wird zur Bedrohung Europas. Frankfurter Allgemeine Zeitung, 2. 11. 2011
Streeck, Wolfgang (2013): Gekaufte Zeit. Die vertagte Krise des demokratischen Kapitalismus. Berlin

Rezensionen

Klaus-Peter Horn/Heidemarie Kemnitz/Winfried Marotzki/Uwe Sandfuchs (Hg.),
Klinkhardt Lexikon Erziehungswissenschaft, Bad Heilbrunn: Julius Klinkhardt
2012, 3 Bde., 512, 504 und 493 S., 99 Euro.

715 Autorinnen und Autoren haben an diesem quantitativ wie qualitativ beein-
druckenden Lexikon mitgewirkt, dessen Gebrauchswert unabhängig davon, dass
sich über die Verbesserungsfähigkeit einiger Details und Gewichtungen sowie
über verschiedene Akzentuierungen, Beurteilungen und Auslassungen füglich
diskutieren ließe, deutlich betont zu werden verdient.

Das Nachschlagewerk richtet sich an ausgebildete Fachvertreterinnen und
Fachvertreter ebenso wie an Studierende; es umfasst das gesamte erziehungswissenschaftliche Spektrum unter durchgängiger Berücksichtigung auch der Nachbardisziplinen. Die durchweg sehr informativen, auf anspruchsvollem Niveau ge-
schriebenen, jeweils mit zumindest knappen weiterführenden Literaturhinweisen
ausgestatteten und den aktuellen Forschungsstand repräsentierenden Artikel sind
einem Ordnungsmuster entsprechend erarbeitet worden, das aus 16 definierten
Fachbereichen bestand, die jeweils unter der Obhut eigener „Fachgebietsbetreu-
er" standen. Diese Fachbereiche – Allgemeine Erziehungswissenschaft, Berufs-
und Wirtschaftspädagogik, Bildungspolitik, Erwachsenen- und Weiterbildung,
Familie und Vorschulerziehung, Historische Erziehungswissenschaft, Interkultu-
relle Pädagogik, Medienpädagogik, Methoden der erziehungswissenschaftlichen
Forschung, Psychologie, Recht, Schulpädagogik, Sonderpädagogik, Sozialpädagogik, Soziologie sowie Vergleichende Erziehungswissenschaft – lassen die
Weite der bearbeiteten Themenfelder erkennen. Insgesamt offeriert das Lexikon
über 2.100 Stichwörter, darunter 386 personen- und 67 länder- sowie regionalbe-
zogene; einen Anspruch auf Vollständigkeit erhebt es, wie das Vorwort der Herausgeber und der Herausgeberin vermerkt, gleichwohl nicht (Bd. 1, S. 8).

Die Artikel vermitteln überwiegend ein solides Überblickswissen und nützliche Hinweise für eine vertiefende Befassung mit der jeweiligen Thematik, wenngleich die Literaturempfehlungen mitunter recht schmal, mitunter auch einseitig
ausfallen. Großenteils berücksichtigen die Beiträge auch neueste Forschungsbefunde und Fachdiskurse, über die überwiegend umsichtig und kritisch-abwägend
informiert wird. Hinsichtlich der thematischen Weite und der Differenziertheit
der am Schluss des dritten Bandes in einem Gesamtverzeichnis aufgelisteten
Stichwörter ist das Lexikon vielen anderen pädagogischen Nachschlagewerken
zweifellos überlegen. Nicht zuletzt die nach UN-Kriterien in gesonderten oder
aber Sammel-Artikeln erfolgende Behandlung von Staaten und Weltregionen erlaubt eine rasche vergleichende Information über verschiedene Bildungssysteme.

Gewiss sind die Artikel nicht allesamt von gleichem Niveau. Dass etwa, um
nur wenige Beispiele zu geben, „Autonomie" im Sinne eines kritisch-theoreti-

schen Begriffsverständnisses lediglich mit einer „Tradition der menschlichen Selbstverkennung" in Verbindung gebracht wird (Bd. 1, S. 89), Kilpatrick in einer hinter dem aktuellen Forschungsstand deutlich zurück bleibenden Weise immer noch als „Begründer der Projektmethode" gelten darf (Bd. 2, S. 176) oder der „sozialintegrative Unterricht" im Sinne des Ehepaars Tausch noch immer naiv-unkritisch als „Erziehung zum mündigen Bürger und zur Demokratie" verklärt werden kann (Bd. 3, S. 296), ist ebenso ärgerlich wie die fehlerhafte Namensangabe „Cohen" für Ruth Cohn (Bd. 3, S. 307) in einem insgesamt allerdings nur wenige verbliebene Druckfehler aufweisenden Lexikon.

Kritik dürfte vor allem im Hinblick auf die personenbezogenen Artikel angezeigt sein. Gewiss sind auch diese insgesamt zweifellos verdienstvoll, sie informieren überwiegend bündig nicht nur über bekannte, sondern auch über zahlreiche unbekannte und weitgehend vergessene Personen, und sie umfassen – fraglos ein zu würdigender Vorzug – nicht nur Pädagoginnen und Pädagogen im engeren Sinne, sondern auch Fachvertreterinnen und -vertreter der Philosophie, Soziologie, Psychologie und Psychoanalyse. Aufnahme finden sollten „zentrale Fachvertreter" (Bd. 1, S. 10), wobei nach 1930 geborene Personen nur ausnahmsweise (wie etwa im Falle Jürgen Henningsens, Christian Marzahns oder Detlev J.K. Peukerts) Berücksichtigung gefunden haben.

Nichtsdestoweniger erscheinen die Kriterien, die der Auswahl zugrunde gelegen haben, nicht unbedingt als schlüssig. Die in der pädagogischen Historiographie generell ignorierte feministische Rousseau-Kritikerin und Schulgründerin Mary Wollstonecraft wird nicht berücksichtigt, unter den Reformpädagogen bleiben etwa Wilhelm Paulsen, Wilhelm Lamszus und Siegfried Kawerau ohne Würdigung. Während Sozialwissenschaftler von Max Weber bis Niklas Luhmann in biographischen Artikeln bedacht werden, gilt das für Marx nicht, obwohl dessen Bedeutung für erziehungswissenschaftliche Reflexions- und Diskussionskontexte plausibel ebensowenig zu bestreiten ist wie die Bedeutung Freuds, der (übrigens entgegen Alfred Adler) ebenfalls keine Berücksichtigung findet. Gleiches gilt für pädagogisch überaus bedeutsame Psychoanalytikerinnen und Psychoanalytiker wie Anna Freud und Erik H. Erikson, – auch Horst-Eberhard Richter hätte seiner pädagogisch wichtigen Bücher („Eltern, Kind und Neurose"; „Patient Familie") wegen gewiss einen Eintrag verdient. Lawrence Kohlberg, der moralerzieherisch wichtige Protagonist der Just-Community-Pädagogik, wird zwar in den Artikeln „Moralentwicklung" und „Moralerziehung" erwähnt, biographisch aber ebenfalls nicht eigens gewürdigt. In der Reihe der behandelten Philosophen ist Karl-Otto Apel zu vermissen, dessen Transzendentalpragmatik für die Kritische Pädagogik eine wichtige Referenzbasis bereitgestellt hat, unter den zeitgenössischen Pädagogen werden etwa Hans-Jochen Gamm, Gernot Koneffke und Hartmut von Hentig ignoriert. Vor dem Hintergrund, dass beispielsweise Funktionsträgerinnen und -träger des NS-Systems von Baeumler und Krieck bis Bürkner-Mohr, Deuchler, Pfahler, Rüdiger, Rust, Schirach u.a., deren Verzeichnung in einem allgemeinen Pädagogik-Lexikon im Rahmen eines – im Klinkhardt-Lexikon fehlenden – Übersichtsartikels über die Pädagogik im Nationalsozialismus wohl ausgereicht hätte, wird man solche Defizite als schmerzliche registrieren dürfen.

Nichtsdestoweniger offerieren die drei Bände ein nützliches Hilfsmittel zur raschen Information.

Edgar Weiß

Sigrid Hartong, Basiskompetenzen statt Bildung? Wie PISA die deutschen Schulen verändert hat, Frankfurt/Main und New York: Campus Verlag 2012, 412 S., 43,00 Euro.

Über PISA wurde viel geschrieben – Affirmatives und Kritisches. Der pädagogische Sprachschatz – nicht nur der schulpädagogische – wurde durch zahlreiche neue Begriffe „erweitert" (oder durch sie verengt?), wie immer: „Lernziele" heißen jetzt „Kompetenzen", das, was Lehrpläne (nun Kerncurricula) festschreiben, nennt man inzwischen „Bildungsstandards" und die „Autonomie" von Schulen und Hochschulen wird nach Art der Spatzen von den Dächern der Kultusministerien gepfiffen. Die einen finden von PISA empirisch bestätigt, was sie ohnedies immer schon wussten: etwa die soziale Selektivität von „Bildungschancen" in der bundesrepublikanischen Gesellschaft; die anderen glauben zu wissen, was sie bei PISA finden können: Eine Anregung, Unterricht auf neue Art zu organisieren – kompetenzorientiert eben, die Schüler aktivierend, ungenutzte Ressourcen dabei aufspürend. Denn: so eine andere Weisheit aus neueren empirischen Studien: „Auf den Lehrer kommt es an!!"

Wer jenseits des allgemeinen Rauschens in Blätterwäldern wissen möchte, welche gesellschaftlichen und bildungspolitischen Prozesse sich hinter und vermittelt durch die zyklischen PISA-Studien vollziehen, der sollte zur Studie von Sigrid Hartong greifen. Minuziös zeichnet die Autorin nach, wie sich im deutschen Bildungswesen (und nicht nur in ihm) ein Paradigmenwechsel vollzieht – hin zum „Lebenslangen Lernen in der Wissensgesellschaft" (321). Unter diesem Begriff sieht Hartong ein Bündel neuer Steuerungsformen subsumiert, die auf unterschiedlichen Ebenen des „schulpolitischen Feldes" generiert werden. Nicht *alles* freilich ist neu oder unerwartet. Wie sollte es auch so sein: Dass ein Zusammenhang besteht zwischen der durch die OECD implementierten Kompetenzorientierung und dem Vergleichen von „Leistungen" einerseits und einem „neoliberalen" Kapitalismusmodell, das vermittels einer „Humankapitalisierung" nun verstärkt auf die politische Organisation von Bildungssystemen zuzugreifen sucht andererseits, wurde schon vielfach beobachtet. Was Hartongs Studie indes von allem bisher über PISA Geschriebenem unterscheidet, ist dass sie umfassend und überzeugend nachzuzeichnen vermag, wie sich die neuen bildungspolitischen Paradigmen von der internationalen Ebene über nationalstaatliche und – am Beispiel Niedersachsens – länderspezifische Bildungspolitik bis hin in Fachdidaktiken, einzelne Schulen und sogar Klassenzimmer vermitteln. (Nur am Rande sei erwähnt, dass Hartongs Studie kluge Einsichten gerade auch in die Auswirkungen eines ökonomisierten Bildungssprechs auf ein ästhetisches Fach, den Literaturunterricht, ermöglicht.)

Auch methodisch überzeugt Hartongs Arbeit, die nicht nur unterschiedliches bildungspolitisches Material auswertet, sondern die schulpraktische Dimension durch qualitative Interviews einholt. Hierbei sind mit einer „ländlichen Grundschule", einem „städtischen Gymnasium" und einer „städtischen Gesamtschule" zudem unterschiedliche Schultypen berücksichtigt. Als besonders innovativ erweist sich zudem Hartongs theoretischer Anspruch die Feldtheorie Bourdieus mit dem Weltkulturansatz und neueren Governancetheorien zusammenzudenken. In diesem Sinn gibt ihre Studie zugleich ein Beispiel für einen integrierten, soziologischen Ansatz der Politikfeldanalyse.

Hartong gelingt es, das detailreiche Bild einer neuen Bildungslandschaft zu zeichnen, in der freilich nicht einfach ein Austausch von alten durch neue Paradigmen zu konstatieren ist, sondern sich spezifische Hybridformen herausbilden, die sich im Alltag der Lehrkräfte nicht selten als Überforderung darstellen: Gilt es doch, disparate, teilweise gegensätzliche Erwartungen zu erfüllen, deren notwendige Widersprüche nicht selten als Versagen der Lehrkraft individualisiert werden. Vor diesem Hintergrund der Reduktion von Lehrkräften auf „professionelle" Erfüllungsgehilfen heteronomer Ansprüche erst ist auch der Zynismus der Feuilletons wirklich durchschaubar, die in permanenter Endlosschleife die zentrale „Erkenntnis" der Hattie-Studie wiederkäuen: „Auf den Lehrer kommt es an!!"

David Salomon

Stefan Blankertz, Pädagogik mit beschränkter Haftung. Kritische Schultheorie, Berlin: edition g. 2013, 199 S., 14,80 Euro.

In verschiedenen Kontexten – darunter schulpädagogische Überlegungen, Erörterungen zur Kritischen Pädagogik und Entwicklungstheorie sowie eine Auseinandersetzung mit der Erbe-Umwelt-Debatte – variiert Stefan Blankertz seine anarchistisch-pädagogischen Überzeugungen. Soweit er dabei die uneingelösten Verheißungen unseres Bildungssystems thematisiert, wird man ihm nur beipflichten können: Dass Schule traditionell soziale Ungleichheit reproduziert, ist ein bekanntes, selbst durch PISA erhärtetes Faktum. Mit Recht kritisiert Blankertz folglich die These, „Schule wirke sozial ausgleichend", als „unhaltbare Behauptung", mit Recht zielen die Angriffe seiner „kritischen Schultheorie" gegen „das auf Auslese gerichtete, hierarchische, steuernde, kurz, das sozialtechnische Interesse des Staates" (S. 43).

Befremdlich mutet unterdessen das von Blankertz empfohlene Remedium an: „marktwirtschaftliche Strukturreformen der Schule" (S. 138). Dass diese längst auf Hochtouren laufen, während Schule nach wie vor soziale Ungleichheit reproduziert, irritiert ihn dabei keineswegs, vielmehr schreibt er das ungebrochene Elend des bestehenden Bildungswesens einer bislang vermeintlich mangelnden Radikalität marktwirtschaftlicher Vorstöße zu. Blankertz setzt ausgerechnet auf die – nach seiner Einschätzung Freiheit und Gerechtigkeit verheißende – Kraft eines „subversiven Kapitalismus" (S. 53). Sein Anarchismus, der in der Normkritik aus seiner Sicht mit der „transzendentalkritisch-skeptischen Pädagogik" aus dem Umkreis der sogenannten „Neukantianer" sowie mit der Humboldtschen Bildungsidee konvergiert (S. 73 f.), ist der Anarchismus eines fundamentalistischen ökonomischen Neoliberalismus, dessen Protagonisten Friedman, Hayek und von Mises durchgängig als Referenzautoren bemüht werden. Friedmans Votum für eine generelle Entstaatlichung des Schulsystems und für die – 1982 von der chilenischen Militärdiktatur aufgegriffene – Ausgabe von Bildungsgutscheinen wird als wegweisend für eine Effizienzsteigerung des Bildungssystems betrachtet (S. 95 ff.). Die mit Initiativen solcher Art assoziierte „unbeaufsichtigte" wird zur Alternative gegenüber einer „zwangsweisen Vergesellschaftung" stilisiert, als deren selbstwidersprüchliche Parteigängerin auch die vermeintlich eine „Mündigkeit mit Gewalt" intendierende Emanzipatorische Pädagogik ausgewiesen wird (S. 98 f., 71).

Wenngleich sich vieles gegen die traditionelle Staatsschule und unser Bildungssystem sagen lässt, wäre ein (mithin längst zunehmend konstatierbarer) Rückzug des Staates aus seiner Verantwortung für die Bildung schwerlich das sinnvolle Korrektiv, als das er von Blankertz behauptet wird. Dessen simplifizierende und klischeehaft anmutende Dichotomisierung von „unbeaufsichtigter" und „zwangsweiser" Vergesellschaftung unterschlägt die Verstärkung bestehender Zwänge, die aus aus einer völlig „unbeaufsichtigten" Vergesellschaftung – etwa in Form eines wachsenden Analphabetismus, weiterer Diskrepanzen der Bildungsniveaus und weiterer sozialer Chancenunterschiede – erwartungsgemäß resultieren dürften, wie sie andererseits Ambitionen, das Bildungssystem auf Maßnahmen zur weitestmöglichen Garantie von Chancengleichheit zu *verpflichten*, von vornherein als vermeintlich „zwanghaft" diskreditiert.

Blankertz' statement, Chancengleichheit dürfe nicht „aufgezwungen" werden (S. 146), erscheint vor diesem Hintergrund lediglich als Geste der Abwehr der Einsicht, dass sein anarchistisch-neoliberalistisches Modell keineswegs eine Erweiterung berechtigter Freiheitsansprüche erwarten ließe, sondern geeignet wäre, der Gesellschaft eine Stabilisierung und Verschärfung sozialer Chancenungleichheit aufzuzwingen.

Als solle der wachsende Vermarktwirtschaftlichungstrend im Bildungswesen als immerhin schon partiell bestätigter Fortschrittsträger plausibilisiert werden, führt Blankertz mit Verweis auf eigene Untersuchungsergebnisse mithin an, dass noch in den 1970er Jahren „Dissertationen (!) akzeptiert" worden seien, „die heute kaum als Seminararbeiten durchgehen würden" (S. 114). Viele Kolleginnen und Kollegen dürften in Anbetracht der im Kontext der durch den Bologna-Prozess bewirkten Hochschulreform zumindest in den Geistes- und Sozialwissenschaften üblich gewordenen Seminarleistungen gerade über gegenteilige Erfahrungen verfügen.

Edgar Weiß

Ian Morris: Wer regiert die Welt? – Warum Zivilisationen herrschen oder beherrscht werden. Frankfurt/New York: Campus Verlag, [2011] 2012, 656 S., 24,90 Euro

Ein äußerst interessantes, kenntnis- und anregungsreiches Buch mit starken und riskanten Thesen, die gelegentlich stark, gelegentlich schwach begründet oder geschickt erschlichen sind. Morris, Archäologe und Althistoriker in Stanford, will Geschichte als Geschichte der Menschengattung erzählen, mithin ihren Anfang *und* ihr Ende. Das setzt einen Perspektivpunkt jenseits der Menschheitsgeschichte voraus. Das ist nicht neu; die kosmologischen und heilsgeschichtlichen Erzählungen der Menschheitsgeschichte entnahmen einen solchen Perspektivpunkt der geglaubten Offenbarung. Morris, darin Marx ähnlich (Marx ist gelegentlich expliziter, oft impliziter Referenzpunkt), sucht diesen Perspektivpunkt zu gewinnen, indem er in der Geschichte der Menschheit evolutionäre Gesetzmäßigkeiten zu entziffern sucht, denen sie nicht entkommen kann und in deren Bahnen die Geschichte der globalen Menschheit auch über die Gegenwart hinaus und bis zu ihrem Ende verbleiben *muss*. Dementsprechend schreibt er seiner Interpretation der Menschheitsgeschichte eine schlüssige Prognosefähigkeit zu und behauptet, „dass uns die Gesetzmäßigkeiten der Geschichte eine recht gute Vorstellung davon vermitteln, was als Nächstes geschehen wird" (44).

In der einleitend diskutierten Grundfrage, ob *Determination* oder *Kontingenz*, *Gesetzmäßigkeiten* oder *Zufälle* den Gang der Geschichte letztlich bestimmen, bezieht Morris also in der Sache eindeutig Position, auch wenn er das selbst gelegentlich bestreitet. Hinter allen Kämpfen und allem Gewimmel „verläuft die Geschichte nach zwingenden Mustern und mit den richtigen Instrumenten wird es Historikern gelingen, diese zu erkennen und sogar zu erklären" (34f.). Morris bekennt sich – ohne es so zu nennen – zu einem historischen Materialismus sans phrase , indem er selbst weiche, vermittelnde, sich gesellschafts- oder kulturgeschichtlich begründende Thesen von historischer Determination rundheraus ablehnt . Die „Ursache für die Vormachtstellung des Westens nur im Materiellen" zu suchen und damit zu behaupten, „kulturelle Überzeugungen und Werte seien vollkommen unwichtig", ist – so betont er – „genau das, was ich zu tun beabsichtige" (38). „Nur im Materiellen" – damit zielt er auf ein naturalistisches Substrat der Geschichte, welches er in den Netzen dreier Wissenschaften einzufangen hofft: der Biologie, der Soziologie und der Geographie, wobei die aus den beiden ersten gewonnenen „Gesetzmäßigkeiten – die biologischen und die soziologischen – bestimmen, in welcher Form sich die Weltgeschichte insgesamt entwickkelt, während ein drittes Prinzip – das geographische – über die regionalen Unterschiede der Entwicklung im Osten und im Westen entscheidet" (44). Freilich hat Morris – und dies bildet einen der angreifbarsten Punkte seiner Argumentation – eine Version von Soziologie im Auge, die nur als trivial naturalistisch bezeichnet werden kann. Deren Hauptergebnis entleiht er einem Science-Fiction-Autor, der als wirkliches Movens menschlicher Entwicklung die Faulheit herausgestellt habe, und Morris steht nicht an, „eine weniger plakative Version der Aussage als meinen eigenen Morris-Satz auszugeben: ‚Veränderungen werden von faulen, habgierigen, verängstigten Menschen bewirkt, die nach leichteren, profitableren und sichereren Wegen suchen, etwas zu tun. Und sie wissen nur selten, was sie eigentlich tun.'" (36)

Unschwer zu sehen ist, dass es in Wahrheit die Annahmen der liberalen Ökonomie über menschliches Verhalten sind, die die Grundelemente der Morrischen Basisregel menschlicher Entwicklung bilden. Wie dort der individuelle Eigennutz und dessen instrumentalistische Rationalität der quasi-naturalistische – und daher als unumstößlich gemeinte – Ausgangspunkt von allem weiteren sein soll, so hier die – zeitgeistig weichgespülte – Behauptung über anthropologisch gesetzte Dispositionen individuellen, nutzenmaximierenden Verhaltens – und hier wie dort scheint es eine „unsichtbare Hand" zu sein, die jenseits der begrenzten Horizonte der Akteure eine Ordnung der Dinge und eine Logik ihrer Entwicklung herstellt.

Und hier wie dort kommt aus dieser Perspektive die Verteilung des gesellschaftlichen Reichtums ebenso wenig in den Blick wie die Kämpfe darum.

Wie für die Mikroebene menschlichen Verhaltens gilt auch für die Makroebene menschheitlicher Entwicklung, dass es die Denkformen der liberalen Ökonomie sind, die – uneingestanden – Morris die Schlüsselkategorien liefern: Wachstum und Wettbewerb. Die Menschheitsgeschichte als ein Langstreckenrennen zwischen West und Ost um Vorsprung und Weltherrschaft zu erzählen, verschafft der Darstellung Spannung und einen leicht identifizierbaren Handlungsrahmen („Der Westen geht in Führung", „Der Osten holt auf", „Kopf an Kopf" etwa als Kapitelüberschriften), doch handelt sie sich damit eine Teleologie ein, die – anders als die Selbsterklärungen des Autors lauten – auf den Gleisen der Ökonomie läuft. Der Maßstab, mit dem Morris den Stand des Rennens jeweils misst, besteht aus einem Bündel von vier Wachstumsindikatoren, unter denen die Energieausbeute der sichtlich dominante ist. An ihm entscheidet sich, welche Ressourcen im Kampf um Vorherrschaft mobilisiert werden können oder welche Herrschaftsformationen historisch scheitern oder zurückfallen, wenn deren überschießender Energiebedarf an die agrargesellschaftliche Naturschranke stößt, die bekanntlich erst mit der Fähigkeit zur Umwandlung fossiler in kinetische Energie in der industriellen Revolution eingerissen wurde.

Morris verachtet die defensive Haltung vieler Historiker , die die Relevanz ihrer historischen Rekonstruktionen für Gegenwart und Zukunft sehr niedrig hängen oder ganz bestreiten wollen. Dass der wirksamste Antrieb für den Blick in die Vergangenheit es ist, wissen zu wollen, wie das Heutige geworden ist und wie es mit ihm weitergeht, ist bei ihm immer wieder erklärtes Leitmotiv seines Erkenntnisinteresses. Folgerichtig endet seine Darstellung mit einem Kapitel , welches – ohne jede falsche Bescheidenheit – den prognostischen Ertrag seiner menschheitsgeschichtlichen Analyse einfahren will. Weil die Wachstumskurve der Entwicklungsindikatoren wegen der nun weltweit entfesselten Produktivkräfte unvorstellbar steil in die Höhe schieße, näherten wir „uns der größten Diskontinuität der Geschichte" (567), weswegen „die nächsten 40 Jahre die bedeutsamsten der Weltgeschichte sein werden" (583). „ Das 21. Jahrhundert", so steigert Morris nun die Wettbewerbs-Metapher, „kann eigentlich nur zu einem Wettlauf werden. Auf der einen Bahn unterwegs ist die Singularität, auf der anderen die Weltendämmerung." (582) In dieser letzten Alternative der Geschichte als Geschichte der *Menschheit* setzt Morris auf die „Singularität", jenen vom Futurologen Ray Kurzweil für die Mitte unseres Jahrhunderts prognostizierten Zustand, in dem die Rechner-Intelligenz in der Lage sein soll, die menschliche Intelligenz zu integrieren und „in einem weltumspannenden Bewusstsein zu verschmelzen" (568). Wenn die „ersten postbiologischen Mensch-Maschine-Wesen" (591) den Homo Sapiens abgelöst haben, hat sich auch die Naturbasis menschlicher Geschichte erledigt, deren Gesetzmäßigkeiten über viele Jahrtausende hinweg Morris mit den Netzen der Biologie, Soziologie und Geographie eingefangen zu haben meint. Nun öffne- aus dieser zukünftigen Perspektive – sich „der Blick für das, was von jeher hätte selbstverständlich sein sollen: Die Geschichte, auf die es wirklich ankommt, ist nicht die des Westens, nicht die des Ostens, auch nicht die einer anderen Unterabteilung der Menschheit. Die bedeutsame Geschichte ist global, ist eine Evolution. Sie erzählt uns, wie wir vom Leben als Einzeller zur Singularität gelangt sind." (591)

Von welchem „wir" Morris hier spricht, bleibt freilich ungeklärt; so emphatisch Morris auf einen menschheitlichen Universalismus hinzuführen scheint und so entschieden er im Lauf seiner Darlegung den Naturalismus seiner Grundannahmen gegen Rassismen abgegrenzt hat, so wenig hat sich doch in seinen Argumentationen ein „wir" im Sinne gesellschaftlicher Selbstverständigung über das, was ist und was zukünftig sein soll, herausgebildet. Die Sphäre gesellschaftlicher Öffentlichkeit existiert unter diesem Blickwinkel nicht, und wo Morris auf philosophische Ideen oder religiöse Lehren zurückgreift, fungieren sie als Leitideen der Herrschaftsformation, nicht als Diskursrahmen gesellschaftlicher Selbst-und Welterklärung. Handlungseinheit ist immer und unveränderlich ein Individuum, das in seiner Grundausstattung als homo oeconomicus gedacht ist und wie selbstverständlich strategisch im Sinne seiner Nutzenmaximierung handelt, gleichgültig, ob als Herrscher oder Arbeitender. Einen übergreifenden Sinn bildet erst die unsichtbare Hand der Geschichte heraus, und er ist erst im Nachhinein, oft nur aus großer zeitlicher Distanz, zu entziffern. Ein Umschalten aus dem Modus individuellen strategischen Handelns in den Modus kollektiver Reflexion oder kooperativen Handelns ist für die jeweils hier und jetzt Lebenden in dieser Betrachtungsweise nicht vorgesehen, folglich auch nicht, dass sie ihre Erfahrungen kommunikativ verarbeiten, um das Verhängnis durchschauen und abwenden zu können.

Für die produktiven Potenziale der Subjektivität, von Kooperation und Kommunikation in der menschlichen Geschichte hat Morris keinen Blick. Sein Desinteresse daran betrifft auch jene klassischen Deutungen des Kapitalismus, die eben der Frage nachgehen, die auch Morris' Ausgangspunkt ist, warum nämlich der Kapitalismus ein Produkt der europäischen (und nicht etwa der chinesischen) Geschichte gewesen ist. Max Webers Protestantismus-These, die immerhin eine stark argumentierende Antwort darauf gibt und darüber hinaus einen Vorschlag zum Verständnis der subjektiven Ressourcen des Kapitalismus macht, wird ebenso wenig erwähnt oder gar diskutiert wie Marx' Begriff von Arbeit, die immer zugleich eine gesellschaftliche Beziehung konstituiert und unter bestimmten historischen Bedingungen den Kapitalismus in Gang setzen kann. Es mag sein, dass es die Übermacht des neoliberalen Einheitsdenkens (oder des „ökonomischen

Imperialismus", wie Gary S. Becker das apologetisch, doch zu Recht nennt) ist, die Morris blind dafür macht, dass es auch andere Konzeptionen der „condition humaine" gibt als die des homo oeconomicus als historischer Standard-Recheneinheit. Doch solange die neoklassische Ökonomie als fraglose Leitwissenschaft der gegenwärtigen Welt akzeptiert wird, ist Morris' Argumentation ein plausibler Realismus nicht abzusprechen. Denn einer Menschheit, die auf das Erbe kommunikativer Rationalität und gesellschaftlicher Selbstbestimmung verzichtete, bliebe in der Tat nichts als sich dem ökonomisch angetrieben Lauf der Dinge zu überlassen und dabei das Schlimmste, den vorzeitigen Untergang, zu vermeiden.

Gerd Steffens

Benno Hafeneger, Beschimpfen, bloßstellen, erniedrigen. Beschämung in der Pädagogik, Frankfurt a.M.: Brandes & Apsel 2013, 163 S., 17,90 Euro.

Der Band schließt thematisch unmittelbar an Hafenegers Buch „Strafen, prügeln, missbrauchen. Gewalt in der Pädagogik" von 2011 (vgl. die Rezension in: Jahrbuch für Pädagogik 2011, S. 349 f.) an. Wie dort geht es auch hier um die verschiedenen Formen von Gewalt in der Erziehung, wobei über deren Verbreitung abermals erschreckende Belege beigebracht werden.

So wird gezeigt, dass – wenngleich seit den 1990er Jahren im allgemeinen „Gewalt immer stärker geächtet" wird (S. 10) – auch jüngere Untersuchungen ergeben haben, dass körperliche Gewalt aus dem erzieherischen Alltag keinesfalls verschwunden ist. Jährlich werden z.B. 12.000-16.000 Fälle sexueller Gewalt zur Anzeige gebracht, die um eine weit darüber liegende Dunkelziffer zu ergänzen sein dürfte; häusliche Gewalt findet nach wie vor hohen Zuspruch, insbesondere bei Männern mit niederer Schulbildung, und nach einer Studie des Kriminologischen Forschungsinstituts Niedersachsen aus dem Jahre 2009 geben noch immer 5 % der befragten Jugendlichen an, von Lehrkräften geschlagen worden zu sein, andere Untersuchungen gelangen zu ähnlichen Ergebnissen (S. 41, 10, 88). Hafeneger verweist mithin keineswegs nur auf deutsche, sondern zieht auch ausländische Befunde heran, wobei auch hierzulande eher wenig bekannte Phänomene – etwa eine enorme Verbreitung sexuellen Missbrauchs innerhalb der amerikanischen Pfadfinderbewegung (S. 23 f., Fn. 5) – zur Sprache kommen. In aufschlussreichen historischen Exkursen berichtet der Verfasser zudem sehr informativ über Gewalt in Internaten und Heimen sowohl der Bundesrepublik wie der ehemaligen DDR, deren Heimerziehungssystem anschaulich am Jugendwerkhof Torgau exemplifiziert wird, einer totalen Institution, in der dressurartige Zwangsarbeit, Schläge, Essensentzug, Erniedrigungen usw. an der Tagesordnung waren (S. 31 ff.).

Im Zentrum der Erörterungen steht gleichwohl nicht die in „Strafen, prügeln, missbrauchen" fokussierte körperliche Gewalt, sondern eine „Pädagogik der Beschämung" (S. 11) mit ihren mannigfaltigen Varianten subtilerer Erziehungsgewalt (Ignoranz, Liebensentzug, Einreden fehlender Begabung, Beschämung im Hinblick auf Persönlichkeits- und Herkunftsmerkmale, Vorführen, Herabsetzen, Bloßstellen, Lächerlichmachen usw.).

Hafeneger offeriert anthropologische, sozialpsychologische, historische und phänomenologische Überlegungen zum Gefühl der Scham (S. 49 ff.) und detaillierte Analysen zur Beschämung als Gewaltform (S. 67 ff.), die deren lange Tradition und Einbindung in die Züchtigungs- und Strafgeschichte ebenso belegen wie deren aktuelle Verbreitung und Begünstigung durch moderne Kommunikationsmittel, vermittelst derer das „Cyber-Mobbing" (S. 45 ff.) zum charakteristischen Bestandteil gegenwärtiger „Beschämungskultur" geworden ist.

Soziale Funktionen von Beschämung werden ebenso zum Thema wie deren individuelle Folgen und notwendige Schritte, vermittelst derer der „Beschämungskultur der Pädagogik" (S. 99) entgegengewirkt werden kann. Das Buch widmet sich einem bislang vernachlässigten Thema und bietet mit der Fokussierung subtilerer und unauffälligerer Gewaltformen eine fällige Ergänzung zu bereits vorliegenden Gewaltanalysen.

Edgar Weiß

Gisela Wiegand, Frühe Gefühlsverhältnisse. Lehrbuch der psychoanalytischen Entwicklungstheorie der Unter-3-Jährigen, Frankfurt a.M.: Brandes & Apsel 2012, 165 S., 15,90 Euro.

Der ursprünglich als Reader für Hochschulseminare zur Entwicklungspsychologie der frühesten Lebenszeit entstandene und sich demgemäß vor allem an Studierende wendende Band hat – dem Untertitel entsprechend – Lehrbuchcharakter. In kompakten „Modulen" informiert er über Beiträge der Wahrnehmungspsychologie, Interaktionsforschung und Neurowissenschaften zu einem „neuen Bild" des Säuglings, Entwicklungsdiagnostik und interpersonale Beobachtungsmethoden der Kleinkindforschung, „frühe Gefühlsverhältnisse", Zusammenhänge von Spielen und Lernen sowie Möglichkeiten einer entwicklungspsychologisch aufgeklärten und entwicklungsfördernden Praxis der Kleinkinderziehung. Offeriert werden dabei ein Überblick über maßgebliche Theorieansätze und neuere theoretische Entwicklungen, biographische Kurzporträts deren prominentester Vertreterinnen und Vertreter, konzise Erläuterungen zur einschlägigen Terminologie sowie jeweilige Literaturempfehlungen zur Vertiefung.

Mit dem Anspruch, den aktuellen Forschungs- und Diskussionsstand zu präsentieren, geht die Autorin von der Revisionsbedürftigkeit der klassisch-psychoanalytischen Triebtheorie aus, um vor allem objektbeziehungs- und bindungstheoretische Konzepte (Winnicott, Bowlby) und jüngere Befunde der Kleinkind- und Deprivationsforschung sowie der Neurowissenschaften zu erörtern, wobei freilich durchaus auch ältere Ansätze – etwa der in Wygotskis „Denken und Sprechen" entfaltete – reaktualisiert werden. Fokussiert werden vor allem neue Ergebnisse der Säuglingsforschung, denen zufolge die durchgängig soziale und aktive Natur des Menschen seit der Geburt, die frühe Fähigkeit zur Triangulierung und „Mentalisierung" (Fonagy), die herausragende Bedeutung sozial-emotionaler Entwicklungsprozesse sowie entsprechender Resonanz und Spiegelung betont werden. Fokussiert wird im Anschluss an Forscher wie Martin Dornes und David Stern das Bild des „kompetenten Säuglings", vor dessen Hintergrund – durch neurowissenschaftliche Befunde bestätigt – ältere psychoanalytische Ansätze wie Margaret Mahlers Annahme einer frühen „Symbiose"-Stufe, aber auch Piagets Beschreibung eines Entwicklungsverlaufs „vom egozentrischen zum abstrakten Denken" unhaltbar geworden seien (S. 63, 71, 75).

Der Band ist gewiss zur Einführung in psychoanalytische und ergänzende Beiträge zur Kleinkindforschung geeignet, betont aber unter Ignoranz diverser älterer Arbeiten zur Integration psychoanalytischer Theorien mit den Konzepten G.H. Meads, Piagets und Wygotskis, in denen verschiedene Aspekte der neueren Kleinkindforschung bereits antizipiert worden sind (Melvin Feffer, William Damon, Robert Selman, Monika Keller u.a.) m.E. allzu stark den vermeintlich zäsurbildend-innovativen Charakter jüngerer Forschungsbefunde, während ältere Theorieansätze zum Teil allzu umstandslos und undifferenziert als obsolet ausgewiesen werden. Zudem verweist die durchgängige Neigung, neurowissenschaftlichen Befunden eine – dem Rezenten fragwürdig erscheinende – paradigmatische Bedeutung zu attestieren, vielleicht doch eher auf das Bedürfnis, den Anschluss an einen modischen Trend sozialwissenschaftlicher Theoriebildung zu markieren. Aber diese Tendenz sowie die – für ein einführendes Lehrbuch unvermeidlichen – Simplifizierungen mindern nicht den Wert, der dem Band für den Erwerb eines grundlegenden Überblicks über maßgebliche Theoriekonzepte und Forschungsergebnisse zur Entwicklung des Kleinkindes zukommt.

Edgar Weiß

Hans-Jochen Gamm: Pädagogik als humanes Erkenntnissystem.
Das Materialismuskonzept in der Erziehungswissenschaft. Pädagogik
und Politik, Hrsg. v. Armin Bernhard, Eva Borst und Matthias Rießland, Bd. 5.
Baltmannsweiler: Schneider Verlag, 2012, 233 S., 19,80 Euro

Hans-Jochen Gamm, der 2011 verstorbene Mitbegründer und Mitherausgeber des „Jahrbuchs für Pädagogik", war einer jener intellektuellen Zeugen des 20. Jahrhunderts, ohne die die Wiederherstellung aufgeklärter und humaner gesellschaftlicher Selbstverständnisse nach der Barbarei des Faschismus und gegen die Denkverbote des Kalten Krieges nicht möglich gewesen wäre. Es war, wie der gleichaltrige Jorge Semprún einmal geschrieben hat, die „Erfahrung einer unerhörten Teilhabe", welche den fortwährenden Versuch dieser Generation von Intellektuellen antrieb, durch die Kraft der Reflexion zurückzuholen, was durch die Macht der Barbarei verneint worden war: Fähigkeit und Vertrauen, dass die menschlichen Verhältnisse durch die einschließende Kraft menschlicher Vernunft selbstbestimmt geregelt werden könnten.

Dass darin der Pädagogik eine wichtige, ja zentrale Aufgabe zukäme, haben nur wenige der Pädagogen der Nachkriegsjahrzehnte sehen, noch weniger als eine Aufforderung an sie selbst begreifen wollen. Denn diese Denk-Aufforderung bedeutete, sich von den sicheren und überschaubaren Wegen hergebrachter pädagogischer Diskurse zu lösen und sich für die Anstöße gesellschaftsgeschichtlichen und gesellschaftstheoretischen Denkens zu öffnen. „Die Erziehungswissenschaft, eine im bundesdeutschen Hochschulbereich ansehnlich ausgewiesenen Disziplin", so schrieb Gamm 1984 in einem der im vorliegenden Band wieder publizierten Beiträge, „hat kein Bewusstsein dafür entwickelt, welcher zeitgeschichtliche Komplex ihr zur Bearbeitung anheimgegeben ist. Die Analyse des Faschismus als Thema der Bildungstheorie ist gänzlich unbegriffen, weil es am Begriff einer pädagogischen Verantwortung für die Geschichte mangelt und bürgerliche Pädagogik sich den *individuellen* Horizont von Bildung erschlossen hat, über den *gesellschaftlichen* jedoch kaum etwas auszusagen vermag." (127)

Eben jenen „Begriff einer pädagogischen Verantwortung für die Geschichte" als Antwort auf die Barbarei des Faschismus zu entwickeln, ist die selbst gestellte und unbeirrt verfolgte Lebensaufgabe Gamms gewesen. Der vorliegende Band versammelt Aufsätze, in denen Gamm diese Aufgabe in einem Reflexionsraum diskutiert, dessen Dimension durch den „Anspruch voller Immanenz" (148), also die unverstellte Diesseitigkeit aller Geltungsgründe, ebenso bestimmt ist wie durch die Selbstermächtigung einer diskursiven Gesellschaft zur eigenen Geschichte in der Perspektive einer „Humanitätsidee, die das Zusichselbstkommen der Menschheit meint" (131). Die (Wieder-)Entdeckung selbst verantworteter Geschichte als Gegenstand und Ziel von Bildung und die Neubegründung einer

Bildungstheorie im historisch reflektierten Rückgriff auf zentrale Denkfiguren der Klassik und Theorien der Arbeiterbewegung hat Gamm selbst und zu Recht unter den Begriff des Historischen Materialismus gestellt.

Gamms Praxis des Historischen Materialismus ist freilich alles andere als eine Repetition strukturierten Lehrbuchwissens, woran der Habitus der Einleitung von Armin Bernhard gelegentlich denken lässt. Gamm nutzt Geschichte als lebendigen Reflexionsraum einer Gegenwart, die Handlungsfeld gesellschaftlich selbstbestimmter Subjekte sein soll und die Heranwachsenden entsprechend bilden will. Deshalb ist Theorie – und die des Historischen Materialismus insbesondere – Instrument einer Praxis aufklärender Selbstvergewisserung einer Menschheit, die ihre besseren Möglichkeiten nur ergreifen kann, wenn sie die selbst produzierten Widersprüche und Krisenlagen zu analysieren und zu bearbeiten versteht. Ob Gamm dies – wie in „Wiederentdeckung der Bescheidenheit" von 1977 – an der ökologischen Krise bildungstheoretisch exemplifiziert oder an den früh beobachteten Folgen neoliberaler Globalisierung („Bleibende Bedeutung eines kritischen Marxismus für die erziehungswissenschaftliche Diskussion" von 1992) – immer verknüpft sich wie selbstverständlich und äußerst luzide das lebendige Material der Gegenwart mit aufschließender Reflexion auf die historisch ausgebildeten Denkformen und -figuren einer Menschheit auf dem Weg zu sich selber. Und je direkter Gamm sich den gesellschaftlichen Problemlagen der Gegenwart als Herausforderung für Bildung zuwendet statt sich mit den selbstreferentiell verstellten innerpädagogischen Diskursen zu beschäftigen, desto triftiger, produktiver und anregender sind die Folgerungen, die er für eine sich ihrer selbst vergewissernde Bildung zieht.

Es ist eben dieses Anregungspotenzial, welches die Neupublikation dieser Aufsätze Gamms nicht nur rechtfertigt, sondern verdienstvoll macht. Letzteres wäre noch deutlicher zu unterstreichen, wenn die Herausgeber daran gedacht hätten, die einzelnen Texte durch eine editorische Notiz in ihren Entstehenszusammenhang zu rücken, um sie für die heute Studierenden und Lehrenden, für die die Sammlung ja gewiss gedacht ist, leichter zugänglich zu machen. Das hätte die Aufmerksamkeit der Herausgeber vielleicht auch für manche erläuterungsbedürftige, weil dem damaligen Verwendungszusammenhang geschuldete Textgestalt geschärft und sie auch etwa bemerken lassen, dass sie – auch entgegen einer unter die Texte gestreuten autobiographischen Notiz Gamms – auf der Buchrückseite ein falsches Geburtsjahr (1923 statt 1925) angeben.

Gerd Steffens

Manuela Jungbluth, Anna Siemsen – eine demokratisch-sozialistische Reformpädagogin, Frankfurt a.M.: Peter Lang 2012, 417 S., 61,95 Euro.

Sechs Jahrzehnte nach ihrem Tod gelangt Anna Siemsen (1882-1951) zu einer Aufmerksamkeit, die ihr in der pädagogischen Historiographie lange verwehrt blieb. Lag bisher nur eine recht überschaubare Anzahl meist kleinerer Studien über die Pädagogin vor, so widmen sich ihr mit den Arbeiten Christoph Sängers („Anna Siemsen – Bildung und Literatur", 2011 im Peter Lang-Verlag, Frankfurt a.M., erschienen), Alexandra Bauers („Das pädagogisch-politische Denken im Leben und Wirken der Sozialistin Anna Siemsen", wird ebenfalls im Peter Lang-Verlag erscheinen) und eben Manuela Jungbluths inzwischen drei Dissertationen.

Diese neue Aufmerksamkeit war überfällig. Denn die weitreichende Verdrängung der Demokratin und Sozialistin, entschiedenen Antifaschistin und Emigrantin, deren berufliche Existenz in der Nachkriegszeit infolge skandalöser Entscheidungen und Unterlassungen im Dschungel bundesdeutscher Bürokratie noch einmal nahezu ruiniert wurde, aus dem Gesichtskreis der pädagogischen Zunft versagte nicht nur der aufrechten Reformpädagogin selbst die ihr gebührende Anerkennung, sondern erschwerte auch den Nachgeborenen die Möglichkeit, aus Anna Siemsens Werdegang sowie ihren Arbeiten und Erfahrungen zu lernen.

Anna Siemsens Engagement und Werk weisen zahlreiche Facetten auf, die der Erinnerung und Diskussion würdig sind: als Schulpolitikerin und sozialdemokratische Reichstagsabgeordnete, Pazifistin und Frauenrechtlerin, Mitglied reformpädagogischer Organisationen, Berufspädagogin und Germanistin etwa eröffnet sie eine Reihe möglicher Zugänge. Manuela Jungbluth fokussiert, ohne dass die übrigen Dimensionen außerhalb ihrer Betrachtung blieben, die „demokratisch-sozialistische Reformpädagogin" Anna Siemsen. Ihr nähert sie sich vermittelst eines zweifachen Ansatzes: in einem biographischen und in einem systematischen Teil.

Der biographische Teil thematisiert in fünf Kapiteln Anna Siemsens Kindheit und Ausbildung (I), ihre Entwicklung zur Sozialistin und Pazifistin in der Zeit des Ersten Weltkrieges (II), ihr bildungs-, kultur- und gesellschaftspolitisches Engagement in der Weimarer Zeit (III), ihre Emigration und ihre Aktivitäten in der Zeit des Schweizer Exils (IV) sowie ihr Engagement für ein freiheitliches Deutschland, ihre Rückkehr und ihre Erfahrungen als Remigrantin (V). Mit ständigem Blick auf den jeweiligen politisch-sozialen Zeitkontext wird hierbei sensibel nachgezeichnet, wie Siemsen durch die spannungsreichen Erfahrungen in einer Epoche des Umbruchs, durch das Aufwachsen im protestantischen Pfarrhaus im dörflichen Mark und die greifbaren Industrialisierungsfolgen in den nahegelegenen westfälischen Städten, durch das Erlebnis schulischer Dressur zur Untertanenmentalität und antipreußischer Gesinnungen in der eigenen Familie, geprägt wurde und sich schließlich zur entschiedenen Pazifistin und Sozialistin entwickelte, die sich mutig und kompromisslos politisch engagierte, sei es bei ihrer Solidarität mit dem infolge rechtsextremistischer Attacken seiner Lehrbefugnis beraubten jüdischen und pazifistischen Privatdozenten Gumbel, sei es in ihrem standhaften Engagement gegen Nationalsozialismus und spanischen Faschismus, sei es in ihrer Kritik des Sowjetkommunismus.

Ausführlich werden Siemsens Engagement in der Friedensbewegung und für eine demokratische Pädagogik, ihre durch die Politik der damaligen Sozialdemokratie bedingten Wechsel zwischen SPD und USPD sowie ihre spätere Option zugunsten der SAP, ihre Arbeit als Stadtverordnete in Düsseldorf, ihre Mitwirkung bei der Ausarbeitung des USPD-Schulprogramms, ihr Einsatz für weltliche Schulen und gegen den Weimarer Schulkompromiss sowie ihre Arbeit als Oberschulrätin, Schulleiterin und Honorarprofessorin in Thüringen, aber auch ihr Engagement im „Bund Entschiedener Schulreformer" und im „Bund der Freien Schulgesellschaften", für die „Kinderfreunde" und den „Verband deutscher Lehreremigranten" und andere Organisationen gewürdigt (S. 71 ff., 83 ff., 200 ff.).

Der systematische Teil der Arbeit widmet sich dann eingehend Anna Siemsens Hauptwerk „Die gesellschaftlichen Grundlagen der Erziehung" (I), Siemsens Menschenbild, Gesellschafts- und Gemeinschaftsverständnis (II, III, IV), ihrem Bild von einem demokratischen Sozialismus (V), ihrer Auseinandersetzung mit „gemeinschaftszerstörenden Systemen, Institutionen und Strukturen" (östlicher Kommunismus, Faschismen, Kirche, sexistische Strukturen) (VI) sowie Siemsens erziehungswissenschaftlichen Überlegungen und praktisch-pädagogischen und schulreformerischen Vorstellungen (VII), ehe Resüme und Ausblick (VIII) den Text beschließen.

Jungbluth begreift Siemsens Erziehungstheorie mit guten Gründen als einen umfassenden *allgemein-pädagogischen* Vorstoß, der sich von konkurrierenden Ansätzen durch seine systematisch kritisch-gesellschaftstheoretische Fundierung abhebt. Anschaulich wird an Siemsen das Profil einer an Dimensionen reichen Reformpädagogik exemplifiziert, die sich – den Konzepten Löwensteins und austromarxistischer Denker verwandt – als Beitrag zum Werden der Gesellschaft als solidarischer Gemeinschaft (S. 281 ff.) verstand und eine im guten Sinne progressive Alternative zu den in der deutschen Reformpädagogik dominanten „kulturkritisch" geprägten und politisch konservativen oder gar reaktionären Ansätzen offerierte. In einem instruktiven Vergleich der Gemeinschaftsverständnisse Siemsens und Petersens wird die Unversöhnlichkeit der Grundaspekte beider Varianten greifbar herausgearbeitet (S. 286 ff.).

Neben einem informativen Quellen- und Literaturverzeichnis offeriert der Band schließlich einen Anhang mit bislang unpublizierten Interviews aus den 1980er Jahren, die Rudolf Rogler mit Anna Siemsens Freundin Margo Wolff und dem Siemsen-Schüler Arnold Henke geführt und der Autorin überlassen hat. Das auf sorgsamen Recherchen basierende Buch stellt nicht nur eine erfreuliche Bereicherung der Siemsen-Biographik, sondern auch der Reformpädagogik-Forschung dar.

Edgar Weiß

*Peter Dudek, „Er war halt genialer als die anderen".
Biografische Annäherungen an Siegfried Bernfeld, Gießen:
Psychosaozial-Verlag 2012, 646 S., 59,90 Euro.*

Zum 120. Geburtstag Siegfried Bernfelds am 7. Mai 2012 hat Peter Dudek im Psychosozial-Verlag, der inzwischen auch das ursprünglich im Beltz-Verlag begonnene und seit Jahren stagnierende Projekt einer großen Bernfeld-Werkausgabe übernommen hat, die erste umfassende Bernfeld-Biografie vorgelegt, – mit einem trotz der 646 Seiten überaus bescheidenen Anspruch. Denn mehr als „biografische Annäherungen" verspricht sie – dem Untertitel entsprechend – nicht. Mithin werde allenfalls ein „subjektiver Blick" auf Bernfeld offeriert, der kaum alle möglichen Interessen an dessen Person und Werk gleichermaßen befriedigen werde; für ein „abschließendes Fazit" erweise sich der faszinierend vielseitige Jugendforscher und Aktivist der Jugendkulturbewegung, Psychoanalytiker, Sozialist, „Austro-" und „Freudomarxist", Freudbiograf, Reformpädagoge, Pädagogikkritiker und zeitweilige Zionist, der „buchstäblich immer zwischen mehreren Stühlen" saß und dabei nie über einen gesicherten Brotberuf verfügte, als allzu „sperrig" (S. 593, 14, 12).

Was Dudek bei diesem bescheidenen Eigenanspruch offeriert, ist gleichwohl ein imposantes, übersichtlich strukturiertes, flüssig geschriebenes, kenntnisreiches und daher informatives Gesamtporträt, bei dessen Erarbeitung er sich u.a. auf den bislang kaum bekannten Bestand des Tübinger Bernfeld-Archivs Ulrich Herrmanns, nicht zuletzt aber auch auf eine Reihe wichtiger eigener Vorarbeiten[1] stützen konnte.

Der Einleitung (1), in der u.a. zu erfahren ist, dass das Titelzitat von Bernfelds zeitweiliger Ziehtochter und späteren Therapeutin Edith Kramer stammt (S. 9, 15), folgt ein Kapitel unter der Überschrift „Vom Außenseiter zum Klassiker?" (2), das sich im wesentlichen mit der Bernfeld-Rezeptionsgeschichte befasst. Mit Bernfelds Kindheit und Jugend, seiner Rolle in der Jugendkulturbewegung im Umfeld Wynekens, der Gründung des „Anfang" und der Sprechsaal-Bewegung, Bernfelds Verhältnis zu Benjamin, zum Wiener Kreis, zur Individualpsychologie und zum Austromarxismus, zu Karl und Charlotte Bühler, William Stern, Friedrich Wilhelm Foerster u.v.a. und Bernfelds Konzept einer „multidisziplinären" (S. 155) Jugendforschung im Kontext dieses seinerzeit aufblühenden Wissenschaftszweiges beschäftigt sich das Kapitel „Siegfried Bernfeld – Erste Annäherungen" (3). Unter der Überschrift „Weltkrieg, Antisemitismus und die Entdeckung des Judentums" (4) rekonstruiert Dudek sodann die stark antisemitisch geprägten Lebensverhältnisse in Österreich um die Zeit des Ersten Weltkriegs, Bernfelds Einstellung zum Zionismus, seine Beziehung zu Anna Freud und anderen bedeutenden Vertreterinnen und Vertretern der damals noch jungen psychoanalytischen Bewegung und der „Psychoanalytischen Pädagogik", seine Aktivitäten und Erfahrungen im Kontext des kurzlebigen Kinderheimprojekts Baumgarten, sein Intermezzo als Sektretär Martin Bubers, seine Rolle in der Wiener Psychoanalytischen Vereinigung und seine Tätigkeit als Laienanalytiker in Wien.

Das 5. Kapitel („Siegfried Bernfeld und die Frauen") beleuchtet die drei Ehen Bernfelds, Herkünfte und Lebenskontexte der Ehefrauen und die Erfahrungen der Bernfeld-Töchter in Wickersdorf, während das 6. Kapitel einen instruktiven Exkurs über Bernfelds „Sisyphos oder die Grenzen der Erziehung" bietet. Das 7. Kapitel widmet sich der „Berliner Zeit" (1925-32), in der Bernfeld „eine Art Handelsreisender in Sachen psychoanalytischer Pädagogik" (S. 394) war. Thematisiert werden hier u.a. Bernfelds Verhältnis zu Wilhelm Reich und zum Bund Entschiedener Schulreformer, die Verhinderung einer universitären Lehrtätigkeit Bernfelds durch Eduard Spranger, die von Bernfeld in Zusammenarbeit mit Sergei Feitelberg unterbreiteten Bemühungen um eine „Libidometrie", aber auch Bernfelds gewiss problematisches Konzept einer Massenpädagogik, das „völlig kritiklos Wynekens Vision des charismatischen pädagogischen Führers" (S. 467) für die sozialistische Pädagogik beerben sollte.

Das 8. Kapitel („Durchgangsstation Wien: Rückkehr und Exil") behandelt vor allem den Emigranten Bernfeld in Menton, London und San Francisco, wobei auch für diese Zeit das reiche intellektuelle Beziehungsnetz Bernfelds detailliert aufgewiesen, Bernfelds isolierte Position in der Psychoanalytischen Vereinigung San Franciscos und seine Schwierigkeiten, als Laienanalytiker in den USA Fuß fassen zu können sowie die späten theoretischen und publizistischen Bemühungen, darunter nicht zuletzt die der Freud-Biographik geltenden, ausführlich zur Sprache kommen. Ein kurzer Epilog (9), in dem Dudek auf die Gründe seines eigenen Interesses an Bernfeld eingeht und auf weiteren Forschungsbedarf verweist, beschließt den Textteil des interessanten Bandes.

Das überaus fundierte und solide gearbeitete Buch, das – ohne je distanzlos-unkritisch oder gar hagiographisch zu werden – sichtlich von der Sympathie des Autors für Bernfeld zeugt, bietet wertvolle Informationen, die weit über seinen unmittelbaren Gegenstand hinausreichen. Es enthält aufschlussreiche Fußnoten, in denen sich immer wieder detaillierte Hinweise auf Dritte finden, mit denen Bernfeld in irgendeiner Beziehung stand, ein umfassendes Literaturverzeichnis und ein für die Orientierung hilfreiches Namensregister. Was selbstverständlich für die künftige Bernfeld-Forschung gilt, gilt auch für künftige historiographische Anstrengungen im Hinblick auf Jugendbewegung, Jugendforschung und Reformpädagogik: Sie werden, sofern sie dem Risiko eines Rückfalls hinter den erreichten Forschungsstand vermeiden wollen, an der Rezeption dieses Bandes nicht vorbeigehen können.

Edgar Weiß

Anmerkung

1 Peter Dudek, Jugend als Objekt der Wissenschaften. Geschichte der Jugendforschung in Deutschland und Österreich 1890-1933, Opladen 1990; ders., Siegfried Bernfelds Doppelrolle als Aktivist und Interpret der Jugendkulturbewegung, in: R. Hörster/B. Müller (Hg.), Jugend, Erziehung und Psychoanalyse. Zur Sozialpädagogik Siegfried Bernfelds, Neuwied/Berlin 1992, S. 43-58; ders., Fetisch Jugend. Walter Benjamin und Siegfried Bernfeld – Jugendprotest am Vorabend des Ersten Weltkrieges, Bad Heilbrunn 2002; ders., „Versuchsacker für eine neue Jugend". Die Freie Schulgemeinde Wickersdorf 1906-1945, Bad Heilbrunn.

Autorenspiegel

Abujatum Berndt, Leonor, M.A., Span. Philologe, promoviert an der Universität Potsdam.

Altvater, Elmar, Prof. Dr. oec. publ., lehrte Politikwissenschaft an der FU-Berlin.

Bürgin, Julika – Dr. phil., ist wissenschaftliche Mitarbeiterin in der gewerkschaftlichen Bildungsarbeit und Lehrbeauftragte im Feld der arbeitspolitischen Bildung und ihrer Didaktik. Sie engagiert sich in Diskursen über Theorie, Praxis und Strukturen kritischer politischer Bildung.

Demmer, Christine, Dr. phil., ist wissenschaftliche Mitarbeiterin für Allgemeine Pädagogik an der Universität Siegen.

Dießelmann, Anna-Lena, M.A., forscht zu Ausnahmezuständen und promoviert an der Universität Siegen.

Engartner, Tim, Dr. phil., ist Professor für Didaktik der Sozialwissenschaften mit dem Schwerpunkt schulische Politische Bildung an der Goethe-Universität Frankfurt am Main.

Feltes, Torsten, Feltes, Torsten, Dipl.-Päd., arbeitet als Sozialpädagoge in der Jugendberufshilfe in Berlin.

Hagedorn, Udo, Prof. Dr. phil., lehrt empirische Lehr-Lernforschung im Kontext beruflicher Organisations- und Qualitätsentwicklung an der Leibniz Universität Hannover.

Heither, Dietrich, Dr. phil., Historiker und Politikwissenschaftler, ist Lehrer an einer Hattersheimer Gesamtschule.

Keim, Wolfgang, Prof. Dr. phil., lehrte Erziehungswissenschaft an der Universität Paderborn. Mitbegründer des Jahrbuchs für Pädagogik.

Kenner, Steve, M.Ed., Politikwissenschaft, Romanistik (Spanisch), Erziehungswissenschaft; studierte an der Universität Potsdam (Deutschland) und der Universidad de Valencia (Spanien). Forschungsaufenthalte in Barranquilla (Kolumbien) und Santiago de Chile (Chile).

Klika, Dorle, Prof. Dr. phil., lehrt Allgemeine Pädagogik an der Universität Siegen.

Knobloch, Clemens, Prof. Dr. phil., lehrt Sprach- und Kommunikationswissenschaft an der Universität Siegen.

Lösch, Bettina, PD Dr. rer. pol., lehrt Politikwissenschaft, politische Theorie und politische Bildung an der Universität zu Köln.

Mahnkopf, Birgit, Prof. Dr. rer. pol., lehrt Europäische Gesellschaftspolitik an der Hochschule für Wirtschaft und Recht Berlin.

Mayayo i Artal, Andreu, Professor für Zeitgeschichte und Vizedekan der Fakultät für Geographie und Geschichte der Universität Barcelona (UB).

Salomon, David, Dr. phil., vertritt die Professur für Politische Bildung an der Universität Siegen. Er ist Mitglied im Herausgeberkreis des Jahrbuchs für Pädagogik.

Steffens, Gerd, Prof. Dr. phil., lehrte Politische Bildung und ihre Didaktik an der Universität Kassel. Er ist Mitglied im Herausgeberkreis des Jahrbuchs für Pädagogik.

Steffens, Karin, M.A., Erziehungswissenschaftlerin und Dipl.-Übersetzerin, ist ehemalige Leiterin des Fachdienstes „Migration und Integration" des Caritasverbandes Darmstadt e.V.

Weiß, Edgar, PD Dr. phil., vertritt die Professur für Allgemeine Pädagogik am Institut für Berufs- und Weiterbildung der Universität Duisburg-Essen. Er ist Mitglied im Herausgeberkreis des Jahrbuchs für Pädagogik.

Jahrbuch für Pädagogik

Religion – Staat – Bildung. 2005.
Redaktion: Herausgeberkreis

Infantilisierung des Lernens? Neue Lernkulturen – ein Streitfall. 2006.
Redaktion: Dieter Kirchhöfer und Gerd Steffens

Arbeitslosigkeit. 2007.
Redaktion: Dieter Kirchhöfer und Edgar Weiß

1968 und die neue Restauration. 2008.
Redaktion: Armin Bernhard und Wolfgang Keim

Entdemokratisierung und Gegenaufklärung. 2009.
Redaktion: Sven Kluge, Gerd Steffens, Edgar Weiß

„Der vermessene Mensch". Ein kritischer Blick auf Messbarkeit, Normierung und
Standardisierung. 2010.
Redaktion: Martin Dust und Johanna Mierendorff

Menschenrechte und Bildung. 2011.
Redaktion: Gerd Steffens und Edgar Weiß

Schöne Neue Leitbilder. 2012.
Redaktion: Sven Kluge und Ingrid Lohmann

Krisendiskurse. 2013.
Redaktion: David Salomon und Edgar Weiß

www.peterlang.com